海船船员考试大纲

（2022版）

HAICHUAN CHUANYUAN KAOSHI DAGANG

中华人民共和国海事局 编

大连海事大学出版社
DALIAN MARITIME UNIVERSITY PRESS

Ⓒ 中华人民共和国海事局　2022

图书在版编目(CIP)数据

海船船员考试大纲：2022版／中华人民共和国海事局编. -- 大连：大连海事大学出版社，2022.12
 ISBN 978-7-5632-4314-3

Ⅰ．①海… Ⅱ．①中… Ⅲ．①海船-船员-资格考试-中国-考试大纲　Ⅳ．①U676.2-41

中国版本图书馆 CIP 数据核字(2022)第 230776 号

大连海事大学出版社出版

地址：大连市黄浦路523号　邮编：116026　电话：0411-84729665(营销部) 84729480(总编室)
　　　　　http://press.dlmu.edu.cn　　E-mail:dmupress@dlmu.edu.cn

大连金华光彩色印刷有限公司印装	大连海事大学出版社发行
2022 年 12 月第 1 版	2022 年 12 月第 1 次印刷
幅面尺寸：184 mm×260 mm	印张：41
字数：1018 千	印数：1~2000 册

出版人：刘明凯

责任编辑：李继凯	责任校对：高　颖
封面设计：解瑶瑶	版式设计：解瑶瑶

ISBN 978-7-5632-4314-3　　　定价：150.00 元

目 录

适任理论考试篇

第一部分 船长及甲板部船员 ····· 3
航海英语(500 总吨及以上船舶船长/大副) ····· 3
航海英语(500 总吨及以上船舶二/三副) ····· 9
船舶操纵与避碰(500 总吨及以上船舶船长/大副) ····· 15
船舶操纵与避碰(500 总吨及以上船舶二/三副) ····· 25
船舶操纵与避碰(未满 500 总吨船舶) ····· 37
航海学(500 总吨及以上船舶船长/大副) ····· 46
航海学(500 总吨及以上船舶二/三副) ····· 57
航海学(未满 500 总吨船舶) ····· 75
船舶结构与货运(500 总吨及以上船舶船长/大副) ····· 86
船舶结构与货运(500 总吨及以上船舶二/三副) ····· 94
船舶结构与货运(未满 500 总吨船舶) ····· 100
船舶管理(500 总吨及以上船舶船长/大副) ····· 106
船舶管理(500 总吨及以上船舶二/三副) ····· 116
船舶管理(未满 500 总吨船舶) ····· 123
水手业务 ····· 131
GMDSS 英语阅读 ····· 135
GMDSS 综合业务 ····· 139
海上游艇操作人员 ····· 155

第二部分 轮机部船员 ····· 162
船舶动力装置(750 kW 及以上船舶轮机长) ····· 162
船舶动力装置(未满 750 kW 船舶轮机长) ····· 178
主推进动力装置(750 kW 及以上船舶大管轮) ····· 184
主推进动力装置(750 kW 及以上船舶二/三管轮) ····· 196
主推进动力装置(未满 750 kW 船舶大管轮) ····· 204
主推进动力装置(未满 750 kW 船舶二/三管轮) ····· 209
船舶辅机(750 kW 及以上船舶大管轮) ····· 214
船舶辅机(750 kW 及以上船舶二/三管轮) ····· 223
船舶辅机(未满 750 kW 船舶大管轮) ····· 236
船舶辅机(未满 750 kW 船舶二/三管轮) ····· 240
船舶电气与自动化(750 kW 及以上船舶大管轮) ····· 244

船舶电气与自动化(750 kW 及以上船舶二/三管轮) ……………………………………… 253
船舶电气与自动化(未满 750 kW 船舶大管轮) …………………………………………… 264
船舶电气与自动化(未满 750 kW 船舶二/三管轮) ……………………………………… 268
船舶管理(750 kW 及以上船舶轮机长/大管轮) ………………………………………… 274
船舶管理(750 kW 及以上船舶二/三管轮) ……………………………………………… 298
船舶管理(未满 750 kW 船舶轮机长/大管轮) …………………………………………… 318
船舶管理(未满 750 kW 船舶二/三管轮) ………………………………………………… 322
轮机英语 …………………………………………………………………………………… 325
机工业务(750 kW 及以上船舶) ………………………………………………………… 331
机工业务(未满 750 kW 船舶) …………………………………………………………… 338
船舶电气 …………………………………………………………………………………… 343
船舶机舱自动化 …………………………………………………………………………… 355
信息技术与通信导航系统 ………………………………………………………………… 363
船舶管理(电子电气员) …………………………………………………………………… 369
电子电气员英语 …………………………………………………………………………… 377
电子技工业务 ……………………………………………………………………………… 383

适任实操评估篇

第一部分　船长及甲板部船员 ……………………………………………………………… 391
船舶操纵、避碰与驾驶台资源管理(船长/大副) ………………………………………… 391
船舶操纵、避碰与驾驶台资源管理(二/三副) …………………………………………… 395
船舶操纵、避碰与驾驶台资源管理(未满 500 总吨船舶) ……………………………… 398
电子海图显示与信息系统(电子海图系统) ……………………………………………… 400
航次计划 …………………………………………………………………………………… 404
航海仪器的使用 …………………………………………………………………………… 405
航线设计 …………………………………………………………………………………… 407
货物积载与系固(大副) …………………………………………………………………… 409
货物积载与系固(二/三副) ………………………………………………………………… 411
雷达操作与应用 …………………………………………………………………………… 413
气象传真图分析 …………………………………………………………………………… 415
航海英语听力与会话(船长/大副) ………………………………………………………… 416
航海英语听力与会话(二/三副) …………………………………………………………… 420
水手工艺(高级值班水手) ………………………………………………………………… 422
水手工艺(值班水手) ……………………………………………………………………… 423
水手英语听力与会话(高级值班水手) …………………………………………………… 424
水手英语听力与会话(值班水手) ………………………………………………………… 425
水手值班 …………………………………………………………………………………… 427

通信英语听力与会话 ………………………………………………… 428
GMDSS 设备操作与维护 …………………………………………… 430
GMDSS 设备操作 …………………………………………………… 440
国际航行船舶船员专业英语 ………………………………………… 445
海上游艇操作人员 …………………………………………………… 447

第二部分　轮机部船员 449

轮机模拟器 …………………………………………………………… 449
动力装置测试分析与操作 …………………………………………… 452
电气与自动控制（大管轮）………………………………………… 454
电气与自动控制（二/三管轮）…………………………………… 457
船舶电工工艺和电气设备 …………………………………………… 460
动力设备操作 ………………………………………………………… 462
动力设备拆装 ………………………………………………………… 464
机舱资源管理 ………………………………………………………… 467
金工工艺（二/三管轮）…………………………………………… 469
轮机英语听力与会话 ………………………………………………… 472
设备拆装与操作 ……………………………………………………… 476
动力设备操作与管理 ………………………………………………… 478
金工工艺（值班机工）……………………………………………… 480
机工英语听力与会话（高级值班机工）…………………………… 481
机工英语听力与会话（值班机工）………………………………… 483
船舶电站操作和维护 ………………………………………………… 485
船舶电子电气管理与工艺 …………………………………………… 487
通信与导航设备维护 ………………………………………………… 490
计算机与自动化 ……………………………………………………… 493
电子电气员英语听力与会话 ………………………………………… 495
电子技工实际操作 …………………………………………………… 497
电子技工英语听力与会话 …………………………………………… 499

培训合格证理论考试篇

Z01 基本安全培训合格证 …………………………………………… 503
Z02 精通救生艇筏和救助艇培训合格证 …………………………… 509
Z03 精通快速救助艇培训合格证 …………………………………… 512
Z04 高级消防培训合格证 …………………………………………… 514
Z05 精通急救培训合格证 …………………………………………… 517
Z06 船上医护培训合格证 …………………………………………… 521
Z07 保安意识培训合格证 …………………………………………… 527

Z08 负有指定保安职责船员培训合格证	530
Z09 船舶保安员培训合格证	534
T01 油船和化学品船货物操作基本培训合格证	538
T02 油船货物操作高级培训合格证	547
T03 化学品船货物操作高级培训合格证	557
T04 液化气船货物操作基本培训合格证	567
T05 液化气船货物操作高级培训合格证	573
T06 客船船员特殊培训合格证	581
T07 大型船舶操纵特殊培训合格证	587
T081 高速船船员特殊培训合格证（船长和驾驶员）	590
T082 高速船船员特殊培训合格证（轮机长和轮机员）	592
T09 船舶装载散装固体危险和有害物质作业船员特殊培训合格证	595
T10 船舶装载包装危险和有害物质作业船员特殊培训合格证	597
T11 使用气体或者其他低闪点燃料船舶船员基本培训合格证	600
T12 使用气体或者其他低闪点燃料船舶船员高级培训合格证	604
T13 极地水域船舶操作船员基本培训合格证	610
T14 极地水域船舶操作船员高级培训合格证	615

培训合格证实操评估篇

Z01 基本安全培训——个人求生	621
Z01 基本安全培训——防火与灭火	622
Z01 基本安全培训——基本急救	623
Z01 基本安全培训——个人安全与社会责任	624
Z02 精通救生艇筏和救助艇培训	625
Z03 精通快速救助艇培训	626
Z04 高级消防培训	627
Z05 精通急救培训	628
Z06 船上医护培训	629
Z08 负有指定保安职责船员培训	630
Z09 船舶保安员培训	631
T01 油船和化学品船货物操作基本培训	632
T02 油船货物操作高级培训	633
T03 化学品船货物操作高级培训	634
T04 液化气船货物操作基本培训	635
T05 液化气船货物操作高级培训	636
T061 客船船员特殊培训Ⅰ	637
T062 客船船员特殊培训Ⅱ	638

T063 客船船员特殊培训Ⅲ ……………………………………………………………………… 639
T07 大型船舶操纵特殊培训 …………………………………………………………………… 640
T081 高速船船员特殊培训(船长和驾驶员) …………………………………………………… 641
T082 高速船船员特殊培训(轮机长和轮机员) ………………………………………………… 643
T09 船舶装载散装固体危险和有害物质作业船员特殊培训 ………………………………… 644
T10 船舶装载包装危险和有害物质作业船员特殊培训 ……………………………………… 644
T11 使用气体或者其他低闪点燃料船舶船员基本培训 ……………………………………… 645
T12 使用气体或者其他低闪点燃料船舶船员高级培训 ……………………………………… 645
T13 极地水域船舶操作船员基本培训 ………………………………………………………… 646
T14 极地水域船舶操作船员高级培训 ………………………………………………………… 646

适任理论考试篇

第一部分
船长及甲板部船员

航海英语（500总吨及以上船舶船长/大副）

9001：无限航区500总吨及以上船舶船长
9002：无限航区500总吨及以上船舶大副

考试大纲	适用对象	
	9001	9002
1 英语航海气象资料的阅读能力		
1.1 航路气象资料		
1.1.1 天气要素		√
1.1.2 天气系统		√
1.2 海上气象报告		
1.2.1 天气报告		√
1.2.2 气象传真图		√
1.3 气象定线		√
2 船舶操纵相关用语		
2.1 船舶操纵性能		
2.1.1 旋回性能		√
2.1.2 停船性能		√
2.1.3 航向稳定性和保向性		√
2.2 接送引航员		√
2.3 受限水域（狭水道）船舶操纵		√
2.4 浅水区操纵（富余水深、浅水效应）		√
2.5 船间效应、岸壁效应		√
2.6 锚泊作业		
2.6.1 锚地选择及锚的应用		√
2.6.2 锚泊操作		√

考试大纲	适用对象	
	9001	9002
2.7 靠离泊作业		
2.7.1 靠离泊操纵		√
2.7.2 系泊作业		√
2.8 拖船的运用		√
2.9 进出船坞、船闸操纵		√
2.10 大风浪中船舶操纵		√
2.11 冰区水域船舶操纵		√
2.12 分道通航制或交通管制区域内船舶操纵		√
2.13 应急操纵		√
3 阅读英版国际海上避碰规则		
3.1 总则		
3.1.1 适用范围		√
3.1.2 责任条款		√
3.1.3 一般定义		√
3.1.4 号灯号型		√
3.1.5 声号		√
3.2 任何能见度情况下的行动规则		
3.2.1 瞭望条款		√
3.2.2 安全航速条款		√
3.2.3 碰撞危险条款		√
3.2.4 避免碰撞的行动条款		√
3.2.5 狭水道条款		√
3.2.6 分道通航制条款		√
3.3 互见中的行动规则		
3.3.1 追越条款		√
3.3.2 对遇局面条款		√
3.3.3 交叉相遇局面条款		√
3.3.4 让路船、直航船的行动条款		√

考试大纲	适用对象	
	9001	9002
3.3.5 船舶之间的责任条款		√
3.4 能见度不良时的行动规则		√
4 船舶应急应变用语		
4.1 弃船时的应急应变用语		√
4.2 船舶失火或爆炸时的应急应变用语		√
4.3 船舶碰撞时的应急应变用语		√
4.4 船舶搁浅和触礁后的应急应变用语		√
4.5 船体破损进水应急应变用语		√
4.6 船舶发生溢油后的应急应变用语		√
4.7 救助落水人员的应急应变用语		√
4.8 救助遇险船舶、遇险艇筏上人员的应急应变用语		
4.8.1 搜寻救助		√
4.8.2 救助遇险船舶、遇险人员		√
4.9 遭遇海盗时的应急应变用语		√
4.10 船舶失控应急用语		√
4.11 船舶其他应急应变用语		√
5 货物作业相关的英版书籍或资料阅读能力		
5.1 船舶货运基础知识		
5.1.1 货物装卸、积载		√
5.1.2 货物运输中通风、保管		√
5.2 船舶稳性、强度和吃水差		√
5.3 货物系固规则		√
5.4 固体散货与 IMSBC 规则		√
5.5 《国际散装谷物安全装运规则》		√
5.6 液货与 IBC 规则		√
5.7 集装箱与 IMDG 规则		
5.7.1 《国际集装箱安全公约》		√
5.7.2 IMDG 规则		√

考试大纲	适用对象	
	9001	9002
5.8《1966年国际载重线公约》		√
5.9《压载水管理公约》		√
5.10 船舶适货检验报告		√
5.11 货物检验报告		√
5.12 船岸检查表、货物作业图表		√
5.13 件杂货作业		√
5.14 特殊货作业		√
6 正确阅读《1974年国际海上人命安全公约》(SOLAS 公约)、《1978年海员培训、发证和值班标准国际公约》(STCW 公约)、《国际防止船舶造成污染公约》(MARPOL 公约)、《2006年海事劳工公约》(MLC 2006)		
6.1 SOLAS 公约		
6.1.1 功用、架构、适用范围	√	
6.1.2 构造及消防、救生设备	√	
6.1.3 航行安全有关内容	√	√
6.1.4 货物装运、危险货物装运及稳性	√	√
6.1.5 安全管理有关内容	√	√
6.1.6 加强海上安全的特别措施	√	√
6.1.7 加强海上保安的特别措施	√	√
6.1.8 散货船附加安全措施	√	√
6.2 STCW 公约		
6.2.1 证书签发及证书再有效	√	√
6.2.2 身体健康标准	√	√
6.2.3 适任最低要求	√	√
6.2.4 适于值班	√	√
6.2.5 海上值班	√	√
6.2.6 港内值班	√	√
6.2.7 STCW 规则对船长的适任要求	√	

考试大纲	适用对象	
	9001	9002
6.2.8 标准海事通信用语	√	
6.3 MARPOL 公约		
6.3.1 功用、架构、公约议定书	√	
6.3.2 防止油类污染规则	√	√
6.3.3 控制散装有毒液体物质污染规则	√	√
6.3.4 防止海运包装有害物质污染规则	√	√
6.3.5 防止船舶生活污水污染规则	√	
6.3.6 防止船舶垃圾污染规则	√	√
6.3.7 防止船舶造成大气污染规则	√	
6.4《2006 年海事劳工公约》		
6.4.1 主要内容与架构	√	
6.4.2 海员上船工作的最低要求	√	
6.4.3 就业条件	√	√
6.4.4 居住条件	√	√
6.4.5 健康保护、医疗、福利及社会保障	√	√
7 正确阅读海牙规则、鹿特丹规则、航运业务合同、劳氏救助合同、船员劳务合同及我国海商法		
7.1 海牙规则(如适用)		
7.1.1 定义、承运人责任期间	√	√
7.1.2 承运人的义务	√	√
7.1.3 承运人免责、承运人赔偿责任限制、时效	√	
7.2 鹿特丹规则		
7.2.1 定义、承运人责任期间	√	√
7.2.2 承运人义务	√	√
7.2.3 承运人免责、承运人赔偿责任限制、时效等	√	√
7.2.4 共同海损	√	
7.2.5 运输单证和电子运输记录	√	
7.3 航运业务合同		

考试大纲	适用对象	
	9001	9002
7.3.1 提单业务(包含中远集装箱提单)	√	√
7.3.2 航次租船合同(包含金康合同 1994)	√	√
7.3.3 期租合同(包含 NYPE 2015)	√	√
7.3.4 光租合同	√	√
7.4 劳氏救助合同		
7.4.1 LOF 2011	√	
7.5 船员劳务合同		
7.5.1 ITF 标准集体协议	√	
7.6 我国海商法		
7.6.1 相关术语	√	
7.6.2 承运人权利与义务	√	
8 公文与业务信函		
8.1 夜航命令、常规命令及其他书面命令	√	
8.2 海事报告(碰撞、搁浅、火灾、溢油、货损货差、失盗、人员偷渡及出走、人身伤亡)	√	
8.3 海事索赔相关报告	√	
8.4 海事声明与延伸海事声明	√	
8.5 船舶实施 ISM 规则的相关报告	√	
8.6 港口国检查相关报告	√	
8.7 各种业务信函(申请、说明、海事、海关、检疫与移民局等报表等)	√	
8.8 船长交接报告	√	
8.9 事故、损伤记录	√	
8.10 用英语记载航海日志和其他书表文件		
8.10.1 航海日志		√
8.10.2 演习记录		√
8.10.3 大副批注		√
8.10.4 船舶保养与修理等		√
8.10.5 编制船舶修理单		√

航海英语（500总吨及以上船舶二/三副）

9003：无限航区500总吨及以上船舶二/三副

考试大纲	适用对象
	9003
1 英版海图和英版航海出版物的阅读能力	
1.1 英版航海出版物	
1.1.1 航路指南	√
1.1.2 世界大洋航路	√
1.1.3 航海员手册	√
1.1.4 潮汐表、潮流表	√
1.1.5 无线电信号表	√
1.1.6 灯标雾号表	√
1.1.7 航海通告、累积表、年度摘要	√
1.1.8 航行警告	√
1.1.9 进港指南	√
1.1.10 其他航海出版物	√
1.2 英版海图	
1.2.1 海图基本术语	√
1.2.2 海图标题、注记	√
1.2.3 海图符号和缩写	√
1.2.4 海图作业	√
1.3 海图、图书改正	
1.3.1 海图改正	√
1.3.2 图书改正	√
1.4 ECDIS	
1.4.1 相关术语	√
1.4.2 基本功能	√
1.4.3 系统操作	√

考试大纲	适用对象
	9003
2 英语航海气象资料的阅读能力	
2.1 海洋、气象要素	
2.1.1 气温与湿度	√
2.1.2 气压	√
2.1.3 风与大气环流	√
2.1.4 云与降水	√
2.1.5 雾与能见度	√
2.1.6 海流	√
2.1.7 海浪、涌、海啸	√
2.1.8 潮汐与潮流	√
2.2 天气系统术语	
2.2.1 气团、锋和锋面气旋	√
2.2.2 冷高压和副热带高压	√
2.2.3 热带气旋、强对流天气系统	√
2.3 航海气象资料	
2.3.1 航路指南	√
2.3.2 大洋航路	√
2.3.3 航海员手册	√
2.3.4 航路设计图	√
2.4 海上气象报告	√
2.5 气象传真图	√
3 船舶操纵性能和操纵设备的用语	
3.1 船舶操纵设备	
3.1.1 推进器(螺旋桨)和侧推器	√
3.1.2 舵设备	√
3.1.3 系泊设备	√
3.1.4 锚设备	√
3.1.5 接送引航员用语	√

考试大纲	适用对象
	9003
3.2 船舶操纵性能术语	
3.2.1 停船性能术语	√
3.2.2 旋回性能术语	√
3.2.3 航向稳定性术语	√
3.2.4 外界环境对操船影响的相关术语	√
4 英版国际海上避碰规则	
4.1 总则	
4.1.1 适用范围	√
4.1.2 责任条款	√
4.1.3 一般定义	√
4.1.4 号灯号型	√
4.1.5 声号	√
4.2 任何能见度情况下的行动规则	
4.2.1 瞭望条款	√
4.2.2 安全航速条款	√
4.2.3 碰撞危险条款	√
4.2.4 避免碰撞的行动条款	√
4.2.5 狭水道条款	√
4.2.6 分道通航制条款	√
4.3 互见中的行动规则	
4.3.1 追越条款	√
4.3.2 对遇条款	√
4.3.3 交叉相遇条款	√
4.3.4 让路船、直航船的行动条款	√
4.3.5 船舶之间的责任条款	√
4.4 能见度不良时的行动条款	√
5 船舶安全、紧急设备名称和应急应变的用语	
5.1 安全、紧急设备名称	

考试大纲	适用对象
	9003
5.1.1 消防设备	√
5.1.2 救生设备	√
5.1.3 防污设备	√
5.2 海上应急	
5.2.1 应急警报和行动	√
5.2.2 应急演习	√
5.2.3 事故报告	√
6 基本船体结构名称和货物作业相关的用语	
6.1 基本船体结构名称	
6.1.1 船舶类型和特征	√
6.1.2 船舶基本结构、部位及设备名称	√
6.1.3 总布置图、防火控制图等图纸文件	√
6.2 货物作业相关用语	
6.2.1 船/岸装卸货设备名称	√
6.2.2 杂货运输	√
6.2.3 固体散货运输	√
6.2.4 液货运输	√
6.2.5 集装箱运输	√
7 船舶安全管理相关的英语知识	
7.1 安全管理规则(ISM)简介	√
7.2 安全管理体系	
7.2.1 职务职责	√
7.2.2 岗位熟悉培训	√
7.2.3 设备维护与安全操作	√
7.2.4 文件管理	√
8 驾驶台航海仪器的英文说明书及操作程序	
8.1 雷达	√
8.2 磁罗经	√

考试大纲	适用对象
	9003
8.3 陀螺罗经及相关设备操作	√
8.4 自动舵	√
8.5 测深仪	√
8.6 计程仪	√
8.7 AIS	√
8.8 GPS（GNSS）	√
8.9 VDR	√
8.10 SSAS、LRIT	√
8.11 IBS	√
8.12 其他航海仪器	√
9 能够阅读和理解与航海日常事务相关的国际公约、法律文书及无线电规则	
9.1 SOLAS 公约	
9.1.1 公约简介	√
9.1.2 消防有关内容	√
9.1.3 救生有关内容	√
9.1.4 船舶保安规则	√
9.2 STCW 公约	
9.2.1 适任与证书	√
9.2.2 适于值班	√
9.2.3 航行值班应遵守的原则	√
9.2.4 不同条件下和不同水域内的值班	√
9.2.5 港内值班	√
9.3 MARPOL 公约	
9.3.1 公约简介	√
9.3.2 防止船舶生活垃圾污染	√
9.4《2006 年海事劳工公约》	
9.4.1 就业协议、工资	√
9.4.2 休息时间与工作时间	√

考试大纲	适用对象
	9003
10 用英语记载航海日志和其他书表文件	
10.1 航海日志记载	√
10.2 演习记录	√
10.3 消防设备保养记录	√
10.4 救生设备保养记录	√
10.5 货物装卸记录	√
11 基于 SMCP 的与他船、岸台、VTS 中心、引航站和港口相关方的信息交流能力	
11.1 SMCP 相关术语	√
11.2 船舶业务日常信息交流	√

船舶操纵与避碰(500总吨及以上船舶船长/大副)

9101：3000总吨及以上船舶船长
9102：500~3000总吨船舶船长
9103：3000总吨及以上船舶大副
9104：500~3000总吨船舶大副

考试大纲	适用对象			
	9101	9102	9103	9104
1 协调搜寻和救助行动				
1.1 搜救组织	√	√	√	√
1.2 救助程序				
1.2.1 遇险报警信息确认、转发	√	√		
1.2.2 遇险信息确认后的紧急行动	√	√		
1.2.3 船上准备工作	√	√		
1.2.4 不能参加救助的船舶	√	√		
1.3 搜救计划的制订知识	√	√	√	√
1.4 搜寻基点和最可能区域的确定方法和程序				
1.4.1 搜寻基点确定方法和程序	√	√	√	√
1.4.2 最可能区域确定方法和程序	√	√	√	√
1.5 搜寻方式				
1.5.1 平行线搜寻	√	√	√	√
1.5.2 扇形搜寻	√	√	√	√
1.5.3 扩展方形搜寻	√	√	√	√
1.5.4 海空协同搜寻	√	√	√	√
1.6 搜寻方式根据情况的有效应用	√	√	√	√
1.7 救助落水人员的程序和应急操作与指挥				
1.7.1 救助落水人员的程序	√	√	√	√
1.7.2 救助落水人员的应急操作与指挥	√	√	√	√
1.8 作为现场协调员的职责	√	√		
1.9 对外通信联系与协调	√	√	√	√

考试大纲	适用对象			
	9101	9102	9103	9104
2 确立值班安排和程序				
2.1 1972年国际海上避碰规则				
2.1.1 适用范围	√	√	√	√
2.1.2 责任	√	√	√	√
2.1.3 一般定义,包括船舶、机动船、帆船、从事捕鱼的船舶、限于吃水的船舶、失去控制的船舶、操纵能力受到限制的船舶、在航、长度和宽度、水上飞机、互见、能见度不良和地效船等十三个名词的定义	√	√	√	√
2.1.4 号灯与号型	√	√	√	√
2.1.5 声响与灯光信号:基础知识,信号种类、适用、使用方法和注意事项	√	√	√	√
2.1.6 瞭望	√	√	√	√
2.1.7 安全航速	√	√	√	√
2.1.8 碰撞危险:判断原则、手段与方法,雷达正确使用,雷达标绘及其相当的系统观察方法,罗经方位法使用注意事项	√	√	√	√
2.1.9 避免碰撞的行动	√	√	√	√
2.1.10 狭水道条款	√	√	√	√
2.1.11 分道通航制条款	√	√	√	√
2.1.12 帆船条款	√	√	√	√
2.1.13 追越局面	√	√	√	√
2.1.14 对遇局面	√	√	√	√
2.1.15 交叉相遇局面	√	√	√	√
2.1.16 让路船的行动	√	√	√	√
2.1.17 直航船的行动	√	√	√	√
2.1.18 船舶之间的责任	√	√	√	√
2.1.19 能见度不良时的行动规则	√	√	√	√
2.2 航行值班应遵循的原则(内容、应用和意图)				

考试大纲	适用对象			
	9101	9102	9103	9104
2.2.1 保持安全值班的目的	√	√	√	√
2.2.2 值班人员的值班时间的强制性标准	√	√	√	√
2.2.3 为保证安全值班应采取的措施	√	√	√	√
2.2.4 值班安排的总体要求	√	√	√	√
2.2.5 值班安排和应遵循的原则的基本规定	√	√	√	√
2.3 驾驶台值班驾驶员承担的责任及要求			√	√
2.4 驾驶台瞭望的要求				
2.4.1 瞭望的目的			√	√
2.4.2 值班驾驶员作为唯一瞭望人员的条件			√	√
2.4.3 为保持正规瞭望值班安排应考虑的因素			√	√
2.5 驾驶台交接班的有关要求				
2.5.1 交班驾驶员应注意的事项			√	√
2.5.2 接班驾驶员应注意的事项			√	√
2.6 船舶航行、操纵和避让行动的有关要求				
2.6.1 助航仪器的使用、定期检查			√	√
2.6.2 通知船长的时机			√	√
2.6.3 引航员在船时驾驶人员的职责	√	√	√	√
2.6.4 特殊情况下的操纵和避让行动的要求	√	√	√	√
2.7 船舶在锚泊时驾驶台人员的职责			√	√
2.8 防止滥用酒精、药物控制的标准和方法				
2.8.1 酗酒、滥用药物的危害	√	√		
2.8.2 酒精控制标准及方法	√	√		
2.8.3 药物控制标准及方法	√	√		
2.9 船员疲劳的原因及预防疲劳的方法				
2.9.1 STCW 规则为防止疲劳作出的指导性意见	√	√	√	√
2.9.2 船员疲劳的原因及影响因素	√	√	√	√
2.9.3 预防疲劳的方法	√	√		

考试大纲	适用对象			
	9101	9102	9103	9104
2.10 驾驶台航行值班报警系统(BNWAS)的作用、目的、配置要求、报警方式和工作方式等				
2.10.1 BNWAS 的作用和目的	√	√	√	√
2.10.2 配置要求	√	√	√	√
2.10.3 报警方式	√	√	√	√
2.10.4 工作模式	√	√	√	√
2.11 VDR 与 S-VDR 的组成、目的、存储的信息、报警的处置				
2.11.1 VDR 与 S-VDR 的组成、目的			√	
2.11.2 存储的信息			√	
2.11.3 报警的处置			√	
3 航行中的应急反应				
3.1 抢滩程序、操作和注意事项				
3.1.1 抢滩程序、操作	√	√	√	√
3.1.2 抢滩注意事项	√	√	√	√
3.2 搁浅前应采取的应急操船措施,危害及损害的评估和控制,搁浅后应采取的措施和脱浅方法及脱浅拉力的估算				
3.2.1 搁浅前应采取的应急操船措施	√	√	√	√
3.2.2 搁浅危害及损害的评估和控制	√	√	√	√
3.2.3 搁浅后应采取的措施	√	√	√	√
3.2.4 脱浅方法及脱浅拉力的估算	√	√	√	√
3.3 碰撞前、后应采取的应急操船措施,碰撞后损害的评估和应变部署,碰撞后续航、抢滩或弃船时的注意事项				
3.3.1 碰撞前应采取的应急操船措施	√	√	√	√
3.3.2 碰撞后应采取的应急操船措施	√	√	√	√
3.3.3 碰撞后损害的评估和应变部署	√	√	√	√

考试大纲	适用对象			
	9101	9102	9103	9104
3.3.4 碰撞后续航、抢滩或弃船时的注意事项	√	√	√	√
3.4 损害控制评估,包括:本船损害情况确认及减轻损害的方法等				
3.4.1 本船损害情况确认	√	√	√	√
3.4.2 减轻损害的方法措施	√	√	√	√
3.5 应急操舵,包括:应急舵转换、应急操舵方法、驾驶台与舵机间通信等				
3.5.1 应急舵转换	√	√	√	√
3.5.2 应急操舵方法	√	√	√	√
3.5.3 驾驶台与舵机间通信	√	√	√	√
3.6 船舶失控的应急反应程序				
3.6.1 主机故障	√	√		
3.6.2 舵机失灵	√	√		
3.6.3 全船失电	√	√		
3.7 应急拖带前的准备工作,应急拖带前拖带功率的估算、拖缆要求及布置,拖带过程中的船舶操纵及拖缆检查,解缆程序及注意事项				
3.7.1 应急拖带前的准备工作			√	√
3.7.2 应急拖带前拖带功率的估算	√	√	√	√
3.7.3 拖缆要求及布置	√	√	√	√
3.7.4 拖带过程中的船舶操纵及拖缆检查	√	√	√	√
3.7.5 解缆程序及注意事项	√	√	√	√
4 在各种条件下操纵和操作船舶				
4.1 接、送引航员时的操船方法,SOLAS 关于引航梯的布置要求				
4.1.1 引航船接、送引航员时的操船方法	√	√	√	√
4.1.2 SOLAS 关于引航梯的布置要求	√	√	√	√

考试大纲	适用对象			
	9101	9102	9103	9104
4.1.3 直升机接、送引航员时的操船方法及注意事项	√	√	√	√
4.2 浅水效应及其对操船的影响，富余水深的确定，受限水域操作方法及掉头所需水域的估算及操船方法，首尾波的危害及预防				
4.2.1 浅水效应、船体下沉量	√	√	√	√
4.2.2 富余水深的确定	√	√	√	√
4.2.3 受限水域操作方法	√	√	√	√
4.2.4 掉头所需水域的估算	√	√	√	√
4.2.5 掉头操船方法	√	√	√	√
4.2.6 首尾波的危害及预防	√	√	√	√
4.3 桥区安全航行方法和注意事项				
4.3.1 桥区水域的特点	√	√	√	√
4.3.2 桥区水域航行方法	√	√	√	√
4.3.3 桥区航行注意事项	√	√		
4.4 船舶操纵性能及其应用				
4.4.1 船舶变速运动性能	√	√	√	√
4.4.2 旋回性能	√	√	√	√
4.4.3 航向稳定性和保向性	√	√	√	√
4.4.4 船舶操纵性试验	√	√	√	√
4.4.5 风对船舶操纵的影响	√	√	√	√
4.4.6 流对船舶操纵的影响	√	√	√	√
4.5 船间效应、岸壁效应及其对操船的影响				
4.5.1 船间效应及其对操船的影响	√	√	√	√
4.5.2 岸壁效应及其对操船的影响	√	√	√	√
4.6 拖船的运用及与被拖船之间的相互作用				
4.6.1 拖船的种类及其特点	√	√	√	√
4.6.2 拖船使用方式	√	√	√	√

考试大纲	适用对象			
	9101	9102	9103	9104
4.6.3 协助操船所需拖船功率的估算	√	√	√	√
4.6.4 拖船作用下的船舶运动规律	√	√	√	√
4.6.5 拖船助操注意事项：拖缆及其系带、吊拖的拖缆长度、拖力大小和方向、防止横拖和倒拖等	√	√	√	√
4.7 螺旋桨、舵设备、系泊设备及其运用，侧推器的应用				
4.7.1 螺旋桨及其运用	√	√	√	√
4.7.2 舵设备及其运用	√	√	√	√
4.7.3 系泊设备及其运用	√	√	√	√
4.7.4 侧推器的应用	√	√	√	√
4.8 靠离泊作业方法				
4.8.1 靠泊前的准备工作	√	√		
4.8.2 靠泊操纵要领及其注意事项	√	√		
4.8.3 尾系泊的操纵方法及其注意事项	√	√		
4.8.4 离泊前的准备工作	√	√		
4.8.5 离泊操纵要领及其注意事项	√	√		
4.8.6 缆绳系离浮筒的准备工作	√	√		
4.8.7 锚链系离浮筒的准备工作	√	√		
4.8.8 系浮筒的操纵要领及其注意事项	√	√		
4.8.9 离浮筒的操纵要领及其注意事项	√	√		
4.8.10 船舶并靠的操纵要领及其注意事项	√	√		
4.9 锚设备及其运用				
4.9.1 锚设备	√	√	√	√
4.9.2 锚地选择方法	√	√		
4.9.3 各种环境条件下锚泊作业方法	√	√	√	√
4.10 走锚、锚链绞缠等处置方法				
4.10.1 单锚泊船的偏荡、缓解偏荡的方法	√	√	√	√
4.10.2 走锚的判断及应急措施	√	√	√	√

考试大纲	适用对象			
	9101	9102	9103	9104
4.10.3 锚链绞缠清解	√	√	√	√
4.11 船舶进出船坞、船闸等操纵方法				
4.11.1 船舶进出船坞的操纵方法及注意事项	√	√	√	√
4.11.2 船舶进出船闸的操纵方法及注意事项	√	√	√	√
4.12 大型船舶操纵				
4.12.1 大型船舶的构造特点及操纵性能特点	√		√	
4.12.2 大型船舶在受限水域的操纵特点	√		√	
4.12.3 大型船舶靠泊的操纵要领	√		√	
4.12.4 大型船舶离泊的操纵要领	√		√	
4.12.5 大型船舶拖船配置及数量	√		√	
4.12.6 大型船舶锚泊操纵	√		√	
4.13 大风浪中的船舶操纵、避离台风操纵				
4.13.1 船舶在大风浪中航行时所遭受的危害	√	√	√	√
4.13.2 大风浪航行前的准备工作	√	√	√	√
4.13.3 大风浪中的操船方法及其注意事项	√	√	√	√
4.13.4 避离台风操纵	√	√	√	√
4.14 救助与拖带,释放与回收救助艇或救生艇筏的方法与注意事项,救助落水或救助艇筏上幸存人员的方法和注意事项				
4.14.1 救助遇险船舶及实施拖带作业	√	√	√	√
4.14.2 恶劣天气下释放救助艇或救生艇筏的方法与注意事项	√	√	√	√
4.14.3 恶劣天气下回收救助艇或救生艇筏的方法与注意事项	√	√	√	√
4.14.4 救助落水人员的应急操船方法与注意事项	√	√	√	√
4.14.5 救助艇筏上幸存人员的操船方法与注意事项	√	√	√	√
4.15 冰区水域的船舶操纵				

考试大纲	适用对象			
	9101	9102	9103	9104
4.15.1 进入冰区操纵	√	√	√	√
4.15.2 冰区通行操纵	√	√	√	√
4.15.3 冰困后的措施	√	√	√	√
4.15.4 破冰船护航及拖带	√	√	√	√
4.15.5 冰区锚泊、靠泊、停泊及航行注意事项	√	√	√	√
4.16 使用分道通航制和船舶交通管理区域的船舶操纵				
4.16.1 进入或离开 TSS 或 VTS 区域的准备工作	√	√	√	√
4.16.2 在分道通航制和船舶交通管理区域的船舶操纵	√	√	√	√
4.17 船舶进出港操纵				
4.17.1 港内水域特点	√	√		
4.17.2 船舶进出港操纵注意事项	√	√		
5 船舶轮机基本知识				
5.1 船舶动力装置的工作原理,包括:柴油机、汽轮机和燃气轮机,传动装置、主机遥控系统				
5.1.1 柴油机的工作原理	√	√	√	√
5.1.2 汽轮机的工作原理(如适用)	√	√	√	√
5.1.3 燃气轮机的工作原理(如适用)	√	√	√	√
5.1.4 传动装置	√	√	√	√
5.1.5 主机遥控系统	√	√	√	√
5.2 船舶辅机,包括:辅机组成、造水机、泵系统、舵机、发电机与配电系统、制冷与空调系统、减摇装置、污水处理装置、油水分离器、焚烧炉、甲板机械和液压系统	√	√	√	√
5.3 轮机术语、轮机值班原则与安排、载运危险品的轮机值班要求				
5.3.1 轮机术语	√	√	√	√

考试大纲	适用对象			
	9101	9102	9103	9104
5.3.2 轮机值班原则与安排	√	√	√	√
5.3.3 载运危险品的轮机值班要求	√	√	√	√

船舶操纵与避碰（500总吨及以上船舶二/三副）

9105：500总吨及以上船舶二/三副

考试大纲	适用对象
	9105
1 船舶操纵	
1.1 船舶变速性能、旋回性能、航向稳定性和保向性及其影响因素	
1.1.1 变速性能	√
1.1.2 旋回性能	√
1.1.3 航向稳定性和保向性及其影响因素	√
1.2 载重量、吃水、纵倾、航速和龙骨下水深对冲程和旋回圈的影响	
1.2.1 载重量、吃水、纵倾、航速和龙骨下水深对冲程的影响	√
1.2.2 载重量、吃水、纵倾、航速和龙骨下水深对旋回圈的影响	√
1.3 船舶操纵性试验，IMO 船舶操纵性衡准的基本内容	
1.3.1 船舶操纵性试验	√
1.3.2 IMO 船舶操纵性衡准的基本内容	√
1.4 风对操船的影响，流对操船的影响	
1.4.1 风对操船的影响	√
1.4.2 流对操船的影响	√
1.5 救助落水人员的程序和应急操作，初始行动	
1.5.1 看到人员落水时的立即行动	√
1.5.2 驾驶台收到落水人员报告时采取的行动	√
1.5.3 救助落水人员的操船方法及注意事项	√
1.6 浅水效应及其对操船的影响，富余水深的确定	
1.6.1 浅水概念及浅水效应定义	√
1.6.2 浅水效应对操船的影响	√
1.6.3 船体下沉量及其影响	√
1.6.4 浅水区航行注意事项	√
1.6.5 富余水深的确定	√

考试大纲	适用对象
	9105
1.7 船间效应、岸壁效应及其对操船的影响	
1.7.1 船间效应及其对操船的影响	√
1.7.2 岸壁效应及其对操船的影响	√
1.8 螺旋桨、锚设备、舵设备和系泊设备的组成、特点及使用方法	
1.8.1 螺旋桨设备的组成、特点及使用方法	√
1.8.2 舵设备的组成、特点及使用方法	√
1.8.3 系泊设备的组成、特点及使用方法	√
1.8.4 锚设备的组成、特点及使用方法	√
1.9 锚泊、系泊和系浮筒的准备工作、操作要领和注意事项，操纵用锚适用时机、使用方法和注意事项	
1.9.1 锚泊准备工作、操作要领和注意事项	√
1.9.2 系泊准备工作、操作要领和注意事项	√
1.9.3 系浮筒准备工作、操作要领和注意事项	√
1.9.4 操纵用锚适用时机、使用方法和注意事项	√
1.10 引航梯的布置方法和要求	√
1.11 大风浪中船舶操纵、避离台风操纵	
1.11.1 大风浪中船舶操纵	√
1.11.2 避离台风操纵	√
1.12 船舶进出港操纵	√
1.13 特殊水域操纵	
1.13.1 狭水道中的船舶操纵	√
1.13.2 桥区水域的船舶操纵	√
1.13.3 岛礁水域的船舶操纵	√
1.13.4 冰区水域的船舶操纵	√
1.13.5 使用分道通航制和船舶交通管理水域的船舶操纵	√
1.14 船舶标准锚泊、系泊、系浮筒用语	√
1.15 拖带程序、安全注意事项	
1.15.1 拖带程序	√

考试大纲	适用对象
	9105
1.15.2 安全注意事项	√
2 操舵控制系统	
2.1 随动操舵系统的种类与基本控制原理	
2.1.1 操舵系统的种类	√
2.1.2 操舵系统的基本控制原理	√
2.1.3 自动舵系统的基本控制原理	√
2.1.4 自动舵的性能标准	√
2.2 应急控制系统的特点与使用要领	
2.2.1 应急控制系统的特点	√
2.2.2 应急控制使用注意事项	√
2.3 自动舵的操舵转换方式:随动舵、自动舵、非随动舵的转换及适用的场合	√
2.4 自动舵调节旋钮的使用	
2.4.1 自动舵警报种类	√
2.4.2 自动舵旋钮调节	√
2.5 自动舵的局限性及使用注意事项	
2.5.1 自动舵局限性	√
2.5.2 自动舵使用注意事项	√
2.6 船舶标准舵令、操舵程序、操舵方法	√
3 避碰规则	
3.1 适用范围	
3.1.1 适用的水域、适用的船舶、我国的保留	√
3.1.2 可制定特殊规则的水域、制定机关与国际规则关系	√
3.1.3 显示额外信号的船舶、制定部门、对额外信号的要求	√
3.1.4 特殊构造或用途的船舶特殊信号规定与要求	√
3.1.5 分道通航制水域适用的相关避碰规定	√
3.2 责任:适用对象,疏忽种类,背离规则的条件、目的和注意事项	
3.2.1 适用对象	√

考试大纲	适用对象
	9105
3.2.2 疏忽种类	√
3.2.3 背离规则的条件	√
3.2.4 背离规则的目的	√
3.2.5 背离规则时的注意事项	√
3.3 一般定义:船舶、机动船、帆船、从事捕鱼的船舶、限于吃水的船舶、失去控制的船舶、操纵能力受到限制的船舶、在航、船舶的长度和宽度、水上飞机、互见、能见度不良和地效船十三个名词的定义	
3.3.1 船舶、机动船、帆船、从事捕鱼的船舶、水上飞机和地效船	√
3.3.2 限于吃水的船舶、失去控制的船舶、操纵能力受到限制的船舶	√
3.3.3 在航、船舶的长度和宽度	√
3.3.4 互见、能见度不良	√
3.4 号灯与号型:基础知识、各类船舶号灯与号型的显示与识别	
3.4.1 基础知识	√
3.4.2 在航机动船应显示的号灯号型	√
3.4.3 拖带与顶推应显示的号灯号型	√
3.4.4 在航帆船应显示的号灯号型	√
3.4.5 从事捕鱼的船舶应显示的号灯号型	√
3.4.6 相互邻近处捕鱼的渔船额外信号	√
3.4.7 失去控制的船舶应显示的号灯号型	√
3.4.8 操纵能力受到限制的船舶应显示的号灯号型	√
3.4.9 限于吃水的船舶应显示的号灯号型	√
3.4.10 从事引航任务的船舶应显示的号灯号型	√
3.4.11 锚泊船应显示的号灯号型	√
3.4.12 搁浅船应显示的号灯号型	√
3.5 声响与灯光信号:基础知识,信号种类、适用、使用方法和注意事项	
3.5.1 基础知识	√
3.5.2 信号种类	√
3.5.3 各信号的适用情况	√

考试大纲	适用对象
	9105
3.5.4 声响与灯光信号的使用方法	√
3.5.5 使用声响与灯光信号时的注意事项	√
3.6 瞭望:适用范围与目的、瞭望人员与手段	
3.6.1 适用范围与目的	√
3.6.2 瞭望人员	√
3.6.3 瞭望的手段	√
3.7 安全航速:含义与要求、决定因素	
3.7.1 安全航速的含义与要求	√
3.7.2 确定安全航速应考虑的因素	√
3.8 碰撞危险:判断原则、手段与方法,雷达的正确使用,雷达标绘及其相当的系统观察方法,罗经方位法使用注意事项	
3.8.1 判断碰撞危险的原则	√
3.8.2 判断碰撞危险的手段与方法	√
3.8.3 雷达的正确使用	√
3.8.4 雷达标绘以及与雷达标绘相当的系统观察方法	√
3.8.5 罗经方位判断碰撞危险时应注意的问题	√
3.9 避免碰撞的行动:时机、幅度和效果,避让有效性查核要求,减速或把船停住的时机与要求,本船转向与变速避让效果及 DCPA 和 TCPA 的变化规律,不应妨碍的责任与行动要求,不应妨碍的船舶与不应被妨碍的船舶之间的责任关系	
3.9.1 避碰行动的时机要求	√
3.9.2 避碰行动的幅度要求	√
3.9.3 避碰行动的效果要求	√
3.9.4 查核避让行动的有效性	√
3.9.5 减速或把船停住的时机与要求	√
3.9.6 本船转向与变速避让效果及 DCPA 和 TCPA 的变化规律	√
3.9.7 不应妨碍的责任与行动要求	√
3.9.8 不应妨碍的船舶与不应被妨碍的船舶之间的责任关系	√

考试大纲	适用对象
	9105
3.10 狭水道:狭水道与航道的定义、适用范围、航行原则、不应妨碍的船舶的义务、狭水道航行的注意事项	
3.10.1 狭水道与航道的定义	√
3.10.2 狭水道条款的适用范围	√
3.10.3 狭水道的航行原则	√
3.10.4 不应妨碍的船舶的义务	√
3.10.5 狭水道航行的注意事项	√
3.11 分道通航制:分道通航制和沿岸通航带的定义及组成,分道通航制条款适用范围、与规则其他条款的关系,使用分道通航制和沿岸通航带的原则,穿越分道通航制的航法,进入分隔带或分隔线的规定,应特别谨慎航行的区域,避免锚泊,不应妨碍的规定,免受约束的船舶	
3.11.1 分道通航制和沿岸通航带的定义及组成	√
3.11.2 分道通航制条款的适用范围	√
3.11.3 分道通航制条款与其他条款的关系	√
3.11.4 使用分道通航制和沿岸通航带的原则	√
3.11.5 穿越分道通航制的航法	√
3.11.6 进入分隔带或分隔线的规定	√
3.11.7 应特别谨慎航行的区域	√
3.11.8 避免锚泊	√
3.11.9 不应妨碍的规定	√
3.11.10 免受约束的船舶	√
3.12 帆船条款:适用范围、避让责任和行动	√
3.13 追越局面:适用范围、构成要件、局面特点、避让责任与行动、追越条款与其他条款的关系	
3.13.1 适用范围	√
3.13.2 追越局面构成要件	√
3.13.3 追越局面的特点	√
3.13.4 避让责任与行动	√

考试大纲	适用对象 9105
3.13.5 追越条款与其他条款的关系	√
3.14 对遇局面:适用范围、构成要件、局面特点、避让责任与行动、危险对遇的理解及避让特点	
3.14.1 适用范围	√
3.14.2 对遇局面构成要件	√
3.14.3 对遇局面的特点	√
3.14.4 避让责任与行动	√
3.14.5 危险对遇的理解及避让特点	√
3.15 交叉相遇局面:适用范围、构成要件、局面特点、避让责任与行动	
3.15.1 适用范围	√
3.15.2 交叉相遇局面的构成要件	√
3.15.3 交叉相遇局面的特点	√
3.15.4 避让责任与行动	√
3.16 让路船的行动:让路责任的确定、避让原则	
3.16.1 让路责任的确定	√
3.16.2 避让原则	√
3.17 直航船的行动:直航船的含义、保向保速的含义及适用时机、可独自采取行动的时机及注意事项、采取最有助于避碰行动的时机及注意事项、让路船的责任	
3.17.1 直航船的含义	√
3.17.2 保向保速的含义及适用时机	√
3.17.3 可独自采取避让行动的时机及行动的注意事项	√
3.17.4 应采取最有助于避碰行动的时机及行动的注意事项	√
3.17.5 让路船的责任	√
3.18 船舶之间的责任:确定船舶之间责任的原则,与其他条款的关系以及互见中让路责任的确定,机动船、帆船以及从事捕鱼的船舶与其他船舶之间的责任,限于吃水的船舶与其他船舶之间的责任,水上飞机与其他船舶之间的责任,地效船与其他船舶之间的责任	
3.18.1 确定船舶之间责任的原则	√

考试大纲	适用对象
	9105
3.18.2 与其他条款的关系以及互见中让路责任的确定	√
3.18.3 机动船与其他船舶之间的责任	√
3.18.4 帆船与其他船舶之间的责任	√
3.18.5 从事捕鱼的船舶与其他船舶之间的责任	√
3.18.6 限于吃水的船舶与其他船舶之间的责任	√
3.18.7 水上飞机与其他船舶之间的责任	√
3.18.8 地效船与其他船舶之间的责任	√
3.19 能见度不良时的行动规则:一般规定,避让行动规定	
3.19.1 一般规定	√
3.19.2 避让行动规定	√
4 航行值班	
4.1 航行值班中基本原则的内容、应用和意图	
4.1.1 保持安全值班的意图	√
4.1.2 值班人员的值班时间的强制性标准及 STCW 规则为防止疲劳作出的指导性意见	√
4.1.3 值班安排的总体要求	√
4.2 驾驶台瞭望的要求	
4.2.1 值班驾驶员作为唯一瞭望人员的条件(瞭望人员)	√
4.2.2 为保持正规瞭望值班安排应考虑的因素(驾驶台瞭望要求)	√
4.3 驾驶台交接班的有关要求	
4.3.1 交班驾驶员应注意的事项	√
4.3.2 接班驾驶员应注意的事项	√
4.4 船舶航行、操纵和避让行动的有关要求	
4.4.1 助航仪器的使用、定期检查	√
4.4.2 使用雷达	√
4.4.3 使用主机和施放声响信号设备	√
4.4.4 自动舵的使用	√
4.4.5 沿岸航行	√

考试大纲	适用对象
	9105
4.4.6 在良好天气中的值班	√
4.4.7 通知船长的时机	√
4.4.8 引航员在船（引航员在船时驾驶员的职责）	√
4.4.9 能见度不良值班（特殊情况下的操纵和避让行动的要求）	√
4.5 船舶在锚泊时驾驶值班人员的职责	√
4.6 船舶港内以及装卸危险品时驾驶值班人员的职责	
4.6.1 港内值班职责	√
4.6.2 装卸危险品时值班职责	√
4.7 渔区航行与避让	
4.7.1 渔场知识	√
4.7.2 渔船种类与作业特点	√
4.7.3 渔船避让要点	√
4.8 船舶内部通信设备和船舶报警系统及使用方法	√
4.9 船舶常规指令	√
4.10 主要航海国家的国旗、常见国际信号旗及船舶挂旗方法	√
5 搜寻与救助	
5.1 搜救组织	√
5.2 遇险和应急信号的判明	√
5.3 搜寻基点和最可能区域的确定方法	√
5.4 搜寻方式	√
5.5 救助落水人员的程序和应急操作	
5.5.1 救助落水人员的程序	√
5.5.2 救助落水人员的应急操作	√
6 应急反应	
6.1 抢滩程序、操作和注意事项	
6.1.1 抢滩程序、操作	√
6.1.2 抢滩注意事项	√

考试大纲	适用对象
	9105
6.2 搁浅前应采取的应急操船措施、危害及损害的评估和控制、搁浅后应采取的措施和脱浅方法及脱浅拉力的估算	
6.2.1 搁浅前应采取的应急操船措施	√
6.2.2 搁浅危害及损害的评估和控制	√
6.2.3 搁浅后应采取的措施	√
6.2.4 脱浅方法及脱浅拉力的估算	√
6.3 碰撞前、后应采取的应急操船措施,碰撞后损害的评估和应变部署,碰撞后续航、抢滩或弃船时的注意事项	
6.3.1 碰撞前应采取的应急操船措施	√
6.3.2 碰撞后应采取的应急操船措施	√
6.3.3 碰撞后损害的评估和应变部署	√
6.3.4 碰撞后续航、抢滩或弃船时的注意事项	√
6.3.5 堵漏器械和堵漏方法	√
6.4 协助遇险船舶措施,包括:应急通信的建立、应急拖带前的准备工作、拖缆要求及布置、拖带过程中的船舶操纵及拖缆检查、解缆程序及注意事项、应急拖缆配置和布置要求	
6.4.1 应急拖带前的准备工作	√
6.4.2 拖缆要求及布置(应急拖缆配置和布置要求)	√
6.4.3 拖带过程中的船舶操纵及拖缆检查	√
6.4.4 解缆程序及注意事项	√
6.4.5 应急通信的建立	√
7 驾驶台资源管理	
7.1 驾驶台资源管理概念、作用与目的	
7.1.1 驾驶台资源管理概念	√
7.1.2 驾驶台资源管理作用与目的	√
7.2 驾驶台资源的组成、分配与排序	√
7.3 驾驶台组织结构及职责	√

考试大纲	适用对象 9105
7.4 通信与沟通的定义、方式及特点,有效沟通的原则,与引航员沟通要点,通信与沟通障碍及改进方法	
7.4.1 通信与沟通的定义、方式及特点	√
7.4.2 有效沟通的原则	√
7.4.3 与引航员沟通要点	√
7.4.4 通信与沟通障碍及改进方法	√
7.5 决策的概念、特点、主要类型,决策的过程与要点	
7.5.1 决策的概念、特点	√
7.5.2 决策的主要类型	√
7.5.3 决策的过程与要点	√
7.6 领导力的含义与作用、领导的类型与风格、船舶领导力	
7.6.1 领导力的含义与作用	√
7.6.2 领导的类型与风格	√
7.6.3 船舶领导力	√
7.7 情境意识含义、组成,情境意识丧失的征兆,提高情境意识水平的途径,保持良好的情境意识	
7.7.1 情境意识含义	√
7.7.2 情境意识组成	√
7.7.3 情境意识丧失的征兆	√
7.7.4 提高情境意识水平的途径	√
7.7.5 保持良好的情境意识	√
8 用视觉信号发出和接收信息	
8.1 国际信号规则	
8.1.1 主要的国际信号旗	√
8.1.2 旗意的解释	√
8.1.3 代旗的正确使用	√
8.1.4 当信号不明白时,应采取的行动	√
8.1.5 如何终止信号的显示	√

考试大纲	适用对象
	9105
8.1.6 所列的信号名字,说出其明语意思	√
8.1.7 识别信号的使用	√
8.1.8 带补充码的单字母信号的用法	√
8.1.9 信号的组成	√
8.1.10 补充码和补充表的使用	√
8.1.11 单字母信号的意思	√
8.1.12 破冰船与被援助船之间的单字母信号	√
8.1.13 国际信号规则中的遇险信号	√
8.2 莫尔斯信号通信	
8.2.1 会区分莫尔斯信号中的数字和字母	√
8.2.2 用闪光灯收发遇险信号 SOS	√
8.2.3 声响信号中的推荐信号	√
8.2.4 仅在符合《1972 年国际海上避碰规则》的要求中所示的单字母信号	√

船舶操纵与避碰（未满500总吨船舶）

9107：未满500总吨船舶船长
9108：未满500总吨船舶大副
9109：未满500总吨船舶二/三副

考试大纲	适用对象		
	9107	9108	9109
1 船舶操纵和操作小船动力装置			
1.1 船舶变速性能、旋回性能、航向稳定性和保向性			
1.1.1 船舶变速性能	√	√	√
1.1.2 旋回性能	√	√	√
1.1.3 航向稳定性和保向性	√	√	√
1.2 船舶操纵性试验、IMO船舶操纵性衡准的基本内容			
1.2.1 船舶操纵性试验	√		
1.2.2 IMO船舶操纵性衡准的基本内容	√		
1.3 风对操船的影响、流对操船的影响			
1.3.1 风对操船的影响	√	√	√
1.3.2 流对操船的影响	√	√	√
1.4 浅水效应及其对操船的影响、富余水深的确定			
1.4.1 浅水效应及其对操船的影响	√	√	√
1.4.2 富余水深的确定	√	√	√
1.5 锚泊、系泊和系浮筒的准备工作、操作要领和注意事项，操纵用锚适用时机、使用方法和注意事项			
1.5.1 锚泊准备工作	√		
1.5.2 锚泊操作要领和注意事项	√		
1.5.3 系泊准备工作	√		
1.5.4 系泊操作要领和注意事项	√		
1.5.5 系浮筒的准备工作	√		
1.5.6 系离浮筒操作要领和注意事项	√		
1.5.7 操纵用锚适用时机、使用方法和注意事项	√		

考试大纲	适用对象		
	9107	9108	9109
1.6 引航梯布置要求	√	√	√
1.7 小船动力装置工作原理与操作			
1.7.1 船舶动力装置的组成、类型	√	√	√
1.7.2 柴油机的类型及工作原理	√	√	√
1.7.3 动力装置的操作(备车、机动操纵管理、运转中的管理、经济航速、到港前及完车后的操作)	√	√	√
1.8 辅机的种类与操作			
1.8.1 辅机的种类	√	√	√
1.8.2 辅机的操作	√	√	√
2 海上避碰规则			
2.1 一般定义:船舶、机动船、帆船、从事捕鱼的船舶、限于吃水的船舶、失去控制的船舶、操纵能力受到限制的船舶、在航、船舶的长度和宽度、水上飞机、互见、能见度不良和地效船十三个名词的定义			
2.1.1 船舶、机动船、帆船、水上飞机、地效船		√	√
2.1.2 从事捕鱼的船舶、限于吃水的船舶、失去控制的船舶、操纵能力受到限制的船舶		√	√
2.1.3 在航、船舶的长度和宽度		√	√
2.1.4 互见、能见度不良		√	√
2.2 号灯与号型:基础知识、各类船舶号灯与号型的显示与识别			
2.2.1 基础知识	√	√	√
2.2.2 在航机动船号灯与号型的显示与识别	√	√	√
2.2.3 拖带与顶推船号灯与号型的显示与识别	√	√	√
2.2.4 在航帆船号灯与号型的显示与识别	√	√	√
2.2.5 从事捕鱼的船舶号灯与号型的显示与识别	√	√	√
2.2.6 相互邻近处捕鱼的渔船额外信号显示与识别	√	√	√
2.2.7 失去控制的船舶号灯与号型的显示与识别	√	√	√

考试大纲	适用对象		
	9107	9108	9109
2.2.8 操纵能力受到限制的船舶号灯与号型的显示与识别	√	√	√
2.2.9 限于吃水的船舶号灯与号型的显示与识别	√	√	√
2.2.10 从事引航任务的船舶号灯与号型的显示与识别	√	√	√
2.2.11 锚泊船号灯与号型的显示与识别	√	√	√
2.2.12 搁浅船号灯与号型的显示与识别	√	√	√
2.2.13 地效船和水上飞机号灯与号型的显示与识别	√	√	√
2.3 声响与灯光信号:基础知识、信号种类、适用、使用方法和注意事项			
2.3.1 基础知识		√	√
2.3.2 信号种类、适用、使用方法和注意事项		√	√
2.4 瞭望:适用范围与目的、瞭望人员与手段			
2.4.1 适用范围与目的	√	√	√
2.4.2 瞭望人员	√	√	√
2.4.3 瞭望手段	√	√	√
2.5 安全航速:含义与要求、决定因素			
2.5.1 安全航速含义与要求	√	√	√
2.5.2 安全航速决定因素	√	√	√
2.6 碰撞危险:判断原则、手段与方法,雷达正确使用,雷达标绘及其相当的系统观察方法,罗经方位法使用注意事项			
2.6.1 判断碰撞危险的原则	√	√	√
2.6.2 判断碰撞危险的手段与方法	√	√	√
2.6.3 雷达正确使用	√	√	√
2.6.4 雷达标绘及其相当的系统观察方法	√	√	√
2.6.5 罗经方位法使用注意事项	√	√	√
2.7 避免碰撞的行动的时机、幅度和效果,避让有效性查核要求,减速或把船停住的时机与要求,本船转向与变速避让效果及 DCPA 和 TCPA 的变化规律,不应妨碍的责任与行动要求,不应妨碍的船舶与不应被妨碍的船舶之间的责任关系			

考试大纲	适用对象		
	9107	9108	9109
2.7.1 避免碰撞的行动的时机	√	√	√
2.7.2 避免碰撞的行动的幅度	√	√	√
2.7.3 避免碰撞的行动的效果	√	√	√
2.7.4 避让有效性查核要求	√	√	√
2.7.5 减速或把船停住的时机与要求	√	√	√
2.7.6 本船转向与变速避让效果及 DCPA 和 TCPA 的变化规律	√	√	√
2.7.7 不应妨碍的责任与行动要求	√	√	√
2.7.8 不应妨碍的船舶与不应被妨碍的船舶之间的责任关系	√	√	√
2.8 狭水道:狭水道与航道的定义、适用范围、航行原则、不应妨碍的船舶的义务、狭水道航行注意事项			
2.8.1 狭水道与航道的定义	√	√	√
2.8.2 狭水道的适用范围	√	√	√
2.8.3 狭水道的航行原则	√	√	√
2.8.4 不应妨碍的船舶的义务	√	√	√
2.8.5 狭水道航行的注意事项	√	√	√
2.9 分道通航制:分道通航制和沿岸通航带定义及组成,分道通航制条款适用范围、与其他条款的关系,使用分道通航制和沿岸通航带的原则,穿越分道通航制的航法,进入分隔带或分隔线的规定,应特别谨慎航行的区域,避免锚泊,不应妨碍的规定,免受约束的船舶			
2.9.1 分道通航制和沿岸通航带定义及组成		√	√
2.9.2 分道通航制条款适用范围、与其他条款的关系		√	√
2.9.3 使用分道通航制和沿岸通航带的原则		√	√
2.9.4 穿越分道通航制的航法		√	√
2.9.5 进入分隔带或分隔线的规定		√	√
2.9.6 应特别谨慎航行的区域		√	√
2.9.7 避免锚泊		√	√

考试大纲	适用对象		
	9107	9108	9109
2.9.8 不应妨碍的规定		√	√
2.9.9 免受约束的船舶		√	√
2.10 帆船条款:适用范围、避让责任和行动		√	√
2.11 追越局面:适用范围、构成要件、局面特点、避让责任与行动、追越条款与其他条款的关系			
2.11.1 适用范围	√	√	√
2.11.2 追越局面构成要件	√	√	√
2.11.3 追越局面的特点	√	√	√
2.11.4 避让责任与行动	√	√	√
2.11.5 追越条款与其他条款的关系	√	√	√
2.12 对遇局面:适用范围、构成要件、局面特点、避让责任与行动、危险对遇的理解及避让特点			
2.12.1 适用范围	√	√	√
2.12.2 对遇局面构成要件	√	√	√
2.12.3 对遇局面的特点	√	√	√
2.12.4 避让责任与行动	√	√	√
2.12.5 危险对遇的理解及避让特点	√	√	√
2.13 交叉相遇局面:适用范围、构成要件、局面特点、避让责任与行动			
2.13.1 适用范围	√	√	√
2.13.2 交叉相遇局面的构成要件	√	√	√
2.13.3 交叉相遇局面的特点	√	√	√
2.13.4 避让责任与行动	√	√	√
2.14 让路船的行动:让路责任的确定、避让原则			
2.14.1 让路责任的确定	√	√	√
2.14.2 避让原则	√	√	√

考试大纲	适用对象		
	9107	9108	9109
2.15 直航船的行动：直航船定义、保向保速的含义及适用时机、可独自采取行动的时机及注意事项、采取最有助于避碰行动的时机及注意事项、让路船的责任			
2.15.1 直航船定义	√	√	√
2.15.2 保向保速的含义及适用时机	√	√	√
2.15.3 可独自采取行动的时机及注意事项	√	√	√
2.15.4 采取最有助于避碰行动的时机及注意事项	√	√	√
2.15.5 让路船的责任	√	√	√
2.16 船舶之间的责任：确定船舶之间责任的原则，与其他条款的关系以及互见中让路责任的确定，机动船、帆船以及从事捕鱼的船舶与其他船舶之间的责任，限于吃水的船舶与其他船舶之间的责任，水上飞机与其他船舶之间的责任，地效船与其他船舶之间的责任			
2.16.1 确定船舶之间责任的原则	√	√	√
2.16.2 与其他条款的关系以及互见中让路责任的确定	√	√	√
2.16.3 机动船与其他船舶之间的责任	√	√	√
2.16.4 帆船与其他船舶之间的责任	√	√	√
2.16.5 从事捕鱼的船舶与其他船舶之间的责任	√	√	√
2.16.6 限于吃水的船舶与其他船舶之间的责任	√	√	√
2.16.7 水上飞机与其他船舶之间的责任	√	√	√
2.16.8 地效船与其他船舶之间的责任	√	√	√
2.17 能见度不良时的行动规则：一般规定、避让行动规定			
2.17.1 一般规定	√	√	√
2.17.2 避让行动规定	√	√	√
2.18 责任：适用对象，疏忽种类，背离规则的条件、目的和注意事项			
2.18.1 适用对象	√	√	
2.18.2 疏忽种类	√	√	
2.18.3 背离规则的条件	√	√	

考试大纲	适用对象		
	9107	9108	9109
2.18.4 背离规则的目的	√	√	
2.18.5 背离规则的注意事项	√	√	
3 值班原则			
3.1 航行值班中基本原则的内容、应用和意图			
3.1.1 适于值班的条件		√	√
3.1.2 值班安排和应遵循的原则，包括：持证、航次计划、海上值班等		√	√
3.2 驾驶台值班驾驶员承担的责任及要求	√	√	√
3.3 驾驶台瞭望的要求			
3.3.1 驾驶台瞭望的目的		√	√
3.3.2 驾驶台单人瞭望的条件		√	√
3.4 驾驶台交接班的有关要求			
3.4.1 对交班驾驶员的有关要求	√	√	√
3.4.2 对接班驾驶员的有关要求	√	√	√
3.5 船舶航行、操纵和避让行动的有关要求			
3.5.1 助航仪器的使用、定期检查		√	√
3.5.2 通知船长的时机		√	√
3.5.3 引航员在船时驾驶员的职责		√	√
3.5.4 特殊情况下的操纵和避让行动的要求		√	√
3.6 船舶在锚泊时驾驶台人员的职责	√	√	√
3.7 船舶在港内以及装卸危险品时驾驶员的职责	√	√	√
4 自动舵的使用			
4.1 应急控制系统的特点与使用要领	√	√	√
4.2 自动舵的操舵转换方式：自动、随动和非随动的转换及适用场合	√	√	√
4.3 自动舵调节旋钮的使用	√	√	√
4.4 使用自动舵的注意事项	√	√	√
5 应急反应			

考试大纲	适用对象		
	9107	9108	9109
5.1 抢滩程序、操作和注意事项	√		
5.2 搁浅前应采取的应急操船措施,危害及损害的评估和控制,搁浅后应采取的措施和脱浅方法及脱浅拉力的估算			
5.2.1 搁浅前应采取的应急操船措施	√	√	√
5.2.2 搁浅的危害及损害的评估和控制	√	√	
5.2.3 搁浅后应采取的措施	√	√	
5.2.4 脱浅方法及脱浅拉力的估算	√		
5.3 碰撞前、后应采取的应急操船措施,碰撞后损害的评估和应变部署,碰撞后续航、抢滩或弃船时的注意事项			
5.3.1 碰撞前应采取的应急操船措施	√	√	√
5.3.2 碰撞后应采取的应急操船措施	√	√	√
5.3.3 碰撞后损害的评估和应变部署	√	√	
5.3.4 碰撞后续航、抢滩或弃船时的注意事项	√	√	
5.4 应急操舵,包括:应急舵转换、驾驶台与舵机间通信、应急舵操舵方法等			
5.4.1 应急舵转换、驾驶台与舵机间通信	√	√	
5.4.2 应急舵操舵方法	√		
5.5 应急拖带前的准备工作,拖缆要求及布置,拖带过程中的船舶操纵及拖缆检查,解缆程序及注意事项			
5.5.1 应急拖带前的准备工作,拖缆要求及布置	√	√	
5.5.2 拖带过程中的船舶操纵及拖缆检查,解缆程序及注意事项	√		
6 对海上遇险信号的反应			
6.1 搜救组织	√	√	√
6.2 遇险和应急信号的判明(避碰规则第三十七条遇险信号)	√	√	√
6.3 搜寻基点和最可能区域的确定方法			
6.3.1 收到遇险信号后应立即采取的行动	√	√	√
6.3.2 赴援途中应采取的行动及驶近现场搜寻	√	√	√

考试大纲	适用对象		
	9107	9108	9109
6.3.3 确定搜寻基点和最可能区域	√	√	√
6.4 搜寻方式	√	√	√
6.5 救助落水人员的程序和应急操作			
6.5.1 看到人员落水时的立即行动	√	√	√
6.5.2 救助遇难船舶落水人员	√	√	√
6.5.3 救助落水人员的操船方法及注意事项	√	√	√

航海学（500 总吨及以上船舶船长/大副）

9201：无限航区 500 总吨及以上船舶船长
9202：沿海航区 500 总吨及以上船舶船长
9203：无限航区 500 总吨及以上船舶大副
9204：沿海航区 500 总吨及以上船舶大副

考试大纲	适用对象			
	9201	9202	9203	9204
1 制订航次计划并引导航行				
1.1 航次计划概念	√	√	√	√
1.2 航线设计工作程序				
1.2.1 航线设计步骤			√	√
1.2.2 航线设计的重要环节	√	√	√	√
1.2.3 航线审核	√	√		
1.2.4 船长对航线风险评估及应对措施	√	√		
1.3 拟定与执行航次计划时的注意事项	√	√	√	√
1.4 各种条件下的航行及其监控				
1.4.1 大洋航线设计及大洋航行方法	√		√	
1.4.2 沿岸航线设计及沿岸航行方法	√	√	√	√
1.4.3 岛礁区航行方法	√	√		
1.4.4 狭水道航行方法	√	√	√	√
1.4.5 雾中航行方法	√	√	√	√
1.4.6 冰区航行方法	√	√	√	√
1.4.7 分道通航制区域航行方法	√	√	√	√
1.4.8 VTS 管辖区域的航行方法及报告程序	√	√	√	√
1.4.9 航行监控	√	√	√	√
1.5 船舶定线制的一般规定				
1.5.1 船舶定线制的组成、目的、定线方法	√	√	√	√
1.5.2 船舶定线制的使用方法	√	√	√	√
1.6 船舶报告制的一般原则				

考试大纲	适用对象			
	9201	9202	9203	9204
1.6.1 报告系统的目的和要求	√	√	√	√
1.6.2 报告类型及程序	√	√	√	√
2 定位和确定各种定位方法获取的最终船位的精度				
2.1 船舶定位				
2.1.1 天文定位				
2.1.1.1 用高度差法绘制天文船位线			√	
2.1.1.2 测太阳中天高度求纬度方法			√	
2.1.1.3 三星定位的方法			√	
2.1.2 RADAR、卫导(GPS、北斗)等现代电子助航仪器的定位方法			√	√
2.1.3 格洛纳斯、伽利略等卫星定位系统			√	√
2.1.4 各种定位方法的特点、局限性、误差源及提高定位精度的方法	√	√	√	√
2.2 电子助航仪器的操作及对其误差的认知				
2.2.1 GPS/DGPS 卫星导航系统的误差和影响定位精度的信息分析	√	√	√	√
2.2.2 北斗等其他卫星导航系统的误差和影响定位精度的信息分析	√	√	√	√
3 测定和修正罗经差				
3.1 测定罗经差				
3.1.1 罗经差的测定程序			√	√
3.1.2 利用陆标测定罗经差			√	√
3.1.3 使用 GPS 测定罗经差			√	√
3.1.4 利用天体测定罗经差的原理及注意事项			√	√
3.1.5 利用低高度太阳方位测定罗经差			√	
3.1.6 太阳真出没测定罗经差			√	
3.1.7《太阳方位表》的结构及太阳方位的查取方法			√	
3.1.8 观测北极星方位求罗经差			√	

考试大纲	适用对象			
	9201	9202	9203	9204
3.2 磁罗经和陀螺罗经工作原理				
3.2.1 磁罗经自差产生的原因、种类、性质			√	√
3.2.2 校正磁罗经自差的条件、原则和准备程序			√	√
3.2.3 校正磁罗经自差的程序			√	√
3.2.4 磁罗经自差的测定及自差表(或自差曲线图)的制作			√	√
3.2.5 磁罗经种类、结构、安装、检查、维护及使用注意事项			√	√
3.2.6 国际公约对船舶配备陀螺罗经的要求			√	√
3.2.7 陀螺罗经的误差及校正方式			√	√
3.2.8 光纤罗经的基本知识			√	√
3.3 主要类型罗经的操作和维护				
3.3.1 陀螺罗经的系统组成			√	√
3.3.2 主要类型罗经的操作和保养知识			√	√
4 使用有助于指挥决策的从导航设备和系统获得的信息,以保持航行安全				
4.1 导航系统的操作原理、分析局限与误差,包括:陀螺罗经或传送航向装置(THD)、速度与航程测量设备(SDME)、电子定位系统(EPFS)、雷达、自动识别系统(AIS),航向及速度控制系统等各自特性与误差				
4.1.1 陀螺罗经或传送航向装置(THD)	√	√	√	√
4.1.2 船用计程仪	√	√	√	√
4.1.3 卫星导航系统	√	√	√	√
4.1.4 雷达及辅助装置	√	√	√	√
4.1.5 自动识别系统(AIS)	√	√	√	√
4.1.6 自动舵系统	√	√	√	√
4.2 盲引航技术,包括:盲引航手段、盲引航计划、盲引航执行、团队分工与责任				

考试大纲	适用对象			
	9201	9202	9203	9204
4.2.1 盲引航手段	√	√		
4.2.2 盲引航计划	√	√		
4.2.3 盲引航执行	√	√		
4.2.4 团队分工与责任	√	√	√	√
4.3 目标信息的获取与分析,包括:雷达标绘方法及误差、雷达目标自动跟踪(ARPA/TT)精度及其影响因素、AIS 目标数据特性及其影响因素等				
4.3.1 雷达标绘方法及误差	√	√	√	√
4.3.2 雷达目标自动跟踪(ARPA/TT)精度及其影响因素	√	√	√	√
4.3.3 AIS 目标数据特性及其影响因素	√	√	√	√
4.4 通过各种导航信息的综合应用,保持航行安全,包括:导航信息的交叉验证、内在关系与最优应用、有助于避碰的指挥决策信息评估、多种水域的导航与控制方法、各类导航设备信息的最佳运用方法				
4.4.1 导航信息的交叉验证			√	√
4.4.2 内在关系与最优应用			√	√
4.4.3 有助于避碰的指挥决策信息评估			√	√
4.4.4 多种水域的导航与控制方法			√	√
4.4.5 各类导航设备信息的最佳运用方法	√	√		
5 通过使用协助指挥决策的 ECDIS 和关联导航系统,保持航行安全				
5.1 有关 ECDIS 的 SOLAS 配备要求、IMO/IHO 性能标准、STCW 培训要求	√	√		
5.2 ECDIS 的系统构成(硬件与软件)与配置要求				
5.2.1 ECDIS 系统构成	√	√		
5.2.2 ECDIS 配置要求	√	√		
5.2.3 ECDIS 系统海图及功能	√	√		

考试大纲	适用对象			
	9201	9202	9203	9204
5.3 电子海图数据管理及软件的购置、许可方式及流程				
5.3.1 电子海图数据管理	√	√	√	√
5.3.2 电子海图软件的购置、许可方式及流程	√	√	√	√
5.4 自动(手动)更新信息的流程与方法	√	√	√	√
5.5 系统状态指示、指示器与报警	√	√		
5.6 ECDIS 航线设计的驾驶台工作程序,计划航线创建、维护与审核				
5.6.1 ECDIS 航线设计的驾驶台工作程序	√	√	√	√
5.6.2 ECDIS 中计划航线创建、维护与审核	√	√	√	√
5.7 航行监控功能查验与应急处理	√	√	√	√
5.8 ECDIS 中相关导航系统数据显示与处理				
5.8.1 导航系统数据显示	√	√		
5.8.2 外接传感器及数据显示	√	√		
5.9 运行记录文件创建与维护			√	√
5.10 ECDIS 日志、航迹历史功能,检查系统功能、警报设定和用户反应	√	√	√	√
5.11 ECDIS 回放功能,可进行航行审查、航线设计和系统功能的审查	√	√	√	√
5.12 系统测试方法与备用配置			√	√
5.13 ECDIS 使用风险和应对措施				
5.13.1 ECDIS 使用风险	√	√	√	√
5.13.2 ECDIS 风险的应对措施	√	√		
6 预报天气和海洋水文状况				
6.1 航海气象分析				
6.1.1 海冰				
6.1.1.1 海冰与冰山概述			√	√
6.1.1.2 冰山和浮冰的漂移规律			√	√
6.1.1.3 中国沿海的冰况			√	√

考试大纲	适用对象			
	9201	9202	9203	9204
6.1.1.4 世界大洋的海冰的时空分布			√	
6.1.2 船体结冰的危险和处理方法				
6.1.2.1 可能引起船体积冰的因素	√	√	√	√
6.1.2.2 船员手册有关冰区航行的知识	√	√	√	√
6.1.2.3 避免或减少积冰的方法	√	√	√	√
6.1.3 天气图的基础知识				
6.1.3.1 天气图定义、投影方式			√	√
6.1.3.2 天气图种类			√	√
6.1.3.3 地面天气图填图格式			√	√
6.1.3.4 地面天气图分析项目			√	√
6.1.3.5 等压面和等高线高空天气图填图格式			√	√
6.1.3.6 高空天气图分析项目			√	√
6.1.4 气象信息的获取途径				
6.1.4.1 传真气象图的获取	√	√	√	√
6.1.4.2 天气报告和警报的获取	√	√	√	√
6.1.4.3 航运互联网和电子邮件中气象信息的获取	√	√	√	√
6.1.4.4 其他途径气象信息的获取	√	√	√	√
6.1.5 天气报告和警报的释读和应用	√	√	√	√
6.1.6 主要气象传真图的识读				
6.1.6.1 地面天气图的投影方式和主要地理位置辨识	√	√	√	√
6.1.6.2 天气系统强度、位置和移动辨识	√	√	√	√
6.1.6.3 警报辨识	√	√	√	√
6.1.6.4 重点天气系统的英文短文释义	√	√	√	√
6.1.6.5 指定船位点天气海况信息读取	√	√	√	√
6.1.6.6 海浪图、海流图、海冰图、台风警报图	√	√	√	√
6.1.7 气象传真图综合分析应用				
6.1.7.1 天气系统分析	√	√	√	√

考试大纲	适用对象			
	9201	9202	9203	9204
6.1.7.2 海区天气、海况分析	√	√	√	√
6.1.7.3 当前船舶所处的天气形势和天气、海况分析	√	√	√	√
6.1.8 航线天气海况预报				
6.1.8.1 根据气象信息、当地状况观测和船舶移动情况进行综合分析	√	√	√	√
6.1.8.2 作出未来某一时段内航线上的天气和海况预报	√	√	√	√
6.1.9 气象导航的知识及应用				
6.1.9.1 气象航线与气候航线的概念及特点	√	√	√	√
6.1.9.2 气象导航的安全性和经济效益	√	√	√	√
6.1.9.3 影响船舶运动的海洋环境因素	√	√	√	√
6.1.9.4 气象导航服务程序	√	√	√	√
6.1.9.5 船舶使用气象导航程序及注意事项	√	√	√	√
6.1.9.6 气象导航与海事纠纷处理	√	√	√	√
6.2 主要天气系统特性				
6.2.1 表征天气海况的主要气象海洋要素				
6.2.1.1 气温变化			√	√
6.2.1.2 气压梯度			√	√
6.2.1.3 表示湿度的物理量			√	√
6.2.1.4 大气中水汽的凝结			√	√
6.2.1.5 湿度的日、年变化			√	√
6.2.1.6 作用于大气微团的力			√	√
6.2.1.7 地转风			√	√
6.2.1.8 梯度风			√	√
6.2.1.9 摩擦层中的风			√	√
6.2.1.10 白贝罗定律的应用			√	√
6.2.1.11 云的分类及其基本特征			√	√
6.2.1.12 降水的种类、性质和强度			√	√

考试大纲	适用对象			
	9201	9202	9203	9204
6.2.1.13 平流雾、辐射雾、锋面雾、蒸汽雾			√	√
6.2.1.14 世界海洋雾的分布			√	
6.2.1.15 中国近海雾的分布			√	√
6.2.1.16 船舶判定海雾的方法			√	√
6.2.1.17 海面能见度			√	√
6.2.1.18 风浪、涌浪和近岸浪			√	√
6.2.1.19 海啸、风暴潮和内波			√	√
6.2.1.20 浪高与浪级			√	√
6.2.1.21 中国近海风浪分布特征			√	√
6.2.1.22 世界大洋主要大风浪分布特征			√	
6.2.2 大气环流和局地环流				
6.2.2.1 单圈环流和三圈环流形成			√	√
6.2.2.2 气压带和行星风带特征			√	√
6.2.2.3 海平面平均气压场的基本特征			√	√
6.2.2.4 季风的概念、成因及分布			√	√
6.2.2.5 东亚季风			√	√
6.2.2.6 南亚季风			√	
6.2.2.7 其他地区季风			√	
6.2.2.8 海陆风和山谷风			√	√
6.2.2.9 中国近海风分布特征			√	√
6.2.2.10 世界大洋大风分布特征			√	
6.2.3 气团和锋				
6.2.3.1 气团的定义、形成、源地及变性	√	√	√	√
6.2.3.2 气团的地理分类及主要天气特征	√	√	√	√
6.2.3.3 暖气团的定义及主要天气特征	√	√	√	√
6.2.3.4 冷气团的定义及主要天气特征	√	√	√	√
6.2.3.5 影响我国沿海的主要气团	√	√	√	√
6.2.3.6 锋的定义和空间结构	√	√	√	√

考试大纲	适用对象			
	9201	9202	9203	9204
6.2.3.7 锋的特征和分类	√	√	√	√
6.2.3.8 锋面天气	√	√	√	√
6.2.3.9 锋的移动规律	√	√	√	√
6.2.4 锋面气旋				
6.2.4.1 气旋的定义及流场特征	√	√	√	√
6.2.4.2 气旋的范围和强度	√	√	√	√
6.2.4.3 气旋的分类	√	√	√	√
6.2.4.4 气旋的一般天气特征	√	√	√	√
6.2.4.5 锋面气旋的形成和演变	√	√		
6.2.4.6 锋面气旋的天气模式	√	√	√	√
6.2.4.7 锋面气旋中风浪的分布	√	√	√	√
6.2.4.8 爆发性温带气旋	√	√	√	
6.2.4.9 东亚气旋生成源地和移动规律	√	√	√	
6.2.4.10 太平洋中部和东部锋面气旋移动规律	√		√	
6.2.4.11 北大西洋锋面气旋移动规律	√		√	
6.2.4.12 影响中国海域的气旋	√	√	√	
6.2.5 冷高压				
6.2.5.1 反气旋的定义及流场	√	√	√	√
6.2.5.2 反气旋的范围和强度	√	√		
6.2.5.3 反气旋的分类	√	√		
6.2.5.4 反气旋的一般天气特征	√	√	√	√
6.2.5.5 冷高压的形成和演变	√	√		
6.2.5.6 冷高压的天气模式	√	√	√	√
6.2.5.7 我国冷空气的源地和等级分类	√	√		
6.2.5.8 寒潮的概念和警报	√	√	√	√
6.2.5.9 寒潮活动的天气特征	√	√	√	√
6.2.6 副热带高压				
6.2.6.1 副热带高压的定义及形成	√	√	√	√

考试大纲	适用对象			
	9201	9202	9203	9204
6.2.6.2 副热带高压天气模式	√	√	√	√
6.2.6.3 表征西太平洋副热带高压的特征指数	√	√	√	√
6.2.6.4 西北太平洋副热带高压对我国天气、气候的影响	√	√	√	√
6.2.7 热带气旋（此项沿海只需中国沿海内容）				
6.2.7.1 热带气旋的定义、等级分类和名称	√	√	√	√
6.2.7.2 热带气旋警报	√	√	√	√
6.2.7.3 全球热带气旋发生的源地及季节变化	√		√	
6.2.7.4 热带气旋的天气结构及海况特征	√	√	√	√
6.2.7.5 热带气旋的生命史	√	√	√	√
6.2.7.6 热带气旋的形成条件	√	√	√	
6.2.7.7 世界大洋热带气旋的典型移动路径	√			
6.2.7.8 西北太平洋台风的移动路径	√	√	√	√
6.2.7.9 影响台风移动的因子	√	√	√	√
6.2.7.10 影响台风移动的天气系统	√	√	√	√
6.2.7.11 南海热带气旋的活动概况	√	√	√	√
6.2.7.12 南海热带气旋的特点	√	√	√	√
6.2.7.13 南海热带气旋的路径	√	√	√	√
6.2.7.14 台风来临前的征兆	√	√	√	√
6.2.7.15 台风部位的划分	√	√	√	√
6.2.7.16 船舶所处的台风部位及其判定	√	√	√	√
6.2.7.17 船舶避离热带气旋的方法	√	√	√	√
6.2.8 引起强对流性天气的中小尺度系统				
6.2.8.1 中小尺度天气系统概念及特征	√	√	√	√
6.2.8.2 雷暴	√	√	√	√
6.2.8.3 飑线	√	√	√	√
6.2.8.4 龙卷风	√	√	√	√
6.3 洋流系统的知识				

考试大纲	适用对象			
	9201	9202	9203	9204
6.3.1 海流的定义及分类、表层风海流特征			√	√
6.3.2 世界大洋表层环流模式			√	
6.3.3 世界大洋主要表层海流系统			√	
6.3.4 中国近海主要海流分布概况			√	√

航海学(500总吨及以上船舶二/三副)

9205：无限航区 500 总吨及以上船舶二/三副
9206：沿海航区 500 总吨及以上船舶二/三副

考试大纲	适用对象	
	9205	9206
1 天文航海		
1.1 天体坐标系及各坐标系坐标值之间的转换		
1.1.1 航用天体	√	
1.1.2 天体视运动	√	
1.1.3 赤道坐标系	√	
1.1.4 格林时角、地方时角	√	
1.1.5 地平坐标系	√	
1.2 天体视运动轨道及特点		
1.2.1 天体周日视运动的现象、成因、轨道与方向	√	
1.2.2 天体周日视运动的特征	√	
1.2.3 天体中天	√	
1.2.4 特殊地理位置和天体位置处的天体周日视运动	√	
1.2.5 天体周日视运动引起的天体坐标变化	√	
1.2.6 太阳周年视运动的现象、成因、轨道与方向	√	
1.2.7 太阳周年视运动的规律	√	
1.3 航海上的时间系统		
1.3.1 视时	√	
1.3.2 平时	√	
1.3.3 时差	√	
1.3.4 地方时与世界时、区时与船时	√	
1.3.5 时间系统的正确使用	√	
1.4 天文定位的方法及步骤		
1.4.1 测太阳定位的方法及步骤	√	

考试大纲	适用对象	
	9205	9206
1.4.2 测星定位的方法及步骤	√	
1.5 六分仪和测天数据的处理方法		
1.5.1 航海六分仪	√	
1.5.2 天体高度观测	√	
1.5.3 测天数据的处理	√	
1.6 求测天时刻天体的位置		
1.6.1 航海天文历的主要内容和作用	√	
1.6.2 求取恒星的地方时角和赤纬	√	
1.6.3 求取太阳和行星的地方时角和赤纬	√	
1.7 求天文船位线各要素,并绘制天文船位线		
1.7.1 高度差法求天文船位线的方法	√	
1.7.2 高度差法求天文船位线的要素	√	
1.7.3 在海图(墨卡托)上用高度差法绘制天文船位线的方法	√	
1.8 测太阳中天高度求纬度		
1.8.1 太阳中天高度求纬度的方法	√	
1.8.2 中天高度观测要领及注意事项	√	
1.8.3 测太阳中天高度求纬度的步骤并计算	√	
1.9 天文船位精度分析与误差控制		
1.9.1 天文船位线的误差种类	√	
1.9.2 误差控制	√	
2 地文航海		
2.1 地理坐标的定义、度量方法及地面方向的确定		
2.1.1 地理坐标的定义	√	√
2.1.2 度量方法	√	√
2.1.3 地面方向的确定	√	√
2.2 航向、方位和舷角的概念、度量和相互之间的关系		
2.2.1 航海上方向的划分及度量	√	√
2.2.2 航向、方位和舷角的概念	√	√

考试大纲	适用对象	
	9205	9206
2.2.3 航向、方位和舷角相互之间的关系	√	√
2.3 航速与航程的相关内容		
2.3.1 对水航速、对地航速、计程仪航速、流速、船速和主机航速的概念及相互关系	√	√
2.3.2 对水航程、对地航程、计程仪航程、流程、主机理论航程的概念及相互关系	√	√
2.4 海上距离和灯标射程		
2.4.1 海上距离	√	√
2.4.2 灯标射程	√	√
2.5 位置线和船位线以及观测船位的概念	√	√
2.6 陆标及其识别方法	√	√
2.7 航标的种类与作用	√	√
2.8 水上助航标志制度		
2.8.1 国际海区水上助航标志制度	√	
2.8.2 中国海区水上助航标志制度		√
2.8.3 使用助航设施注意事项	√	√
2.9 方位、距离的测定方法	√	√
2.10 方位定位、距离定位和单标方位距离定位的定位方法		
2.10.1 两方位、三方位定位方法	√	√
2.10.2 距离定位方法	√	√
2.10.3 单标方位距离定位方法	√	√
2.11 各种定位方法的特点及提高定位精度的方法		
2.11.1 方位定位	√	√
2.11.2 距离定位	√	√
2.11.3 单标方位距离定位	√	√
2.12 风、流对航向和航速的影响		
2.12.1 风对航向和航速的影响	√	√
2.12.2 流对航向和航速的影响	√	√

考试大纲	适用对象	
	9205	9206
2.12.3 风压差、流压差、风流压差的定义及标示方法	√	√
2.12.4 风流压差的测定方法	√	√
2.13 不同风流条件下海图作业方法		
2.13.1 海图作业基本知识	√	√
2.13.2 船位推算	√	√
2.14 航迹计算方法		
2.14.1 航迹计算基本知识	√	√
2.14.2 中分纬度航法	√	
2.14.3 墨卡托航法	√	√
2.15 潮汐成因、潮汐现象和潮流		
2.15.1 潮汐的基本成因	√	√
2.15.2 潮汐现象	√	√
2.15.3 潮汐类型	√	√
2.15.4 潮流	√	√
2.16《潮汐表》的结构和查阅方法		
2.16.1 英版《潮汐表》的结构和查阅方法	√	
2.16.2 中版《潮汐表》的结构和查阅方法		√
2.17 利用《潮汐表》等进行潮汐和潮流计算		
2.17.1 英版《潮汐表》主、附港潮汐推算方法	√	
2.17.2 中版《潮汐表》主、附港潮汐推算方法		√
2.17.3 任意时潮高和任意高潮时的计算方法	√	√
2.17.4 潮汐推算在航海上的应用	√	√
2.17.5 英版《潮汐表》中潮流预报表内容和潮流推算方法	√	
2.17.6 中版《潮汐表》中潮流预报表内容和潮流推算方法		√
2.17.7 往复流每日最大流速和半日潮海区每小时平均流速的确定方法	√	√
2.17.8 利用回转流表或回转流海图图式预报潮流的方法	√	√
3 海图和航海图书资料		

考试大纲	适用对象	
	9205	9206
3.1 各种海图投影方法及特点		
3.1.1 海图投影方法	√	√
3.1.2 恒向线	√	√
3.1.3 墨卡托投影海图	√	√
3.1.4 高斯投影方法、图网特点	√	√
3.1.5 大圆海图投影方法、图网特点和大圆海图使用注意事项	√	
3.2 海图比例尺与海图极限精度的关系	√	√
3.3 海图的识读及使用注意事项		
3.3.1 英版海图的识读	√	
3.3.2 中版海图的识读		√
3.3.3 海图分类及应用	√	√
3.3.4 海图使用注意事项	√	√
3.4 各主要航海出版物的用途和使用方法		
3.4.1 英版航海出版物的用途和使用方法	√	
3.4.2 中版航海出版物的用途和使用方法		√
3.5 航海通告的用途、获取手段和使用方法		
3.5.1 英版航海通告	√	
3.5.2 中版航海通告		√
3.6 无线电航行警告的种类、获取方法及应用		
3.6.1 无线电航行警告的种类	√	√
3.6.2 无线电航行警告的获取方法	√	√
3.6.3 无线电航行警告的应用	√	√
3.7 获取船舶定线资料的方法	√	√
4 船舶定线制		
4.1 气象航线与气候航线的概念与特点,气象导航原则、方法、程序和注意事项		
4.1.1 气象航线与气候航线的概念	√	

考试大纲	适用对象	
	9205	9206
4.1.2 气象导航	√	
4.2 船舶定线制的作用、种类、航行方法和航线设计原则,使用定线制与船舶避碰的关系		
4.2.1 船舶定线制的作用	√	√
4.2.2 船舶定线制的种类	√	√
4.2.3 航线设计原则	√	√
4.2.4 定线制区域航行方法	√	√
4.2.5 使用定线制与船舶避碰的关系	√	√
5 船舶报告制		
5.1 船舶报告系统的目的,船舶报告的种类、程序、主要内容及格式		
5.1.1 船舶报告系统的目的	√	√
5.1.2 船舶报告的种类、程序、主要内容及格式	√	√
5.2 船舶交通管理系统概况、功能、作用及服务,VTS 区域报告规定的查阅等		
5.2.1 船舶交通管理系统概况、功能和作用	√	√
5.2.2 船舶交通管理系统所提供的服务内容和船舶应提供的信息	√	√
5.2.3 VTS 区域报告规定的查阅	√	√
6 卫星导航		
6.1 国际公约对船舶配备电子定位设备的要求	√	√
6.2 陆基导航系统的发展、种类和现状	√	√
6.3 卫星导航系统的发展、种类和现状	√	√
6.4 卫星导航系统的基本功能、技术参数和特点	√	√
6.5 GPS 卫星导航系统的组成及功能	√	√
6.6 GPS 卫星信号的组成、产生和特点	√	√
6.7 GPS 卫星导航系统的定位、测向和测速原理	√	√
6.8 GPS 卫星导航系统的误差	√	√

考试大纲	适用对象	
	9205	9206
6.9 DGPS 功能、组成、种类和误差	√	√
6.10 GPS 接收机的性能要求和组成	√	√
6.11 GPS 接收机的操作和使用注意事项	√	√
6.12 北斗卫星导航系统的组成及功能	√	√
6.13 北斗卫星导航系统的定位原理	√	√
6.14 北斗接收机的性能要求和组成	√	√
6.15 北斗接收机的操作和使用注意事项	√	√
6.16 格洛纳斯卫星导航系统和伽利略卫星导航系统基本知识	√	
7 回声测深仪		
7.1 国际公约对船舶配备回声测深仪的要求	√	√
7.2 声波在水中传播的基本特性	√	√
7.3 回声测深仪的工作原理	√	√
7.4 回声测深仪的组成和工作时序	√	√
7.5 换能器的工作原理和种类,理解换能器的安装位置	√	√
7.6 回声测深仪的主要性能指标	√	√
7.7 回声测深仪误差及影响测量的主要因素	√	√
8 雷达		
8.1 航海雷达系统基本理论和工作原理		
8.1.1 雷达基本原理	√	√
8.1.2 磁安全距离	√	√
8.1.3 辐射危险及其预防	√	√
8.1.4 影响雷达探测目标的内部因素	√	√
8.1.5 影响雷达探测目标的外部因素	√	√
8.1.6 可能引起对雷达图像错误识别的因素	√	√
8.1.7 雷达性能标准	√	√
8.2 雷达系统功能设置和操作技术		
8.2.1 设置和维持雷达最佳显示技术	√	√
8.2.2 距离和方位精确测量	√	√

考试大纲	适用对象	
	9205	9206
8.3 使用雷达确保航行安全		
8.3.1 雷达定位	√	√
8.3.2 雷达航标	√	√
8.3.3 平行指示线导航	√	√
8.3.4 绘图、导航线和航线导航	√	√
8.4 雷达手动标绘技术		
8.4.1 相对运动矢量三角形	√	√
8.4.2 目标船航向、航速和反舷角	√	√
8.4.3 目标船 DCPA 和 TCPA	√	√
8.4.4 航向和航速改变的影响	√	√
8.4.5 雷达标绘数据	√	√
8.5 雷达自动目标跟踪(ARPA 或 TT)与 AIS 目标报告工作原理		
8.5.1 雷达跟踪目标显示特征	√	√
8.5.2 AIS 报告目标显示特征	√	√
8.5.3 雷达跟踪目标与 AIS 报告目标关联	√	√
8.5.4 IMO 关于 ARPA 或 TT/AIS 报告功能性能标准	√	√
8.5.5 ARPA 或 TT 功能目标捕获和 AIS 报告目标选择准则	√	√
8.5.6 目标跟踪能力和局限性	√	√
8.5.7 目标跟踪处理延时和 AIS 报告目标信息滞后	√	√
8.6 ARPA 或 TT/AIS 目标报告功能操作技术		
8.6.1 设置和维持 ARPA 或 TT 功能正常显示	√	√
8.6.2 设置和维持 AIS 报告目标正常显示	√	√
8.6.3 操作 ARPA 或 TT/AIS 报告目标以获取目标信息	√	√
8.6.4 目标数据解读可能出现的错误	√	√
8.6.5 显示数据误差的原因	√	√
8.6.6 使用系统操作性测试确定数据精度	√	√
8.6.7 过分依赖 ARPA 或 TT/AIS 报告信息的风险	√	√
8.7 使用雷达时国际海上避碰规则的运用		

考试大纲	适用对象	
	9205	9206
8.7.1 正确使用雷达,充分解读雷达信息重要性	√	√
8.7.2 与雷达相关影响安全航速的因素	√	√
8.7.3 获取充分雷达信息的方法及其特点	√	√
8.7.4 根据雷达信息和规则的避碰行动	√	√
8.7.5 雷达使用时机	√	√
9 计程仪、AIS、VDR		
9.1 AIS		
9.1.1 国际公约对船舶配备 AIS 设备的要求	√	√
9.1.2 AIS 的基本目的、系统组成	√	√
9.1.3 AIS 收发机的工作原理和组成	√	√
9.1.4 AIS 的信息类型和基本操作	√	√
9.1.5 AIS 信息正确含义	√	√
9.1.6 AIS 的优劣势和安装检验内容	√	√
9.2 计程仪		
9.2.1 国际公约对船舶配备计程仪设备的要求	√	√
9.2.2 电磁计程仪、多普勒计程仪和声相关计程仪的工作原理和误差分析	√	
9.2.3 计程仪的系统组成和基本操作	√	√
9.3 VDR		
9.3.1 国际公约对船舶配备 VDR 设备的要求,VDR 的功能、性能指标和系统组成	√	√
9.3.2 VDR 的相关操作	√	√
9.4 LRIT		
9.4.1 国际公约对船舶配备 LRIT 设备的要求	√	
9.4.2 LRIT 的功能、性能指标和系统组成	√	
9.5 雷达正确操作,雷达图像的正确识别及应用	√	√
9.6 在能见度不良水域使用雷达设置避险与导航的重要性及使用	√	√

考试大纲	适用对象	
	9205	9206
9.7 雷达的局限性	√	√
10 磁罗经和陀螺罗经		
10.1 国际公约对船舶配备磁罗经的要求	√	√
10.2 磁罗经的种类、结构、安装、检查、维护及使用注意事项		
10.2.1 磁罗经的种类	√	√
10.2.2 磁罗经的结构	√	√
10.2.3 磁罗经的安装	√	√
10.2.4 磁罗经的检查	√	√
10.2.5 磁罗经的维护及使用注意事项	√	√
10.3 磁和地磁场的基本知识		
10.3.1 磁的概念	√	√
10.3.2 地磁场的基本知识	√	√
10.4 磁罗经自差产生的原因、种类、性质和基本公式	√	√
10.5 校正磁罗经自差的条件、原则和准备程序	√	√
10.6 校正磁罗经自差的程序,理解磁罗经自差测定的方法	√	√
10.7 自差曲线表(图)和自差系数的计算和性质	√	
10.8 国际公约对船舶配备陀螺罗经的要求	√	√
10.9 陀螺罗经的工作原理	√	√
10.10 陀螺罗经的误差及校正方法		
10.10.1 陀螺罗经误差的种类、定义、产生原因及特性	√	√
10.10.2 陀螺罗经误差的校正方法	√	√
10.11 陀螺罗经的结构	√	√
10.12 光纤罗经的基本知识	√	√
11 罗经差测定		
11.1 罗经差定义以及罗经差测定的原理	√	√
11.2 利用陆标测定罗经差	√	√
11.3 使用 GPS 测定罗经差	√	
11.4 利用天体测定罗经差的原理及注意事项	√	

考试大纲	适用对象	
	9205	9206
11.5 利用低高度太阳方位测定罗经差	√	
11.6 太阳真出没测定罗经差	√	
11.7 《太阳方位表》的结构及太阳方位的查取方法	√	
11.8 观测北极星方位求罗经差	√	
12 使用 ECDIS 保持航行安全		
12.1 电子海图系统的主要类型与构成		
12.1.1 电子海图系统的主要类型	√	√
12.1.2 电子海图系统的构成	√	√
12.2 矢量海图与光栅海图的区别	√	√
12.3 有关 ECDIS 定义与术语	√	√
12.4 ECDIS 数据主要特性,如数据定义、数据内容、数据结构、属性、数据质量及精度、数据供应等	√	√
12.5 定位参考系统	√	√
12.6 ECDIS 显示特征	√	√
12.7 海图数据显示等级范围与选择	√	√
12.8 ECDIS 提供的安全参数	√	√
12.9 ECDIS 自动与手动功能	√	√
12.10 各种传感器,及其精度要求与故障响应	√	√
12.11 更新的制作与发布(包括手动、半自动、自动更新)	√	√
12.12 航线设计功能,包括:计划航线计算、航次计划表计算、构建航线、航线安全检测、备用航线及最终航线选用航线存档等	√	√
12.13 航路监控技术,包括:监测航线测量与计算、开放水域、沿岸及受限水域 ECDIS 导航,风流影响等	√	√
12.14 ECDIS 导航中的特定功能	√	√
12.15 状态指示、指示器与报警含义及处理方法	√	√
12.16 典型的解析误差及避免误差的方法	√	√
12.17 航次记录、操作与回放航迹	√	√

考试大纲	适用对象	
	9205	9206
12.18 过度依赖 ECDIS 的风险	√	√
13 航海气象基础知识		
13.1 大气概况:大气成分及其物理性质,影响气温分布及天气变化的大气成分,大气污染,大气的垂直分层,对流层的主要特征		
13.1.1 大气成分及其物理性质,影响气温分布及天气变化的大气成分	√	√
13.1.2 大气污染	√	√
13.1.3 大气的垂直分层,对流层的主要特征	√	√
13.2 气温:气温定义和温标,太阳、大气和地面辐射,空气增热和冷却方式,气温随时间的变化,气温的空间分布		
13.2.1 气温定义和温标	√	√
13.2.2 太阳、大气和地面辐射	√	√
13.2.3 空气增热和冷却方式	√	√
13.2.4 气温随时间的变化	√	√
13.2.5 气温的空间分布	√	√
13.3 湿度:湿度的定义及表示湿度的物理量,大气中的水汽分布特征,大气中水汽的凝结,湿度的日、年变化		
13.3.1 湿度的定义及表示湿度的物理量	√	√
13.3.2 大气中的水汽分布特征	√	√
13.3.3 大气中水汽的凝结	√	√
13.3.4 湿度的日、年变化	√	√
13.4 气压:气压定义和单位,气压随高度变化,气压的日、年变化,海平面气压场基本形式,气压梯度		
13.4.1 气压定义和单位	√	√
13.4.2 气压随高度变化	√	√
13.4.3 气压的日、年变化	√	√
13.4.4 海平面气压场基本形式	√	√

考试大纲	适用对象	
	9205	9206
13.4.5 气压梯度	√	√
13.5 空气水平运动——风:风的概述,作用于大气微团的力,地转风,梯度风,摩擦层中的风,白贝罗定律的应用,局地地形的动力作用对风的影响		
13.5.1 风的概述	√	√
13.5.2 作用于大气微团的力	√	√
13.5.3 地转风	√	√
13.5.4 梯度风	√	√
13.5.5 摩擦层中的风	√	√
13.5.6 白贝罗定律的应用	√	√
13.5.7 局地地形的动力作用对风的影响	√	√
13.6 云和降水:云的定义和形成条件,云的分类及其基本特征,降水的种类和性质,降水强度和降水量		
13.6.1 云的定义和形成条件,云的分类及其基本特征	√	√
13.6.2 降水的种类和性质,降水强度和降水量	√	√
13.7 雾和海面能见度:雾的概念及对航海的影响,平流雾,辐射雾,锋面雾,蒸汽雾,世界海洋雾的分布,中国近海雾的分布,船舶判定海雾的方法,海面能见度		
13.7.1 雾的概念及对航海的影响	√	√
13.7.2 平流雾	√	√
13.7.3 辐射雾	√	√
13.7.4 锋面雾	√	√
13.7.5 蒸汽雾	√	√
13.7.6 世界海洋雾的分布	√	
13.7.7 中国近海雾的分布	√	√
13.7.8 船舶判定海雾的方法	√	√
13.7.9 海面能见度	√	√

考试大纲	适用对象	
	9205	9206
13.8 大气环流和局地环流:单圈环流和三圈环流形成,气压带和行星风带特征,海平面平均气压场的分布特征,季风的概念、成因及分布,东亚季风,南亚季风,其他地区季风,海陆风和山谷风,中国近海风分布特征,世界大洋大风分布特征		
13.8.1 单圈环流和三圈环流形成	√	√
13.8.2 气压带和行星风带特征	√	√
13.8.3 海平面平均气压场的分布特征	√	√
13.8.4 季风的概念、成因及分布	√	√
13.8.5 东亚季风	√	√
13.8.6 南亚季风	√	
13.8.7 其他地区季风	√	
13.8.8 海陆风和山谷风	√	√
13.8.9 中国近海风分布特征	√	√
13.8.10 世界大洋大风分布特征	√	
13.9 海浪:波浪要素和波浪分类,风浪、涌浪和近岸浪,海啸、风暴潮和内波,浪高与浪级,中国近海风浪分布特征,世界大洋主要大风浪分布特征		
13.9.1 波浪要素和波浪分类	√	√
13.9.2 风浪、涌浪和近岸浪	√	√
13.9.3 海啸、风暴潮和内波	√	√
13.9.4 浪高与浪级	√	√
13.9.5 中国近海风浪分布特征	√	√
13.9.6 世界大洋主要大风浪分布特征	√	
13.10 船舶水文气象观测:气温、湿度观测,气压观测,视风、船风、真风的观测和确定,云的观测,雾和能见度观测,天气现象观测,海水温度的观测,海浪观测		
13.10.1 气温、湿度观测	√	√
13.10.2 气压观测	√	√

考试大纲	适用对象	
	9205	9206
13.10.3 视风、船风、真风的观测和确定	√	√
13.10.4 云的观测	√	√
13.10.5 雾和能见度观测	√	√
13.10.6 天气现象观测	√	√
13.10.7 海水温度的观测	√	√
13.10.8 海浪观测	√	√
14 海上天气系统及其特征		
14.1 气团和锋:气团的定义、形成、源地及变性,气团的地理分类及主要天气特征,冷、暖气团的定义及主要天气特征,影响我国沿海的主要气团,锋的定义和空间结构,锋的特征和分类,锋面天气		
14.1.1 气团的定义、形成、源地及变性	√	√
14.1.2 气团的地理分类及主要天气特征	√	√
14.1.3 冷、暖气团的定义及主要天气特征	√	√
14.1.4 影响我国沿海的主要气团	√	√
14.1.5 锋的定义和空间结构	√	√
14.1.6 锋的特征和分类	√	√
14.1.7 锋面天气	√	√
14.2 锋面气旋:气旋的定义及流场特征,气旋的范围和强度,气旋的分类,气旋的一般天气特征,锋面气旋的形成和演变,锋面气旋的天气模式,锋面气旋中风浪的分布		
14.2.1 气旋的定义及流场特征	√	√
14.2.2 气旋的范围和强度	√	√
14.2.3 气旋的分类	√	√
14.2.4 气旋的一般天气特征	√	√
14.2.5 锋面气旋的形成和演变	√	√
14.2.6 锋面气旋的天气模式	√	√
14.2.7 锋面气旋中风浪的分布	√	√

考试大纲	适用对象	
	9205	9206
14.3 冷高压:反气旋的定义及流场,反气旋的范围和强度,反气旋的分类,反气旋的一般天气特征,冷高压的形成和演变,冷高压的天气模式,我国冷空气的源地和等级分类,寒潮的概念和警报,寒潮天气		
14.3.1 反气旋的定义及流场	√	√
14.3.2 反气旋的范围和强度	√	√
14.3.3 反气旋的分类	√	√
14.3.4 反气旋的一般天气特征	√	√
14.3.5 冷高压的形成和演变	√	√
14.3.6 冷高压的天气模式	√	√
14.3.7 我国冷空气的源地和等级分类	√	√
14.3.8 寒潮的概念和警报	√	√
14.3.9 寒潮天气	√	√
14.4 副热带高压:副热带高压的定义及形成,副热带高压天气模式,表征西太平洋副热带高压的特征指数,西北太平洋副热带高压对我国天气、气候的影响		
14.4.1 副热带高压的定义及形成	√	√
14.4.2 副热带高压天气模式	√	√
14.4.3 表征西太平洋副热带高压的特征指数	√	√
14.4.4 西北太平洋副热带高压对我国天气、气候的影响	√	√
14.5 热带气旋:热带气旋的定义,热带气旋的等级分类和名称,热带气旋警报,全球热带气旋发生的源地及季节变化,热带气旋的天气结构及海况特征;台风部位的划分,船舶所处的台风部位及其判定		
14.5.1 热带气旋的定义	√	√
14.5.2 热带气旋的等级分类和名称	√	√
14.5.3 热带气旋警报	√	√
14.5.4 全球热带气旋发生的源地及季节变化	√	√
14.5.5 热带气旋的天气结构及海况特征	√	√

考试大纲	适用对象	
	9205	9206
14.5.6 台风部位的划分,船舶所处的台风部位及其判定	√	√
14.6 引起强对流性天气的中小尺度系统:中小尺度天气系统的概念及特征,雷暴、飑线、龙卷风		
14.6.1 中小尺度天气系统的概念及特征	√	√
14.6.2 雷暴、飑线、龙卷风	√	√
15 气象信息的获取和应用		
15.1 天气图的基础知识:天气图定义、投影方式,天气图种类,地面天气图填图格式,地面天气图分析项目		
15.1.1 天气图定义、投影方式	√	√
15.1.2 天气图种类	√	√
15.1.3 地面天气图填图格式	√	√
15.1.4 地面天气图分析项目	√	√
15.2 气象信息的获取途径:传真气象图的获取,天气报告和警报的获取,航运互联网和电子邮件中气象信息的获取,其他途径气象信息的获取	√	√
15.3 天气报告和警报的释读和应用	√	√
15.4 主要气象传真图的识读:地面天气图的投影方式和主要地理位置辨识,天气系统强度、位置和移动辨识,警报辨识,重点天气系统的英文短文释义,指定船位点天气海况信息读取,海浪图、台风警报图		
15.4.1 地面天气图的投影方式和主要地理位置辨识	√	√
15.4.2 天气系统强度、位置和移动辨识	√	√
15.4.3 警报辨识	√	√
15.4.4 重点天气系统的英文短文释义	√	√
15.4.5 指定船位点天气海况信息读取	√	√
15.4.6 海浪图、台风警报图	√	√
16 洋流系统的知识:海流的定义及分类、表层风海流特征,世界大洋表层环流模式,世界大洋主要表层海流系统,中国近海主要海流分布概况		

考试大纲	适用对象	
	9205	9206
16.1 海流的定义及分类、表层风海流特征	√	√
16.2 世界大洋表层环流模式	√	
16.3 世界大洋主要表层海流系统	√	
16.4 中国近海主要海流分布概况	√	√

航海学(未满 500 总吨船舶)

9207:未满 500 总吨船舶船长
9208:未满 500 总吨船舶大副
9209:未满 500 总吨船舶二/三副

考试大纲	适用对象		
	9207	9208	9209
1 船舶定位			
1.1 地理坐标的定义和度量方法		√	√
1.2 航向、方位和舷角的概念、度量和相互之间的关系		√	√
1.3 海图作业基本要求		√	√
1.4 确定观测船位的时间间隔要求	√	√	√
1.5 航标			
1.5.1 航标的种类、作用	√	√	√
1.5.2 侧面标志	√	√	√
1.5.3 方位标志	√	√	√
1.5.4 孤立危险物及安全水域标志	√	√	√
1.5.5 其他助航标志	√	√	√
1.6 方位、距离的测定要求			
1.6.1 物标识别	√	√	√
1.6.2 定位物标的选取	√	√	√
1.6.3 定位方法	√	√	√
1.7 方位定位、距离定位和单标方位距离定位的定位具体要求			
1.7.1 方位定位	√	√	√
1.7.2 距离定位	√	√	√
1.7.3 单标方位距离定位	√	√	√
1.8 风流压差			
1.8.1 风流对船舶航行的影响		√	√
1.8.2 风流压差的概念及影响因素		√	√

考试大纲	适用对象		
	9207	9208	9209
1.8.3 风流压差的测定与控制	√		
1.9 不同风流条件下船舶航迹推算的方法			√
2 航海图书资料			
2.1 海图的投影方法及特点		√	√
2.2 海图比例尺与海图极限精度的关系	√	√	√
2.3 海图的识读及使用注意事项			
2.3.1 海图基准面、海图标题栏和图廓注记	√	√	√
2.3.2 重要的海图图式	√	√	√
2.3.3 海图的使用注意事项	√	√	√
2.4 各航路指南、潮汐表等出版物的用途、出版情况、书目结构和使用方法	√	√	√
2.5 中版航海通告的用途、结构、获取手段和使用方法	√	√	√
2.6 无线电航行警告的种类、信息获取方法及运用	√	√	√
2.7 船舶定线的概念、作用及常见指定航路的种类		√	√
2.8 各种指定航路的使用和航行方法	√	√	√
2.9 获取船舶定线资料的途径	√	√	√
3 船舶报告			
3.1 船舶报告系统的目的,船舶报告的种类、程序、主要内容及格式			
3.1.1 船舶报告系统	√	√	√
3.1.2 船舶报告系统的目的	√	√	√
3.1.3 船舶报告的种类、程序、主要内容和常见格式	√	√	√
3.2 船舶交通管理系统概况、功能、作用及服务,VTS 区域报告规定的查阅等			
3.2.1 船舶交通管理系统概况、功能	√	√	√
3.2.2 船舶交通管理系统作用、服务和船舶应提供的信息	√	√	√
3.2.3 船舶交通管理区域的报告程序	√		
3.2.4 船舶交通管理区域的航行注意事项	√		

考试大纲	适用对象		
	9207	9208	9209
3.2.5 VTS 区域报告规定的查阅	√	√	√
3.3 船舶报告制的一般原则	√		
4 船舶定线制			
4.1 船舶定线制的种类和作用	√	√	√
4.2 船舶定线制的航线设计原则和航行方法	√	√	√
4.3 使用定线制与船舶避碰的关系	√	√	√
4.4 分道通航制区域航行			
4.4.1 分道通航制区域适用范围	√		
4.4.2 分道通航制区域适用原则	√		
4.4.3 分道通航制区域航法	√		
4.5 船舶定线制的一般规定	√		
5 航次计划与航行监控			
5.1 航次计划概念	√		
5.2 航线设计工作程序			
5.2.1 航线设计步骤	√		√
5.2.2 航线设计的重要环节	√		√
5.3 拟定与执行航次计划时的注意事项	√		
5.4 各种条件下的航行方法和监控			
5.4.1 沿岸航线设计及沿岸航行	√		
5.4.2 狭水道航行	√		
5.4.3 雾中航行	√		
5.4.4 潮汐影响大的区域的航行	√		
5.4.5 桥区航行方法及注意事项	√		
6 电子海图的使用			
6.1 电子海图系统的主要类型	√	√	√
6.2 矢量海图与光栅海图的区别	√	√	√
6.3 有关 ECDIS 的定义与术语	√	√	√

考试大纲	适用对象		
	9207	9208	9209
6.4 ECDIS 数据主要特性,如数据定义、数据内容、数据结构、属性、数据质量及精度、数据获取等	√	√	√
6.5 定位参考系统	√	√	√
6.6 ECDIS 显示特征	√	√	√
6.7 海图数据显示等级范围与选择	√	√	√
6.8 ECDIS 提供的安全参数	√	√	√
6.9 ECDIS 自动与手动功能	√	√	√
6.10 各种传感器,及其精度要求与故障响应	√	√	√
6.11 更新的制作与发布(包括手动、半自动、自动更新)	√	√	
6.12 航线设计功能,包括:计划航线计算、航次计划表计算、构建航线、航线安全检测、备用航线及最终航线选用等	√	√	√
6.13 航路监控功能,包括:监测航线测量与计算,开放水域、沿岸及受限水域 ECDIS 导航,风流影响等	√	√	√
6.14 ECDIS 导航中的特定功能	√		
6.15 状态指示、指示器与报警含义	√		
6.16 典型的解析误差及避免误差的方法	√		
6.17 航次记录、操作与回放航迹	√		
6.18 过度依赖 ECDIS 的风险	√		
6.19 电子海图系统的构成			√
7 航海仪器的正确使用			
7.1 测深仪的基础知识			√
7.2 计程仪的基础知识			√
7.3 AIS 的基础知识			√
7.4 测深仪、计程仪、AIS 的正确使用	√	√	
7.5 北斗、GPS 接收机的基础知识			√
7.6 北斗、GPS 卫星导航系统的误差和影响定位精度的信息	√	√	
8 雷达的使用			
8.1 航海雷达系统基本理论和工作原理			

考试大纲	适用对象		
	9207	9208	9209
8.1.1 雷达基本原理	√	√	√
8.1.2 磁安全距离	√	√	√
8.1.3 辐射危险及其预防	√	√	√
8.1.4 影响雷达探测目标的内部因素	√	√	√
8.1.5 影响雷达探测目标的外部因素	√	√	√
8.1.6 可能引起对雷达图像错误识别的因素	√	√	√
8.1.7 雷达性能标准	√	√	√
8.2 雷达系统功能设置和操作技术			
8.2.1 设置和维持雷达最佳显示技术	√	√	√
8.2.2 距离和方位精确测量	√	√	√
8.3 使用雷达确保航行安全			
8.3.1 雷达定位	√	√	√
8.3.2 雷达航标	√	√	√
8.3.3 平行指示线导航	√	√	√
8.3.4 绘图、导航线和航线导航	√	√	√
8.3.5 电子海图与雷达图像叠加导航	√	√	√
8.4 雷达手动标绘技术			
8.4.1 相对运动矢量三角形	√	√	√
8.4.2 目标船航向、航速和反舷角	√	√	√
8.4.3 目标船 CPA 和 TCPA	√	√	√
8.4.4 航向和航速改变的影响	√	√	√
8.4.5 雷达标绘数据	√	√	√
8.5 雷达目标跟踪与 AIS 目标报告功能操作技术			
8.5.1 跟踪标绘功能	√	√	√
8.5.2 维持 AIS 报告目标正常显示	√	√	√
8.5.3 AIS 报告目标以获取目标信息	√	√	√
8.5.4 目标数据解读可能出现的错误	√	√	√
8.6 使用雷达时国际海上避碰规则的运用	√	√	√

考试大纲	适用对象		
	9207	9208	9209
9 罗经			
9.1 磁和地磁场的基本知识		√	√
9.2 磁罗经自差产生的原因、种类		√	√
9.3 校正磁罗经自差的条件、原则和准备程序		√	√
9.4 自差曲线表(图)和自差系数的计算和性质		√	√
9.5 罗经差测定原理		√	√
9.6 利用比对法求罗经差		√	√
10 航海气象分析			
10.1 大气概况:大气成分及其物理性质,影响气温分布及天气变化的大气成分,大气污染,大气的垂直分层,对流层的主要特征			
10.1.1 大气成分及其物理性质		√	√
10.1.2 影响气温分布及天气变化的大气成分		√	√
10.1.3 大气污染		√	√
10.1.4 大气的垂直分层		√	√
10.1.5 对流层的主要特征		√	√
10.2 气温:气温定义和温标,太阳、大气和地面辐射,空气增热和冷却方式,气温随时间的变化,气温的空间分布			
10.2.1 气温定义和温标		√	√
10.2.2 太阳、大气和地面辐射		√	√
10.2.3 空气增热和冷却方式		√	√
10.2.4 气温随时间的变化		√	√
10.2.5 气温的空间分布		√	√
10.3 湿度:湿度的定义,大气中的水汽分布特征,表示湿度的物理量,大气中水汽的凝结,湿度的日、年变化			
10.3.1 湿度的定义		√	√
10.3.2 大气中的水汽分布特征		√	√
10.3.3 表示湿度的物理量		√	√

考试大纲	适用对象		
	9207	9208	9209
10.3.4 大气中水汽的凝结		√	√
10.3.5 湿度的日、年变化		√	√
10.4 气压：气压定义和单位，气压随高度变化，气压的日、年变化，海平面气压场基本形式，气压梯度			
10.4.1 气压定义和单位		√	√
10.4.2 气压随高度变化		√	√
10.4.3 气压的日、年变化		√	√
10.4.4 海平面气压场基本形式		√	√
10.4.5 气压梯度		√	√
10.5 空气水平运动——风：风的概述，作用于大气微团的力，地转风、梯度风、摩擦层中的风，局地地形的动力作用对风的影响			
10.5.1 风的概述		√	√
10.5.2 作用于大气微团的力		√	√
10.5.3 地转风、梯度风、摩擦层中的风		√	√
10.5.4 局地地形的动力作用对风的影响		√	√
10.6 云和降水：云的定义和形成条件，云的分类及其基本特征，降水的种类和性质，降水强度和降水量			
10.6.1 云的定义和形成条件		√	√
10.6.2 云的分类及其基本特征		√	√
10.6.3 降水的种类和性质		√	√
10.6.4 降水强度和降水量		√	√
10.7 雾和海面能见度：雾的概念及对航海的影响，平流雾，辐射雾，锋面雾，蒸汽雾，中国近海雾的分布，船舶判定海雾的方法，海面能见度			
10.7.1 雾的概念及对航海的影响		√	√
10.7.2 雾的种类		√	√
10.7.3 中国近海雾的分布		√	√

考试大纲	适用对象		
	9207	9208	9209
10.7.4 船舶判定海雾的方法		√	√
10.7.5 海面能见度		√	√
10.8 大气环流和局地环流：单圈环流和三圈环流形成，气压带和行星风带特征，海平面平均气压场的基本特征，季风的概念、成因及分布，东亚季风，海陆风和山谷风，中国近海风分布特征			
10.8.1 单圈环流和三圈环流形成		√	√
10.8.2 气压带和行星风带特征		√	√
10.8.3 海平面平均气压场的基本特征		√	√
10.8.4 季风的概念、成因及分布		√	√
10.8.5 东亚季风		√	√
10.8.6 海陆风和山谷风		√	√
10.8.7 中国近海风分布特征		√	√
10.9 海浪：波浪要素、分类，风浪、涌浪和近岸浪，海啸、风暴潮和内波，浪高与浪级，中国近海风浪分布特征			
10.9.1 波浪要素、分类		√	√
10.9.2 风浪、涌浪和近岸浪		√	√
10.9.3 海啸、风暴潮和内波		√	√
10.9.4 浪高与浪级		√	√
10.9.5 中国近海风浪分布特征		√	√
10.10 船舶水文气象观测：气温、湿度观测，气压观测，视风、船风和真风的观测和确定，云的观测，能见度观测，天气现象观测，海水温度的观测，海浪观测	√	√	√
11 各种天气系统的特性			
11.1 气团和锋：气团的定义、形成、源地及变性，气团的地理分类及主要天气特征，冷、暖气团的定义及主要天气特征，影响我国沿海的主要气团，锋的定义和空间结构，锋的特征和分类，锋面天气			
11.1.1 气团的定义、形成、源地及变性	√	√	√

考试大纲	适用对象		
	9207	9208	9209
11.1.2 气团的地理分类及主要天气特征	√	√	√
11.1.3 冷、暖气团的定义及主要天气特征	√	√	√
11.1.4 影响我国沿海的主要气团	√	√	√
11.1.5 锋的定义和空间结构	√	√	√
11.1.6 锋的特征和分类	√	√	√
11.1.7 锋面天气	√	√	√
11.2 锋面气旋：气旋的定义及流场特征，气旋的范围和强度，气旋的分类，气旋的一般天气特征，锋面气旋的形成和演变，锋面气旋的天气模式，锋面气旋中风浪的分布			
11.2.1 气旋的定义及流场特征	√	√	√
11.2.2 气旋的范围和强度	√	√	√
11.2.3 气旋的分类	√	√	√
11.2.4 气旋的一般天气特征	√	√	√
11.2.5 锋面气旋的形成和演变	√	√	√
11.2.6 锋面气旋的天气模式	√	√	√
11.2.7 锋面气旋中风浪的分布	√	√	√
11.3 冷高压：反气旋的定义及流场，反气旋的范围和强度，反气旋的分类，反气旋的一般天气特征，冷高压的形成和演变，冷高压的天气模式，我国冷空气的源地和等级分类，寒潮的概念和警报，寒潮天气			
11.3.1 反气旋的定义及流场	√	√	√
11.3.2 反气旋的范围和强度	√	√	√
11.3.3 反气旋的分类	√	√	√
11.3.4 反气旋的一般天气特征	√	√	√
11.3.5 冷高压的形成和演变	√	√	√
11.3.6 冷高压的天气模式	√	√	√
11.3.7 我国冷空气的源地和等级分类	√	√	√
11.3.8 寒潮的概念和警报	√	√	√
11.3.9 寒潮天气	√	√	√

考试大纲	适用对象		
	9207	9208	9209
11.4 副热带高压:副热带高压的定义及形成,副热带高压天气模式,西北太平洋副热带高压对我国天气、气候的影响			
11.4.1 副热带高压的定义及形成	√	√	√
11.4.2 副热带高压天气模式	√	√	√
11.4.3 西北太平洋副热带高压对我国天气、气候的影响	√	√	√
11.5 热带气旋:热带气旋的定义,热带气旋的等级分类和名称,热带气旋警报,中国沿海热带气旋发生的源地及季节变化,热带气旋的天气结构及海况特征			
11.5.1 热带气旋的定义	√	√	√
11.5.2 热带气旋的等级分类和名称	√	√	√
11.5.3 热带气旋警报	√	√	√
11.5.4 中国沿海热带气旋发生的源地及季节变化	√	√	
11.5.5 热带气旋的天气结构及海况特征	√	√	√
11.6 引起强对流性天气的中小尺度系统:中小尺度天气系统概念及特征,雷暴、飑线、龙卷风			
11.6.1 中小尺度天气系统概念及特征	√	√	√
11.6.2 雷暴、飑线、龙卷风	√	√	√
12 气象信息的获取和应用			
12.1 天气图的基础知识:天气图定义、投影方式,天气图种类,地面天气图填图格式,地面天气图分析项目			
12.1.1 天气图定义、投影方式		√	√
12.1.2 天气图种类		√	√
12.1.3 地面天气图填图格式		√	√
12.1.4 地面天气图分析项目		√	√
12.2 气象信息的获取途径:传真气象图的获取,天气报告和警报的获取,航运互联网和电子邮件中气象信息的获取,其他途径气象信息的获取			

考试大纲	适用对象		
	9207	9208	9209
12.2.1 传真气象图的获取	√	√	√
12.2.2 天气报告和警报的获取	√	√	√
12.2.3 航运互联网和电子邮件中气象信息的获取	√	√	√
12.2.4 其他途径气象信息的获取	√	√	√
12.3 天气报告和警报的释读和应用	√	√	√
12.4 传真气象图的识读:地面天气图的投影方式和主要地理位置辨识,天气系统强度、位置和移动辨识,警报辨识,重点天气系统的英文短文释义,指定船位点天气海况信息读取,海浪图、台风警报图			
12.4.1 地面天气图的投影方式和主要地理位置辨识	√	√	√
12.4.2 天气系统强度、位置和移动辨识	√	√	√
12.4.3 警报辨识	√	√	√
12.4.4 重点天气系统的英文短文释义	√	√	√
12.4.5 指定船位点天气海况信息读取	√	√	√
12.4.6 海浪图、台风警报图		√	√
13 洋流系统的知识			
13.1 海流的定义及分类、表层风海流特征			√
13.2 中国近海主要海流分布概况			√

船舶结构与货运(500总吨及以上船舶船长/大副)

9301:3000总吨及以上船舶船长/大副
9302:500~3000总吨船舶船长/大副

考试大纲	适用对象	
	9301	9302
1 海上货运基础知识		
1.1 船舶浮态	√	√
1.2 船舶重量性能和容积性能		
1.2.1 船舶容重性能	√	√
1.2.2 货物数量与计量方式	√	√
1.2.3 货物亏舱与积载因数	√	√
1.2.4 船舶载货能力核算与充分利用	√	√
1.2.5 船舶载货能力相关计算	√	√
1.3 船舶静水力资料		
1.3.1 静水力曲线图	√	√
1.3.2 载重表尺	√	√
1.3.3 静水力参数表	√	√
1.3.4 利用船舶静水力资料	√	√
1.4 船舶吃水		
1.4.1 船舶平均吃水	√	√
1.4.2 舷外水密度改变对船舶平均吃水的影响及修正	√	√
1.4.3 淡水水尺超额量、半淡水水尺超额量及其应用	√	√
1.4.4 平均吃水	√	√
1.5 载重线标志和载重线海图		
1.5.1 载重线标志	√	√
1.5.2 载重线海图	√	√
1.6 重大件货物运输		
1.6.1 重大件货物安全装运	√	√

考试大纲	适用对象	
	9301	9302
1.6.2 船吊装卸重大件货物对船舶稳性的影响	√	√
1.6.3 吊装吊卸重大件货物对船舶稳性的影响	√	√
1.7 木材甲板货物运输		
1.7.1 木材甲板货物安全装运	√	√
1.7.2 IMO《稳性规则》对木材船的稳性衡准要求	√	√
1.7.3 我国《法定规则》对国内航行木材船的稳性衡准要求	√	√
1.8 钢材货物运输		
1.8.1 钢材货物运输特性	√	√
1.8.2 钢材货物安全装运	√	√
1.9 冷藏货物运输		
1.9.1 易腐货物的承运条件	√	√
1.9.2 冷藏货物的备舱、装卸	√	√
1.9.3 冷藏货物运输途中保管	√	√
1.10 滚装货物运输		
1.10.1 滚装货物装载与系固	√	√
1.10.2 滚装货物装运原则及要求	√	√
2 船舶稳性和吃水差		
2.1 船舶稳性的定义和分类	√	√
2.2 船舶的三种平衡状态	√	√
2.3 船舶初稳性		
2.3.1 初稳性的衡量指标	√	√
2.3.2 初稳性高度 GM 的计算	√	√
2.3.3 影响初稳性的相关计算	√	√
2.4 船舶大倾角稳性		
2.4.1 静稳性力臂 GZ 的求取	√	√
2.4.2 自由液面对 GZ 的影响的计算	√	√
2.4.3 GZ 曲线的绘制及其特征参数的含义	√	√
2.4.4 影响船舶静稳性曲线的因素	√	√

考试大纲	适用对象	
	9301	9302
2.4.5 大倾角稳性相关计算	√	√
2.5 船舶动稳性		
2.5.1 船舶动稳性衡量指标	√	√
2.5.2 船舶动稳性曲线	√	√
2.5.3 利用动稳性曲线确定最小倾覆力矩	√	√
2.6 船舶纵倾对完整稳性的影响	√	√
2.7 船舶稳性检验与调整		
2.7.1 船舶稳性的适宜范围	√	√
2.7.2 船舶稳性检验与判断	√	√
2.7.3 船舶稳性调整	√	√
2.7.4 保持船舶稳性的措施	√	√
2.8 船舶稳性资料应用	√	√
2.9 吃水差及其与船舶性能的关系		
2.9.1 船舶吃水差的基本原理	√	√
2.9.2 营运船舶对吃水差的一般要求	√	√
2.9.3 空载航行船舶对吃水及吃水差的要求	√	√
2.10 吃水差及首、尾吃水计算		
2.10.1 载荷纵移对纵向浮态的影响	√	√
2.10.2 少量增减载荷对纵向浮态的影响	√	√
2.10.3 舷外水密度改变对吃水差的影响	√	√
2.10.4 吃水差及首、尾吃水的相关计算	√	√
2.11 船舶吃水差比尺及其应用	√	√
2.12 船舶吃水差调整		
2.12.1 纵向移动载荷调整吃水差	√	√
2.12.2 增减载荷调整吃水差	√	√
3 船体强度		
3.1 船舶强度的基本原理	√	√
3.2 船舶纵向强度		

考试大纲	适用对象	
	9301	9302
3.2.1 船舶纵向受力分析及其相互关系	√	√
3.2.2 船舶纵强度校核方法	√	√
3.2.3 船舶总体布置对船舶总纵强度的影响	√	√
3.2.4 保证船舶纵强度不受损伤的措施	√	√
3.3 船舶局部强度		
3.3.1 均布负荷校核计算	√	√
3.3.2 集中负荷校核计算	√	√
3.3.3 最小衬垫面积的求取	√	√
3.3.4 保证船舶局部强度不受损伤的措施	√	√
4 船舶货物积载与系固		
4.1 船舶系固设备		
4.1.1 标准货物系固设备	√	√
4.1.2 非标准货物、半标准货物系固设备	√	√
4.2 系固设备的检查、保养与使用注意事项		
4.2.1 系固设备的检查、保养	√	√
4.2.2 系固设备的使用注意事项	√	√
4.3 货物装卸设备的检查、维护和保养		
4.3.1 起重设备的要求与检查	√	√
4.3.2 起重设备的维护和保养	√	√
4.3.3 吊货钢丝的调换方法	√	√
4.4 装卸和系固设备的检验		
4.4.1 起重设备的检验和发证	√	√
4.4.2 系固设备的检验	√	√
4.5 杂货的分类及积载要求		
4.5.1 普通杂货的配舱顺序	√	√
4.5.2 普通杂货的舱位选择原则	√	√
4.5.3 普通杂货的忌装隔离要求	√	√
4.5.4 货物装卸对配积载的要求	√	√

考试大纲	适用对象	
	9301	9302
4.6 杂货船积载计划的编制	√	√
4.7 集装箱配积载与装运特点		
4.7.1 集装箱船积载	√	√
4.7.2 集装箱堆装与系固	√	√
4.7.3 集装箱安全装运要求	√	√
5 非标准货物积载与系固		
5.1 CSS规则与货物系固手册的内容		
5.1.1 CSS规则的主要内容	√	√
5.1.2 货物系固手册(CSM)的主要内容	√	√
5.2 非标准货物安全装运要求	√	√
5.3 非标准货物系固方案的核算		
5.3.1 系固方案考虑的因素	√	√
5.3.2 系固方案校核	√	√
6 液货船运输操作		
6.1 石油类货物安全装运		
6.1.1 货油配装	√	√
6.1.2 安全运输	√	√
6.1.3 油量计算	√	√
6.2 油船配载方案编制	√	√
6.3 散装化学品安全装运		
6.3.1 散装液体化学品分类、特性及危险性	√	√
6.3.2 IBC规则	√	√
6.4 散装液化气体安全装运		
6.4.1 液化气体的分类、特性及危险性	√	√
6.4.2 IGC规则	√	√
6.4.3 液化气体安全装运	√	√
7 散货船操作和设计局限性的知识		
7.1 船舶应力监测系统	√	

考试大纲	适用对象	
	9301	9302
7.2 货物腐蚀性与人命及船舶安全	√	√
7.3 SOLAS 公约第Ⅻ章对散货船额外的安全措施		
7.3.1 货舱进水警报系统	√	√
7.3.2 装载仪要求及其他规定	√	√
7.4 散货船共同结构规范	√	
8 散装货物运输		
8.1 散装固体货物安全装运		
8.1.1 散装固体货物的定义、分类及特性	√	√
8.1.2 散装固体货物配载及装舱顺序	√	√
8.1.3 散装固体货物安全装卸（BLU 规则）	√	√
8.1.4 易流态化货物的安全运输的措施	√	√
8.1.5 IMSBC 规则的内容及应用	√	√
8.2 水尺计重		
8.2.1 吃水及相关基础数据的测定	√	√
8.2.2 水尺计重的步骤及计算方法	√	√
8.2.3 水尺检量	√	√
8.3 散装谷物运输规则		
8.3.1 IMO《国际散装谷物安全装运规则》对散装谷物船舶稳性衡准的要求	√	√
8.3.2 我国《法定规则》对国内航行散装谷物船舶稳性衡准的要求	√	√
8.4 散装谷物船舶配积载和稳性核算		
8.4.1 散装谷物船舶配积载	√	√
8.4.2 散装谷物运输对船舶稳性的影响	√	√
8.4.3 散装谷物船舶稳性核算	√	√
8.5 保证散装谷物船舶适度稳性的安全措施		
8.5.1 改善散装谷物稳性的措施	√	√
8.5.2 散装谷物装前备舱、货舱检验、装卸及稳性复核	√	√

考试大纲	适用对象	
	9301	9302
8.5.3 散装谷物交接与计量	√	√
8.6 散装谷物熏蒸的方法及保障措施		
8.6.1 散装谷物熏蒸的方法	√	√
8.6.2 安全保障措施	√	√
8.7 散装货物运输途中的照管		
8.7.1 航行中货物保管	√	√
8.7.2 人员及船舶安全	√	√
9 评估货舱、舱盖和压载舱的缺陷和损坏及采取的措施		
9.1 散货船的关键构件与船舶应力		
9.1.1 货舱、舱盖及压载舱检查及报告	√	√
9.1.2 货舱、舱盖和压载舱缺陷和损坏的评估及采取的措施	√	√
9.1.3 船舶许用切力和许用弯矩	√	√
9.1.4 许用切力和许用弯矩的腐蚀量修正概念	√	√
9.2 腐蚀、疲劳和不当装卸对散货船的影响		
9.2.1 货物对船体的腐蚀性	√	√
9.2.2 船体疲劳知识	√	√
9.2.3 船舶避免腐蚀、疲劳的措施	√	√
10 危险货物运输		
10.1 海上危险货物运输的规定		
10.1.1 包装危险货物的分类及特性	√	√
10.1.2 危险货物的包装和标志	√	√
10.1.3 危险货物积载与隔离	√	√
10.1.4 《国际危规》内容及使用方法	√	√
10.1.5 散装固体危险货物安全装运	√	√
10.2 海上危险货物运输管理		
10.2.1 危险和有害货物的安全装运与管理	√	√
11 控制吃水差、稳性和强度		
11.1 船舶构造	√	√

考试大纲	适用对象	
	9301	9302
11.2 船舶损害控制		
11.2.1 船舱进水后浮态与稳性的计算	√	√
11.2.2 船舶破损控制须知和船舶应急响应服务（ERS）	√	√
11.3 稳性规则		
11.3.1《2008年国际完整稳性规则》	√	√

船舶结构与货运（500总吨及以上船舶二/三副）

9303：500总吨及以上船舶二/三副

考试大纲	适用对象
	9303
1 船舶构造	
1.1 船体结构的基本组成形式	
1.1.1 船舶的基本组成	√
1.1.2 船体主要标志	√
1.1.3 船舶尺度、定义	√
1.1.4 船体主要结构类型	√
1.1.5 造船材料	√
1.1.6 船舶管系	√
1.1.7 船舶主要结构图与总布置图	√
1.1.8 船体构件识别	√
1.2 船底结构	√
1.3 舷侧结构	√
1.4 甲板结构	
1.4.1 甲板结构	√
1.4.2 舱口结构	√
1.5 舱壁结构	√
1.6 首尾结构	√
1.7 水密和抗沉性结构	√
1.8 不同种类船舶的构造特点	
1.8.1 船舶类型	√
1.8.2 船舶构造	√
2 船舶稳性	
2.1 船舶基础知识	
2.1.1 排水量	√

考试大纲	适用对象
	9303
2.1.2 浮力	√
2.1.3 载重线和吃水标志	√
2.1.4 淡水超额量	√
2.1.5 船舶静水力资料、装载手册及其应用	√
2.1.6 船舶载货能力	√
2.1.7 船舶配载仪的功能与操作	√
2.2 船舶稳性检验与调整	
2.2.1 稳性检验方法	√
2.2.2 船舶稳性调整原则与方法	√
2.2.3 稳性调整	√
2.2.4 船舶横倾	√
2.3 船舶吃水差比尺及其应用	√
2.4 船舶吃水差调整	√
2.5 船舶抗沉性概念、破损进水的类型和渗透率	
2.5.1 船舶抗沉性概念	√
2.5.2 破损进水的类型	√
2.5.3 渗透率	√
2.6 破损控制图及破损控制手册的内容及其应用	√
3 货物运输	
3.1 货物基础知识	
3.1.1 货物的分类、性质及其对货物安全运输的影响	√
3.1.2 货物包装的作用、分类及包装形式缩写	√
3.1.3 货物标志的作用、分类及内容	√
3.1.4 货物自然减量及自然损耗率	√
3.1.5 货物亏舱及亏舱率	√
3.1.6 货物积载的相关计算	√
3.2 船舶吃水的相关概念,船舶吃水识读和平均吃水计算的方法	
3.2.1 船舶吃水的概念	√

考试大纲	适用对象
	9303
3.2.2 船舶吃水的识读	√
3.2.3 船舶平均吃水计算	√
3.3 船舶吃水差的概念,吃水差和首、尾吃水的计算及要求	
3.3.1 吃水差的概念	√
3.3.2 吃水差和首、尾吃水的计算	√
3.3.3 吃水差和首、尾吃水的要求	√
3.4 船舶稳性的基本概念,初稳性和大倾角静稳性知识,船舶动稳性,以及对稳性的要求,与稳性相关计算的方法	
3.4.1 船舶稳性的定义及分类	√
3.4.2 初稳性	√
3.4.3 大倾角静稳性	√
3.4.4 船舶动稳性	√
3.4.5 稳性要求	√
3.5 船舶强度	
3.5.1 船舶强度的定义及分类	√
3.5.2 纵向强度	√
3.5.3 局部强度	√
3.5.4 扭转强度	√
3.5.5 船舶腐蚀对强度的影响	√
3.6 包装危险货物的分类及特性、标志及包装;包装危险货物的积载和隔离;常运危险货物的装卸注意事项	
3.6.1 IMDG 的主要内容及使用	√
3.6.2 包装危险货物的分类及特性	√
3.6.3 包装危险货物的标志及包装	√
3.6.4 包装危险货物的积载和隔离	√
3.6.5 常运危险货物的装卸注意事项	√
3.7 货物单元积载与系固	
3.7.1 CSS 规则与货物系固手册的内容及应用	√

考试大纲	适用对象 9303
3.7.2 货物单元的定义、分类及特性	√
3.7.3 系固设备	√
3.7.4 货物单元积载与系固	√
3.7.5 重大件系固	√
3.7.6 车辆系固	√
3.7.7 钢材系固	√
3.8 杂货运输(包括重大件、甲板木材、钢材、冷藏和滚装货物)的安全装卸和积载,航行途中货物监控	
3.8.1 杂货积载	√
3.8.2 安全装卸	√
3.8.3 航行途中货物监控	√
3.8.4 木材甲板货物运输	√
3.8.5 滚装船运输	√
3.8.6 冷藏货物运输	√
3.8.7 重大件货物运输	√
3.8.8 钢材货物运输	√
3.9 船舶起重设备	
3.9.1 甲板起重设备的分类及特点	√
3.9.2 单吊杆	√
3.9.3 双吊杆	√
3.9.4 甲板起重机	√
3.9.5 索具	√
3.9.6 甲板起重设备的检查和保养	√
3.10 杂货船积载计划编制及积载图的识读	
3.10.1 杂货船积载计划编制	√
3.10.2 杂货船积载图的识读	√
3.11 集装箱及集装箱船知识,集装箱船配积载与装运要求,集装箱积载图的知识	

考试大纲	适用对象 9303
3.11.1 集装箱的基本知识	√
3.11.2 集装箱船的基本知识	√
3.11.3 集装箱船配积载与装运要求	√
3.11.4 集装箱积载图的知识	√
3.12 固体散货装运特点,散装货物的水尺计量	
3.12.1 固体散货装运特点	√
3.12.2 散装货物的水尺计量	√
3.13 船运散粮运输特点,散装谷物船舶稳性核算及改善散装谷物船稳性的方法和措施	
3.13.1 船运散粮运输特点	√
3.13.2 散装谷物船舶稳性核算	√
3.13.3 改善散装谷物船稳性的方法和措施	√
3.14 石油类货物的种类和特点,油船的结构与设备特点、积载方法和安全操作以及防污染,油量计量,散装液体货物运输和液化气体运输的一般知识	
3.14.1 石油类货物的种类和特点	√
3.14.2 油船的结构与设备特点	√
3.14.3 油船的积载方法	√
3.14.4 油船安全操作以及防污染	√
3.14.5 油量计量	√
3.14.6 散装液体货物运输的一般知识	√
3.14.7 散装液化气体运输的一般知识	√
3.15 与码头工人进行有效交流的原则和方法	√
3.16 安排物料上船的基本常识	√
4 检查和报告货舱、舱盖和压载舱的缺陷和损坏	
4.1 货舱、舱盖及压载舱检查及报告	
4.1.1 货舱检查	√
4.1.2 舱盖检查	√

考试大纲	适用对象
	9303
4.1.3 压载舱检查	√
4.1.4 损坏报告	√
4.1.5 加强检验程序的一般知识	√
4.2 货舱、舱盖和压载舱缺陷和损坏的评估及采取的措施	√

船舶结构与货运(未满500总吨船舶)

9305:未满 500 总吨船舶大副

9306:未满 500 总吨船舶二/三副

考试大纲	适用对象	
	9305	9306
1 船舶构造		
1.1 船体结构的基本组成形式		
1.1.1 船舶构件识别	√	√
1.1.2 船体结构识别	√	√
1.2 船底结构		
1.2.1 双层底、肋板	√	√
1.2.2 龙骨及厚度	√	√
1.2.3 舭部	√	√
1.3 舷侧结构	√	√
1.4 甲板结构	√	√
1.5 舱壁结构	√	√
1.6 首尾结构	√	√
1.7 水密和抗沉性结构	√	√
1.8 船舶种类及其构造特点		
1.8.1 杂货船与集装箱船	√	√
1.8.2 其他种类船舶	√	√
2 船舶破损控制		
2.1 船舶抗沉性概念及进水舱分类	√	√
2.2 丧失部分完整浮力时应采取的基本行动	√	√
3 船舶稳性、吃水差与强度		
3.1 稳性的定义和分类		
3.1.1 稳性的定义	√	√
3.1.2 稳性的分类	√	√

考试大纲	适用对象	
	9305	9306
3.2 船舶的三种平衡状态	√	√
3.3 初稳性		
3.3.1 初稳性的衡量指标	√	√
3.3.2 初稳性高度 GM 计算	√	√
3.3.3 影响初稳性的因素及相关计算	√	√
3.3.4 货舱舱容曲线图表使用	√	√
3.4 大倾角稳性衡量指标	√	√
3.5 我国法定规则对普通货船的完整稳性基本衡准要求		
3.5.1 法定规则对国内航行普通货船的完整稳性基本衡准要求	√	√
3.5.2 临界稳性高度曲线和极限重心高度曲线	√	√
3.6 使用稳性规则的注意事项	√	√
3.7 船舶稳性检验与调整		
3.7.1 稳性检验方法	√	√
3.7.2 船舶稳性调整	√	√
3.8 船舶适度稳性范围及其确定方法	√	√
3.9 船舶稳性资料应用	√	√
3.10 吃水差及其与船舶航海性能的关系		
3.10.1 吃水差及其产生原因		√
3.10.2 吃水差与船舶航海性能的关系	√	√
3.10.3 对船舶吃水差和吃水的要求	√	√
3.11 吃水差及首、尾吃水计算	√	√
3.12 船舶吃水差比尺及其应用	√	√
3.13 船舶吃水差调整		
3.13.1 吃水差调整的原则	√	√
3.13.2 吃水差调整的方法	√	√
3.13.3 吃水差的调整计算	√	
3.14 船舶强度的定义和分类	√	√

考试大纲	适用对象	
	9305	9306
3.15 船舶纵强度		
3.15.1 纵强度定义及船体产生纵向变形的原因	√	√
3.15.2 船体纵向受力分析及其相互关系	√	√
3.15.3 船舶拱垂变形及其影响因素	√	√
3.16 船舶纵强度校核方法		
3.16.1 船体剖面剪力、弯矩校核方法及原则	√	√
3.16.2 船中弯矩估算法校核船舶纵强度	√	
3.16.3 根据实船观测吃水检验船舶纵强度	√	
3.17 保证船舶纵强度不受损伤的措施		
3.17.1 船舶总体布置对总纵弯曲变形的影响及其修正措施	√	√
3.17.2 保证船舶纵强度不受损伤的措施	√	√
3.18 船舶局部强度	√	√
3.19 船舶局部强度校核		
3.19.1 船舶载货部位局部强度的校核方法	√	√
3.19.2 船舶载货部位许用负荷量和实际负荷量的计算	√	
3.19.3 最小衬垫面积的求取	√	√
3.20 保证船舶局部强度不受损伤的措施	√	√
4 货物装卸、积载和系固		
4.1 船舶常识		
4.1.1 船舶的基本组成	√	√
4.1.2 船舶的主要标志	√	√
4.1.3 船舶尺度	√	√
4.1.4 船舶登记吨位	√	√
4.2 船体结构基础知识		
4.2.1 横骨架结构	√	√
4.2.2 纵骨架结构	√	√
4.3 干货船主要管系		
4.3.1 舱底水管系	√	

考试大纲	适用对象	
	9305	9306
4.3.2 压载管系	√	
4.3.3 通风管系	√	√
4.3.4 消防管系	√	√
4.3.5 甲板排水管系	√	
4.4 货物装卸设备及其维护和保养		
4.4.1 滑车、绞辘与索具		√
4.4.2 甲板起重机	√	√
4.4.3 起重设备检查、保养与试验发证	√	
4.5 货舱、舱盖及压载舱		
4.5.1 货舱、舱盖		√
4.5.2 货舱、舱盖及压载舱检查及报告	√	√
4.5.3 货舱、舱盖及压载舱缺陷和损坏的评估及采取的措施	√	
4.6 船舶货运基础		
4.6.1 船体形状及其参数	√	
4.6.2 船舶浮态	√	√
4.6.3 船舶容重性能	√	√
4.6.4 船舶吃水	√	√
4.6.5 船舶静水力资料及应用	√	√
4.6.6 船舶干舷和载重线标志	√	√
4.6.7 与船舶货运有关的货物知识	√	√
4.7 船舶载货能力		
4.7.1 船舶载货能力的定义及内容	√	√
4.7.2 船舶载货能力核算的目的和方法	√	√
4.7.3 船舶载货重量能力的计算	√	√
4.7.4 船舶载货能力的充分利用	√	√
4.8 普通杂货运输		
4.8.1 普通杂货分类		√
4.8.2 普通杂货的配积载原则及要求	√	√

考试大纲	适用对象	
	9305	9306
4.8.3 杂货船配载图编制	√	
4.8.4 普通杂货安全装运	√	√
4.8.5 普通杂货水路运输事故种类、产生原因及其处理措施	√	√
4.9 特殊货物运输		
4.9.1 货物单元积载与系固	√	√
4.9.2 重大件货物运输	√	√
4.9.3 木材甲板货物运输	√	√
4.9.4 钢材货物运输	√	√
4.9.5 冷藏货物运输	√	√
4.10 集装箱货物运输		
4.10.1 集装箱的定义、分类及标志		√
4.10.2 集装箱船舶的分类	√	√
4.10.3 集装箱船舶配载计划的编制	√	√
4.10.4 集装箱安全装运要求	√	√
4.10.5 集装箱系固	√	√
4.11 散装固体货物运输		
4.11.1 散装固体货物的定义、分类及特性	√	√
4.11.2 散装固体货物运输的危险性	√	√
4.11.3 散装固体货物船的分类	√	√
4.11.4 散装固体货物配积载要求	√	√
4.11.5 散装固体货物安全装运要求	√	√
4.11.6 几种常见的散装固体货物的装运（散装矿石、煤炭、种子饼）	√	√
4.11.7 水尺计重		
4.12 散装液体货物运输		
4.12.1 石油及其产品运输	√	√
4.12.2 散装液体化学品运输	√	
4.12.3 液化气体运输	√	

考试大纲	适用对象	
	9305	9306
5 包装危险货物运输		
5.1 包装危险货物的分类及特性、标志和包装		
5.1.1 包装危险货物的分类及特性	√	√
5.1.2 危险货物的包装	√	√
5.1.3 危险货物的标志	√	√
5.2 危险货物的积载和隔离		
5.2.1 危险货物积载原则与要求	√	√
5.2.2 危险货物的积载类别	√	√
5.2.3 危险货物隔离等级、隔离表及其应用	√	√
5.2.4 第一类爆炸品的配装类及隔离要求	√	
5.2.5 危险货物与食品的隔离要求	√	

船舶管理（500 总吨及以上船舶船长/大副）

9401：无限航区 500 总吨及以上船舶船长
9402：沿海航区 500 总吨及以上船舶船长
9403：无限航区 500 总吨及以上船舶大副
9404：沿海航区 500 总吨及以上船舶大副

考试大纲	适用对象			
	9401	9402	9403	9404
1 监督和控制法定要求的遵守以及保证海上人命安全与保护海洋环境的措施				
1.1 按规定要求随船携带的证书和文件，如何取得这些文件以及这些文件的有效期				
1.1.1 按照 IMO 和中国主管机关的要求，船舶应携带的一系列证书和文件及取得途径	√	√	√	√
1.1.2 按照 MLC 2006 和中国主管机关的要求，船舶应携带的证书及取得途径	√	√	√	√
1.1.3 根据 IMO 资料和中国主管机关，确定不同种类的船舶应携带的证书	√	√	√	√
1.1.4 证书的有效期、证书更新或保持有效	√	√	√	√
1.2《1966 年国际载重线公约》的功用、架构、适用范围、基本要求及检验与证书				
1.2.1 功用、架构与适用范围	√	√	√	√
1.2.2 基本要求	√	√	√	√
1.2.3 检验与证书	√	√	√	√
1.3《国际海上人命安全公约》的功用、架构、适用范围、检验与证书、航行安全、货物装运、危险货物的装运、船舶安全营运管理、加强海上安全的特别措施、加强海上保安的特别措施、散货船附加安全措施等				
1.3.1 功用、架构与适用范围	√	√	√	√
1.3.2 检验与证书				

考试大纲	适用对象			
	9401	9402	9403	9404
1.3.2.1 检验的种类、检验后的状况维持	√	√	√	√
1.3.2.2 证书的签发或签署,证书延期、展期、终止有效	√	√	√	√
1.3.3 航行安全	√	√	√	√
1.3.4 货物装运	√	√		
1.3.5 危险货物的装运	√	√		
1.3.6 船舶安全营运管理(SMS)	√	√	√	√
1.3.7 加强海上安全的特别措施	√	√		
1.3.8 加强海上保安的特别措施	√	√		
1.3.9 散货船附加安全措施	√	√		
1.3.10 ISM 规则理解	√			
1.3.11 NSM 规则理解		√		√
1.3.12 航运公司船舶安全营运与防污染管理	√	√		
1.4 港口国监督概述、港口国检查、违规与滞留、报告要求、关于滞留船舶的指南、最低配员标准和发证、证书及文件清单、港口国监督备忘录组织				
1.4.1 港口国监督概述	√		√	
1.4.2 港口国检查	√		√	
1.4.3 违规与滞留	√		√	
1.4.4 报告要求	√		√	
1.4.5 关于滞留船舶的指南	√		√	
1.4.6 最低配员标准和发证	√		√	
1.4.7 证书及文件清单	√		√	
1.4.8 港口国监督备忘录组织	√		√	
1.5《国际防止船舶造成污染公约》的功用、架构、公约议定书、防止类油污染规则、控制散装有毒液体物质污染规则、防止海运包装有害物质污染规则、防止船舶生活污水污染规则、防止船舶垃圾污染规则、防止船舶造成大气污染规则				

考试大纲	适用对象			
	9401	9402	9403	9404
1.5.1 功用、架构、公约议定书	√	√	√	√
1.5.2 防止油类污染规则	√	√	√	√
1.5.3 控制散装有毒液体物质污染规则	√	√	√	√
1.5.4 防止海运包装有害物质污染规则	√	√	√	√
1.5.5 防止船舶生活污水污染规则	√	√	√	√
1.5.6 防止船舶垃圾污染规则	√	√	√	√
1.5.7 防止船舶造成大气污染规则	√	√	√	√
1.6 国际卫生条例的定义、公共卫生措施、受染交通工具、入境口岸的船舶、卫生文件				
1.6.1 定义	√		√	
1.6.2 公共卫生措施	√		√	
1.6.3 受染交通工具	√		√	
1.6.4 入境口岸的船舶	√		√	
1.6.5 卫生文件	√		√	
1.7《2006年海事劳工公约》的主要内容与架构、海员上船工作的最低要求、就业条件、健康保护、医疗、福利及社会保障				
1.7.1 主要内容与架构	√	√	√	√
1.7.2 海员上船工作的最低要求	√	√	√	√
1.7.3 就业条件	√	√	√	√
1.7.4 健康保护、医疗、福利、社会保障	√	√	√	√
1.8《国际船舶压载水和沉积物控制与管理公约》				
1.8.1 压载水管理计划	√		√	
1.8.2 压载水管理、更换	√		√	
1.8.3 压载水管理标准	√		√	
1.8.4 压载水记录簿	√		√	
1.8.5 沉积物管理	√		√	
1.9《联合国海洋法公约》				

考试大纲	适用对象			
	9401	9402	9403	9404
1.9.1 海域概念及其法律地位	√	√	√	√
1.9.2 无害通过权、紧追权、登临权、油污干预权	√	√	√	√
1.10 结合案例掌握国内海上交通安全与环境保护法规和规范				
1.10.1《中华人民共和国海上交通安全法》	√	√	√	√
1.10.2《中华人民共和国船舶登记条例》	√	√		
1.10.3《国际船舶和港口设施保安规则》	√	√		
1.10.4《船舶引航管理规定》	√	√		
1.10.5《中华人民共和国船舶交通管理系统安全监督管理规则》	√	√	√	√
1.10.6《关于外国籍船舶进入中华人民共和国领海报告要求的公告》	√		√	
1.10.7《国际航行船舶进出中华人民共和国口岸检查办法》	√		√	
1.10.8《国际航行船舶出入境检验检疫管理办法》	√		√	
1.10.9《中华人民共和国船舶安全监督管理规则》	√	√	√	
1.10.10《中华人民共和国船舶最低安全配员规则》	√	√		
1.10.11《船舶载运危险货物安全监督管理规定》	√	√		
1.10.12《船舶港内安全作业监督管理办法》	√	√		
1.10.13《中华人民共和国海上交通事故调查处理条例》	√	√	√	√
1.10.14《中华人民共和国海上船舶污染事故调查处理规定》	√	√	√	√
1.10.15《中华人民共和国海上海事行政处罚规定》	√	√	√	√
1.10.16《中华人民共和国船员条例》	√	√	√	√
1.10.17《中华人民共和国海船船员值班规则》	√	√	√	√
1.10.18《中华人民共和国海船船员适任考试和发证规则》	√	√	√	√

考试大纲	适用对象			
	9401	9402	9403	9404
1.10.19《中华人民共和国海员船上工作和生活条件管理办法》	√		√	
1.10.20《中华人民共和国船员违法记分管理办法》	√	√	√	√
1.10.21《中华人民共和国海洋环境保护法》	√	√	√	√
1.10.22《防治船舶污染海洋环境管理条例》	√	√	√	√
1.10.23《交通运输部关于印发珠三角、长三角、环渤海（京津冀）水域船舶排放控制区实施方案的通知》	√	√		
1.10.24《中华人民共和国海船船员船上培训管理办法》	√	√	√	√
1.10.25《海运固体散装货物安全监督管理规定》	√	√	√	√
1.10.26《国内航行海船法定检验技术规则》		√		√
1.10.27《船舶载运危险货物安全监督管理规定》	√	√	√	√
1.11 收集和报告船舶能耗数据	√	√	√	√
2 保持船舶、船员和旅客的安全、保安及救生、消防和其他安全系统的工作状态				
2.1 救生设备和装置（如适用）				
2.1.1 客船救生艇筏的配备			√	√
2.1.2 货船救生艇筏的配备			√	√
2.2 保持救生、消防设备的工作状态（如适用）				
2.2.1 消防设备状态保持			√	√
2.2.2 救生设备状态保持			√	√
2.2.3 水密装置等安全系统的状态保持			√	√
2.3 应急组织与准备				
2.3.1 应急的种类	√	√	√	√
2.3.2 船舶应急组织	√	√	√	√
2.3.3 船舶应急准备工作要点	√	√	√	√
2.4 应急训练与演习				

考试大纲	适用对象			
	9401	9402	9403	9404
2.4.1 应急训练	√	√	√	√
2.4.2 应急演习的要求、策划	√	√	√	√
2.4.3 应急演习的实施及改进	√	√	√	√
2.4.4 船上训练与授课	√	√	√	√
2.5 紧急情况下保证人员安全的行动				
2.5.1 指定负责集合和控制旅客的职责	√	√	√	
2.5.2 人员撤离	√	√	√	
2.5.3 救治伤员	√	√	√	
2.5.4 撤离船舶或弃船	√	√	√	
2.6 各种情况下的应急行动				
2.6.1 弃船时的应急行动	√	√	√	√
2.6.2 船舶失火时的应急行动	√	√	√	√
2.6.3 船舶发生爆炸时的应急行动	√	√	√	√
2.6.4 船舶碰撞时的应急行动	√	√	√	√
2.6.5 船舶搁浅和触礁后的应急行动	√	√	√	√
2.6.6 船体破损进水应急行动	√	√	√	√
2.6.7 船舶发生溢油后的应急行动	√	√	√	√
2.6.8 救助落水人员的应急行动	√	√	√	√
2.6.9 救助遇险船舶、遇险艇筏上人员的应急行动	√	√	√	√
2.6.10 救助海上漂浮遇险人员行动	√	√	√	√
2.6.11 恶劣天气条件下释放救生艇行动	√	√	√	√
2.6.12 防海盗行动	√	√	√	√
3 应急计划和应急准备				
3.1 应急反应计划、应变部署表与应急须知				
3.1.1 应急反应计划	√	√	√	√
3.1.2 应急反应计划的制订			√	√
3.1.3 应变部署表与应急须知	√	√	√	√
3.1.4 应变部署表与应急须知的审核签署(如适用)	√	√		

考试大纲	适用对象			
	9401	9402	9403	9404
3.2 破损控制与水密装置的关闭操作及破舱稳性、破损控制、船舶应急响应服务（ERS）				
3.2.1 货船破损控制	√	√	√	√
3.2.2 水密装置的关闭操作	√	√	√	√
3.2.3 破舱稳性与破损控制	√	√		
3.2.4 船舶破损控制须知和船舶应急响应服务（如适用）	√	√		
3.3 消防员装备、防火控制图、消防设备的配备要求				
3.3.1 消防员装备的配备数量和存放	√	√	√	√
3.3.2 防火控制图的内容和存放	√	√	√	√
3.3.3 消防设备的配备要求	√	√	√	√
3.4 救生艇筏的配备、配员与监督，救生艇筏的布置与存放，救生艇筏的登乘、降落				
3.4.1 救生艇筏的配备、配员与监督	√	√	√	√
3.4.2 救生艇筏的布置与存放	√	√	√	√
3.4.3 救生艇筏的登乘、降落	√	√	√	√
3.5 个人救生设备、无线电救生设备、船上通信与报警系统				
3.5.1 个人救生设备	√	√	√	√
3.5.2 无线电救生设备	√	√	√	√
3.5.3 船上通信与报警系统	√	√	√	√
4 领导和管理技能的运用				
4.1 船上人员管理和培训的实用知识	√	√	√	√
4.2 具备有效资源管理的知识	√	√	√	√
4.3 具备决策制定的技巧	√	√	√	√
4.4 具备任务和工作量管理的能力	√	√	√	√
5 船舶检验（如适用）				
5.1 船舶检验的目的、种类和机构	√	√		

考试大纲	适用对象			
	9401	9402	9403	9404
5.2 法定检验的种类、检验时间安排	√	√		
5.3 保持船级的检验种类、入级符号、附加标志、船级证书、船级的暂停与取消				
5.3.1 保持船级的检验种类	√	√		
5.3.2 入级符号和附加标志	√	√		
5.3.3 船级证书	√	√		
5.3.4 船级的暂停与取消	√	√		
5.4 公证检验的种类				
5.4.1 公证检验的种类	√	√		
5.4.2 检验报告	√	√		
6 船舶维修保养(如适用)				
6.1 船舶修理				
6.1.1 船舶修理的概念与种类			√	√
6.1.2 修理的要求与原则			√	√
6.1.3 修理的组织与准备			√	√
6.1.4 修理工艺			√	√
6.1.5 修船工程的验收			√	√
6.2 船舶日常检查保养				
6.2.1 船体结构的日常检查与保养			√	√
6.2.2 甲板设备的日常检查与保养,包括:锚设备、舵设备、系泊设备、装卸设备等			√	√
7 风险控制与危机管理(如适用)				
7.1 风险概念与常用的事故致因理论				
7.1.1 风险概述	√	√		
7.1.2 事故致因理论	√	√		
7.2 海上风险预测与评估常用方法				
7.2.1 海上风险的预测与评估	√	√		
7.2.2 风险评估的常用方法	√	√		

考试大纲	适用对象			
	9401	9402	9403	9404
7.3 海上风险预防与控制				
7.3.1 风险的可接受衡准	√	√		
7.3.2 风险的预防与控制措施	√	√		
7.4 海上危机处理案例分析与运用	√	√		
8 海上运输业务				
8.1 国际贸易术语、远洋货运单证、港口使费的构成、船舶代理与船舶进出港口手续				
8.1.1 国际贸易术语	√	√	√	√
8.1.2 远洋货运单证	√	√	√	√
8.1.3 大副收据及批注	√	√	√	√
8.1.4 货损、货差的处理	√	√	√	√
8.1.5 提单及其业务	√	√	√	√
8.1.6 港口使费的构成(如适用)	√	√		
8.1.7 船舶代理(如适用)	√	√		
8.1.8 船舶进出港口手续(如适用)	√	√		
8.2 班轮运输、集装箱运输、多式联运的概念、不定期船运输概述、航次租船、定期租船(如适用)				
8.2.1 班轮运输	√	√		
8.2.2 集装箱运输	√	√		
8.2.3 多式联运的概念	√	√		
8.2.4 不定期船运输概述	√	√		
8.2.5 航次租船	√	√		
8.2.6 定期租船	√			
8.3 海上旅客运输、海上拖航(如适用)				
8.3.1 海上旅客运输	√			
8.3.2 海上拖航	√	√		
8.4 船员工作秩序管理,船舶生活秩序管理,船员管理,船舶证书、船员证书管理,法定记录管理等(如适用)	√	√		

考试大纲	适用对象			
	9401	9402	9403	9404
8.5 海事定义、海事报告、海事证据、海事声明、海事分析（如适用）				
8.5.1 海事定义	√	√		
8.5.2 海事报告	√	√		
8.5.3 海事证据	√	√		
8.5.4 海事声明	√	√		
8.5.5 海事分析	√	√		
9 P&I 业务（如适用）				
9.1 船舶碰撞、海难救助、共同海损法律与实务				
9.1.1 船舶碰撞	√	√		
9.1.2 海难救助	√	√		
9.1.3 共同海损法律与实务	√	√		
9.2 海事赔偿责任限制、船舶油污损害赔偿				
9.2.1 海事赔偿责任限制	√	√		
9.2.2 船舶油污损害赔偿	√	√		
9.3 海上船舶保险、船东互助保险、海事争议处理				
9.3.1 海上船舶保险	√	√		
9.3.2 船东互助保险	√	√		
9.3.3 海事争议处理	√	√		

船舶管理(500总吨及以上船舶二/三副)

9405:无限航区 500 总吨及以上船舶二/三副
9406:沿海航区 500 总吨及以上船舶二/三副

考试大纲	适用对象	
	9405	9406
1 监督遵守国际公约要求		
1.1 SOLAS 公约		
1.1.1 一般条款	√	√
1.1.2 分舱和稳性、机器和电气装置	√	√
1.1.3 防火、探火和灭火	√	√
1.1.4 救生设备和装置	√	√
1.1.5 无线电通信	√	√
1.1.6 航行安全	√	√
1.1.7 货物运输	√	√
1.1.8 ISM 规则	√	
1.1.9 加强海上保安的特别措施	√	
1.1.10 加强海上安全的特别措施	√	√
1.1.11 SOLAS 公约最新修正案	√	√
1.2 港口国监督概述、港口国检查、违规与滞留、操作性要求监督指南、ISM 规则港口国监督导则、最低配员标准和发证、港口国监督备忘录组织		
1.2.1 港口国监督概述	√	
1.2.2 港口国检查	√	
1.2.3 违规与滞留	√	
1.2.4 操作性要求监督指南	√	
1.2.5 ISM 规则港口国监督导则	√	
1.2.6 最低配员标准和发证	√	
1.2.7 港口国监督备忘录组织	√	

考试大纲	适用对象	
	9405	9406
1.3 MARPOL 公约(如适用)		
1.3.1 公约定义和概述	√	√
1.3.2 防止油类污染规则	√	√
1.3.3 控制散装有毒液体物质污染规则	√	√
1.3.4 防止海运包装有害物质污染规则	√	√
1.3.5 防止船舶生活污水污染规则	√	√
1.3.6 防止船舶垃圾污染规则	√	√
1.3.7 防止船舶造成大气污染规则	√	√
1.4《1966 年国际载重线公约》		
1.4.1 适用范围和基本要求	√	√
1.4.2 定义	√	√
1.4.3 载重线标志	√	√
1.4.4 对船员的保护	√	√
1.5 STCW 公约		
1.5.1 概述	√	√
1.5.2 定义和说明	√	√
1.5.3 证书签发和签注	√	√
1.5.4 适任最低要求	√	√
1.5.5 值班原则	√	√
1.6 国际卫生条例		
1.6.1 定义	√	
1.6.2 航海健康申报、接种证书	√	
1.7《2006 年海事劳工公约》		
1.7.1 公约简介	√	√
1.7.2 海员上船工作的最低要求	√	√
1.7.3 就业条件	√	√
1.7.4 健康保护、医疗、福利及社会保障	√	√
1.8《国际船舶压载水和沉积物控制与管理公约》		

考试大纲	适用对象	
	9405	9406
1.8.1 公约概述、定义	√	
1.8.2 基本内容	√	
1.9《联合国海洋法公约》		
1.9.1 海洋法公约概述	√	√
1.9.2 领海和毗连区	√	√
1.9.3 国际海峡	√	√
1.9.4 专属经济区和大陆架	√	√
1.9.5 公海	√	√
1.9.6 海洋环境的保护	√	√
2 国内海上交通安全与环境保护法规和规范		
2.1《中华人民共和国海上交通安全法》与《中华人民共和国船员条例》		
2.1.1《中华人民共和国海上交通安全法》	√	√
2.1.2《中华人民共和国船员条例》	√	√
2.2 船舶登记与配员管理		
2.2.1《中华人民共和国船舶登记条例》	√	√
2.2.2《中华人民共和国船舶最低安全配员规则》	√	√
2.3《中华人民共和国海船船员值班规则》		
2.3.1 总则	√	√
2.3.2 航次计划及值班一般要求	√	√
2.3.3 驾驶航行值班	√	√
2.3.4 港内值班	√	√
2.3.5 驾驶、轮机联系制度	√	√
2.3.6 值班保障	√	√
2.3.7 法律规定	√	√
2.4 船舶安全监督管理		
2.4.1《中华人民共和国船舶安全监督管理规则》	√	√
2.4.2《船舶港内安全作业监督管理办法》	√	√

考试大纲	适用对象	
	9405	9406
2.5 海事行政处罚管理		
2.5.1《中华人民共和国海上海事行政处罚规定》	√	√
2.5.2 船员违法记分办法	√	
2.6 货物安全运输管理		
2.6.1《船舶载运危险货物安全监督管理规定》	√	√
2.7 船舶交通和进出港管理		
2.7.1《关于外国籍船舶进入中华人民共和国领海报告要求的公告》	√	
2.8 海上事故调查管理		
2.8.1《中华人民共和国海上交通事故调查处理条例》	√	√
2.8.2《中华人民共和国海上船舶污染事故调查处理规定》	√	√
2.9 防治船舶污染管理		
2.9.1《中华人民共和国海洋环境保护法》	√	√
2.9.2《防治船舶污染海洋环境管理条例》	√	√
2.9.3《船舶水污染物排放控制标准》	√	√
2.10 船员劳动合同相关法规规定	√	
2.11《中华人民共和国海员船上工作和生活条件管理办法》（MLC 考核）	√	√
2.12《国内航行海船法定检验技术规则》(如适用)		
2.12.1 概述		√
2.12.2 法定证书		√
2.12.3 检验种类		√
3 防止船舶污染海洋环境		
3.1 船舶污染海洋的途径	√	√
3.2 船舶污染对海洋环境的损害	√	√
3.3 防止船舶污染海洋环境的措施	√	√
3.4 船舶防污染技术与设备		
3.4.1 防止油污染	√	√

考试大纲	适用对象	
	9405	9406
3.4.2 防止生活污水污染	√	√
3.4.3 防止船舶垃圾污染	√	√
3.4.4 防止大气污染	√	√
3.4.5 压载水管理	√	
4 海上应急反应		
4.1 应急程序		
4.1.1 应急计划介绍	√	√
4.1.2 各种应急情况下的应急措施	√	√
4.1.3 非客船上保护旅客的职责,包括:指定专门人员负责,应急通道秩序维护,引导旅客至集合地点,清点人数,救生衣正确穿戴检查,指导旅客安全进入救生艇或救生筏,确保救生艇(筏)配备毛毯等保暖物品,旅客演习和训练要求等	√	√
4.2 船舶碰撞或搁浅初步应急措施		
4.2.1 搁浅前应采取的应急操船措施,危害及损害的评估和控制,搁浅后应采取的措施和脱浅方法及脱浅拉力的估算	√	√
4.2.2 碰撞前、后应采取的应急操船措施,碰撞后损害的评估和应变部署,碰撞后续航、抢滩或弃船时的注意事项	√	√
4.2.3 堵漏器械和堵漏方法	√	√
4.3 救助落水人员、协助遇险船舶、港内应急反应应遵循的程序		
4.3.1 救助遇险或遇难船上人员,包括:救助时机,救助设备准备,救助艇或机动艇运用,救助方法,撒油镇浪等注意事项	√	√
4.3.2 港内应急反应,包括:港内应急救援力量,防火控制图的配置要求、保存地点及更新,邻近其他船舶发生火灾的应急措施,驶离码头的时机等,邻近其他锚泊船走锚的应急措施	√	√
5 领导力和团队工作技能的运用		
5.1 船上人员管理和培训的实用知识	√	√

考试大纲	适用对象	
	9405	9406
5.2 具备有效资源管理的能力	√	√
5.3 具备决策制定的技巧	√	√
5.4 具备任务和工作量管理的能力	√	√
6 安全管理体系基础知识		
6.1 管理的基本原则		
6.1.1 管理的人本原则	√	√
6.1.2 管理的系统原则	√	√
6.1.3 管理的效益原则	√	√
6.2 管理体系概述		
6.2.1 管理体系的定义	√	√
6.2.2 管理体系的相关术语	√	√
6.2.3 相关管理体系介绍	√	√
6.3 安全管理体系		
6.3.1 安全管理体系的定义	√	√
6.3.2 安全管理体系的功能	√	√
7 保养甲板和甲板上所用工具的基本知识		
7.1 安装引航梯		
7.1.1 引航员软梯、舷梯的安全收放	√	√
7.1.2 引航员软梯、舷梯维护保养的方法	√	√
7.2 有助于甲板设备和机械的安全操作		
7.2.1 甲板和甲板工具的保养常识	√	√
7.2.2 船舶缆绳和索具的种类、性能、量法和使用与保管常识	√	√
7.2.3 开关舱操作程序及安全注意事项	√	√
7.2.4 克令吊、起货机操作要领及安全注意事项	√	√
8 职业健康和安全预防措施		
8.1 高空作业基本知识及安全注意事项	√	√
8.2 舷外作业基本知识及安全注意事项	√	√
8.3 封闭舱室作业基本知识及安全注意事项	√	√

考试大纲	适用对象	
	9405	9406
8.4 船舶清洁作业基本知识及安全注意事项	√	√
9 维护与修理		
9.1 各种除锈机械、手工除锈工具,除锈作业要领	√	√
9.2 油漆作业的基本知识	√	√

船舶管理（未满 500 总吨船舶）

9407：未满 500 总吨船舶船长
9408：未满 500 总吨船舶大副
9409：未满 500 总吨船舶二/三副

考试大纲	适用对象		
	9407	9408	9409
1 国内航线海船法定检验技术规则			
1.1 检验与发证			
1.1.1 船舶检验	√		
1.1.2 船舶证书	√		
1.2 载重线			
1.2.1 航行区域与季节划分	√	√	√
1.2.2 甲板线与载重线标志	√	√	√
1.3 船舶安全			
1.3.1 一般定义	√	√	√
1.3.2 分舱和稳性、机器和电气装置	√	√	√
1.3.3 防火、探火和灭火	√	√	√
1.3.4 救生设备和装置	√	√	√
1.3.5 航行设备	√	√	√
1.3.6 货物装运	√	√	
1.3.7 NSM 规则	√	√	√
1.4 防止船舶造成污染的结构与设备			
1.4.1 一般规定	√	√	√
1.4.2 防止油类污染规定	√	√	√
1.4.3 控制散装有毒物质污染规定	√	√	√
1.4.4 防止海运包装的有害物质污染规定	√	√	√
1.4.5 防止船舶生活污水污染规定	√	√	√
1.4.6 防止船舶垃圾污染规定	√	√	√

考试大纲	适用对象		
	9407	9408	9409
1.4.7 防止船舶造成空气污染规定	√	√	√
2 国内海事法规			
2.1《中华人民共和国海上交通安全法》与《中华人民共和国船员条例》			
2.1.1《中华人民共和国海上交通安全法》	√	√	√
2.1.2《中华人民共和国船员条例》	√	√	√
2.2 船舶登记与配员管理			
2.2.1《中华人民共和国船舶登记条例》	√		
2.2.2《中华人民共和国船舶最低安全配员规则》	√		
2.3《中华人民共和国海船船员值班规则》			
2.3.1 总则	√	√	√
2.3.2 航次计划及值班一般要求	√	√	√
2.3.3 航行值班(值班安排)	√	√	√
2.3.4 港内值班	√	√	√
2.3.5 驾驶、轮机联系制度	√	√	√
2.3.6 值班保障	√	√	√
2.4 船舶安全监督管理			
2.4.1《中华人民共和国船舶安全监督管理规则》	√	√	√
2.4.2《船舶港内安全作业监督管理办法》	√	√	√
2.5 海事行政处罚管理			
2.5.1《中华人民共和国海上海事行政处罚规定》	√	√	√
2.5.2 船员违法记分办法	√	√	√
2.6 货物安全运输管理			
2.6.1《船舶载运危险货物安全监督管理规定》	√	√	√
2.7 船舶交通和进出港管理	√		
2.8 海上事故调查管理(如适用)			
2.8.1《中华人民共和国海上交通事故调查处理条例》	√		
2.8.2《中华人民共和国海上船舶污染事故调查处理规定》	√		

考试大纲	适用对象		
	9407	9408	9409
2.9 防治船舶污染管理			
2.9.1《中华人民共和国海洋环境保护法》	√	√	√
2.9.2《防治船舶污染海洋环境管理条例》	√	√	√
2.9.3《船舶水污染物排放控制标准》	√	√	√
2.10 船员劳动合同相关法规规定			
2.11 其他国内法规			
2.11.1《中华人民共和国海员船上工作和生活条件管理办法》	√		
3 防止海洋环境污染和防污染程序			
3.1 船舶污染海洋的途径	√	√	√
3.2 船舶污染对海洋环境的损害	√	√	√
3.3 防止船舶污染海洋环境的措施	√	√	√
3.4 船舶防污染技术与设备			
3.4.1 防油污设备操作	√	√	√
3.4.2 油类记录簿	√		
3.4.3 船舶油污应急计划	√		
3.4.4 污水处理设备、焚烧炉、粉碎机等设备	√	√	√
3.4.5 垃圾管理计划	√		
3.4.6 垃圾记录簿	√	√	√
3.4.7 防污底系统	√		
3.5 船舶能耗数据			
3.5.1 船舶能耗数据收集范围和收集方法	√		
3.5.2 船舶能耗数据报告的内容、程序和格式要求	√		
4 应急反应			
4.1 船舶应急程序			
4.1.1 应急计划介绍,包括:应变部署表和应变任务卡目的、作用和填写要求,远程控制应急设备操作介绍,火灾、封闭处所救助、恶劣天气损害、海上救助、搁浅、弃船、溢油和危险货物泄漏等不同应急任务下应急队伍的人员组成、任务等,演习和训练要求	√	√	√

考试大纲	适用对象		
	9407	9408	9409
4.1.2 非客船上保护旅客的职责,包括:指定专门人员负责,应急通道秩序维护,引导旅客至集合地点,清点人数,救生衣正确穿戴检查,指导旅客安全进入救生艇或救生筏,确保救生艇(筏)配备毛毯等保暖物品,旅客演习和训练要求等	√	√	√
4.1.3 搁浅前应采取的应急操船措施,危害及损害的评估和控制,搁浅后应采取的措施和脱浅方法及脱浅拉力的估算(如适用)	√	√	
4.1.4 碰撞前、后应采取的应急操船措施,碰撞后损害的评估和应变部署,碰撞后续航、抢滩或弃船时的注意事项(如适用)	√	√	
4.2 应急拖带与救助			
4.2.1 救助遇险或遇难船上人员,包括:救助时机,救助设备准备,救助艇或机动艇运用,救助方法,撒油镇浪等注意事项(如适用)	√		
4.2.2 协助遇险船舶措施,包括:应急通信的建立,应急拖缆配置和布置要求,应急拖带注意事项	√		
4.2.3 港内应急反应,包括:港内应急救援力量,防火控制图的配置要求、保存地点及更新,邻近其他船舶发生火灾的应急措施,驶离码头的时机等,邻近其他锚泊船走锚的应急措施(如适用)	√		
5 船上防火、控制火灾和灭火			
5.1 消防演习			
5.1.1 船舶消防组织(如适用)			√
5.1.2 船舶防火控制图(如适用)			√
5.1.3 人员安全程序(逃生要领)(如适用)			√
5.1.4 消防演习的现场组织与实施(如适用)	√	√	
5.2 火灾基本知识			
5.2.1 燃烧的基本知识(如适用)			√

考试大纲	适用对象		
	9407	9408	9409
5.2.2 火的分类及灭火方法(如适用)			√
5.3 消防设备的使用			
5.3.1 灭火剂的种类(特点)及灭火原理	√	√	√
5.3.2 各类灭火剂的特点及适宜扑灭的火灾种类与注意事项	√	√	√
5.3.3 手提式灭火器的结构、灭火作用和使用方法(如适用)			√
5.3.4 各种移动式灭火装置的结构、灭火作用和使用方法(如适用)			√
5.3.5 其他消防器材及其作用(如适用)			√
5.3.6 消防员装备的佩戴和使用(如适用)			√
5.3.7 其他个人设备(如适用)			√
5.3.8 船舶火灾探测及报警系统(如适用)			√
5.3.9 固定水灭火系统(如适用)			√
5.3.10 其他固定灭火系统(如适用)			√
5.4 船舶灭火程序			√
6 操作救生设备			
6.1 应变部署表与个人责任(如适用)			√
6.2 应变部署表编制与审核(如适用)	√	√	
6.3 应变信号(如适用)			√
6.4 应变演习(如适用)			√
6.5 弃船时应采取的行动	√	√	√
6.6 保持艇筏位置和集结的重要性(如适用)			√
6.7 正确操作救生艇筏上的设备(如适用)			√
6.8 求生信号的使用(如适用)			√
6.9 正确使用定位仪器和操作无线电应急设备(如适用)			√
6.10 救生服和保温用具等防护遮盖物的使用(如适用)			√
6.11 救生演习的现场组织与实施(如适用)	√	√	

考试大纲	适用对象		
	9407	9408	9409
7 在船上应用医疗急救			
7.1 人体解剖及生理学(如适用)			√
7.2 生命急救的基本技术	√	√	√
7.3 伤病员的病史采集和体格检查(如适用)			
7.3.1 伤病员的病史采集			√
7.3.2 体格检查			√
7.4 船载有毒货物中毒(如适用)			√
7.5 创伤:脊柱损伤、骨折、关节脱位、软组织损伤、肌肉损伤(如适用)			
7.5.1 脊柱损伤			√
7.5.2 骨折			√
7.5.3 关节脱位			√
7.5.4 软组织损伤			√
7.5.5 肌肉损伤			√
7.6 环境及理化因素损伤:溺水、体温过低、冻伤、烧烫伤(如适用)			
7.6.1 溺水			√
7.6.2 体温过低			√
7.6.3 冻伤			√
7.6.4 烧烫伤			√
7.7 救援人员的医疗照顾,包括:遇险、低温和冷暴露(如适用)			√
7.8 船舶药品、器械的使用:船上药品清单、储备、采集和使用原则、药物治疗的作用和不良反应、主要药品的适应症、用法和禁忌症;船上常用医疗器械(如适用)			
7.8.1 船舶药品			√
7.8.2 船舶医用器械			√
7.9 消毒和灭菌(如适用)			√

考试大纲	适用对象		
	9407	9408	9409
7.10 常见急症的现场急救：昏迷、窒息、心脏骤停和心脏性猝死、冠心病（心绞痛、心肌梗死）、高血压及高血压急症、脑血管意外（如适用）			√
7.11 基本护理（如适用）			√
7.12 无线电医疗咨询方法、直升机救援的方法和注意事项（如适用）	√	√	√
7.13 海员心理问题及相应解决办法	√	√	√
8 保持船舶的适航性			
8.1 船舶稳性、吃水差与强度			
8.1.1 初稳性	√		
8.1.2 我国法定规则对普通货船的完整稳性基本衡准要求	√		
8.1.3 使用稳性规则的注意事项	√		
8.1.4 船舶稳性检验与调整	√		
8.1.5 吃水差及其与船舶航海性能的关系	√		
8.1.6 保证船舶纵强度不受损伤的措施	√		
8.1.7 保证船舶局部强度不受损伤的措施	√		
8.2 船舶破损控制	√		
8.2.1 船舶抗沉性概念及进水舱分类	√		
8.2.2 丧失部分完整浮力时应采取的基本行动	√		
8.3 水密完整性的知识	√		
8.4 船舶构造			
8.4.1 水密和抗沉性结构	√		
8.4.2 不同种类船舶的构造特点	√		
9 货物运输			
9.1 货物装卸、积载、系固与航行途中监控	√		
9.2《国际海运危险货物规则》的使用			
9.2.1 危险货物的分类及特性、标志和包装	√		
9.2.2 包装危险货物运输	√		

考试大纲	适用对象		
	9407	9408	9409
10 船舶维修保养(如适用)			
10.1 船舶修理			
10.1.1 修理的要求与原则	√		
10.1.2 修理的组织与准备	√		
10.1.3 修船工程的验收	√		
10.2 船舶日常检查保养			
10.2.1 船体	√		
10.2.2 甲板设备(锚设备、舵设备、系泊设备、装卸设备)	√		

水手业务

9601：500 总吨及以上船舶值班水手
9602：未满 500 总吨船舶值班水手

考试大纲	适用对象	
	9601	9602
1 按照舵令（包括英文舵令）操舵		
1.1 磁罗经和陀螺罗经的基本常识	√	√
1.2 舵令		
1.2.1 船舶标准中文和/或英文舵令	√	√
1.2.2 船舶操舵程序	√	√
1.2.3 手动操舵的方法	√	√
1.3 操舵方式的转换		
1.3.1 驾驶台手动操舵、自动舵、应急操舵的转换程序和方法	√	√
1.3.2 自动舵及自动操舵的局限性	√	√
1.3.3 在驾驶台进行操舵的方法和注意事项	√	√
1.3.4 舵机间应急操舵转换，操作方法和注意事项	√	√
2 用视觉和听觉保持正规的瞭望		
2.1 水手的瞭望职责	√	√
2.2 地理坐标、方位、距离和舷角的概念及经纬度的表示		
2.2.1 地理坐标及经纬度的表示	√	√
2.2.2 方位、舷角的概念和划分	√	√
2.2.3 距离的概念与航速、航程	√	√
2.3 常见助航标志的种类及含义		
2.3.1 航标的种类及用途	√	√
2.3.2 中国水上助航标志的种类、灯质、作用与主要特性	√	√
2.3.3 国际浮标系统	√	
3 有助于监测和控制安全值班		
3.1 船上术语和定义		

考试大纲	适用对象	
	9601	9602
3.1.1 船舶的类型和各部位的名称	√	√
3.1.2 船舶甲板设备	√	√
3.1.3 船舶主尺度、吨位和标志;船舶水尺的读取方法	√	√
3.2 船上内部通信与报警系统的使用方法		
3.2.1 船舶内部通信设备	√	√
3.2.2 船舶报警系统的使用方法	√	√
3.3 理解船舶常规指令	√	√
3.4 接班、值班和交班程序		
3.4.1 船舶值班制度	√	√
3.4.2 水手在航行、锚泊、系泊及装卸货时的主要职责	√	√
3.4.3 交接班制度及交班、值班和接班程序	√	√
3.4.4 主要航海国家的国旗及常见国际信号旗	√	
3.4.5 船舶挂旗方法	√	√
3.5 保持安全值班所需的信息		
3.5.1 声号、灯号、号型的基本常识	√	√
3.5.2 潮汐与潮流的常识	√	√
3.5.3 风流对舵效的影响	√	√
3.6 基本的环境保护程序		
3.6.1 船舶防止海洋污染的器材和设备	√	√
3.6.2 船舶防止海洋污染的要求及措施	√	√
4 操作应急设备和应用应急程序		
4.1 应急职责和报警信号的知识		
4.1.1 船舶应急职责和报警信号的知识	√	√
4.1.2 堵漏器械和堵漏方法	√	√
4.2 烟火遇险信号、卫星紧急无线电示位标和搜救应答器的知识		
4.2.1 烟火遇险信号的基本知识	√	√
4.2.2 卫星紧急无线电示位标和搜救应答器的基本知识	√	√

考试大纲	适用对象	
	9601	9602
4.3 误遇险报警的避免和偶然触发警报时应采取的行动		
4.3.1 避免误报警	√	√
4.3.2 偶然触发遇险警报时应采取的行动	√	√
5 有助于靠泊、锚泊和其他系泊操作		
5.1 靠、离泊和拖带作业中的辅助性工作		
5.1.1 船用各类缆绳的基本用途	√	√
5.1.2 系泊主要设备功能和使用方法	√	√
5.1.3 船舶标准系泊系浮筒令	√	
5.1.4 靠、离码头系、解缆的操作程序、安全注意事项	√	√
5.1.5 系、离浮筒系、解缆的操作程序、安全注意事项	√	√
5.1.6 拖带作业程序、安全注意事项	√	
5.2 抛锚的基本知识		
5.2.1 锚设备的基本知识,包括:组成、功能及保养	√	√
5.2.2 船舶标准锚泊令	√	
5.2.3 抛、起锚作业的基本要领、安全注意事项	√	√
6 有助于货物和物料的装卸		
6.1 危险货物基本知识		
6.1.1 常见的 IMDG 中规定的危险货物标志	√	√
6.1.2 常运危险货物的装卸注意事项	√	√
6.2 积载程序和安排物料上船的基本知识		
6.2.1 船舶常运货物的种类、包装和标志	√	√
6.2.2 货物积载程序、堆装要求	√	
6.2.3 绑扎方法和要求	√	
6.2.4 安排物料上船的基本常识	√	√
7 有助于甲板设备和机械的安全操作		
7.1 引航员软梯、舷梯的安全收放和维护保养的方法		
7.1.1 引航员软梯、舷梯的安全收放	√	√
7.1.2 引航员软梯、舷梯的保养	√	√

考试大纲	适用对象	
	9601	9602
7.2 保养甲板和甲板上所用工具的基本知识		
7.2.1 甲板保养和甲板上所有工具使用的基本常识	√	√
7.2.2 船舶缆绳和索具的种类、性能、量法与使用与保管常识	√	√
7.2.3 纤维绳绳结、编插接,钢丝绳插接(二、四起头双花插琵琶头)		√
7.2.4 开关舱操作程序及安全注意事项	√	√
7.2.5 克令吊、起货机操作要领及安全注意事项		√
8 职业健康和安全预防措施		
8.1 高空作业基本知识及安全注意事项	√	√
8.2 舷外作业基本知识及安全注意事项	√	√
8.3 封闭舱室作业基本知识及安全注意事项	√	√
8.4 船舶清洁作业基本常识及安全注意事项	√	√
9 维护和修理		
9.1 各种除锈机械、手工除锈工具,除锈作业要领		
9.1.1 各种除锈机械、手工除锈工具使用方法	√	√
9.1.2 除锈作业要领	√	√
9.2 油漆作业的基本知识	√	√

GMDSS 英语阅读

1001：GMDSS 一级电子员
1002：GMDSS 二级电子员
1003：GMDSS 通用操作员

考试大纲	适用对象		
	1001	1002	1003
1 GMDSS 各子系统的功能和操作程序等的英语材料			
1.1 GMDSS 相关知识的英语材料			
1.1.1 GMDSS 的定义及组成	√	√	√
1.1.2 通信基础理论	√	√	√
1.2 卫星通信系统			
1.2.1 Inmarsat 定义、组成、分布等	√	√	√
1.2.2 Inmarsat-C	√	√	√
1.2.3 Inmarsat-FBB	√	√	√
1.2.4 铱星系统	√	√	√
1.3 地面通信系统			
1.3.1 DSC 和 Radio Telephone	√	√	√
1.3.2 无线电通信	√	√	√
1.3.3 NBDP 及其通信方式 FEC 和 ARQ	√	√	√
1.3.4 DSC 呼叫序列的组成	√	√	√
1.3.5 气象服务	√	√	√
1.3.6 无线电值守与测试	√	√	√
1.3.7 WWNWS	√	√	√
1.4 海上安全信息播发系统			
1.4.1 海上安全信息概念(MSI 内容)	√	√	√
1.4.2 EGC 系统	√	√	√
1.4.3 NAVTEX 系统	√	√	√
1.4.5 MSI 接收频率	√	√	√
1.4.6 其他	√	√	√

考试大纲	适用对象		
	1001	1002	1003
1.5 定位与寻位系统			
1.5.1 COSPAS-SARSAT 系统概述及组成	√	√	√
1.5.2 EPIRB	√	√	√
1.5.3 近极地轨道卫星服务	√	√	√
1.5.4 EPIRB 电池、发射频率等	√	√	√
1.5.5 SART	√	√	√
1.5.6 中轨道卫星搜救系统	√	√	√
1.5.7 SSAS 系统	√	√	√
1.5.8 LRIT 系统	√	√	√
1.5.9 AIS 系统	√	√	√
1.6 其他			
1.6.1 数字	√	√	√
1.6.2 缩写	√	√	√
1.6.3 其他	√	√	√
2 顺利、准确阅读通用操作员知识范畴的相关材料（包括 SOLAS 公约、《无线电规则》及相关文件的条款）			
2.1 SOLAS 公约第Ⅳ章			
2.1.1 海区划分及相关材料	√	√	√
2.1.2 GMDSS 功能	√	√	√
2.1.3 证书要求及人员配备	√	√	√
2.1.4 SOLAS 设备配备要求及相关材料	√	√	√
2.1.5 VHF DSC	√	√	√
2.1.6 SafetyNET、EPIRB	√	√	√
2.1.7 GMDSS 电源和备用电源等其他	√	√	√
2.2《无线电规则》关于海上无线电通信的条款及通信程序（第七章）			
2.2.1 GMDSS 频率使用规定	√	√	√
2.2.2 船舶通信职守要求	√	√	√

考试大纲	适用对象		
	1001	1002	1003
2.2.3 遇险报警、遇险收妥、搜救协调及现场通信	√	√	√
2.2.4 误报警处理	√	√	√
2.2.5 紧急和安全通信	√	√	√
2.3《无线电信号书》Ⅰ、Ⅲ、Ⅴ卷内容	√	√	√
2.4 STCW 公约第四章	√	√	√
2.5 RCC 及 Radio Silence 等			
2.5.1 RCC	√	√	√
2.5.2 其他	√	√	√
2.6 IMO 对海上搜救的有关规定	√	√	√
3 英语通信函电起草和阅读	√	√	√
3.1 有关遇险、紧急、安全通信英文函电			
3.1.1 遇险信息内容	√	√	√
3.1.2 遇险等级	√	√	√
3.1.3 其他	√	√	√
3.2 船舶常用通信业务函电（船舶安全检查中与 GMDSS 相关的内容）			
3.2.1 缩写	√	√	√
3.2.2 EPIRB 和证书	√	√	√
3.2.3 遇险通信（Distress Traffic）	√	√	√
3.2.4 无线电通信及相关（General Radio Communications）	√	√	√
3.2.5 其他	√	√	√
3.3 误报警取消电文	√	√	√
3.4 船舶报告电文	√	√	√
3.5 医疗指导与医疗援助电文	√	√	√
4 无线电台日志的记载、规定和要求	√	√	√
5 阅读并理解 GMDSS 设备说明书			
5.1 Inmarsat 船站及终端使用说明书	√	√	√
5.2 MF/HF 无线电设备与终端使用说明书	√	√	√

考试大纲	适用对象		
	1001	1002	1003
5.3 VHF 无线电设备使用说明书	√	√	√
5.4 NAVTEX 设备使用说明书	√	√	√
5.5 EPIRB 设备使用说明书	√	√	√
5.6 SART 设备使用说明书	√	√	√
5.7 其他无线电通信设备使用说明书	√	√	√

GMDSS 综合业务

1011：GMDSS 一级无线电电子员
1012：GMDSS 二级无线电电子员
1013：GMDSS 通用操作员
1014：GMDSS 限用操作员

考试大纲	适用对象			
	1011	1012	1013	1014
1 电工、电子基本概念及无线电工艺				
1.1 电路分析基本理论及方法				
1.1.1 电路基本概念和基本定律	√			
1.1.2 电路分析方法	√			
1.2 模拟电子技术相关知识				
1.2.1 基本放大电路	√			
1.2.2 集成运算放大器工作原理	√			
1.3 数字电子技术相关知识				
1.3.1 门电路和组合逻辑电路	√			
1.3.2 触发器和时序逻辑电路	√			
1.3.3 半导体存储器与可编程逻辑器件	√			
1.4 高频电子电路相关知识				
1.4.1 通信系统的基本原理	√			
1.4.2 高频功率放大器	√			
1.4.3 锁相环路	√			
1.5 电工工艺相关知识				
1.5.1 无线电装配基础知识	√			
1.5.2 无线电装联工艺基础	√			
1.5.3 整机装配工艺过程	√			
1.5.4 电路图和印刷电路板装配图	√			
1.5.5 焊接的基本知识	√			

考试大纲	适用对象			
	1011	1012	1013	1014
2 无线电系统				
2.1 无线电波传播及不同波段无线电波传播特性	√	√		
2.2 信号分类及信号频谱	√	√		
2.3 信号转换	√	√		
2.4 信号参数测量方式及测量方法	√	√		
2.5 无线电工程的定义、用途及分类	√	√		
2.6 电话、电传及数据传输通信系统的特征	√	√		
2.7 终端设备的用途及特征	√	√		
2.8 信息论要素及编码	√	√		
2.9 终端的基本特征：编码、传输速度、同步及传输方式	√	√		
2.10 用数字方式传输连续信号	√	√		
2.11 调制原理、用途及调制类型	√	√		
2.12 噪声稳定编码构成原理及特征	√	√		
2.13 用于 GMDSS 设备的噪声稳定编码	√	√		
2.14 通信的用途及工作原理	√	√		
2.15 无线电设备电磁相容性	√	√		
3 无线电通信设备				
3.1 GMDSS 设备配置要求及技术特征	√	√		
3.2 无线电设备组成、工作原理				
3.2.1 具有 DSC 功能的 VHF 设备组成、工作原理	√	√		
3.2.2 具有 DSC 及 NBDP 功能的 MF/HF 设备组成、工作原理	√	√		
3.2.3 Inmarsat-C 船站组成、工作原理	√	√		
3.2.4 SART 及 EPIRB 组成、工作原理	√	√		
3.2.5 NAVTEX 接收机组成、工作原理	√	√		
3.3 专用计算机及接口（船载无线电设备控制器）	√	√		
4 微处理器				
4.1 微处理器的用途与构成	√	√		

考试大纲	适用对象			
	1011	1012	1013	1014
4.2 ROM BIOS	√	√		
4.3 输入、输出接口	√	√		
4.4 中断及中断请求线	√	√		
4.5 串行数据传输和并行数据传输	√	√		
4.6 直接存储器存取	√	√		
4.7 数据总线、地址总线和检测总线等	√	√		
4.8 各种总线：MCA/PCI/USB/IEEE 1394	√	√		
5 计算机软件及硬件				
5.1 计算机硬件、视频子系统、外设及系统单元	√	√		
5.2 计算机操作系统	√	√		
5.3 系统软件、磁盘诊断及维护工具、文档压缩及杀毒软件	√	√		
5.4 局域网和广域网知识	√	√		
5.5 计算机维护、安装、故障诊断、元件更换及主板安装；电源及计算机维修安全知识	√	√		
6 无线电助航设备				
6.1 电子导航设备				
6.1.1 用于海上定位的点、线、面	√	√		
6.1.2 坐标系统	√	√		
6.1.3 航海距离速度单位	√	√		
6.1.4 磁通门罗经	√	√		
6.1.5 数字磁罗经	√	√		
6.1.6 磁罗经分类	√	√		
6.1.7 船用磁罗经及方位仪结构、使用	√	√		
6.1.8 罗经、罗盘、罗经柜和校正器的结构	√	√		
6.1.9 陀螺罗经姿态基准系统	√	√		
6.1.10 二自由度和三自由度陀螺仪的基本特性	√	√		
6.1.11 陀螺罗经	√	√		

考试大纲	适用对象			
	1011	1012	1013	1014
6.1.12 陀螺仪、自由陀螺仪概念	√	√		
6.1.13 转向率指示器理论	√	√		
6.1.14 速率陀螺罗经的功能和结构	√	√		
6.1.15 传统的自动驾驶仪	√	√		
6.1.16 传统自动驾驶仪最佳参数值的选择	√	√		
6.1.17 自适应自动驾驶仪	√	√		
6.1.18 电磁计程仪	√	√		
6.1.19 声呐计程仪	√	√		
6.1.20 无线电多普勒计程仪	√	√		
6.1.21 声相关计程仪	√	√		
6.1.22 几种常用计程仪的基本结构	√	√		
6.1.23 回声测深仪工作原理	√	√		
6.1.24 回声测深仪主要参数	√	√		
6.1.25 回声测深仪主要误差	√	√		
6.2 船舶雷达、ARPA				
6.2.1 导航雷达功能	√	√		
6.2.2 无线电定位脉冲原理	√	√		
6.2.3 普通雷达结构体系	√	√		
6.2.4 导航雷达测距测方位原理	√	√		
6.2.5 雷达显示屏上的雷达图像结构	√	√		
6.2.6 船舶雷达主要操作性能	√	√		
6.2.7 船舶雷达主要技术性能、雷达发射机技术性能、雷达接收机技术性能、天线技术性能	√	√		
6.2.8 干扰因素	√	√		
6.2.9 天线和波导、发射机、接收机、显示器原理与结构	√	√		
6.2.10 ARPA、自动跟踪设备、电子标绘设备	√	√		
6.2.11 ARPA、自动跟踪设备、电子标绘设备工作原理与数据信息原理	√	√		

考试大纲	适用对象			
	1011	1012	1013	1014
6.2.12 试操船与显示原理	√	√		
6.2.13 试操船主要的操作和技术性能	√	√		
6.2.14 ARPA 的信息处理与显示原理	√	√		
6.2.15 SART 功能、工作原理、显示图像、技术性能要求、电池工作时间要求	√	√		
6.2.16 雷康（RACON）功能、工作原理、显示图像	√	√		
6.2.17 船舶自动识别系统 AIS 功能、工作原理	√	√		
6.2.18 AIS 发射的数据、工作模式、提供的信息	√	√		
6.2.19 航行数据记录仪（VDR）信息系统功能、工作原理、组成与使用	√	√		
6.2.20 电子海图导航与信息系统（ECDIS）工作原理	√	√		
6.2.21 ECDIS 提供数据信息、航次计划、海图更正信息	√	√		
6.2.22 ECDIS 信息传感器的综合、工作测试	√	√		
6.2.23 导航综合设备工作原理、综合信息处理、工作测试	√			
6.3 导航系统				
6.3.1 无线电导航系统分类、组成与功能	√	√		
6.3.2 无线电导航系统应用前景	√	√		
6.3.3 无线电导航系统的结构和用途	√	√		
6.3.4 无线电导航系统的定位原理	√	√		
6.3.5 接收机的一般结构	√	√		
6.3.6 卫星 COSPAS-SARSAT 系统	√	√		
6.3.7 无线电信标、GPS、GLONASS 系统结构、用途、定位原理	√	√		
6.3.8 GPS 定位原理、帧结构、发射的信息	√	√		
6.3.9 GPS 接收机设备，定位精度	√	√		
6.3.10 GLONASS 系统结构、接收机、定位精度	√	√		
6.3.11 GPS 与 GLONASS 系统的联合使用	√	√		

考试大纲	适用对象			
	1011	1012	1013	1014
6.3.12 差分 GPS 和 GLONASS 模式、基准站、信息发射和接收的工作原理	√	√		
6.3.13 广域差分系统结构、发射信息和定位精度	√	√		
7 船载 GMDSS 设备维护				
7.1 船舶 GMDSS 设备操作职业安全相关规定	√	√		
7.2 船载 GMDSS 设备维护				
7.2.1 备用电源的维护措施	√	√		
7.2.2 天线系统的维护方法	√	√		
7.2.3 EPIRB 的维护方法	√	√		
7.2.4 打印机的维护方法	√	√		
7.2.5 用高频连接器安装电缆的方法	√	√		
7.3 船舶无线电设备故障诊断及定位方法				
7.3.1 常用维修软件	√	√		
7.3.2 船载无线电设备故障检测的基本原理	√	√		
7.3.3 不具嵌入诊断系统的船舶无线电设备故障诊断方法	√	√		
7.3.4 具有嵌入诊断系统的船舶无线电设备故障诊断方法	√	√		
7.3.5 船载卫星通信系统工作检测方法	√	√		
7.3.6 连接软件排除故障的方法	√	√		
7.4 设备单元及模块更换方法	√	√		
7.5 电子电路器件的更换方法	√	√		
7.6 无线电设备维护记录注意事项				
7.6.1 无线电记录簿内容及填写方法	√	√		
7.6.2 无线电记录簿使用、保存的相关规定	√	√		
8 海上移动业务——SOLAS 公约相关内容				
8.1 海上无线电通信发展史	√	√	√	√
8.2 GMDSS 组成及功能				

考试大纲	适用对象			
	1011	1012	1013	1014
8.2.1 GMDSS 通信系统的组成	√	√	√	√
8.2.2 GMDSS 的功能与作用	√	√	√	√
8.2.3 GMDSS 的特点	√	√	√	√
8.3 海区的划分	√	√	√	√
8.4 不同海区船舶电台设备的配备要求				
8.4.1 A1 海区船舶电台设备的配备要求	√	√		√
8.4.2 A2 海区船舶电台设备的配备要求	√	√		
8.4.3 A3 海区船舶电台设备的配备要求	√	√	√	
8.4.4 A4 海区船舶电台设备的配备要求	√	√		
8.5 不同海区船舶遇险报警方式				
8.5.1 A1 海区船舶遇险报警方式	√	√		√
8.5.2 A2 海区船舶遇险报警方式	√	√		
8.5.3 A3 海区船舶遇险报警方式	√	√	√	
8.5.4 A4 海区船舶遇险报警方式	√	√		
8.6 海上船台值班要求	√	√	√	√
8.7 无线电操作员配备要求	√	√	√	√
9 海上移动业务——《无线电规则》相关内容				
9.1 船长的权限	√	√	√	√
9.2 通信保密制度	√	√	√	√
9.3 船舶电台证书的相关规定				
9.3.1 船舶无线电执照	√	√	√	√
9.3.2 货船无线电安全证书	√	√	√	√
9.4 船舶电台检查的相关规定及 PSC 对电台检查的要点				
9.4.1 船舶无线电方面检查和检验要求	√	√	√	√
9.4.2 PSC/FSC 对 GMDSS 检查的主要项目	√	√	√	√
9.4.3 船舶年度无线电检查	√	√	√	√
9.5 无线电操作员证书分类	√	√	√	√
9.6 海上通信优先等级划分	√	√	√	√

考试大纲	适用对象			
	1011	1012	1013	1014
9.7 电台值班要求及无线电记录要求				
9.7.1 无线电台日志记录的管理规定	√	√	√	√
9.7.2 无线电台日志记录的主要内容	√	√	√	√
9.7.3 船舶电台文件资料的管理	√	√	√	√
9.8 通信收费相关知识				
9.8.1 国内资费一般规定	√	√	√	
9.8.2 国际资费一般规定	√	√	√	
9.8.3 海事卫星通信资费一般规定	√	√	√	
9.8.4 船舶通信资费的结算与规定	√	√	√	
10 无线电台识别				
10.1 船台的识别	√	√	√	√
10.2 岸台的识别	√	√	√	√
10.3 航空器等其他电台识别				
10.3.1 搜救电台识别	√	√	√	√
10.3.2 船舶交管电台识别	√	√	√	√
10.3.3 海上助航电台识别	√	√	√	√
10.3.4 航空器电台识别	√	√	√	√
10.4 与母船相关的航行设施(如救生艇)无线电设备识别	√	√	√	√
10.5 船站和岸站识别	√	√	√	√
11 海上通信业务出版物的使用				
11.1 英版无线电信号表Ⅰ/Ⅱ/Ⅲ/Ⅴ卷的使用	√	√	√	√
11.2 岸台表和特别业务电台表的使用	√	√	√	
11.3 船台表及海上移动业务识别分配表的使用	√	√	√	
11.4 《海上移动业务与海上卫星移动业务手册》的使用	√	√	√	
11.5 报时信号业务	√	√	√	
12 海上无线电通信技术基础知识				

考试大纲	适用对象			
	1011	1012	1013	1014
12.1 电波及其传播的基本概念(电波、频率、周期、波长、传播速度)	√	√	√	√
12.2 无线电波的传播途径				
12.2.1 无线电波的传播途径	√	√	√	
12.2.2 可视线传播、地波和天波、MF/HF/VHF/UHF 的传播	√	√	√	
12.3 电离层的划分与变化特点	√	√	√	
12.4 海上无线电通信频率的相关知识				
12.4.1 无线电波段划分表	√	√	√	√
12.4.2 海上通信波段	√	√	√	
12.4.3 无线电信道的概念,单工、半双工和双工的概念	√	√	√	
12.5 不同调制方式与发射类型				
12.5.1 不同调制的带宽	√	√	√	
12.5.2 调制的基本概念	√	√	√	
12.5.3 FM/AM	√	√	√	
12.6 收/发信机基本组成				
12.6.1 船舶 MF/HF 发射机的基本组成	√	√	√	
12.6.2 船舶 MF/HF 接收机的基本组成	√	√	√	
12.7 海上通信设备的各类天线				
12.7.1 船用天线的作用	√	√	√	
12.7.2 船用天线的分类	√	√	√	
12.7.3 船用天线的安装、日常维护和保养	√	√	√	√
12.8 简单海上通信设备故障的判别及排除方法	√	√	√	
13 使用船舶 VHF 设备的能力				
13.1 船舶 VHF 设备类型、频率范围、通信距离等				
13.1.1 海上 VHF 通信原理	√	√	√	√
13.1.2 船用 VHF 设备的组成及主要性能指标	√	√	√	√
13.1.3 VHF 设备的通信特点	√	√	√	√

考试大纲	适用对象			
	1011	1012	1013	1014
13.2 船舶 VHF 设备的功能	√	√	√	√
13.3 VHF 频道划分				
13.3.1 信道划分	√	√	√	√
13.3.2 单工信道与双工信道	√	√	√	√
13.4 重要的 VHF 频道的用途和使用规定	√	√	√	√
13.5 DSC 技术	√	√	√	√
13.6 VHF DSC 操作程序	√	√	√	√
13.7 各类 VHF DSC 呼叫	√	√	√	√
13.8 VHF DSC 自测和性能测试方法	√	√	√	√
13.9 VHF DSC 其他性能要求（高、低功率转换，查询，位置请求等）	√	√	√	√
13.10 VHF 无线电话技术	√	√	√	
13.11 VHF 无线电话常规通信程序：船到船、船到岸 VHF 无线电话通信规定和方法	√	√	√	√
13.12 双向 VHF 电话功能及其操作方法	√	√	√	√
14 使用船舶 MF/HF 设备的能力				
14.1 船舶 MF/HF 设备类型和组成	√	√	√	
14.2 船舶 MF/HF 无线电设备的使用方法	√	√	√	
14.3 船舶 MF/HF DSC 设备常规呼叫操作程序	√	√	√	
14.4 MF/HF DSC 设备功能及其通信覆盖知识				
14.4.1 MF/HF DSC 终端设备的识别码	√	√	√	
14.4.2 DSC 值守机的作用和值守频率	√	√	√	
14.4.3 DSC 设备的基本构成	√	√	√	
14.4.4 DSC MODEM 的功能	√	√	√	
14.4.5 DSC 设备的主要技术性能	√	√	√	
14.4.6 DSC 呼叫序列的基本组成和各部分作用	√	√	√	
14.5 MF/HF 船到船、船到岸无线电话通信方法	√	√	√	

考试大纲	适用对象			
	1011	1012	1013	1014
14.6 海岸电台通信资料查询及 MF/HF 最佳通信信道选择	√	√	√	
14.7 MF/HF 无线电传通信知识				
14.7.1 MF/HF NBDP 的功能	√	√	√	
14.7.2 ARQ 方式适用的通信方式	√	√	√	
14.7.3 FEC 方式适用的通信方式	√	√	√	
14.8 MF/HF 无线电传设备组成	√	√	√	
14.9 MF/HF 无线电传遇险通信频率	√	√	√	
14.10 MF/HF 无线电传识别	√	√	√	
14.11 MF/HF 无线电传电文编辑	√	√	√	
14.12 MF/HF 无线电传通信程序	√	√	√	
15 使用 Inmarsat-C 船站的能力				
15.1 Inmarsat-C 系统				
15.1.1 Inmarsat-C 系统的特点	√	√	√	
15.1.2 Inmarsat-C 系统的组成与各部分的作用	√	√	√	
15.1.3 Inmarsat-C 系统 NCS、LES 和 MES 的识别码与特点	√	√	√	
15.2 Inmarsat-C 船站的组成	√	√	√	
15.3 Inmarsat-C 船站功能	√	√	√	
15.4 Inmarsat-C 船站洋区选择	√	√	√	
15.5 入网、退网及网络协调站信道相关知识				
15.5.1 Inmarsat-C 船站入网与退网	√	√	√	
15.5.2 Inmarsat-C 船站工作状态(C 船站/EGC ONLY)与特点	√	√	√	
15.6 Inmarsat-C 船站两位数业务编码的使用	√	√	√	
15.7 Inmarsat-C 船站常规电传、E-mail、文本文件传送到陆上传真用户的通信方法				
15.7.1 常规电传通信业务	√	√	√	

考试大纲	适用对象			
	1011	1012	1013	1014
15.7.2 船至岸传真通信业务	√	√	√	
15.7.3 电子邮件通信业务	√	√	√	
15.7.4 增强群呼（EGC）业务	√	√	√	
16 使用 EPIRB 的能力				
16.1 COSPAS-SARSAT 系统构成				
16.1.1 COSPAS-SARSAT 系统功能	√	√	√	√
16.1.2 COSPAS-SARSAT 系统组成	√	√	√	√
16.1.3 COSPAS-SARSAT 卫星系统及信号路由	√	√	√	√
16.2 EPIRB 的使用	√	√	√	√
16.3 EPIRB 的启动方法及注意事项				
16.3.1 EPIRB 设备测试、遇险报警操作	√	√	√	√
16.3.2 EPIRB 自由漂浮功能及设备电池、静水压力释放器	√	√	√	√
16.4 防止 EPIRB 误报警的方法	√	√	√	√
16.5 EPIRB 误报警的正确处理方法	√	√	√	√
17 使用 SART 的能力				
17.1 搜救雷达应答器寻位原理及主要功能				
17.1.1 SART 的工作原理	√	√	√	√
17.1.2 SART 设备操作的注意事项	√	√	√	√
17.1.3 SART 设备安装存放与使用要求	√	√	√	√
17.1.4 SART 主要功能	√	√	√	√
17.2 AIS-SART 寻位原理及主要功能	√	√	√	√
18 GMDSS 设备电源				
18.1 GMDSS 设备供电电源				
18.1.1 船舶电源的分类与作用	√	√	√	√
18.1.2 船舶备用电源	√	√	√	√
18.1.3 船舶主用电源、应急电源和备用电源的关系	√	√	√	
18.2 不同类型的电池及其特性				

考试大纲	适用对象			
	1011	1012	1013	1014
18.2.1 不同类型电池及 UPS 电源	√	√	√	√
18.2.2 电池及电池系统	√	√	√	√
18.2.3 不同电池的特性	√	√	√	√
18.3 蓄电池的充电及维护方法				
18.3.1 酸性蓄电池的维护	√	√	√	√
18.3.2 船舶使用 UPS 电源的管理与保养	√	√	√	√
18.3.3 电池充电方法	√	√	√	√
19 使用 MSI 接收设备的能力				
19.1 海上安全信息基本概念				
19.1.1 MSI 系统的定义	√	√	√	√
19.1.2 MSI 系统的功能和分类	√	√	√	√
19.1.3 全球航行警告业务(WWNWS)	√	√	√	√
19.2 NAVTEX 系统接收海上安全信息业务				
19.2.1 NAVTEX 系统用途及概念	√	√	√	√
19.2.2 NAVTEX 系统发射台及报文类别	√	√	√	√
19.2.3 NAVTEX 播发 MSI 使用的语言、工作频率、覆盖范围、发射台之间的距离和播发方式	√	√	√	√
19.2.4 NAVTEX 技术编码的含义	√	√	√	√
19.2.5 NAVTEX 报文格式和优先等级				
19.2.5.1 NAVTEX 报文格式(发射台 ID、报文类别及编号)及识别	√	√	√	√
19.2.5.2 NAVTEX 不可拒收的报文类别	√	√	√	√
19.2.6 NAVTEX 设备的维护及保养要求				
19.2.6.1 换纸方法	√	√	√	√
19.2.6.2 NAVTEX 天线维护方法	√	√	√	√
19.2.6.3 NAVTEX 设备的其他维护及保养	√	√	√	√
19.2.7 NAVTEX 接收机的操作程序	√	√	√	√
19.3 安全网业务	√	√	√	

考试大纲	适用对象			
	1011	1012	1013	1014
19.4 HF NBDP 接收海上安全信息业务	√	√	√	
19.5 海上安全信息电文	√	√	√	√
19.6 海上气象传真业务				
19.6.1 海上气象传真技术与作用	√	√	√	√
19.6.2 气象传真播发台信息的查找与接收	√	√	√	
20 遇险、紧急、安全通信能力				
20.1 遇险通信、紧急通信和安全通信定义和有关规定				
20.1.1 遇险通信	√	√	√	√
20.1.2 紧急通信	√	√	√	√
20.1.3 安全通信	√	√	√	√
20.2 无线电话遇险呼叫与遇险通信格式、强制静默信号与格式、遇险通信终止信号与格式				
20.2.1 无线电话遇险通信	√	√	√	√
20.2.2 DSC 遇险报警、收妥和转发的程序和相关规定	√	√	√	
20.3 无线电话紧急呼叫与紧急通信格式	√	√	√	
20.4 医疗指导与医疗救助信号与通信格式	√	√	√	
20.5 无线电话安全呼叫与安全通信格式	√	√	√	
20.6 VHF 设备				
20.6.1 VHF DSC 遇险报警的规定和程序	√	√	√	√
20.6.2 VHF DSC 的遇险确认及转发程序及其规定	√	√	√	√
20.6.3 防止 VHF DSC 误报警及误报警取消程序和规定	√	√	√	√
20.6.4 VHF DSC 紧急与安全呼叫程序	√	√	√	√
20.6.5 VHF 无线电话遇险、紧急、安全通信程序	√	√	√	√
20.6.6 医疗业务及医疗运输	√	√	√	√
20.7 MF/HF 设备				
20.7.1 遇险报警(快速遇险报警和编发遇险报警)	√	√	√	
20.7.2 MF/HF DSC 报警程序	√	√	√	

考试大纲	适用对象			
	1011	1012	1013	1014
20.7.3 MF/HF DSC 紧急与安全呼叫程序	√	√	√	
20.7.4 单频遇险呼叫、多频遇险呼叫、DSC 遇险安全呼叫的值守和规定	√	√	√	
20.7.5 MF/HF DSC 的遇险收妥及转发规定和程序	√	√	√	
20.7.6 防止误报警的方法	√	√	√	
20.7.7 误报警的取消程序	√	√	√	
20.7.8 MF/HF 无线电话遇险、紧急与安全通信程序	√	√	√	
20.7.9 MF/HF 无线电传遇险、紧急与安全通信频率及通信程序	√	√	√	
20.8 Inmarsat-C 船站				
20.8.1 Inmarsat-C 船站遇险报警及遇险通信方法	√	√	√	
20.8.2 Inmarsat-C 船站防止误报警方法和取消误报警的程序	√	√	√	
20.9 驾驶台报警面板及其用途	√	√	√	
21 船用其他电子(设备)系统				
21.1 自动识别系统及其功能	√	√	√	
21.2 SSAS 的产生背景、功能、组成以及与遇险报警的区别	√	√	√	
21.3 FBB250/500 的基本功能及操作程序	√	√	√	
22 搜救工作及船舶报告				
22.1 RCC 的作用	√	√	√	√
22.2 国际航空和海上搜寻救助手册	√	√	√	√
22.3 船舶报告系统(AMVER、AUSREP、CHISREP 等)的使用方法及作用				
22.3.1 船舶报告的类型	√	√	√	√
22.3.2 全球主要的船舶报告系统				
22.3.2.1 美国自动商船互救系统(AMVER)	√	√	√	
22.3.2.2 中国船舶报告系统(CHISREP)	√	√	√	√

考试大纲	适用对象			
	1011	1012	1013	1014
22.3.2.3 澳大利亚船舶报告系统（AUSREP）	√	√	√	
22.3.2.4 其他船舶报告系统	√	√	√	
22.4 世界范围搜救系统	√	√	√	√
22.5 联系相关RCC的方法	√	√	√	
22.6 搜救程序				
22.6.1 搜救单位的作用	√	√	√	√
22.6.2 搜救程序	√	√	√	
23 应急应变及辐射防护能力				
23.1 紧急情况下操作员的应变能力				
23.1.1 弃船前后，各级别无线电电子员的任务及其操作规程	√	√	√	√
23.1.2 船上失火时，各级别无线电电子员的任务及其操作规程	√	√	√	√
23.1.3 船舶无线电设备的防火、灭火方法	√	√	√	√
23.1.4 无线电设备部分或全部故障时，适当的设备及操作程序	√	√	√	√
23.2 电气和非电离辐射危害的预防措施				
23.2.1 电气辐射危害及预防措施	√	√	√	√
23.2.2 非电离辐射危害及预防措施	√	√	√	√

海上游艇操作人员

6101：海上一等混合动力游艇操作人员
6102：海上一等机械动力游艇操作人员
6103：海上二等混合动力游艇操作人员
6104：海上二等机械动力游艇操作人员

考试大纲	适用对象			
	6101	6102	6103	6104
1 航行规则及相关安全管理法规				
1.1 掌握中国沿海水域航行规则	√	√	√	√
1.2 熟悉船舶交通管理系统有关规定及水上安全管理法规	√	√	√	√
1.3 熟悉游艇安全管理等相关规定				
1.3.1 游艇安全规章制度	√	√	√	√
1.3.2 游艇安全管理	√	√	√	√
1.3.3 游艇操作人员管理	√	√	√	√
1.3.4 游艇检验	√	√	√	√
1.4 熟悉防治船舶污染水域环境相关规定				
1.4.1 熟悉游艇对海上环境的影响	√	√	√	√
1.4.2 了解艇上垃圾分类及处理要求	√	√	√	√
1.4.3 了解艇上含油污水处理要求	√	√	√	√
1.4.4 了解艇上防污染器材及使用要求	√	√	√	√
1.5 熟悉《中华人民共和国海上海事行政处罚规定》	√	√	√	√
1.6 了解游艇出入境规则	√	√	√	√
2 游艇基本安全知识和水上生存技能				
2.1 掌握救生信号的正确使用	√	√	√	√
2.2 掌握救生设备的正确使用				
2.2.1 掌握救生衣的正确使用	√	√	√	√
2.2.2 掌握救生圈的正确使用	√	√	√	√
2.2.3 掌握在救生艇筏上应采取的行动	√	√	√	√

考试大纲	适用对象			
	6101	6102	6103	6104
2.3 掌握游艇防火与灭火知识				
2.3.1 熟悉燃烧的实质、燃烧三要素与燃烧类型	√	√	√	√
2.3.2 掌握常见灭火器的种类、灭火性能及扑救火灾时的适用范围,常用灭火器的正确使用	√	√	√	√
2.3.3 熟悉探火与失火报警系统、灭火器的位置和应急逃生路线	√	√	√	√
2.3.4 掌握游艇灭火组织与应急行动	√	√	√	√
2.4 掌握艇上人员急救常识				
2.4.1 掌握人员急救常识(包括安置伤员)	√	√	√	√
2.4.2 掌握心肺复苏技术	√	√	√	√
2.4.3 掌握人工呼吸法种类及正确的操纵方法及注意事项	√	√	√	√
2.4.4 掌握心脏按压术的方法及注意事项	√	√	√	√
2.5 掌握水上生存技能				
2.5.1 掌握水中保温方法	√	√	√	√
2.5.2 掌握延长水中生存时间的方法	√	√	√	√
2.5.3 掌握游艇减少漂流速度的方法(海锚的使用)	√	√	√	√
2.6 了解游艇常见事故案例及原因分析	√	√	√	√
3 游艇航行基本知识				
3.1 了解中国沿海海区航路概况、中国沿海海区港口概况及通航安全管理规章	√	√	√	√
3.2 掌握潮汐基本知识				
3.2.1 掌握潮汐基本成因和潮汐术语	√	√	√	√
3.2.2 掌握我国沿海水域潮汐特点	√	√	√	√
3.2.3 掌握《潮汐表》的使用	√	√	√	√
3.3 熟悉中国海区水上助航标志				
3.3.1 掌握海区航道走向及左右侧规定	√	√	√	√
3.3.2 掌握标志类型	√	√	√	√

考试大纲	适用对象			
	6101	6102	6103	6104
3.3.3 掌握各种标志特征及相应的航行方法	√	√	√	√
3.4 海图				
3.4.1 了解墨卡托海图的基本概念、比例尺与图例识别	√	√	√	√
3.4.2 掌握海图的使用、保管和改正及保存要求,海图的作图方法	√	√	√	√
3.5 掌握航行基本要领及定位技术				
3.5.1 掌握航线的拟定和选择要求	√	√	√	√
3.5.2 掌握转向点定义及选用原则、转向时机掌握	√	√	√	√
3.5.3 掌握船位定义及定位方法	√	√	√	√
3.5.4 掌握航向、船位及避让的关系	√	√	√	√
3.6 掌握特殊情况下的航行要求				
3.6.1 掌握雷雨大风天的航行要求	√	√	√	√
3.6.2 掌握夜航特点及注意事项	√	√	√	√
3.6.3 掌握雾天航行及注意事项,突遇浓雾时的应急措施	√	√	√	√
3.6.4 掌握狭水道航行及注意事项	√	√	√	√
3.7 了解气象常识				
3.7.1 了解基本气象要素				
3.7.1.1 了解气温概念及其与天气的关系	√	√	√	√
3.7.1.2 了解气压概念及其与天气的关系	√	√	√	√
3.7.1.3 了解湿度概念及其与天气的关系	√	√	√	√
3.7.1.4 掌握能见度的概念及等级	√	√	√	√
3.7.1.5 了解雾的成因、分类,各种雾的概念及特点	√	√	√	√
3.7.2 了解气团与风的基本概念	√	√	√	√
3.7.3 了解气旋与反气旋				
3.7.3.1 掌握气旋的概念	√	√	√	√
3.7.3.2 掌握龙卷风的概念及特征	√	√	√	√
3.7.3.3 掌握热带气旋的等级和名称	√	√	√	√

考试大纲	适用对象			
	6101	6102	6103	6104
3.7.3.4 掌握台风的结构及天气特征,以及游艇的防台措施	√	√	√	√
3.7.4 了解天气预报内容、灾害性天气预报	√	√	√	√
3.7.5 熟悉常见天气谚语	√	√	√	√
3.8 熟悉常用绳结的打法及作用	√	√	√	√
4 游艇机械推进动力装置基本知识				
4.1 游艇动力装置的基本概念				
4.1.1 游艇动力装置的种类及特点	√	√	√	√
4.1.2 了解四冲程柴油机的结构及工作原理	√	√	√	√
4.1.3 了解二冲程柴油机的结构及工作原理	√	√	√	√
4.1.4 了解汽油机的结构及工作原理	√	√	√	√
4.1.5 了解艇内机与艇外机的特点	√	√	√	√
4.1.6 了解喷射推进的原理及特点	√	√	√	√
4.2 掌握游艇动力装置的运行及管理				
4.2.1 掌握开航前动力装置的准备工作及注意事项	√	√	√	√
4.2.2 掌握航行中动力装置的运行管理及注意事项	√	√	√	√
4.2.3 掌握到港后动力装置的管理要点及注意事项	√	√	√	√
4.2.4 掌握动力装置的安全操作及航行中的应急处理方法	√	√	√	√
4.2.5 掌握动力装置的日常检查与保养要点	√	√	√	√
4.2.6 掌握动力装置常见故障的排除方法	√	√	√	√
4.2.7 掌握蓄电池的使用与管理要点	√	√	√	√
5 航行值班及国际海上避碰规则的应用				
5.1 了解《中华人民共和国海船船员值班规则》中有关航行值班的要求	√	√	√	√
5.2 掌握船舶在任何能见度情况下的行动规则				
5.2.1 掌握瞭望的目的,正规瞭望的方法及注意事项	√	√	√	√

考试大纲	适用对象			
	6101	6102	6103	6104
5.2.2 掌握安全航速的概念,决定安全航速应考虑的因素	√	√	√	√
5.2.3 掌握碰撞危险的判断方法	√	√	√	√
5.2.4 掌握避免碰撞的行动原则	√	√	√	√
5.3 熟悉船舶的号灯号型和声响信号				
5.3.1 掌握号灯号型的定义,显示时间及各类船舶的号灯和号型	√	√	√	√
5.3.2 熟悉声响和灯光信号	√	√	√	√
5.4 掌握船舶在互见中的避碰行动				
5.4.1 掌握追越的概念及避让行动	√	√	√	√
5.4.2 掌握对遇局面的概念及避让行动	√	√	√	√
5.4.3 掌握交叉相遇局面的概念及避让行动	√	√	√	√
5.4.4 掌握让路船、直航船的行动原则	√	√	√	√
5.5 熟悉各类船舶之间的避让责任				
5.5.1 总则	√	√	√	√
5.5.2 责任	√	√	√	√
5.6 掌握能见度不良时的避让行动原则	√	√	√	√
6 游艇助航设备的使用				
6.1 熟悉游艇主要仪表	√	√	√	√
6.2 掌握游艇罗经的使用及注意事项	√	√	√	√
6.3 掌握 VHF 设备的使用及注意事项	√	√	√	√
6.4 掌握雷达的使用及注意事项				
6.4.1 了解雷达的基本操作和图像识别	√	√	√	√
6.4.2 掌握雷达定位方法,雷达的使用及注意事项	√	√	√	√
6.4.3 掌握使用雷达进行避让的方法	√	√	√	√
6.5 掌握 GPS 定位方法,GPS 的使用及注意事项	√	√	√	√
6.6 掌握 AIS 设备的使用及注意事项	√	√	√	√
6.7 掌握北斗定位系统的使用及注意事项	√	√	√	√

考试大纲	适用对象			
	6101	6102	6103	6104
7 游艇操纵基本知识				
7.1 掌握游艇操纵性能基本知识				
7.1.1 掌握游艇操纵性能的概念,启动停止性能,旋回性和航向稳定性	√	√	√	√
7.1.2 掌握影响游艇操纵性能的因素,包括:风、流、浅水及浮态对游艇操纵性能的影响	√	√	√	√
7.1.3 掌握舵效的概念,及影响舵效的因素	√	√	√	√
7.1.4 熟悉停车和倒车冲程,影响游艇冲程的因素	√	√	√	√
7.2 掌握游艇操纵设备的使用				
7.2.1 掌握车在游艇操纵中的作用	√	√	√	√
7.2.2 掌握舵在游艇操纵中的作用	√	√	√	√
7.2.3 掌握侧推器在游艇操纵中的作用	√	√	√	√
7.2.4 掌握双车游艇的操纵特性及注意事项	√	√	√	√
7.2.5 掌握无舵叶游艇的操纵特性及注意事项	√	√	√	√
7.3 掌握外界因素对游艇操纵的影响				
7.3.1 掌握风对游艇操纵的影响	√	√	√	√
7.3.2 掌握流对游艇操纵的影响	√	√	√	√
7.3.3 掌握风流对游艇操纵的综合影响	√	√	√	√
7.3.4 掌握浅水对游艇操纵的影响	√	√	√	√
7.3.5 了解狭窄水道效应、船吸效应和岸壁效应	√	√	√	√
7.4 掌握游艇在船舶拥挤水域(绕标)操纵要领	√	√	√	√
7.5 掌握游艇靠离泊操纵要领				
7.5.1 掌握常用靠泊操纵方法与要领及注意事项	√	√	√	√
7.5.2 掌握常用离泊操纵方法与要领及注意事项	√	√	√	√
7.6 掌握游艇锚泊要领	√	√	√	√
7.7 掌握大风浪中的游艇操纵方法及注意事项	√	√	√	√
7.8 掌握应急操纵方法				
7.8.1 掌握人员落水时的操纵方法	√	√	√	√

考试大纲	适用对象			
	6101	6102	6103	6104
7.8.2 掌握游艇进水时的应急措施	√	√	√	√
7.8.3 掌握游艇碰撞时的应急措施	√	√	√	√
7.8.4 掌握游艇火灾时的应急措施	√	√	√	√
7.8.5 掌握游艇溢油时的应急措施	√	√	√	√
8 驶帆技术				
8.1 帆船基本知识				
8.1.1 了解帆船的基本结构	√		√	
8.1.2 熟悉帆缆索具的使用	√		√	
8.1.3 了解帆船驶帆动力的工作原理	√		√	
8.2 帆船驾驶技术				
8.2.1 熟悉帆船航行规则要求	√		√	
8.2.2 熟悉顺风行驶操作方法	√		√	
8.2.3 熟悉迎风行驶操作方法	√		√	
8.2.4 熟悉航行中的换舷操作方法	√		√	
8.2.5 熟悉帆船航行应急操作	√		√	

第二部分
轮机部船员

船舶动力装置(750 kW 及以上船舶轮机长)

8101:3000 kW 及以上船舶轮机长
8102:750~3000 kW 船舶轮机长

考试大纲	适用对象	
	8101	8102
1 推进装置机械的操作管理		
1.1 船用柴油机及其辅助设备的常见故障分析及处理(3000 kW 及以上侧重二冲程,750~3000 kW 侧重四冲程柴油机)		
1.1.1 船用柴油机及其辅助设备运行过程中常见问题(故障)及其造成的危害	√	√
1.1.2 船用柴油机及其辅助设备常见问题(故障)的产生原因及维护处理方法	√	√
1.2 船用汽轮机及其辅助设备的常见故障分析及处理(如适用)		
1.2.1 船用汽轮机运行过程中常见问题(故障)及其造成的危害	√	√
1.2.2 船用汽轮机常见问题(故障)产生的原因及维护处理方法	√	√
1.3 船用燃气轮机及其辅助设备的设计特点和工作机理(如适用)		
1.3.1 船用燃气轮机及其辅助设备运行过程中常见问题(故障)及其造成的危害	√	√
1.3.2 船用燃气轮机及其辅助设备常见问题(故障)的产生原因及维护处理方法	√	√
1.4 船用主蒸汽锅炉及其辅助设备的常见故障分析及处理(如适用)		

考试大纲	适用对象	
	8101	8102
1.4.1 船用主蒸汽锅炉及其辅助设备运行过程中常见问题（故障）及其造成的危害	√	√
1.4.2 船用主蒸汽锅炉及其辅助设备常见问题（故障）的产生原因及维护处理方法	√	√
1.5 螺旋桨轴及其辅助设备的常见故障分析及处理		
1.5.1 螺旋桨轴及其辅助设备运行过程中常见问题（故障）及其造成的危害	√	√
1.5.2 螺旋桨轴及其辅助设备常见问题（故障）的产生原因及维护处理方法		
1.5.2.1 螺旋桨轴常见问题（故障）的产生原因及维护处理方法	√	√
1.5.2.2 螺旋桨轴辅助设备常见问题（故障）的产生原因及维护处理方法	√	√
2 操作的计划和安排		
2.1 柴油机、汽轮机和燃气轮机的推进特性，包括：速度、输出功率和燃油消耗		
2.1.1 船、机、桨间的能量转换关系，螺旋桨的特性，船、机、桨的配合特性。柴油机的连续服务功率、发动机功率余量、等航速线、连续运行限制、燃油消耗率（SFOC）		
2.1.1.1 船、机、桨间的能量转换关系，螺旋桨的特性，船、机、桨的配合特性	√	√
2.1.1.2 柴油机的连续服务功率、发动机功率余量、等航速线、连续运行限制、燃油消耗率（SFOC）	√	√
2.1.2 柴油机推进特性		
2.1.2.1 主机在不同海况下的船、机、桨的配合特性	√	√
2.1.2.2 主机在不同装载条件下的船、机、桨的配合特性	√	√
2.1.2.3 主机在不同航行状态条件下的船、机、桨的配合特性	√	√

考试大纲	适用对象	
	8101	8102
2.1.2.4 在各种航行条件下,船、机、桨配合方面常见的问题及其导致的危害、引起的原因和处置措施	√	√
2.1.4 燃气轮机推进特性,包括:连续服务功率、发动机功率余量、连续运行限制、超负荷运行限制、燃油消耗率(SFOC)(如适用)	√	√
2.1.5 汽轮机推进特性,包括:连续服务功率、发动机功率余量、等航速线、连续运行限制、燃油消耗率(SFOC)、在海上试验中得到的单个涡轮机的性能数据、上述数据的周期性采集与相应位置污染后数据的比较、在汽轮机过热段的焓降试验、级效率损失的量化(泄漏、摩擦、空气动力、流道面积的变化)(如适用)	√	√
2.2 动力设备的热力循环、热效率和热平衡		
2.2.1 船用柴油机的热循环、热平衡和热效率		
2.2.1.1 船用柴油机的热循环	√	√
2.2.1.2 船用柴油机的热平衡	√	√
2.2.1.3 船用柴油机的热效率	√	√
2.2.1.4 柴油机动力装置余热利用方案	√	√
2.2.1.5 现代船用柴油机提高有效功率和经济性的主要途径	√	√
2.2.2 船用蒸汽锅炉和汽轮机(如适用)		
2.2.2.1 船用蒸汽锅炉的热效率	√	√
2.2.2.2 船用蒸汽锅炉的热平衡	√	√
2.2.2.3 船用汽轮机的热效率和热平衡	√	√
2.2.3 船用燃气轮机的热循环、热效率和热平衡,包括:布雷顿循环、布雷顿循环的热效率、船用燃气轮机的热平衡(如适用)	√	√
2.3 制冷与空调系统的设计、操作和维护		
2.3.1 船上常用制冷剂的类型、性能特点、工作参数、对环境的影响、对健康的危害等	√	√

考试大纲	适用对象	
	8101	8102
2.3.2 船舶冷库结构及性能以及制冷装置的密性试验、效用试验		
2.3.2.1 船舶冷库结构及性能	√	√
2.3.2.2 制冷装置的密性试验	√	√
2.3.2.3 制冷装置的效用试验	√	√
3 主推进装置和辅助机械的操纵、监控、性能评估及安全维护		
3.1 启动和关闭主辅机械,包括相关的系统		
3.1.1 主要的机械设备和相关的系统		
3.1.1.1 不同类型主机及其相关系统的启动和停止条件,包括:关联、限制、联锁等	√	√
3.1.1.2 在不同启动模式下,启动条件不满足或条件缺失的情况下的应急启动方法或其他处置方法	√	√
3.1.1.3 主机及其主要相关系统在出现问题(故障)时,主机的应急处置程序及措施,包括:封缸运行、停增压器运转、拉缸、敲缸、扫气箱着火、曲轴箱爆炸、烟囱冒火、超速超负荷、不发火、液压驱动式排气阀故障等	√	√
3.1.2 主蒸汽锅炉和相关系统(如适用)		
3.1.2.1 不同类型锅炉的启动和停止锅炉的程序	√	√
3.1.2.2 锅炉在启动条件不满足或缺失情况下的应急启动方法或其他处置措施	√	√
3.1.2.3 锅炉使用期间主要系统在出现问题(故障)时的应急处置程序或措施	√	√
3.1.3 辅蒸汽锅炉和相关系统		
3.1.3.1 不同类型锅炉的启动和停止锅炉的程序	√	√
3.1.3.2 锅炉在启动条件不满足或缺失情况下的应急启动方法或其他处置措施	√	√
3.1.3.3 锅炉使用期间主要系统在出现问题(故障)时的应急处置程序或措施	√	√

考试大纲	适用对象	
	8101	8102
3.1.4 副机和相关系统		
3.1.4.1 柴油发电机、轴带发电机、应急发电机的停止条件和程序	√	√
3.1.4.2 柴油发电机、轴带发电机、应急发电机在启动条件不满足或缺失的情况下的应急启动方法或其他处置措施	√	√
3.1.4.3 在不同船舶状态(比如航行、锚泊等)条件下,影响辅发电机、轴带发电机、应急发电机运行的设备或系统出现故障时的应急处置程序或措施	√	√
3.1.5 其他辅助机械		
3.1.5.1 操舵系统的类型、组成和操作特点	√	√
3.1.5.2 船舶在不同航行状态下(定速、机动航行及漂航等),当操舵系统出现故障时的应急处理程序或其他处置措施	√	√
3.2 推进装置相关参数的运行限制		
3.2.1 主柴油机操作限制的类型、特性和涉及的相关参数,如转速、转矩、扫气压力、排气温度、冷却水温度、增压器转速等	√	√
3.2.2 主柴油机在不同的航行条件时,不同的柴油机限制的作用、特点及应急处置措施和程序	√	√
3.2.3 轴系、推进器操作限制涉及的主要工作参数的特性及条件	√	√
3.2.4 主汽轮机操作限制涉及的参数的特性和条件,如进汽压力和温度、扭矩、转速、振动和其他(如适用)	√	√
3.2.5 主燃气轮机操作限制涉及的参数的特性和条件,如排气温度、扭矩、转速、振动和其他(如适用)	√	√
3.3 对推进装置和辅助机械的有效运行、监控、性能评估和安全维护		

考试大纲	适用对象	
	8101	8102
3.3.1 柴油机的燃烧状态		
3.3.1.1 柴油机示功图的类型、测量、特点和应用	√	√
3.3.1.2 利用示功图进行柴油机燃烧状态评估(包括机械原因的故障)	√	√
3.3.1.3 利用示功图进行柴油机故障诊断(油及油泵等)的方法	√	√
3.3.1.4 利用示功图进行柴油机指示功率估算的方法	√	√
3.3.2 柴油机的润滑状态		
3.3.2.1 柴油机各润滑设备所用润滑油的类型、标准、性能和应用需求	√	√
3.3.2.2 润滑油取样方法和化验方法及其特点,通过化验指标对各轴承的工作状态和性能进行分析和故障诊断	√	√
3.3.2.3 轴承磨损的测量和监控的类型和方法	√	√
3.3.3 柴油机的启动状态		
3.3.3.1 柴油机启动类型和特点	√	√
3.3.3.2 影响柴油机启动状态的评估参数和方法	√	√
3.3.3.3 影响柴油机换向状态的评估参数和方法	√	√
3.3.4 柴油机的燃油喷射与雾化		
3.3.4.1 柴油机燃油喷射雾化的类型及特点	√	√
3.3.4.2 通过相关的工作参数对喷射和雾化状态进行评估的方法	√	√
3.3.4.3 减少 SO_x 和 NO_x 排放的缸内处理方法	√	√
3.3.5 柴油机的进排气性能		
3.3.5.1 柴油机进排气系统的组成部件及主要工作参数的特点和影响条件	√	√
3.3.5.2 通过系统或部件的工作参数对运行状态和工作性能进行评估	√	√

考试大纲	适用对象	
	8101	8102
3.3.5.3 通过不同的数学和物理方法对柴油机关键系统和部件的性能和工作状态进行评估	√	√
3.4 主机自动控制装置的结构和功能		
3.4.1 柴油机自动控制装置的结构和功能		
3.4.1.1 主机自动控制系统的组成和结构	√	√
3.4.1.2 下列功能的含义,包括但不局限于从压缩空气运行到燃油运行的自动转换、启动失败、不能启动、操作错误、负荷限制、临界转速避让程序、全速/紧急倒车程序、恶劣/平静海况下的速度控制、可变喷油定时、可变排气阀定时、安全系统(自动停车、自动减速)	√	√
3.4.1.3 在不同航行条件时,在某些条件不满足或缺失的情况下,应急处置程序或方法	√	√
3.4.2 船舶主机遥控系统		
3.4.2.1 主机遥控系统的组成、功能及主要类型	√	√
3.4.2.2 主机遥控系统的气源及主要气动元部件	√	√
3.4.2.3 车钟系统及操纵部位的转换	√	√
3.4.3 主机遥控系统的逻辑控制		
3.4.3.1 主机换向逻辑条件及实现方法	√	√
3.4.3.2 主机启动控制逻辑(主启动控制、重复启动控制、重启动控制、慢转启动控制)	√	√
3.4.3.3 主机制动逻辑	√	√
3.4.3.4 主机转速与负荷的控制和限制(程序负荷,主机加、减速程序控制)	√	√
3.4.3.5 主机转速与负荷的控制和限制(主机转速限制,主机负荷限制)	√	√
3.4.3.6 主机转速与负荷的控制和限制(临界转速避让程序)	√	√
3.4.3.7 油气并进的启动方案	√	√

考试大纲	适用对象	
	8101	8102
3.4.4 主机典型气动操纵系统（以 MAN B&W 机型，瓦锡兰 RT-F 为例）		
3.4.4.1 MAN B&W 气动操纵系统组成及功能	√	√
3.4.4.2 气动操纵系统的管理维护要点	√	√
3.4.4.3 气动操纵系统的故障诊断	√	√
3.4.4.4 MAN B&W 气动操纵系统停油、换向等操作的动作过程	√	√
3.4.4.5 启动和调速	√	√
3.4.4.6 应急和安全保护功能	√	√
3.4.4.7 瓦锡兰气动操纵系统的组成及功能	√	√
3.4.4.8 瓦锡兰气动操纵系统的故障诊断和管理维护要点	√	√
3.4.4.9 瓦锡兰气动操纵系统停油、换向、启动和调速等操作的动作过程	√	√
3.4.5 船用汽轮机自动控制装置的结构和功能（如适用）		
3.4.5.1 主汽轮机自动控制系统的组成和结构	√	√
3.4.5.2 主汽轮机自动控制系统的下列功能的含义：不能启动、操作错误、加速程序、全速/紧急倒车程序、自动反转、安全（自动停车、自动减速）系统	√	√
3.4.6 船用燃气轮机自动控制装置的结构和功能（如适用）		
3.4.6.1 主燃气轮机自动控制系统的组成和结构	√	√
3.4.6.2 主燃气轮机自动控制系统的下列功能的含义：不能启动、操作错误、加速程序、全速/紧急倒车程序、自动反转、安全（自动停车、自动减速）系统	√	√
3.5 辅助机械自动控制装置的结构和功能		
3.5.1 发电机和配电系统的控制原理和功能		
3.5.1.1 发电机和配电系统自动控制的组成和结构	√	√
3.5.1.2 发电机配电系统的全自动控制功能（包括发电原动机的自动启动和停止，计算机控制的船舶电力系统的 PMS 控制功能）		√

考试大纲	适用对象	
	8101	8102
3.5.1.3 发电机配电系统的自动同步功能		√
3.5.1.4 发电机配电系统的自动负载分配、最佳负载分配功能		√
3.5.1.5 发电机配电系统的大功率电动机启动联锁功能		√
3.5.1.6 发电机配电系统的优先脱扣、自动/主断路器(空气断路器和真空断路器)内置的保护/安全功能		√
3.5.1.7 发电机配电系统的自动电压调节功能(AVR)		√
3.5.1.8 发电机配电系统的频率控制功能(有功功率的自动调节,调速器)		√
3.5.1.9 在不同航行条件时,在某些条件不满足或缺失的情况下,对发电机配电系统的应急处置程序或方法		√
3.5.2 舵机系统的自动控制原理和功能,舵机系统的自动控制/监控和报警		
3.5.2.1 主操舵系统和应急操舵系统	√	√
3.5.2.2 自动操舵系统,包括 PID 作用分析	√	√
3.5.2.3 在液压系统发生故障时恢复操舵能力	√	√
3.5.3 货物装卸设备和甲板机械的自动控制原理和功能		
3.5.3.1 货物装卸设备的自动控制原理和功能	√	√
3.5.3.2 锚机的自动控制原理和功能	√	√
3.5.3.3 绞缆机的自动控制原理和功能	√	√
4 电气、电子控制设备的操作管理		
4.1 装置的自动控制设备和安全保护装置的设计参数和系统配置		
4.1.1 一般要求		
4.1.1.1 船舶主要自动控制装置和安全设备的系统配置,包括:传感器要求、变送环节、参数转换、显示	√	√
4.1.1.2 船舶主要自动控制装置和安全设备常见问题的产生原因、危害及处理方法,包括:船舶冷却水控制装置、船舶分油机控制系统、燃油供油单元 VISCOCHIEF 型燃油黏度控制系统、主机滑油自动控制系统等	√	√

考试大纲	适用对象	
	8101	8102
4.1.2 主机		
4.1.2.1 主机自动控制系统和安全装置的一般要求、遥控方式、安保系统	√	√
4.1.2.2 主机自动控制系统和安全装置运行过程中常见问题(故障)及其处理方法	√	√
4.1.2.3 主机自动控制系统和安全装置常见问题的产生原因及处理方法	√	√
4.1.2.4 主机控制系统中的重要参数设置,包括:发火转速、启动转速、换向转速、故障减速、临界转速、扫气压力限制、超速保护值、相关的延时时间值等	√	√
4.1.3 微机控制的主机遥控系统(以 AUTOCHIEF-Ⅳ型遥控系统为例)		
4.1.3.1 系统的硬件结构	√	√
4.1.3.2 系统的驾驶台、集控室操作面板的组成、功能及其基本操作	√	√
4.1.3.3 系统在不同车令下的工作过程(备车、启动、换向、停车、安保、紧急倒车)	√	√
4.1.3.4 系统的参数设定方法	√	√
4.1.3.5 系统的功能试验	√	√
4.1.3.6 故障诊断及处理(启动、换向)	√	√
4.1.3.7 故障诊断及处理(调速、停车)	√	√
4.1.4 现场总线型主机遥控系统(以 AC C20 型遥控系统为例)		
4.1.4.1 AC C20 主机遥控系统的硬件结构及网络结构	√	
4.1.4.2 分布式处理单元(DPU)的种类及其功能	√	
4.1.4.3 DPU 的网络连接及其与外部设备的连接	√	
4.1.4.4 车钟系统及操作部位切换	√	
4.1.4.5 AC C20 控制面板的操作及系统参数调整	√	

考试大纲	适用对象	
	8101	8102
4.1.4.6 AC C20 的控制功能	√	
4.1.4.7 AC C20 的安全保护功能	√	
4.1.4.8 AC C20 遥控系统故障分析与处理（启动、换向）	√	
4.1.4.9 AC C20 遥控系统故障分析与处理（调速、停车）	√	
4.1.4.10 AC 600 主机遥控系统	√	
4.1.5 电喷柴油机控制系统		
4.1.5.1 电喷柴油机控制系统的基本概念	√	√
4.1.5.2 RT-flex 型电喷柴油机控制系统的结构组成	√	
4.1.5.3 RT-flex 型电喷柴油机控制系统的功能特点	√	
4.1.5.4 ME 型电喷柴油机控制系统的结构组成	√	
4.1.5.5 ME 型电喷柴油机控制系统的功能特点	√	
4.1.5.6 双燃料内燃机（以 LNG 双燃料内燃机为例）	√	
4.1.6 单元组合式监测与报警系统		
4.1.6.1 单元组合式监测与报警系统的特点和组成	√	√
4.1.6.2 报警控制单元的故障报警原理及参数调整方法	√	√
4.1.7 网络型监测与报警系统（以 K-Chief 600 网络型监测与报警系统为例）		
4.1.7.1 K-Chief 600 网络型监测与报警系统的结构与组成	√	
4.1.7.2 分布式处理单元（DPU）	√	
4.1.7.3 网关	√	
4.1.7.4 操作站 OS 及系统功能	√	
4.1.7.5 K-Chief 600 网络型监测与报警系统的管理与维护要点	√	
4.1.8 曲轴箱油雾浓度监视报警系统		
4.1.8.1 曲轴箱油雾浓度监测原理	√	√
4.1.8.2 Mark-6 曲轴箱油雾浓度监视报警系统的组成	√	√
4.1.8.3 Mark-6 曲轴箱油雾浓度监视报警系统的故障诊断	√	√
4.1.9 发电机和配电系统的自动控制设备和安全保护装置		

考试大纲	适用对象	
	8101	8102
4.1.9.1 发电机和配电系统的基本组成及特点	√	√
4.1.9.2 发电机和配电系统运行过程中常见问题(故障)及其造成的危害,包括:自动空气断路器、发电机外部短路、过载、失(欠)压、逆功率、发电机并车、有功功率分配装置、无功功率分配装置、船舶电网绝缘降低和单相接地故障等	√	√
4.1.9.3 发电机和配电系统常见问题的产生原因及处理方法,包括:自动空气断路器、外电机外部短路、过载、失(欠)压、逆功率、无功功率分配装置、船舶电网绝缘降低和单相接地故障等	√	√
4.1.9.4 配电系统自动控制装置的操作管理,包括:自动并车、负载自动分配,无功功率启动调节,发动机的启停控制,电力系统的保护控制等		√
4.1.9.5 发动机和配电控制系统中的重要参数设置,包括:增机功率、重载请求、优先脱扣、逆功率、过载保护、滑油低压、超速保护值、相关的延时时间值等		√
4.1.10 蒸汽锅炉(自动控制设备和安全保护装置的设计参数和系统配置,机械方面)		
4.1.10.1 蒸汽锅炉控制系统的基本组成及特点	√	√
4.1.10.2 蒸汽锅炉控制系统运行过程中常见问题(故障)及其造成的危害	√	
4.1.10.3 蒸汽锅炉控制系统常见问题的产生原因及处理方法,包括:锅炉水位、蒸汽压力、燃烧时序、安全保护装置等	√	√
4.1.10.4 蒸汽锅炉控制系统中的重要参数设置,包括:危险水位、启停蒸汽压力、压力设定、油温设定、风压保护、火焰检测保护、点火时序各时间值、相关的延时时间值等		√
4.2 电动机操作控制设备的设计特点及系统配置		
4.2.1 电动机的基本参数和结构原理	√	√

考试大纲	适用对象	
	8101	8102
4.2.2 电动机启动控制的功能要求和保护措施,包括:按钮控制、互锁控制、联锁控制、多地点选择控制,短路、过载、欠压和缺相保护	√	√
4.2.3 电动机及其控制回路常见故障及其处理措施	√	√
4.2.4 根据电动机额定值选择断路器、熔断器、接触器、热继电器的主要参数	√	√
4.3 高压装置的设计特点		
4.3.1 船舶常用高压装置的基本结构特点和系统配置要求	√	
4.3.2 船舶常用高压装置运行过程中常见问题(故障)及其造成的危害	√	
4.3.3 船舶常用高压装置常见问题的产生原因及处理方法	√	
4.4 气动和液压控制设备的特点		
4.4.1 船舶常用液压控制设备和气动控制设备的基本结构特点和系统配置要求	√	
4.4.2 船舶常用液压控制设备和气动控制设备运行过程中常见问题(故障)及其造成的危害	√	√
4.4.3 船舶常用液压控制设备和气动控制设备常见问题的产生原因及处理方法	√	√
4.4.4 与气动和液压控制设备配套的电动机、电磁阀、比例阀和相关阀件的主要参数选择		√
4.5 船舶电子技术、电子学、电力电子学		
4.5.1 二极管(包括电力二极管)结构、伏安特性及主要参数		√
4.5.2 三极管基本放大电路及特性(共射极)		√
4.5.3 单相半波和桥式整流电路的基本原理		√
4.5.4 滤波电路和稳压电路		√
4.5.5 PLC 控制技术及其应用		√
4.5.6 晶闸管、绝缘栅双极型晶体管 IGBT 等电力电子器件的结构、工作原理、主要参数和特点		√

考试大纲	适用对象	
	8101	8102
4.5.7 大功率变频器的结构及功能		√
4.6 自动控制工程和安全设备		
4.6.1 反馈控制系统的组成及功能		√
4.6.2 开环控制和闭环控制的特点		√
4.6.3 反馈控制系统的动态过程		√
4.6.4 调节器基本作用规律		√
4.6.5 常用的电磁阀、电动执行机构和相关的执行阀件		√
4.6.6 重要设备的紧急控制和安保设备		√
5 电气和电子控制设备的故障诊断和恢复工况的管理		
5.1 电气和电子控制设备的故障排除		
5.1.1 电气和电子控制设备的基本构成特点、作用、参数调整方法		
5.1.1.1 电气控制设备的基本构成特点、作用、参数调整方法(以一般电机启动控制箱为例进行分析,包括:电动机点动、自锁连续控制、正反转控制、联锁控制、星-三角降压启动控制等典型电路)	√	
5.1.1.2 电子控制设备的基本构成特点、作用、参数调整方法(以 PLC 控制系统为例进行分析,实现电动机正反转的 PLC 控制)	√	
5.1.1.3 电子控制设备的基本构成特点、作用、参数调整方法(以船舶电气控制实现的电动机启停保护控制及其参数调整为主)	√	
5.1.1.4 电子示功装置	√	
5.1.2 主要和常用电气和电子控制设备基本工作参数的状态评估方法		
5.1.2.1 主要和常用电气控制设备(主要针对断路器、接触器、热继电器等电气设备)的状态评估及其参数确定	√	

考试大纲	适用对象	
	8101	8102
5.1.2.2 主要和常用电气控制设备(控制电器)基本工作参数的状态评估方法(主要针对PLC变频器等控制电子电气设备故障后的应急处理)	√	
5.1.2.3 主要和常用电子控制设备基本工作参数的状态评估方法(主要针对电机及设备控制箱的主要工作参数及其状态评估)	√	
5.1.3 主要和常见电气和电子控制设备出现功能降低或缺失条件下的应急处置程序和方法		
5.1.3.1 主要和常见电气控制设备(控制电机)出现功能降低或缺失条件下的应急处置程序和方法(主要针对断路器、接触器、热继电器等电气设备故障后的应急处理)	√	
5.1.3.2 主要和常见电气控制设备(控制电器)出现功能降低或缺失条件下的应急处置程序和方法(主要针对PLC变频器等控制电子电气设备故障后的应急处理)	√	
5.1.3.3 主要和常见电子控制设备出现功能降低或缺失条件下的应急处置程序和方法(主要针对电机及设备控制箱的故障后的应急处理)	√	
5.2 电气功能测试,电子控制设备和安全装置		
5.2.1 电气功能测试基本类型及其特点	√	
5.2.2 主要电气功能测试的程序和操作方法,包括:按钮、接触器、断路器、熔断器、过载继电器、组合开关、继电器等常用低压电器;二极管、三极管、晶闸管等常用电子器件;超速保护装置、火焰监测器、火灾探测系统	√	
5.3 监控系统传感器及变送器的测试和校准		
5.3.1 传感器和变送器的类型、安装、使用的基本要求		
5.3.1.1 传感器的类型、安装、使用的基本要求,包括:Pt100、热电偶、热敏电阻、光敏电阻、光电池、差动变压器、磁感应接近开关、编码器等	√	

考试大纲	适用对象	
	8101	8102
5.3.1.2 变送器的类型、安装、使用的基本要求,包括:差压变送器及其三通阀,热电阻三线制及其变换电路等	√	
5.3.2 传感器和变送器的测试和校准方法和程序		
5.3.2.1 压力传感器和变送器的测试和校准方法和程序	√	
5.3.2.2 温度传感器和变送器的测试和校准方法和程序	√	
5.3.2.3 流量传感器和变送器的测试和校准方法和程序	√	
5.3.2.4 液位传感器和变送器的测试和校准方法和程序	√	
5.3.2.5 测速传感器和变送器的测试和校准方法和程序	√	
5.3.2.6 黏度传感器和变送器的测试方法和程序	√	
5.3.2.7 差压变送器的测试方法和程序(包括气动和电动)	√	

船舶动力装置（未满 750 kW 船舶轮机长）

8103：未满 750 kW 船舶轮机长

考试大纲	适用对象
	8103
1 推进装置机械的操作管理	
1.1 船舶动力装置的组成、类型和发展	
1.1.1 船舶动力装置的组成	√
1.1.2 船舶动力装置的类型	√
1.2 船舶动力装置的要求及性能指标	
1.2.1 船舶动力装置的要求	√
1.2.2 船舶动力装置的基本性能指标	√
1.3 船舶动力装置的可靠性	
1.3.1 船舶的特殊性	√
1.3.2 可靠性在船舶动力装置中的应用	√
1.3.3 影响可靠性的因素	√
1.4 保持和提高船舶动力装置可靠性的途径	
1.4.1 提高管理水平	√
1.4.2 提高维修质量	√
1.4.3 充分利用技术管理指导性文件	√
1.4.4 做好可靠性数据的收集和管理	√
2 轮机基础理论知识	
2.1 示功图的种类和用途	
2.1.1 爆压的测量与分析	
2.1.1.1 爆压的测量	√
2.1.1.2 爆压的分析	√
2.1.2 示功图的种类和用途	√
2.1.3 示功图的分析	
2.2 船舶主推进动力装置的工况配合特性及管理	

考试大纲	适用对象
	8103
2.2.1 船舶推进装置船机桨工况配合	√
2.2.2 船舶在各种航行条件下推进装置的工况配合特性	
2.2.2.1 船舶污底和装载量改变时的工况配合特性及管理要点	√
2.2.2.2 船舶在不同气象条件下航行时的工况配合特性及管理要点	√
2.2.2.3 船舶在不同航区中航行时的工况配合特性及管理要点	√
2.2.2.4 船舶在各种运动状态下的工况配合特性及管理要点	√
2.2.3 船舶推进装置的管理	
2.2.3.1 船舶推进装置的主要传动形式、组成及特点	√
2.2.3.2 船舶推进装置的主要传动设备的操作注意事项和日常管理	√
2.2.3.3 轴系和螺旋桨的管理:轴线调整的注意事项	√
2.2.3.4 轴系和螺旋桨的管理:尾轴管结构及各种尾轴封的日常管理和注意事项	√
2.2.3.5 轴系和螺旋桨的管理:螺旋桨与尾轴的配合形式及管理要点	√
3 推进装置和辅助机械的运行、监控、性能评估和安全维护方面的实用知识（推进装置和辅助机械的有效运行、监控、性能评估和安全维护）	
3.1 柴油机的维护	
3.1.1 柴油机的备车、启动与机动操纵	√
3.1.2 柴油机的运行管理	√
3.1.3 柴油机的停车与完车	√
3.2 柴油机运行的应急处理	
3.2.1 封缸运行	√
3.2.2 停增压器运转	√
3.2.3 拉缸的应急处理	√
3.2.4 敲缸的原因及处理	√
3.2.5 曲轴箱爆炸的原因及处理	√
3.2.6 烟囱冒火的原因及处理	√
3.3 舵机及其系统	
3.3.1 舵机的试验和调整	√

考试大纲	适用对象 8103
3.3.1.1 舵机的试验	√
3.3.1.2 舵机的调整	√
3.3.2 舵机系统的日常管理	
3.3.2.1 舵机系统的清洗和充油	√
3.3.2.2 舵机日常管理注意事项	√
4 安全和有效维修程序的管理(柴油机动力装置主要零件的检修)	
4.1 气缸盖的检修	
4.1.1 气缸盖裂纹的部位、产生原因、检验及修理	
4.1.1.1 气缸盖裂纹的部位、产生原因、检验	√
4.1.1.2 气缸盖裂纹的修理	√
4.1.2 气缸盖气阀座面的检修	√
4.2 气缸套的检修	
4.2.1 气缸套磨损的检修	√
4.2.2 气缸套裂纹的检修	√
4.2.3 拉缸的种类及拉缸的原因,防止拉缸的措施	√
4.3 柴油机吊缸检修	
4.3.1 吊缸检修的程序,检测项目	√
4.3.2 液压工具的使用	√
4.3.3 吊缸检修的数据分析	√
4.3.4 活塞运动部件装复后的校中检验及失中原因分析	√
4.4 活塞销、活塞杆的检修	
4.4.1 活塞销的磨损测量和裂纹检查,活塞销的修理	√
4.4.2 活塞杆的检修	√
4.5 曲轴的检修	
4.5.1 曲轴轴颈的检修	√
4.5.2 曲轴臂距差的测量和分析,影响曲轴臂距差的因素	
4.5.2.1 曲轴臂距差的测量和分析	√
4.5.2.2 影响曲轴臂距差的因素	√

考试大纲	适用对象
	8103
4.5.3 主轴承高度的判断方法	√
4.5.4 曲轴修复后的验收	√
4.6 轴承的检修	
4.6.1 轴承的损坏形式	√
4.6.2 轴瓦的检修	
4.6.2.1 轴瓦的安装要求	√
4.6.2.2 轴承间隙的测量	√
4.6.3 主轴承下瓦的换新	√
4.7 精密偶件的检修	
4.7.1 精密偶件的主要损坏形式	√
4.7.2 精密偶件的检验	√
4.7.3 精密偶件的修理	√
4.8 气阀的检修	
4.8.1 气阀的失效形式及原因	√
4.8.2 气阀的检修	√
4.9 重要螺栓的检修	
4.9.1 连杆螺栓的检查	√
4.9.2 地脚螺栓的检查	√
4.10 增压器的检修	
4.10.1 增压器主要零件损坏的检修	√
4.10.2 增压器的校中测量	√
4.10.3 增压器的平衡试验	√
4.11 轴系的检修	
4.11.1 轴系的校中和调整	√
4.11.2 尾轴管装置的检修	
4.11.2.1 尾轴承的检修	√
4.11.2.2 尾轴密封装置的检修	√
4.12 螺旋桨的检修	

考试大纲	适用对象
	8103
4.12.1 螺旋桨损坏后的修理	√
4.12.2 螺旋桨修理前后的检验	√
4.13 舵系的检修	
4.13.1 舵系(舵杆、舵承等)的检修	√
4.13.2 舵系中心线的检验和调整	√
5 电气、电子控制设备的操作管理	
5.1 船舶电子技术、电子学、电力电子学	
5.1.1 二极管结构、伏安特性及主要参数	√
5.1.2 单相半波和桥式整流电路的基本原理	√
5.1.3 滤波电路和稳压电路	√
5.1.4 三相不可控整流器的结构和工作原理、特点和应用	√
5.1.5 逆变器的基本概念	√
5.2 自动控制工程和安全设备	
5.2.1 反馈控制系统的组成及功能	√
5.2.2 开环控制和闭环控制的特点	√
5.2.3 反馈控制系统的动态过程	√
5.2.4 调节器基本作用规律	√
5.2.5 常用的电磁阀、电动执行机构和相关的执行阀件	√
5.2.6 重要设备的紧急控制和安保设备	√
5.3 装置的自动控制设备和安全保护装置的设计参数和系统配置;船舶主要自动控制装置和安全设备的系统配置,包括:传感器要求、变送环节、参数转换、显示	
5.3.1 主机	
5.3.1.1 主机自动控制系统和安全装置的一般要求、遥控方式、安保系统	√
5.3.1.2 主机自动控制系统和安全装置运行过程中常见问题(故障)及其处理方法	√

考试大纲	适用对象
	8103
5.3.1.3 主机控制系统中的重要参数设置,包括:发火转速、启动转速、故障减速超速保护值、相关的延时时间值等	√
5.3.2 发电机和配电系统	
5.3.2.1 发电机和配电系统的基本组成及特点	√
5.3.2.2 发电机和配电系统运行过程中常见问题(故障)及其处理方法	√
5.3.3 蒸汽锅炉	
5.3.3.1 蒸汽锅炉控制系统的基本组成及特点	√
5.3.3.2 蒸汽锅炉控制系统运行过程中常见问题(故障)及其处理方法	√
5.3.3.3 蒸汽锅炉控制系统中的重要参数	√
5.4 电动机操作控制设备的设计参数及系统配置	
5.4.1 根据电动机额定值选择断路器、熔断器、接触器、热继电器的主要参数	√
5.4.2 电动机及其启动控制的功能要求和保护措施,包括:按钮控制、互锁控制、联锁控制、多地点选择控制,短路、过载、欠压和缺相保护	√
5.5 气动和液压控制设备的主要参数,如电动机、电磁阀、比例阀和相关阀件	√

主推进动力装置(750 kW 及以上船舶大管轮)

8201:3000 kW 及以上船舶大管轮
8202:750~3000 kW 船舶大管轮

考试大纲	适用对象	
	8201	8202
1 推进装置机械的操作管理		
1.1 船用柴油机及辅助设备的设计参数和工作机理		
1.1.1 柴油机结构,包括:基座的结构、基座与机体的连接、地脚螺栓的布置、贯穿螺栓的布置、气缸体和机架的结构、主轴承盖的布置、活塞杆填料函总成的布置、涡轮增压器和空冷器的布置		
1.1.1.1 基座的结构	√	√
1.1.1.2 主轴承盖的布置	√	√
1.1.1.3 活塞杆填料函总成的布置	√	√
1.1.1.4 涡轮增压器和空冷器的布置	√	√
1.1.1.5 机座与机体的连接	√	√
1.1.1.6 地脚螺栓的布置	√	√
1.1.1.7 贯穿螺栓的布置	√	√
1.1.1.8 气缸体和机架的结构	√	√
1.1.2 柴油机运动部件,包括:曲轴,主轴承,推力块和推力轴承,连杆大端轴承,连杆,十字头轴承,导轨和导块,主轴承/连杆大端轴承和十字头轴承的润滑,凸轮轴驱动装置,齿轮传动、链轮传动、凸轮轴轴承的布置		
1.1.2.1 曲轴、主轴承	√	
1.1.2.2 推力块和推力轴承	√	
1.1.2.3 连杆大端轴承	√	
1.1.2.4 连杆	√	
1.1.2.5 十字头轴承	√	
1.1.2.6 主轴承/连杆大端轴承的润滑	√	

考试大纲	适用对象	
	8201	8202
1.1.2.7 凸轮轴驱动装置	√	
1.1.2.8 导轨和导块	√	
1.1.2.9 十字头轴承的润滑	√	
1.1.2.10 齿轮传动的布置	√	
1.1.2.11 链轮传动的布置	√	
1.1.2.12 凸轮轴轴承的布置	√	
1.1.3 柴油机燃油喷射设备,包括:包含共轨燃油泵的燃油喷射泵、喷油器、可变喷油定时		
1.1.3.1 燃油喷射泵	√	√
1.1.3.2 喷油器	√	√
1.1.3.3 可变喷油定时机构	√	√
1.1.4 柴油机燃烧室部件,包括:气缸盖的冷却、气缸套和冷却装置、活塞头、活塞组件、燃烧室几何形状、排气阀和冷却装置		
1.1.4.1 气缸盖的冷却	√	
1.1.4.2 活塞头	√	
1.1.4.3 燃烧室几何形状	√	
1.1.4.4 排气阀和冷却装置	√	
1.1.4.5 气缸套和冷却装置	√	
1.1.4.6 活塞组件	√	
1.1.5 柴油机活塞环、缸套和气缸润滑,包括:缸套材料、活塞环材料、气缸套的制造方法、活塞环的制造方法、气缸润滑的类型和机理、气缸润滑油的选择		
1.1.5.1 活塞环	√	
1.1.5.2 缸套	√	
1.1.5.3 气缸润滑	√	
1.1.6 柴油机各系统的工作机理,包括:启动和换向系统、冷却水系统、润滑油系统、燃油系统、扫气/增压和排气系统、柴油机安全保护系统、柴油机应急操作系统		

考试大纲	适用对象	
	8201	8202
1.1.6.1 启动和换向系统	√	√
1.1.6.2 冷却水系统	√	√
1.1.6.3 润滑油系统	√	√
1.1.6.4 燃油系统	√	√
1.1.6.5 扫气/增压和排气系统	√	√
1.1.6.6 柴油机安全保护系统	√	√
1.1.6.7 柴油机应急操作系统	√	√
1.1.7 柴油机电子控制技术		
1.1.7.1 典型的电子控制柴油机,如 MAN 和瓦锡兰公司主流产品的工作原理、特点	√	√
1.1.7.2 典型的电子控制柴油机的操作管理	√	√
1.1.7.3 MAN 和瓦锡兰公司双燃料发动机技术	√	√
1.1.8 四冲程筒形活塞式柴油机结构和部件,包括:机体、缸盖、缸套、活塞组件、连杆、曲轴、轴承和轴瓦、柴油机润滑和冷却、涡轮增压器和空冷器的布置、模块化发动机等		
1.1.8.1 机体		√
1.1.8.2 缸盖		√
1.1.8.3 缸套		√
1.1.8.4 活塞组件		√
1.1.8.5 连杆		√
1.1.8.6 曲轴、轴承和轴瓦		√
1.1.8.7 柴油机润滑和冷却		√
1.1.8.8 涡轮增压器和空冷器的布置		√
1.1.8.9 模块化发动机		√
1.2 船用汽轮机及辅助设备的设计参数和工作机理(如适用)		
1.2.1 汽轮机的设计特点及材料的选择,包括:收缩喷嘴和缩放喷嘴及喷嘴箱等	√	√

考试大纲	适用对象	
	8201	8202
1.2.2 汽轮机的工作机理,包括:报警和跳闸、暖机、正常和应急操作、停车程序、涡轮机的性能、按顺序的喷嘴操作、共振、临界转速、振动、应急控制系统、转子矫直	√	√
1.2.3 汽轮机齿轮箱的设计特点及材料的选择,包括:单级和双级减速、双螺旋渐开线齿轮、单级和双级锁紧齿轮、行星齿轮传动、挠性联轴器、关键的驱动、正齿轮的制造方法	√	√
1.3 船用燃气轮机及辅助设备的设计特点和工作机理(如适用)		
1.3.1 燃气轮机的设计特点及材料的选择,包括:通过简单的船用燃气轮机,分析空气和气体的流量、识别燃气轮机压缩机和燃烧系统及单双涡轮轴设计的材料和结构、了解与船用燃气轮机装置性能优化相关的维护要求的设计特点	√	√
1.3.2 燃气轮机的工作机理,包括:润滑系统、燃油系统启动系统、监测和控制系统、其他辅助设备	√	√
1.4 船用主蒸汽锅炉和辅助设备的设计特点和工作机理(如适用)		
1.4.1 船用蒸汽锅炉的设计特点及材料的选择,包括:主蒸汽锅炉类型、建造方法、锅炉附件和汽包内部装置、水循环、气体循环、操作参数、支撑和膨胀、过热器及温度控制、吹灰器、经济器、空气加热器、蒸汽发生器、燃烧器和燃烧器记录器、锅炉本体上和遥控的水位指示器、安全阀	√	√
1.4.2 蒸汽锅炉给水系统的设计特点及材料的选择,包括:主给水系统、冷凝器类型、液位控制、结构、材料、支撑、扩展、操作参数、真空和泄漏试验、空气喷射器、真空泵、凝水泵、冷凝器、低压加热器、泄水冷却器、高压加热器、涡轮给水泵和水力平衡、除气器	√	√
1.5 螺旋桨轴和辅助设备		
1.5.1 螺旋桨轴和辅助设备的设计参数和工作机理		

考试大纲	适用对象	
	8201	8202
1.5.1.1 建立轴中心线、建造时偏差、在使用中校准偏差、修正曲线校准、轴的检查	√	√
1.5.1.2 轴承(滑动轴承、支点式推力轴承)	√	√
1.5.1.3 尾轴管、尾轴管密封装置	√	√
1.5.1.4 固定螺距螺旋桨、安装固定螺距螺旋桨的方法(有键连接螺旋桨、无键连接螺旋桨)	√	√
1.5.1.5 调距桨	√	√
1.5.1.6 可换向减速齿轮箱	√	√
1.5.1.7 联轴器螺栓、弹性联轴器	√	√
1.5.1.8 气动离合器	√	
1.5.1.9 离合器		√
2 操作的计划和安排		
2.1 力学		
2.1.1 平衡的相关知识:一次惯性力和二次惯性力、往复机械的完全平衡、临界转速		
2.1.1.1 往复机械的完全平衡	√	√
2.1.1.2 临界转速	√	√
2.1.1.3 一次惯性力和二次惯性力	√	√
2.1.2 简谐运动的相关知识:简谐运动的方程、振幅、频率和周期、振动的弹簧质量系统、共振、飞轮和齿轮的振动	√	√
2.1.3 扭转的相关知识:由扭转产生的应力/应变和应变能、基本扭转方程、往复式发动机的曲柄回转力矩、舵杆转动力矩		
2.1.3.1 由扭转产生的应力/应变和应变能、基本扭转方程	√	√
2.1.3.2 往复式发动机的曲柄回转力矩	√	√
2.1.3.3 舵杆转动力矩	√	√

考试大纲	适用对象	
	8201	8202
2.1.4 复合应力的相关知识:斜面上的应力、承受两垂直应力的材料、轴向应力和弯曲应力、主应力和应变、弯曲的组合和扭曲		
2.1.4.1 斜面上的应力、承受两垂直应力的材料	√	√
2.1.4.2 轴向应力和弯曲应力、主应力和应变	√	√
2.1.4.3 弯曲的组合和扭曲	√	√
2.2 柴油机、汽轮机和燃气轮机的推进性能,包括:速度、功率和燃油消耗		
2.2.1 柴油机推进特性,包括:连续服务功率、发动机功率余量、连续运行限制、超负荷运行限制、燃油消耗率(SFOC)		
2.2.1.1 连续服务功率	√	√
2.2.1.2 发动机功率余量	√	√
2.2.1.3 连续运行限制	√	√
2.2.1.4 超负荷运行限制	√	√
2.2.1.5 燃油消耗率	√	√
2.2.2 螺旋桨和负荷图,包括:螺旋桨特性曲线、螺旋桨设计点、脏污的船体、海上功率裕度和重型螺旋桨、等航速线		
2.2.2.1 螺旋桨特性曲线	√	√
2.2.2.2 螺旋桨设计点	√	√
2.2.2.3 脏污的船体	√	√
2.2.2.4 海上功率裕度	√	√
2.2.2.5 重型螺旋桨	√	√
2.2.2.6 等航速线	√	√
2.2.3 汽轮机推进特性,包括:连续服务功率、发动机功率余量、等航速线、连续运行限制、燃油消耗率(SFOC)等(如适用)	√	√

考试大纲	适用对象	
	8201	8202
2.2.4 燃气轮机推进特性,包括:连续服务功率、发动机功率余量、连续运行限制、超负荷运行限制、燃油消耗率(SFOC)(如适用)	√	√
2.3 动力设备的热力循环、热效率和热平衡		
2.3.1 船用柴油机的热力循环、热平衡和热效率	√	√
2.3.2 船用蒸汽锅炉和汽轮机的热力循环、热效率和热平衡,包括:朗肯循环、朗肯循环热效率、船用蒸汽装置热平衡、锅炉/涡轮的性能、锅炉/涡轮的效率(如适用)	√	√
2.3.3 船用燃气轮机的热力循环、热效率和热平衡,包括:布雷顿循环、布雷顿循环的热效率、船用燃气轮机的热平衡(如适用)	√	√
2.4 燃油和润滑油的处理,包括:存储、离心分离、混合、预处理和处理		
2.4.1 分油机的操作,影响最佳分离效果的因素		
2.4.1.1 分油机的操作	√	√
2.4.1.2 影响最佳分离效果的因素	√	√
2.4.2 船上燃料混合器和替代燃料处理设备的操作及功能	√	√
3 主推进装置和辅助机械的操纵、监控、性能评估及安全维护		
3.1 启动和关闭主辅机械,包括相关系统		
3.1.1 主要的机械设备和相关系统		
3.1.1.1 启动主机前需要批准和记录的程序/检查表	√	√
3.1.1.2 启动和停止不同类型主机时的限制/条件	√	√
3.1.1.3 主机启动时的联锁功能以及它们如何工作	√	√
3.1.1.4 根据主机和相关系统设计的特点启动和停止主机的程序	√	√
3.1.1.5 启动和停止主机及相关系统时,应注意的必要程序和系统参数	√	√
3.1.1.6 主机进行试运行时的注意事项	√	√
3.1.2 主蒸汽锅炉和相关系统(如适用)		

考试大纲	适用对象	
	8201	8202
3.1.2.1 有必要根据锅炉类型和规格的不同,制定相应的启动和停止锅炉的程序	√	√
3.1.2.2 启动和停止主锅炉时应注意的事项	√	√
3.1.2.3 点燃主锅炉,蒸汽升压及使用旁路功能的标准程序	√	√
3.1.2.4 停止主锅炉的标准程序	√	√
3.1.2.5 启动主锅炉时,如何准备相关系统,包括控制系统和泄水系统等	√	√
3.2 推进装置相关参数的运行限制		
3.2.1 主柴油机应控制的有关参数,如平均指示压力、最大指示压力、转速、转矩、扫气压力、排气温度、冷却水温度、润滑油温度、增压器转速		
3.2.1.1 平均指示压力、最大指示压力	√	√
3.2.1.2 转速、转矩	√	√
3.2.1.3 扫气压力	√	√
3.2.1.4 排气温度	√	√
3.2.1.5 冷却水温度	√	√
3.2.1.6 润滑油温度	√	√
3.2.1.7 增压器转速	√	√
3.2.2 主汽轮机应控制的有关参数,如进汽压力和温度、扭矩、转速、振动(如适用)	√	√
3.2.3 主燃气轮机应控制的有关参数,如排气温度、扭矩、转速、振动(如适用)	√	√
3.2.4 主蒸汽锅炉应控制的有关参数,如锅炉水特性,空气/燃料比(如适用)	√	√
3.2.5 推进装置的设计标准及影响因素,如海水温度、环境温度和流速	√	√
3.2.6 静态和动态载荷和应力,柴油机部件工作的限制	√	√

考试大纲	适用对象	
	8201	8202
3.2.7 主柴油机在不同的航行条件时，不同的柴油机限制的作用、特点及应急处置措施和程序	√	√
3.2.8 轴系、推进器操作限制涉及的主要工作参数的特性及条件	√	√
3.3 对推进装置和辅助机械的有效运行、监控、性能评估和安全维护		
3.3.1 柴油机		
3.3.1.1 示功图的使用和测录	√	
3.3.1.2 气缸爆发压力及示功图的使用和测录		√
3.3.1.3 利用示功图范例进行故障检测	√	
3.3.1.4 利用气缸爆发压力及示功图范例进行故障检测		√
3.3.1.5 发动机状态监测和诊断系统	√	√
3.3.2 柴油机部件		
3.3.2.1 柴油机部件的不同制造方法	√	√
3.3.2.2 二冲程和四冲程工作循环的力、力偶、力矩及和这些有关的设计原则	√	√
3.3.2.3 失去平衡的气体压力和惯性力、力偶及力矩与飞轮、平衡重和第一/二阶平衡及船体振动的关系	√	√
3.3.2.4 有助于减少扭转振动的因素，减少或消除临界转速有害影响的方法	√	√
3.3.2.5 易损件的状况评估与修复	√	√
3.3.2.6 运动部件的对中和调节标准	√	√
3.3.2.7 利用发动机制造商手册编制典型柴油机的特定工作间隙和所有轴承滑动表面的限制值及过盈配合值	√	√
3.3.2.8 活塞及活塞的检修	√	√
3.3.2.9 活塞环的检修	√	√
3.3.2.10 活塞销、十字头销、活塞杆与活塞杆填料箱的检修	√	√

考试大纲	适用对象	
	8201	8202
3.3.2.11 气缸套的检修	√	√
3.3.2.12 气缸盖及气缸盖的检修	√	√
3.3.2.13 连杆	√	√
3.3.2.14 气阀及阀座的检修	√	√
3.3.2.15 曲轴和主轴承	√	√
3.3.2.16 轴承的检修	√	√
3.3.2.17 曲轴的检修	√	√
3.3.2.18 重要螺栓的检查与更换	√	√
3.3.2.19 增压器的检修	√	√
3.3.3 柴油机的润滑		
3.3.3.1 柴油机润滑油的种类、性质及应用	√	√
3.3.3.2 柴油机润滑的原理	√	√
3.3.3.3 柴油机润滑油的污染和变质	√	√
3.3.3.4 润滑油在柴油机上的分布	√	√
3.3.4 燃油喷射		
3.3.4.1 燃油的雾化、渗透及空气的湍流对柴油机的燃烧优化的重要性及原因	√	√
3.3.4.2 典型的喷油压力和不同等级的燃油黏度	√	√
3.3.4.3 常用燃油泵的操作和调整方法	√	√
3.3.4.4 柴油机在燃油喷射方面的要求	√	√
3.3.4.5 常见故障、症状和燃烧问题的原因	√	√
3.3.4.6 从职业健康与安全角度如何处理和测试燃油喷射系统	√	√
3.3.4.7 使用相关的图表解释和说明正常运行参数	√	√
3.3.4.8 柴油机排气造成的大气污染问题及减少污染的方法(特别是减少 SO_x 和 NO_x 的排放)	√	√
3.3.4.9 恒定和可变喷油定时的差异	√	√
3.3.4.10 适当的调整方法,包括燃油泵定时的调节方法	√	√

考试大纲	适用对象	
	8201	8202
3.3.5 扫气和增压		
3.3.5.1 柴油机需要扫气的原因	√	√
3.3.5.2 柴油机扫气的方法	√	√
3.3.5.3 给柴油机增压的方法	√	√
3.3.5.4 涡轮增压器的工作原理	√	√
3.3.5.5 涡轮增压器对润滑和冷却的要求	√	√
3.3.5.6 当涡轮增压器损坏时,典型故障的分析和处理	√	√
3.3.6 启动和换向		
3.3.6.1 发电、推进和应急柴油机的启动程序	√	√
3.3.6.2 直接传动或间接传动及采用固定或可调螺距螺旋桨的推进主柴油机启动和机动操纵的要求/程序	√	
3.3.6.3 间接传动及采用固定或可调螺距螺旋桨的推进主柴油机启动和机动操纵的要求/程序		√
3.3.6.4 推进柴油主机的主要组件及典型的操纵和换向系统	√	
3.3.6.5 直接传动推进柴油主机的不同换向方法	√	
3.3.6.6 典型柴油机启动和操纵系统的常见故障分析及处理	√	√
3.3.6.7 利用柴油机作为船舶推进的不同方法	√	√
3.3.7 冷却系统		
3.3.7.1 柴油机冷却水空间可能出现的问题	√	√
3.3.7.2 柴油机冷却水处理的常用方法	√	√
3.3.7.3 保持柴油机热效率的重要性以及发动机部件热负荷的判断	√	√
3.3.7.4 冷却介质的选择和各种柴油机冷却方法的优缺点	√	√
3.3.7.5 柴油机冷却水的处理和测试	√	√
3.3.7.6 柴油机冷却水的污染类型和来源,以及这些污染物对处理药品储备量的影响	√	√

考试大纲	适用对象	
	8201	8202
3.3.7.7 柴油机冷却水污染的处理措施	√	√
3.3.7.8 参数的正常运行范围及典型的冷却方式	√	√
3.3.8 调速器的常见故障	√	√
3.3.9 柴油机的控制和安全保护		
3.3.9.1 扫气箱火灾的原因、后果、预防、探测、扑灭	√	√
3.3.9.2 启动空气管爆炸的原因、后果、预防	√	√
3.3.9.3 柴油机曲轴箱和齿轮箱爆炸的原因、后果、预防	√	√
3.3.9.4 柴油机超速的原因和后果,正确的应对措施	√	√
3.3.9.5 油雾探测器、防爆门、曲轴箱通气装置的工作原理	√	√
3.3.9.6 废气锅炉烟灰沉积与着火的原因、后果、预防、探测、扑灭	√	√
3.3.10 柴油机应急操作		
3.3.10.1 柴油机操纵的应急程序	√	√
3.3.10.2 离合器有故障时的应急程序	√	√
3.3.11 多台原动机的推进装置		
3.3.11.1 何时需要改变原动机的输出速度	√	√
3.3.11.2 各种传动装置及其优缺点	√	√
3.3.11.3 何时需要将原动机与传动轴系脱离	√	√
3.3.11.4 离合器和联轴器的常见类型	√	√
3.3.11.5 离合器的维修和保养程序	√	√
3.3.12 辅汽轮机(如适用)		
3.3.12.1 在海上使用的辅汽轮机的类型、用途及构造	√	√
3.3.12.2 辅汽轮机的典型运转工况,包括温度和压力	√	√
3.3.12.3 辅汽轮机及辅助设备的材料特点	√	√
3.3.12.4 辅汽轮机典型的运行故障及相关的症状、影响和可能的补救措施	√	√
3.3.12.5 辅汽轮机的暖机和关机过程	√	√
3.3.12.6 辅汽轮机装置的最佳维护保养方案	√	√

主推进动力装置(750 kW 及以上船舶二/三管轮)

8203:750 kW 及以上船舶二/三管轮

考试大纲	适用对象
	8203
1 船用柴油机(主辅机械设备的基本结构及工作原理)	
1.1 热机循环	
1.1.1 热机循环的概念	√
1.1.2 理论循环和实际循环	√
1.1.3 理想循环的热力过程,包括:等压加热或冷却、等容加热或冷却、绝热压缩或膨胀	√
1.1.4 工质的定义及其在循环中的物理特性和结构	√
1.1.5 柴油机内的工质在实际循环中的变化	√
1.1.6 热机循环的作用	√
1.1.7 热机循环的能量转化和效率计算方法	√
1.2 理想气体循环	
1.2.1 理想气体循环的概念	√
1.2.2 奥托循环、狄塞尔循环、混合循环和焦耳循环,熟悉其热力过程	√
1.2.3 采用奥托循环、狄塞尔循环、混合循环和焦耳循环的发动机	√
1.2.4 二冲程、四冲程柴油机的工作过程,循环内的最高温度和压力	√
1.2.5 柴油机工作的定时圆图	√
1.3 柴油机燃油的雾化与燃烧	
1.3.1 柴油机内的燃烧过程	√
1.3.2 燃油燃烧的化学反应	√
1.3.3 燃烧过程中的能量转化	√
1.3.4 热值的概念及表示方法	√
1.3.5 船用燃料的分类及其成分	√
1.3.6 船用燃料的典型热值	√
1.3.7 燃油的喷射过程	√

考试大纲	适用对象 8203
1.3.8 可燃气体的形成	√
1.3.9 喷油设备组成和结构特点	√
1.4 柴油机类型	
1.4.1 船用柴油机的分类标准,如冲程数、转速等	√
1.4.2 大缸径、小缸径柴油机的结构特点和用途	√
1.4.3 低速、中速和高速柴油机的近似速度范围	√
1.5 柴油机原理	
1.5.1 柴油机示功图的测取方法	√
1.5.2 柴油机功率的计算方法	√
1.5.3 低速、中速和高速柴油机的典型压缩过程和最大压力	√
1.5.4 增压的作用及典型的增压压力值	√
1.5.5 增压系统	√
1.5.6 柴油机气缸内压力、温度变化的影响	√
1.5.7 柴油机从燃料中获取能量的分配	√
1.5.8 船用推进柴油机的热效率、机械效率和燃油消耗率的典型值	√
1.6 柴油机基本结构	
1.6.1 柴油机的结构特点	√
1.6.2 燃烧室部件	√
1.6.3 以下部件的组成、材料和结构特点:活塞与活塞环、气缸、气缸盖、连杆、十字头组件、连杆大端轴承、连杆小端轴承、曲轴、主轴承、凸轮轴及其驱动机构、气阀机构、扫气箱、空气冷却器、涡轮增压器、进气总管、排气总管、油底壳等	√
1.6.4 进/排气阀、气缸注油器、气缸安全阀、气缸启动阀、曲柄箱防爆门等的主要部件、材料,及其结构特点和工作原理	√
1.6.5 柴油机固定部件的结构及特点,如机架、机座、气缸体等	√
1.6.6 轴承间隙、滑动间隙和其他过盈配合间隙的意义和测量方法	√
1.6.7 滑油、冷却水在二冲程柴油机内部的流向	√
1.6.8 四冲程柴油机的润滑和活塞冷却系统	√
1.6.9 柴油机驱动螺旋桨的动力装置布置	√

考试大纲	适用对象 8203
1.6.10 调速器的作用和工作原理	√
1.6.11 主机、副机的启动方式(气动、电动或液压)和启动装置的组成	√
1.6.12 滑油、燃油滤器的结构及清洁方法	√
1.6.13 应急发电机的启动方法、检验和测试间隔时间	√
1.7 柴油机电子控制技术	
1.7.1 电子控制柴油机的工作原理和特点	√
1.7.2 典型的电子控制柴油机	
1.7.2.1 MAN 公司的电子控制柴油机	√
1.7.2.2 瓦锡兰公司的电子控制柴油机	√
1.7.3 双燃料发动机的工作原理和特点	√
1.8 船用汽轮机(如适用)	
1.8.1 朗肯循环	
1.8.1.1 朗肯循环的概念	√
1.8.1.2 蒸汽动力装置的四个主要组成部分及工作流程	√
1.8.1.3 朗肯循环及其经济指标	√
1.8.2 基本结构	
1.8.2.1 汽轮机的结构组成、材料及结构特点	√
1.8.3 工作原理	
1.8.3.1 汽轮机的基本原理	√
1.8.3.2 汽轮机动力输出的调节方法	√
1.8.3.3 热备用运行的概念和自动热备用系统	√
1.8.3.4 主汽轮机的滑油应急供应系统及其运行	√
1.9 船用燃气轮机(如适用)	
1.9.1 工作原理	
1.9.1.1 燃气轮机的用途	√
1.9.1.2 燃气轮机的结构特点	√
1.9.1.3 燃气轮机的基本原理	√
1.9.1.4 燃气轮机与汽轮机的优缺点	√

考试大纲	适用对象
	8203
1.9.1.5 燃气轮机的类型	√
1.9.2 基本结构	
1.9.2.1 压气机的类型及结构特点	√
1.9.2.2 燃烧室的类型及结构特点	√
1.9.2.3 涡轮的类型及结构特点	√
1.9.2.4 燃气轮机的附件及其结构特点和作用	√
1.10 推进轴系及螺旋桨	
1.10.1 推进轴系	
1.10.1.1 推进轴系的基本组成、作用和工作条件	√
1.10.1.2 中间轴、推力轴和尾轴的结构	√
1.10.1.3 中间轴承和推力轴承的作用、结构和工作原理	√
1.10.1.4 尾轴管装置的结构和工作原理	√
1.10.2 螺旋桨	
1.10.2.1 各种螺旋桨的工作原理、类型及特点、结构及制造材料	√
1.10.2.2 螺旋桨的结构参数和工作特性	√
1.10.2.3 螺旋桨与尾轴的连接方式	√
1.10.2.4 调距桨的特点及调距机构	√
1.10.2.5 调距桨和定距桨的优缺点对比	√
1.11 分油机及燃油处理	
1.11.1 燃油中的水分与杂质分离的基本原理	√
1.11.2 基本的净油方法,如重力分离、过滤分离、离心分离等	√
1.11.3 分油机的主要组件	√
1.11.4 分油机的工作原理及主要工作参数	√
1.11.5 常用的燃油滤器类型,如滤网式过滤器、磁性过滤器、纤维组件过滤器等	√
1.12 滑油系统、燃油系统和冷却水系统的管路系统	
1.12.1 船舶管系的类型、组成、识别方法与设计要求	√
1.12.2 管路连接、密封和支撑方法	√

考试大纲	适用对象 8203
1.12.3 输送不同流体的管道材料	√
1.12.4 各种阀件的作用和主要特征,如旋塞、截止阀、止回阀、闸阀、释放阀、速闭阀、阀箱等	√
1.12.5 封堵管道的方法	√
1.12.6 泥箱的主要特征	√
1.12.7 燃油系统的组成、主要设备和作用	√
1.12.8 滑油系统的组成、主要设备和作用	√
1.12.9 冷却水系统的组成、主要设备和作用	√
1.13 机械设备及控制系统的准备、运行、故障检测及防止损坏的必要措施	
1.13.1 主机及相关辅助设备	
1.13.1.1 主机的故障预防措施、安全保护措施、检查程序及备车要点	√
1.13.1.2 主机暖车及冷却的意义,典型步骤和完成标准	√
1.13.1.3 启动主机各辅助系统的注意事项,尤其是主机修理或大修后	√
1.13.1.4 主机盘车、冲车和试车的意义,典型步骤和注意事项	√
1.13.1.5 主机转换为定速航行的操作程序	√
1.13.1.6 主机的临界转速	√
1.13.1.7 主机的运行参数、性能和负荷范围及各运行参数之间的关系	√
1.13.1.8 主机的输出功率计算方法	√
1.13.1.9 主机的转速控制方法以及调速器的类型和结构	√
1.13.1.10 机舱巡回检查的意义和要点	√
1.13.1.11 涡轮增压器的清洗方法	√
1.13.1.12 单缸或多缸停油时保持主机运行的方法	√
1.13.1.13 减增压器时保持主机运行的方法	√
1.13.1.14 曲轴箱油雾的危险性及出现危险的应对措施	√
1.13.1.15 扫气箱或增压器箱放残和清洁的意义及操作方法	√
1.13.2 副机及相关系统	
1.13.2.1 副机各系统的组成部件	√
1.13.2.2 手动启动副机的准备事项及操作程序	√

考试大纲	适用对象
	8203
1.13.2.3 遥控自动启动副机的条件及与手动启动副机的区别	√
1.13.2.4 副机的控制系统、组成部件及其功能	√
1.13.2.5 副机的安全保护设备及其功能	√
1.13.2.6 副机各工作参数的正常范围	√
1.13.3 分油机及燃油处理	
1.13.3.1 分油机排渣控制程序	√
1.13.3.2 分油机工作时的燃油参数,包括油温、流量、密度等	√
1.13.3.3 如何利用比重不同分离油中的水分,工作水的作用	√
1.13.3.4 分油机的排渣机理,分水与分杂的区别	√
1.13.3.5 燃油净化处理的过程	√
1.13.3.6 分油机的启动注意事项及运行检查要点	√
1.13.3.7 船上处理污油、油渣的正确程序	√
2 用于船上加工和修理的手动工具、机械工具及测量仪表的适当使用	
2.1 船舶与设备建造和修理材料的使用特性与局限	
2.1.1 金属冶炼和金属加工基础	
2.1.1.1 铸造、锻造、冷轧和热轧钢板、钢条及其他各种截面型钢的主要区别	√
2.1.1.2 低碳钢、工具钢、铸钢和铸铁中正常的含碳量	√
2.1.1.3 黑色金属和有色金属的区别及有色金属在轮机工程中的应用	√
2.1.1.4 轮机工程中使用镍、铬、钼合金元素的目的及通常用于制造有色合金的金属	√
2.1.2 特性与使用	
2.1.2.1 影响轮机工程零件材料选择的因素	√
2.1.2.2 材料的机械性能:弹性、脆性、硬度、强度、刚度、延展性、韧性、塑性等	√
2.1.2.3 低、中、高碳钢的定义、用途与特点(如拉伸强度、延展性、硬度等)	√
2.1.2.4 铸铁的性能及用途	√

考试大纲	适用对象 8203
2.1.2.5 合金的定义,以及铝、铜、锌、铅、锡、锑的用途	√
2.1.2.6 黄铜、青铜和白合金的金属成分及用途	√
2.1.3 非金属材料	
2.1.3.1 玻璃纤维、云母等材料在聚合体中的使用	√
2.1.3.2 聚合体的特性和局限性	√
2.1.3.3 普遍使用的聚合体和其他非金属材料	√
2.1.3.4 聚合体和其他非金属材料在船上的应用	√
2.2 船舶设备装配和修理材料处理的特性与局限	
2.2.1 材料处理	
2.2.1.1 热处理的目的	√
2.2.1.2 典型的热处理过程(如退火、正火、淬火、回火)及适用的钢材类型	√
2.2.2 碳钢热处理	
2.2.2.1 低碳钢需要进行表面硬化的原因,掌握常用方法	√
2.2.2.2 普通碳钢适用的热处理过程	√
2.2.2.3 高碳钢的回火处理过程	√
2.3 船舶系统及组件装配和修理时应考虑的材料特性与参数	
2.3.1 材料载荷	
2.3.1.1 应力、应变的定义	√
2.3.1.2 拉伸、压缩与剪切三种载荷类型及应力、应变计算方法	√
2.3.1.3 受到拉伸负载的弹性材料的弹性极限、屈服点、极限强度和断裂强度	√
2.3.1.4 胡克定律及其应用	√
2.3.2 振动	
2.3.2.1 振动的起因、危害及分类	√
2.3.2.2 船上振动的主要来源及消除方法	√
2.3.2.3 共振、临界转速的概念、造成的影响及应对措施	√
2.3.2.4 减小振动的一般方法	√

考试大纲	适用对象
	8203
2.4 船舶机械和设备的维护与修理	
2.4.1 轴系:推力块、尾轴管、轴系轴承、轴封装置的检查与测量方法	√
2.4.2 燃油和润滑系统:滤器、分油机、轴承、沉淀柜、油位表的日常维护与保养方法	√
3 船舶设备建造设计特点及材料选用	
3.1 船用材料的选用	
3.1.1 柴油机:曲轴、气缸套、气缸盖、活塞、排气阀、轴承	√
3.1.2 轴系:螺旋桨轴、尾轴管轴承、螺旋桨	√
3.1.3 分油机:转轴、比重环、分离筒	√
3.1.4 高压/高温阀:阀体、阀芯、阀座	√
3.2 轴承设计特点	
3.2.1 滑动轴承的结构特点与润滑方式	√
3.2.2 常用轴承材料的特性,包括白合金、铜合金、青铜、锡青铜、炮铜和铝合金等	√
3.2.3 滚珠和滚柱轴承的特点与润滑方式	√

主推进动力装置(未满 750 kW 船舶大管轮)

8205:未满 750 kW 船舶大管轮

考试大纲	适用对象
	8205
1 船用柴油机及辅助设备的设计参数和工作机理	
1.1 柴油机的主要部件	
1.1.1 柴油机的固定件	
1.1.1.1 气缸盖	√
1.1.1.2 气缸套	√
1.1.1.3 机体	√
1.1.1.4 机座	√
1.1.1.5 主轴承	√
1.1.1.6 其他(缸盖螺栓、地脚螺栓等)	√
1.1.2 柴油机的运动件	
1.1.2.1 活塞	√
1.1.2.2 活塞销	√
1.1.2.3 连杆	√
1.1.2.4 连杆螺栓	√
1.1.2.5 曲轴	√
1.1.2.6 其他	√
1.2 燃油的喷射与燃烧	
1.2.1 可燃气体的形成	
1.2.1.1 可燃混合气的形成方法及其影响因素	√
1.2.1.2 各种不同类型的燃烧室形式、特点	√
1.2.1.3 提高混合气形成的管理措施	√
1.2.2 柴油机的燃烧过程	
1.2.2.1 燃烧过程着火条件和燃烧过程的四个阶段	√
1.2.2.2 燃烧过程的影响因素及控制措施	√

考试大纲	适用对象
	8205
1.2.3 燃油喷射过程	
1.2.3.1 喷射过程各阶段的特点及影响因素	√
1.2.3.2 异常喷射的原因及处理	√
1.2.3.3 燃油喷射质量及影响因素	√
1.2.4 喷油设备	
1.2.4.1 喷油设备的组成和要求	√
1.2.4.2 回油孔式喷油泵的结构和工作原理	√
1.2.4.3 出油阀的作用及卸载方式	√
1.2.4.4 回油孔式喷油泵的检查调整	√
1.2.4.5 喷油器的结构和工作原理	√
1.2.4.6 喷油器的检查调整	√
1.2.4.7 喷油设备的主要故障	√
1.2.4.8 喷油设备的管理	√
1.2.4.9 精密偶件的失效形式	√
1.2.4.10 精密偶件的修理方法	√
1.3 柴油机的换气与增压	
1.3.1 柴油机的换气过程	
1.3.1.1 四冲程柴油机的换气过程	√
1.3.1.2 气阀机构的结构形式、功用和工作条件	√
1.3.1.3 气阀传动机构的原理、结构形式及功用	√
1.3.1.4 凸轮轴及其传动机构	√
1.3.1.5 换气机构的故障和管理	√
1.3.2 柴油机的增压过程	
1.3.2.1 柴油机废气能量分析及在涡轮增压器中的利用情况	√
1.3.2.2 废气涡轮增压器的工作原理	√
1.3.2.3 轴流式废气涡轮增压器的结构特点	√
1.3.2.4 增压系统的故障	√
1.3.2.5 增压系统的维护管理	√

考试大纲	适用对象
	8205
2 柴油机各系统的组成和工作机理	
2.1 燃油系统的组成和工作机理	
2.1.1 燃油系统的组成	√
2.1.2 燃油的驳运和净化	√
2.1.3 燃油的供给	√
2.2 滑油系统的组成和工作机理	
2.2.1 润滑系统的组成、主要设备和作用	√
2.2.2 润滑和润滑油:滑油的性能指标,滑油添加剂及其作用,滑油的质量等级	√
2.2.3 气缸润滑的工作条件和润滑方式	√
2.2.4 增压器的润滑方式	√
2.2.5 筒形柴油机对曲轴箱油的要求	√
2.3 冷却水系统的组成和工作机理	
2.3.1 冷却系统的组成和类型、冷却系统的主要设备和作用	√
2.3.2 冷却系统的维护管理	√
2.3.3 冷却水的处理	√
3 推进装置和辅助机械的运行、监控、性能评估和安全维护方面的实用知识	
3.1 柴油机的运行管理和应急处理	
3.1.1 柴油机的备车操作(包含备车、启动与机动操纵)	√
3.1.2 柴油机的运行管理	
3.1.2.1 检查项目	√
3.1.2.2 检查方法	√
3.1.2.3 调整措施	√
3.1.3 柴油机完车操作	√
3.1.4 柴油机运行的应急处理	
3.1.4.1 封缸运行	√
3.1.4.2 停增压器运转	√
3.1.4.3 拉缸的原因及处理	√

考试大纲	适用对象
	8205
3.1.4.4 敲缸的原因及处理	√
3.1.4.5 曲轴箱爆炸的原因及处理	√
3.2 柴油机的调速	
3.2.1 调速器的性能指标	√
3.2.2 机械式调速器、液压调速器的原理特点,电子调速器	√
3.2.3 调速器的维护管理	
3.2.3.1 调速器的日常维护	√
3.2.3.2 调速器的常见故障与排除	√
3.3 柴油机的启动和换向原理	
3.3.1 柴油机的启动	
3.3.1.1 柴油机的启动方式	√
3.3.1.2 压缩空气启动装置的组成、工作原理和启动条件	√
3.3.1.3 压缩空气启动装置的主要设备	√
3.3.1.4 柴油机的启动故障及处理	√
3.3.2 柴油机的换向	
3.3.2.1 换向装置的基本原理	√
3.3.2.2 换向方法	√
3.3.2.3 换向要求	√
3.3.2.4 换向装置的故障及处理	√
3.4 柴油机的安全保护	
3.4.1 故障停机保护	√
3.4.2 故障减速保护	√
3.4.3 其他状态与报警指示	√
4 零件的摩擦、磨损腐蚀及疲劳破坏	
4.1 零件的摩擦与磨损	
4.1.1 摩擦	
4.1.1.1 摩擦表面形貌及其表示方法、零件金属表面层的结构	√
4.1.1.2 摩擦的种类及机理	√

考试大纲	适用对象
	8205
4.1.2 磨损	
4.1.2.1 磨损指标、磨损规律及磨合	√
4.1.2.2 磨损的种类及机理	√
4.2 零件的腐蚀	
4.2.1 化学腐蚀及其防护	
4.2.1.1 化学腐蚀的特点、分类及机理	√
4.2.1.2 柴油机零件的化学腐蚀	√
4.2.1.3 防止化学腐蚀的措施	√
4.2.2 电化学腐蚀及其防护	
4.2.2.1 电化学腐蚀原理和腐蚀电池的种类	√
4.2.2.2 船上常见的电化学腐蚀	√
4.2.2.3 防止电化学腐蚀的措施	√
4.2.3 穴蚀	
4.2.3.1 穴蚀的定义、特征及机理	√
4.2.3.2 气缸套穴蚀的机理及防止气缸套穴蚀破坏的措施	√
4.2.3.3 燃油系统零件的穴蚀	√
4.2.3.4 轴瓦和螺旋桨的穴蚀等	√
4.3 零件的疲劳破坏	
4.3.1 疲劳破坏的特征、种类以及机械疲劳机理	√
4.3.2 影响疲劳破坏的因素	√
4.3.3 高温疲劳	√
4.3.4 热疲劳	√

主推进动力装置(未满750 kW 船舶二/三管轮)

8206：未满750 kW 船舶二/三管轮

考试大纲	适用对象
	8206
1 机械系统的基本结构和工作原理	
1.1 机构与机械传动：平面连杆机构、凸轮机构、摩擦轮传动、带传动、链传动、齿轮传动、蜗轮蜗杆传动、液力传动	
1.1.1 平面连杆机构	
1.1.1.1 平面四杆机构的基本形式、运动特点及在轮机和典型机械中的应用	√
1.1.1.2 其他型式的平面四杆机构的形式和应用	√
1.1.2 凸轮机构	
1.1.2.1 凸轮机构的组成及应用	√
1.1.2.2 凸轮和从动件的类型及凸轮机构的特点	√
1.1.3 摩擦轮传动	
1.1.3.1 摩擦轮传动的工作原理、类型及特点	√
1.1.3.2 摩擦轮传动中的滑动	√
1.1.3.3 摩擦轮传动的传动比和压紧力	√
1.1.3.4 摩擦轮传动的传动效率及其影响因素	√
1.1.4 带传动	
1.1.4.1 带传动的工作原理和特点、传动带的类型、三角带与平型带传动的比较	√
1.1.4.2 带传动的弹性滑动、打滑、传动比	√
1.1.4.3 带传动失效形式的分析、影响带传动能力的因素的分析	√
1.1.5 链传动	
1.1.5.1 链传动的工作原理及特点及基本组成	√
1.1.5.2 链传动的运动特性：平均传动比和运动的不均匀性	√
1.1.6 齿轮传动	

考试大纲	适用对象
	8206
1.1.6.1 齿轮传动的类型和特点	√
1.1.6.2 齿轮传动的失效形式	√
1.1.7 蜗轮蜗杆传动	
1.1.7.1 蜗轮蜗杆传动的组成及特点	√
1.1.7.2 蜗轮蜗杆传动的传动比和中心距	√
1.1.7.3 蜗轮蜗杆传动的失效形式	√
1.1.8 液力传动	
1.1.8.1 液力传动的定义和基本原理	√
1.1.8.2 液力传动的基本类型、液力变矩器和液力耦合器的工作特点	√
1.1.8.3 液力传动的特点及主要用途	√
1.2 零件的摩擦、磨损、腐蚀以及疲劳破坏	
1.2.1 船机零件的摩擦与磨损	
1.2.1.1 摩擦表面形貌及其表示方法、零件金属表面层的结构	√
1.2.1.2 摩擦的种类及机理	√
1.2.1.3 磨损指标、磨损规律及磨合	√
1.2.1.4 磨损的种类及机理	√
1.2.2 船机零件的腐蚀及其防护	
1.2.2.1 化学腐蚀的特点、分类及机理	√
1.2.2.2 柴油机零件的化学腐蚀	√
1.2.2.3 防止化学腐蚀的措施	√
1.2.2.4 电化学腐蚀原理和腐蚀电池的种类	√
1.2.2.5 船上常见的电化学腐蚀	√
1.2.2.6 防止电化学腐蚀的措施	√
1.2.2.7 穴蚀的定义、特征及机理	√
1.2.2.8 气缸套穴蚀的机理及防止气缸套穴蚀破坏的措施	√
1.2.2.9 燃油系统零件的穴蚀	√
1.2.2.10 轴瓦和螺旋桨的穴蚀等	√
1.2.3 船机零件的疲劳破坏	

考试大纲	适用对象
	8206
1.2.3.1 疲劳破坏的特征、种类以及机械疲劳机理	√
1.2.3.2 影响疲劳破坏的因素	√
1.3 柴油机的基本知识	
1.3.1 柴油机类型	√
1.3.2 柴油机工作原理	√
1.4 柴油机的基本结构	
1.4.1 柴油机的结构特点	
1.4.1.1 现代船用柴油机的结构特点	√
1.4.1.2 筒形柴油机的结构	√
1.4.2 燃烧室部件	
1.4.2.1 燃烧室部件的组成	√
1.4.2.2 燃烧室部件的结构特点（薄壁强背、钻孔冷却的特点）	√
1.4.3 活塞的组成和结构特点	
1.4.3.1 活塞的作用和工作条件	√
1.4.3.2 筒形活塞的组成和结构特点	√
1.4.3.3 活塞环的工作状况及其检查方法	√
1.4.3.4 活塞环的磨损检测（搭口间隙和平面间隙）方法（活塞环的拆装与检查，活塞环天地间隙、搭口间隙，活塞环厚度及环槽的测量）	√
1.4.3.5 活塞环折断的原因	√
1.4.3.6 活塞环黏着的危害、发生黏着的原因、判断活塞环黏着的方法	√
1.4.3.7 活塞环弹力的检查方法	√
1.4.3.8 轮机员配换活塞环的工艺，检查和修配新环，安装新环的工艺要求	√
1.4.3.9 活塞环的验收	√
1.4.3.10 活塞销的磨损测量和裂纹检查，活塞销的修理	√
1.4.4 气缸盖的组成和结构特点	√
1.4.5 连杆的组成和结构特点	√

考试大纲	适用对象 8206
1.4.6 曲轴和主轴承的组成和结构特点	√
1.4.7 柴油机固定部件的结构及特点	
1.4.7.1 气缸套	√
1.4.7.2 机体	√
1.4.7.3 机座	√
1.4.8 气缸的组成和结构特点:四冲程柴油机气缸结构	√
2 其他辅助设备	
2.1 燃油处理及分油机	
2.1.1 燃油的性能指标	√
2.1.2 燃油的分类	√
2.1.3 喷油泵的结构和工作原理	√
2.1.4 喷油器的结构和工作原理	√
2.1.5 喷油器的检查调整	√
2.1.6 喷油设备的主要故障及管理	√
2.1.7 燃油处理的基本方法	√
2.1.8 分油机的结构、工作原理及主要参数	√
2.1.9 分油机的操作	√
2.2 船舶动力系统	
2.2.1 润滑系统的维护管理	√
2.2.2 燃油系统的维护管理	
2.2.2.1 燃油系统的组成	√
2.2.2.2 燃油的驳运	√
2.2.2.3 燃油的供给	√
2.2.3 冷却水系统的维护管理	√
3 推进装置及控制系统的安全操作与应急程序	
3.1 柴油机的备车、启动和机动操纵	
3.1.1 备车	√
3.1.2 启动	

考试大纲	适用对象
	8206
3.1.2.1 柴油机的启动方式	√
3.1.2.2 压缩空气启动装置的组成、工作原理和启动条件	√
3.1.2.3 压缩空气启动装置的主要设备	√
3.1.2.4 柴油机的启动故障及处理	√
3.1.3 机动操纵	
3.2 柴油机运转中的管理:检查项目和方法及调整措施	√
3.3 柴油机的停车和完车	√
4 机械设备及控制系统的准备、运行、故障检测及机损预防措施	
4.1 径流式废气涡轮增压器的工作原理和结构特点	√
4.2 船舶主机和发电柴油机的调速	
4.2.1 柴油机的调速	√
4.2.2 机械调速器的工作原理	√
4.2.3 液压调速器的工作原理	
4.2.3.1 液压调速器的工作原理	√
4.2.3.2 表盘式液压调速器的结构特点	√
4.2.4 电子调速器	√
5 金属材料的机械性能	
5.1 金属材料工艺及其性能(冷加工工艺、铸造工艺、锻造工艺、焊接工艺)	√
5.2 热处理工艺及其应用(退火、正火、淬火、回火)	√
5.3 船舶常用钢:碳钢、合金钢,船体用钢的分类、牌号、性能和应用	√

船舶辅机(750 kW 及以上船舶大管轮)

8301:3000 kW 及以上船舶大管轮

8302:750~3000 kW 船舶大管轮

考试大纲	适用对象	
	8301	8302
1 操作的计划和安排		
1.1 热力学和传热学		
1.1.1 气体循环/发动机分析相关的知识:等压和等容的气体标准循环、往复式内燃机性能参数(示功图、功率、平均有效压力、热效率、燃油消耗、机械效率、能量平衡)		
1.1.1.1 等压和等容气体标准循环及热效率	√	√
1.1.1.2 示功图的种类和用途		
1.1.1.3 往复式内燃机性能参数:有效功率和指示功率、平均有效压力、机械效率和热效率	√	√
1.1.1.4 往复式内燃机性能参数:燃油消耗和能量平衡	√	√
1.1.2 制冷相关的知识:蒸汽压缩循环、制冷剂的特性和危害、制冷剂表、p-h 图上的循环、性能系数、制冷剂的质量流量、载冷剂		
1.1.2.1 制冷相关的知识:制冷剂的特性和危害、制冷剂表、制冷剂的质量流量、载冷剂	√	√
1.1.2.2 蒸气压缩制冷循环	√	√
1.1.2.3 回热循环及蒸发式过冷循环	√	√
1.1.2.4 制冷剂 p-h 图的特征及应用	√	√
1.1.2.5 影响制冷系数的主要因素和提高制冷系数的途径	√	√
1.1.3 空调相关的知识:舒适条件、焓湿图、湿球和干球温度、湿度、露点、除湿和加湿过程、空调系统		
1.1.3.1 对船舶空调的要求	√	√
1.1.3.2 船舶空调系统的主要类型(完全集中式、区域再热式、末端电加热式单风管系统和双风管系统)及特点	√	√

考试大纲	适用对象	
	8301	8302
1.1.3.3 湿球和干球温度	√	√
1.1.3.4 湿度和含湿量	√	√
1.1.3.5 露点	√	√
1.1.3.6 焓湿图	√	√
1.1.3.7 除湿和加湿过程	√	√
1.1.3.8 湿空气的综合知识	√	√
1.2 制冷装置和制冷循环		
1.2.1 船上常用的制冷剂,制冷剂的性能参数、使用的经济性、处理、对健康的危害和对环境的影响等	√	√
1.2.2 传统制冷剂对环境的影响和如何消除这些影响	√	√
1.2.3 从制冷系统回收制冷剂的正确程序	√	√
1.2.4 所有部件的作用及操作,包括制冷及空调系统的安全设备和装置		
1.2.4.1 制冷压缩机综合知识	√	√
1.2.4.2 活塞式制冷压缩机	√	√
1.2.4.3 螺杆式制冷压缩机	√	√
1.2.4.4 蒸发器的原理、结构和功用	√	√
1.2.4.5 滑油分离器的原理、结构和功用	√	√
1.2.4.6 储液器的原理、结构和功用	√	√
1.2.4.7 气液分离器的原理、结构和功用	√	√
1.2.4.8 干燥器的原理、结构和功用	√	√
1.2.4.9 视液镜的原理、结构和功用	√	√
1.2.4.10 热力膨胀阀、电子膨胀阀的原理、结构、功用和调试	√	√
1.2.4.11 电磁阀的原理、结构、功用和调试	√	√
1.2.4.12 温度控制器的原理、结构、功用和调试	√	√
1.2.4.13 油压差控制器的原理、结构、功用和调试	√	√

考试大纲	适用对象	
	8301	8302
1.2.4.14 直动式蒸发压力调节阀、直动式水量调节阀的原理、结构、功用和调试	√	√
1.2.4.15 冷凝器的原理、结构和功用	√	√
1.2.4.16 高低压控制器	√	√
1.2.4.17 制冷元件综合知识	√	√
1.2.4.18 中央空调器	√	√
1.2.4.19 直布式布风器	√	√
1.2.4.20 冷库相关知识	√	√
1.2.4.21 制冷装置的性能试验	√	√
1.2.5 制冷和空调系统中常见故障的症状、影响以及补救措施		
1.2.5.1 制冷压缩机启停频繁	√	√
1.2.5.2 制冷压缩机排气异常	√	√
1.2.5.3 制冷压缩机吸气压力异常	√	√
1.2.5.4 冰塞、奔油	√	√
1.2.5.5 其他故障	√	√
1.2.5.6 制冷装置常见故障处理	√	√
1.2.5.7 空调装置的使用管理和常见故障分析与处理	√	√
1.2.5.8 制冷系统常见故障（冷凝器方面和蒸发器方面）	√	√
1.2.6 装卸货时的预防措施——通过AHU空调系统空气再循环	√	√
1.2.7 抽真空、检漏、制冷剂充注和换油的目的和程序		
1.2.7.1 制冷装置的气密试验	√	√
1.2.7.2 冷冻机油的添加与更换	√	√
1.2.7.3 制冷剂的充注、检漏	√	√
1.2.8 保存制冷剂消费的记录	√	√
2 主推进装置和辅助机械的操纵、监控、性能评估及安全维护		
2.1 启动和关闭辅助机械,包括相关的系统		

考试大纲	适用对象	
	8301	8302
2.1.1 根据船舶的类型,了解其他辅助机械和相关系统在启动之前的总体状况	√	√
2.1.2 用于船舶推进的辅助机械和其他备用系统和安全系统之间的差异	√	√
2.1.3 启动和停止用于船舶推进的辅助机械的标准程序	√	√
3 对辅助机械的有效运行、监控、性能评估和安全维护		
3.1 空气压缩机和压缩空气系统		
3.1.1 空气压缩机、压缩空气系统(包括附件和安全装置等所有组件)的功能和操作		
3.1.1.1 活塞式空气压缩机典型结构和主要部件(气阀、安全阀、气液分离器)	√	√
3.1.1.2 活塞式空气压缩机的润滑和冷却	√	√
3.1.1.3 活塞式空气压缩机自动控制的特点	√	√
3.1.1.4 活塞式空气压缩机的维护与运行管理	√	√
3.1.2 单级和多级空气压缩机常见运行故障的影响,包括气阀泄漏、活塞环漏气、过滤器堵塞、冷却器堵塞	√	√
3.1.3 在压缩空气中含高浓度的油或水的原因和影响	√	√
3.1.4 在空气压缩机中使用合成润滑油或矿物润滑油对其工作的影响	√	√
3.1.5 检查和维护空气瓶及其附件的程序	√	√
3.2 液压控制设备的特点		
3.2.1 系统组成及液压系统		
3.2.1.1 结合具体设备考核方向控制阀的分类、功用、工作原理和图形符号	√	√
3.2.1.2 结合具体设备考核压力控制阀的分类、功用、工作原理和图形符号	√	√
3.2.1.3 结合具体设备考核流量控制阀和比例控制阀的分类、功用、工作原理和图形符号	√	√

考试大纲	适用对象	
	8301	8302
3.2.1.4 结合具体设备考核常用液压控制阀的性能及比较	√	√
3.2.1.5 阀控型舵机液压系统的组成、工作原理、特点及远程控制系统	√	√
3.2.1.6 泵控型舵机液压系统的基本知识	√	√
3.2.1.7 泵控型舵机浮动杆控制机构的结构、工作原理和特点	√	√
3.2.1.8 甲板机械阀控型开式液压系统的结构和特点	√	√
3.2.1.9 甲板机械阀控型开式液压系统主要控制阀的结构特点	√	√
3.2.1.10 甲板机械阀控型闭式液压系统的基本组成和工作原理	√	√
3.2.1.11 甲板机械泵控型闭式(半闭式)液压系统的基本组成和工作原理	√	√
3.2.2 液压系统的安装与维护		
3.2.2.1 液压油污染的原因	√	√
3.2.2.2 液压油污染的危害	√	√
3.2.2.3 液压油的污染度标准、污染控制	√	√
3.2.2.4 液压油温度要求及对工作的影响	√	√
3.2.2.5 液压油温度过高的原因及危害	√	√
3.2.2.6 液压机械液压油泄漏的管理	√	√
3.2.2.7 液压油的管理和更换	√	√
3.2.2.8 液压机械液压油其他方面的管理	√	√
3.3 液压动力系统		
3.3.1 舵机、液压泵站液压动力系统(包括附件和安全装置等所有组件)的功能和操作		
3.3.1.1 液压泵的功用和图形符号	√	√
3.3.1.2 单、双作用叶片泵的结构、工作原理和特点	√	√
3.3.1.3 轴向柱塞泵的结构、工作原理和特点	√	√

考试大纲	适用对象	
	8301	8302
3.3.1.4 液压泵的使用管理	√	√
3.3.1.5 液压马达的性能参数：转速、扭矩和功率	√	√
3.3.1.6 液压马达的功用和图形符号	√	√
3.3.1.7 叶片式马达的结构、工作原理和特点	√	√
3.3.1.8 连杆式马达的结构、工作原理和特点	√	√
3.3.1.9 内曲线式马达的结构、工作原理和特点	√	√
3.3.1.10 液压马达的使用管理	√	√
3.3.1.11 滤油器的性能参数、主要类型、选择及使用管理	√	√
3.3.1.12 油箱的功能和应满足的要求	√	√
3.3.1.13 蓄能器的功能和使用管理	√	√
3.3.1.14 O形密封圈的使用与保管	√	√
3.3.1.15 舵机的启用和充油	√	√
3.3.1.16 舵机的调试和试验	√	√
3.3.1.17 舵机的日常管理	√	√
3.3.1.18 自动绞缆机液压系统的基本组成和工作原理	√	√
3.3.1.19 锚机液压系统的基本组成和工作原理	√	√
3.3.1.20 转舵机构的主要类型（十字头式、拨叉式、转叶式）和特点	√	√
3.3.1.21 液压起货机回转机构液压系统	√	√
3.3.1.22 液压甲板机械的安全保护装置	√	√
3.3.1.23 起货机的基本知识和对起货机的要求	√	√
3.3.1.24 液压甲板机械的功率限制方法	√	√
3.3.1.25 起货机功能元件分析	√	√
3.3.1.26 其他液压动力系统的功能和操作（如调距桨、侧推器）		
3.3.2 舵机、液压泵站液压动力系统常见故障的症状、影响及补救措施		
3.3.2.1 滞舵	√	√

考试大纲	适用对象	
	8301	8302
3.3.2.2 跑舵	√	√
3.3.2.3 冲舵	√	√
3.3.2.4 舵机的其他故障	√	√
3.3.2.5 舵机常见故障的处理	√	√
3.3.2.6 舵系的试验和检验	√	√
3.3.2.7 舵系的检修	√	√
3.3.2.8 液压起货机常见故障的症状、影响及补救措施	√	√
3.3.2.9 其他液压动力系统常见故障的症状、影响及补救措施(如调距桨、侧推器)	√	√
3.3.2.10 舵机舵不转方面的故障	√	√
3.3.3 作用在舵上的力、舵杆上的扭矩等概念和计算方法		
3.3.3.1 作用在舵上的力、舵杆上的扭矩的概念	√	√
3.3.3.2 作用在舵上的力、舵杆上的扭矩的计算方法	√	√
3.4 辅汽轮机(如适用)		
3.4.1 在海上使用的辅汽轮机的类型、用途及构造	√	√
3.4.2 辅汽轮机的典型运转工况,包括温度和压力	√	√
3.4.3 用于辅汽轮机及辅助设备的材料	√	√
3.4.4 辅汽轮机典型的运行故障及相关的症状、影响和可能的补救措施	√	√
3.4.5 辅汽轮机的暖机和关机过程	√	√
3.4.6 辅汽轮机装置的最佳维护保养方案	√	√
3.5 锅炉的故障		
3.5.1 在锅炉内燃气侧和水侧可能出现的缺陷及其位置、类型和影响	√	√
3.5.2 锅炉缺陷的常用纠正措施及这种修复的局限性	√	√
3.5.3 锅炉及蒸汽系统部件泄漏的检测程序及可采取的补救措施	√	√
3.6 废气锅炉烟灰沉积与着火的原因、后果、预防、探测、扑灭		

考试大纲	适用对象	
	8301	8302
3.6.1 废气锅炉烟灰沉积与着火的原因、后果	√	√
3.6.2 废气锅炉烟灰沉积与着火的预防、探测、扑灭	√	√
3.7 锅炉的检验与维修		
3.7.1 检查辅助锅炉和辅助蒸汽系统其他部件的必要性	√	√
3.7.2 辅助锅炉和辅助蒸汽系统其他部件的检验要求	√	√
3.7.3 在检查或紧急情况时关闭、隔离和开启辅助锅炉的程序	√	√
3.8 汽轮机的检验与维修(如适用)	√	√
3.8.1 检查汽轮机和辅助蒸汽系统其他部件的必要性		
3.8.2 汽轮机和辅助蒸汽系统其他部件的检验要求		
3.9 造水机		
3.9.1 船上所用造水机的操作、性能、故障及应用		
3.9.1.1 船舶对淡水水量和含盐量的要求	√	√
3.9.1.2 真空沸腾式海水淡化装置的工作原理	√	√
3.9.1.3 反渗透海水淡化装置的工作原理	√	√
3.9.1.4 盐度计的检测原理和调试方法	√	√
3.9.1.5 海水淡化装置真空度对工况的影响及控制	√	√
3.9.1.6 影响海水淡化装置加热器结垢的因素	√	√
3.9.1.7 影响海水淡化装置产水量的因素及处理	√	√
3.9.1.8 影响海水淡化装置产水含盐量的因素及处理	√	√
3.9.1.9 海水淡化装置的启用、停用、运行管理和维护保养	√	√
3.9.2 对造水机蒸发器水处理的必要性,造水机水处理的方法	√	√
3.10 热流体加热系统		
3.10.1 典型的热流体加热系统及其优缺点	√	√
3.10.2 热流体加热系统中的所有组件及安全装置的位置和功能	√	√

考试大纲	适用对象	
	8301	8302
3.10.3 所使用的热流体的特性、污染的影响及测试流体的方法	√	√
3.10.4 热流体加热装置与传统的蒸汽加热装置的异同	√	√
4 辅助机械自动控制装置的结构和功能		
4.1 制冷与空调系统的自动控制原理和功能		
4.1.1 在排气管高压情况下自动停机和报警	√	√
4.1.2 在滑油低压时自动停机和报警	√	√
4.1.3 肉库和鱼库蒸发器自动定时融霜	√	√
4.1.4 船上制冷压缩机的容量控制	√	√
4.1.5 住舱空调加热系统的蒸汽喷雾自动控制	√	√
4.1.6 制冷系统的自动控制系统组成及功能	√	√
4.1.7 制冷系统的自动控制系统工作模式和主要参数	√	√
4.2 泵和管路系统的自动控制的原理和功能		
4.2.1 备用泵的自动启动的原理、功能和报警	√	√
4.2.2 压力泵的自动启动/停止的原理、功能和报警	√	√
4.2.3 船舶抗横倾系统的自动控制的原理、功能和报警	√	√
4.2.4 给水泵对锅炉水位的自动控制的原理、功能和报警	√	√
5 泵和管系操作维护(舱底水和压载水系统的操作和维护)		
5.1 泵、喷射器和包括船侧阀门的抽水系统的使用程序,影响性能的问题的判断方法,常见故障识别和评估办法	√	√
5.2 用于压载舱或货泵布置的自吸系统的操作	√	√
5.3 使用舱底水喷射泵的目的和程序	√	√
5.4 在海水系统和受影响最大的区域发生腐蚀的主要原因	√	√
5.5 用于泵和管系的腐蚀和海洋生物防治系统,包括:外加电流、牺牲阳极、化学喷射、特种涂料、氯化和采用特殊材料	√	√

船舶辅机(750 kW 及以上船舶二/三管轮)

8303:750 kW 及以上船舶二/三管轮

考试大纲	适用对象
	8303
1 船用锅炉基本结构及工作原理	
1.1 蒸汽锅炉的燃油雾化及燃烧	
1.1.1 锅炉的燃烧过程及特点	√
1.1.2 锅炉的燃烧产物	√
1.1.3 保证燃烧质量的主要条件	
1.1.3.1 风的影响	√
1.1.3.2 油的影响	√
1.1.4 燃油雾化的常用方式,提高燃空比的方法	√
1.1.5 燃烧设备的主要构成及特点	
1.1.5.1 喷油器的结构和特点	√
1.1.5.2 配风器的结构和特点	√
1.1.5.3 电点火器及火焰感受器的结构和特点	√
1.1.6 燃油系统的组成	
1.1.6.1 燃油系统的组成	√
1.1.6.2 燃油系统图的运用	√
1.1.7 燃烧设备、燃油系统的操作与管理方法	√
1.1.8 不良燃烧的特点及处理方法	
1.1.8.1 燃烧方面的主要故障	√
1.1.8.2 燃烧方面主要故障的处理	√
1.2 船用锅炉基础	
1.2.1 辅锅炉的蒸汽系统图	√
1.2.2 辅锅炉的典型蒸汽压力及蒸汽压力调节方法	√
1.2.3 辅锅炉的类型及其主要区别	
1.2.3.1 燃油锅炉的主要结构类型和特点	√

考试大纲	适用对象
	8303
1.2.3.2 废气锅炉的主要结构类型和特点	√
1.2.3.3 热油锅炉的结构和特点	√
1.2.4 热油加热系统	
1.2.4.1 热油加热系统的作用	√
1.2.4.2 热油加热系统与蒸汽加热系统的区别	√
1.2.4.3 热油加热系统的部件及其功能,附件及安全保护设备	√
1.2.4.4 热油加热系统的操作与安全预防措施	√
1.3 船用锅炉结构	
1.3.1 火管锅炉的材料及构造	√
1.3.2 压力容器的结构特点	√
1.3.3 燃油锅炉和废气锅炉之间的关系	√
1.3.4 锅炉点火控制和补给水控制机理	
1.3.4.1 锅炉点火控制机理	√
1.3.4.2 锅炉补给水控制机理	√
1.3.5 组合锅炉的构造、操作和控制原理	√
1.4 船用锅炉附件及蒸汽分配	
1.4.1 锅炉附件及其位置和作用	
1.4.1.1 水位计的结构、位置和作用	√
1.4.1.2 安全阀的结构、位置和作用	√
1.4.2 典型锅炉附件的操作与管理方法,如安全阀、水位计等	
1.4.2.1 水位计的维护管理	√
1.4.2.2 安全阀的调节和试验	√
1.4.3 锅炉的蒸汽供应系统及各部件	√
2 泵的基本结构及工作原理	
2.1 泵的工作原理	
2.1.1 泵的功能	√
2.1.2 泵送工质的压头损失	√
2.1.3 泵送工质的黏度设计范围	√

考试大纲	适用对象
	8303
2.2 泵的类型	
2.2.1 船用泵的常见类型及使用目的	√
2.2.2 容积式泵的类型、工作原理和结构特点	
2.2.2.1 往复泵的工作原理	√
2.2.2.2 往复泵的正常吸排条件	√
2.2.2.3 往复泵的结构	√
2.2.2.4 往复泵性能特点	√
2.2.2.5 齿轮泵的结构和工作原理	√
2.2.2.6 各种齿轮泵的性能特点	√
2.2.2.7 齿轮泵的受力分析	√
2.2.2.8 螺杆泵的结构和工作原理	√
2.2.2.9 螺杆泵的受力分析	√
2.2.2.10 螺杆泵的性能特点	√
2.2.3 旋涡泵的类型、工作原理和结构特点	
2.2.3.1 闭式和开式旋涡泵的工作原理	√
2.2.3.2 闭式和开式旋涡泵的结构特点	√
2.2.4 离心泵的类型、工作原理和结构特点	
2.2.4.1 离心泵的工作原理	√
2.2.4.2 离心泵的一般结构	√
2.2.4.3 离心泵的轴向力平衡	√
2.2.5 离心泵的工作特性	
2.2.5.1 离心泵的性能	√
2.2.5.2 离心泵汽蚀	√
2.2.5.3 离心泵工况调节	√
2.2.5.4 离心泵串、并联工作	√
2.2.5.5 离心泵在货油系统中的应用	√
2.2.6 喷射泵的结构和工作原理	
2.2.6.1 水喷射泵的结构和工作原理	√

考试大纲	适用对象 8303
2.2.6.2 其他船用喷射器的特点	√
2.2.7 单作用、双作用、立式泵、卧式泵、单吸口叶轮、双吸口叶轮的概念	
2.2.7.1 泵的作用数,单作用、双作用的概念	√
2.2.7.2 立式泵、卧式泵的概念	√
2.2.7.3 单吸口叶轮、双吸口叶轮的概念	√
2.2.8 引水的作用和引水系统	√
3 制冷系统的基本结构及工作原理	
3.1 船舶制冷循环	
3.1.1 制冷循环与热机循环的区别	√
3.1.2 制冷剂的作用及船舶常用的制冷剂	√
3.1.3 制冷循环的四大部件及各部件的作用	
3.1.3.1 制冷压缩机的作用和四大部件组成	√
3.1.3.2 冷凝器的作用	√
3.1.3.3 膨胀阀的作用	√
3.1.3.4 蒸发器的作用	√
3.1.4 制冷装置的性能指标	√
3.2 制冷工作原理	
3.2.1 制冷、空气调节和通风之间的区别	√
3.2.2 蒸汽压缩循环(即逆向朗肯循环)	√
3.2.3 船舶制冷系统的主要组件及系统流程图	√
3.2.4 对制冷剂的要求	√
3.2.5 常用的一级制冷剂和二级制冷剂	√
3.3 制冷压缩机	
3.3.1 常用的制冷压缩机类型及其应用	√
3.3.2 往复式制冷压缩机的机构和工作原理	√
3.4 制冷系统组件	
3.4.1 膨胀阀的结构、工作原理和图形符号	√
3.4.2 滑油分离器的作用和工作原理	√

考试大纲	适用对象
	8303
3.4.3 贮液器的作用	√
3.4.4 冷凝器和蒸发器的典型结构	√
3.4.5 冷藏室的温度自动调节原理	√
3.5 换热器	
3.5.1 换热器的传热过程	√
3.5.2 换热器的分类、结构、材料和用途	√
3.5.3 冷却器的温度控制方法	√
3.5.4 空气进入冷却水系统的影响及清除空气的方法	√
4 船用海水淡化装置的基本结构及工作原理	
4.1 船舶对淡水水量和含盐量的要求	√
4.2 真空沸腾式海水淡化装置的工作原理、结构和所用材料	√
5 空气压缩机及压缩空气系统的基本结构及工作原理	
5.1 压缩空气在船上的用途	√
5.2 空气压缩机的结构、工作原理和工作参数	
5.2.1 典型结构和主要部件(气阀、安全阀、气液分离器)	√
5.2.2 理论工作循环和实际工作循环	√
5.2.3 容积流量、输气系数和影响输气系数的因素	√
5.2.4 功率和效率	√
5.2.5 多级压缩的意义,级数和级间压力的选定	√
5.3 中间冷却器和后冷却器的作用	√
5.4 船舶压缩空气系统的组成	√
6 舵机的基本结构及工作原理	
6.1 液压基础	
6.1.1 液压控制阀的分类、功用、工作原理和图形符号	
6.1.1.1 方向控制阀的分类、功用、工作原理和图形符号	√
6.1.1.2 压力控制阀的分类、功用、工作原理和图形符号	√
6.1.1.3 流量控制阀和比例控制阀的分类、功用、工作原理和图形符号	√
6.1.2 常用液压控制阀的性能	√

考试大纲	适用对象 8303
6.1.3 液压泵的功用和图形符号	√
6.1.4 叶片泵(单作用、双作用)、轴向柱塞泵、径向柱塞泵的结构、工作原理和特点	
6.1.4.1 单、双作用叶片泵的结构、工作原理和特点	√
6.1.4.2 轴向、径向柱塞泵的结构、工作原理和特点	√
6.1.5 液压马达的性能参数,如转速、扭矩、功率等	√
6.1.6 液压马达的功用和图形符号	√
6.1.7 叶片式、连杆式、内曲线式马达的结构、工作原理和特点	
6.1.7.1 叶片式马达的结构、工作原理和特点	√
6.1.7.2 连杆式马达的结构、工作原理和特点	√
6.1.7.3 内曲线式马达的结构、工作原理和特点	√
6.1.8 液压系统图中使用的主要符号、系统的运行原理及工作方法	√
6.1.9 液压传动的概念,液压传动的优缺点	√
6.1.10 液压传动中系统压力、液压传动额定压力、额定流量的概念	√
6.1.11 液压传动静密封技术、动密封技术	√
6.1.12 常用基本液压回路	√
6.1.13 油箱、蓄能器、滤器等液压附件的结构和作用	√
6.2 舵机工作原理	
6.2.1 舵机的作用及船舶的操舵方法	√
6.2.2 舵机的分类	√
6.2.3 操舵系统的主要部件及其位置	√
6.2.4 油船对舵机的特殊要求	√
6.3 舵机电气控制	
6.3.1 舵机电气控制系统的操作原理	√
6.4 液压动力舵机系统	
6.4.1 转舵机构的主要类型和特点	
6.4.1.1 十字头式转舵机构的主要类型和特点	√
6.4.1.2 拨叉式转舵机构的主要类型和特点	√

考试大纲	适用对象
	8303
6.4.1.3 滚轮式转舵机构	√
6.4.1.4 摆缸式转舵机构	√
6.4.1.5 转叶式转舵机构的主要类型和特点	√
6.4.2 舵机液压系统的分类、组成、工作原理、特点及远程控制系统	
6.4.2.1 阀控型舵机液压系统的组成、工作原理、特点	√
6.4.2.2 泵控型舵机液压系统的组成、工作原理、特点	√
6.4.2.3 舵机遥控系统	√
7 甲板机械的基本结构及工作原理	
7.1 锚机与绞缆机	
7.1.1 锚机、绞缆机的作用、分类和系统组成	
7.1.1.1 锚机的作用、分类及液压系统的基本组成	√
7.1.1.2 绞缆机的作用、分类及液压系统的基本组成	√
7.1.2 锚机、绞缆机的结构和运行原理	
7.1.2.1 锚机的结构和工作原理	√
7.1.2.2 绞缆机的结构和工作原理	√
7.1.3 锚机、绞缆机的速度控制原理	√
7.2 起货机	
7.2.1 起货机的作用、分类和系统组成	√
7.2.2 起货机的结构和运行原理	√
7.2.3 起货机的速度控制原理	√
7.3 救生艇吊	
7.3.1 救生艇吊的结构	√
7.3.2 救生艇吊的运行原理	√
8 机械设备及控制系统的准备、运行、故障检测及防止损坏的必要措施	
8.1 锅炉及相关附件、蒸汽系统	
8.1.1 锅炉的手动、自动点火操作程序	√
8.1.2 锅炉升汽投入运行的方法、应采取的安全措施及标准检查程序	√
8.1.3 安全阀的作用,掌握启阀压力的调整方法	√

考试大纲	适用对象 8303
8.1.4 废气锅炉的使用注意事项	√
8.1.5 保持水位计正常工作的方法及检查水位的操作程序	√
8.1.6 炉水水质化验与处理、上下排污、锅炉吹灰的操作方法	
8.1.6.1 炉水水质化验与处理	√
8.1.6.2 锅炉上下排污、锅炉吹灰的操作方法	√
8.1.7 锅炉的常见故障及处理措施	
8.1.7.1 废气锅炉烟灰积垢与着火的分析	√
8.1.7.2 废气锅炉烟灰积垢与着火的预防	√
8.1.7.3 汽、水系统常见故障分析与处理	√
8.1.8 开启高温蒸汽阀的安全措施及停炉时保持冷炉的方法	√
8.1.9 炉水含油、锅炉爆炸的危险性,掌握其预防措施	√
8.1.10 锅炉排汽温度高于最低值的意义	√
8.2 空压机	
8.2.1 空压机气缸润滑的意义及对滑油的要求	√
8.2.2 空气滤器和排水阀(空气冷却后)的作用和运行管理	√
8.2.3 空压机的启动和停止程序	√
8.2.4 空压机的自动运行原理	√
8.2.5 控制系统对压缩空气的要求(尤其是品质要求)及确保满足相关要求的措施	√
8.3 船用海水淡化装置	
8.3.1 造水机启动及保持运行的必要条件	√
8.3.2 造水机的启动操作程序	√
8.3.3 在换热面形成水垢的原因和类型,水垢的控制方法及去除措施	
8.3.3.1 影响海水淡化装置加热器结垢的因素	√
8.3.3.2 换热面水垢的控制方法和去除措施	√
8.3.4 控制蒸发器中盐水浓度的意义,盐水浓度的控制方法	√
8.3.5 蒸馏的意义及蒸馏器的功能	√
8.3.6 蒸馏水的性质及使其满足饮用要求应采取的措施	√

考试大纲	适用对象 8303
8.3.7 进行海水淡化所需要的环境条件和船舶状态	√
8.4 制冷	
8.4.1 制冷装置的启动准备及安全注意事项	√
8.4.2 制冷装置的运行注意事项及检查要点	√
8.4.3 制冷装置的正常运行参数及可能发生的故障	√
8.4.4 冷却水温度、空气、水分、油分等对制冷装置的影响	
8.4.4.1 冷却水温度对制冷装置的影响	√
8.4.4.2 不凝气体的危害及检查与排除方法	√
8.4.4.3 冰塞、奔油	√
8.4.5 制冷剂、滑油的加注和放出方法	
8.4.5.1 制冷剂的加注和放出方法	√
8.4.5.2 滑油的加注和放出方法	√
8.4.6 制冷装置清除空气和检漏方法	√
8.5 空调	
8.5.1 空调装置的启动准备、运行注意事项及检查要点	
8.5.1.1 空调装置的启动准备	√
8.5.1.2 空调装置运行注意事项及检查要点	√
8.5.2 空调装置降温工况的管理要点	√
8.5.3 空调装置取暖工况的管理要点	√
8.5.4 空调装置通风工况的管理要点	√
9 燃油系统、滑油系统、压载水系统和其他泵系及其相关控制系统的操作	
9.1 泵与管系的工作特性(包括控制系统)	
9.1.1 流体温度、黏度对泵的工作特性的影响	√
9.1.2 离心泵需要引水的原因及配置的引水设备	
9.1.2.1 离心泵需要引水的原因	√
9.1.2.2 离心泵配置的引水设备	√
9.1.3 不同类型泵的启动和停止程序,如容积式泵、轴流式泵、离心泵等	
9.1.3.1 容积式泵的启动和停止程序	√

考试大纲	适用对象 8303
9.1.3.2 轴流式泵的启动和停止程序	√
9.1.3.3 离心泵的启动和停止程序	√
9.1.4 泵工作性能下降的常见原因	
9.1.4.1 往复泵性能下降的常见原因	√
9.1.4.2 齿轮泵性能下降的常见原因	√
9.1.4.3 离心泵性能下降的常见原因	√
9.1.4.4 其他泵性能下降的常见原因	√
9.1.4.5 海水、淡水在船上的存放位置	√
9.2 泵系统的操作	
9.2.1 保持泵和管道正常使用对装置的重要意义	√
9.2.2 泵系统的常规操作相关要求,包括:定期检查各泵和阀件的状态、对泵系统的操作应做好日常记录等	
9.2.2.1 往复泵的使用管理及维护	√
9.2.2.2 齿轮泵的使用管理及维护	√
9.2.2.3 螺杆泵的使用管理及维护	√
9.2.2.4 旋涡泵的使用管理及维护	√
9.2.2.5 离心泵的使用管理及维护	√
9.2.2.6 水喷射泵的使用管理及维护	√
9.2.3 管系图中使用的主要符号、系统的运行原理及工作方法	
9.2.3.1 管系的基本知识	√
9.2.3.2 舱底水系统	√
9.2.3.3 压载水系统	√
9.2.3.4 消防系统	√
9.2.3.5 日用海淡水系统	√
10 用于船上加工和修理的手动工具、机械工具及测量仪表的适当使用	
10.1 测量仪器	
10.1.1 船舶上制造和维修中常用的测量仪器,包括:各种类型的天平、卡规、分度规、深度规、半径规和节距规	√

考试大纲	适用对象
	8303
10.1.2 船舶上制造和维修中常用的测量仪器,包括:各种类型的直角尺和直尺、游标卡尺、千分尺、千分表、厚度尺	√
10.1.3 测量仪器的选择和使用技巧	√
11 船上机械和设备的维护与修理	
11.1 适当的基础机械知识和技能	
11.1.1 从机械/设备/组件图纸中查阅保养和维修技术细节的方法	√
11.1.2 从机械/设备/组件说明书中查阅保养和维修技术细节的方法	√
11.2 船舶机械和设备的维护与修理	
11.2.1 锅炉	
11.2.1.1 清洗锅炉触火面、临水面的必要性及清洗方法	√
11.2.1.2 锅炉触火面、临水面的检查与维修保养方法	√
11.2.1.3 清理锅炉管道后修复锅炉的方法	√
11.2.1.4 炉膛墙面耐火砖的维修方法	√
11.2.2 制冷装置的维护和保养	
11.2.2.1 制冷压缩机、油分离器的维护与保养方法	√
11.2.2.2 蒸发器、冷凝器、膨胀阀的维护与保养方法	√
11.2.3 甲板机械	
11.2.3.1 救生艇吊架和齿轮、克令吊的日常维护与保养方法	√
11.2.3.2 绞缆机、锚机的日常维护与保养方法	√
11.2.3.3 液压油的污染及污染的原因和危害	√
11.2.3.4 液压油的污染度标准、污染控制	√
11.2.3.5 液压油温度对工作的影响及温度过高的原因	√
11.2.3.6 液压机械液压油泄漏的管理	√
11.2.3.7 液压油的管理和更换	√
11.2.3.8 液压机械其他方面的管理	√
11.2.3.9 绞缆机的刹车力试验方法	√
11.3 正确使用专用工具和测量仪器	
11.3.1 需要专用工具和测量仪器进行安装、维修与保养的设备	√

考试大纲	适用对象 8303
11.3.2 专用工具和测量仪器的类别	√
11.3.3 专用工具和测量仪器的使用方法	√
11.3.4 使用磨损量规测量尾轴承的方法	√
11.4 船舶设备建造设计特点及材料选用	
11.4.1 船用材料的选用	
11.4.1.1 锅炉:水管、炉膛、汽包、水包、过热器	√
11.4.1.2 泵:叶轮、泵壳、轴、泵体密封环、轴套、齿轮、螺杆、活塞和活塞环	√
11.4.1.3 热交换器:加热管、冷却管、管壳	√
11.4.1.4 压缩机:活塞环、阀、气缸体、气缸套	√
11.4.2 性能设计:锅炉的建造	√
11.5 船舶设备图纸及手册的阐释	
11.5.1 图纸种类	
11.5.1.1 总布置图、装配图和零件图的作用	√
11.5.1.2 零件图集和立体图的使用方法	√
11.5.1.3 图纸的标准尺寸及图纸上所提供的常规信息	√
11.5.2 线型	
11.5.2.1 线型及其应用	√
11.5.2.2 视图的种类及应用	√
11.5.2.3 剖视图的种类及应用	√
11.5.2.4 断面图的种类及应用	√
11.5.3 立体投影图	
11.5.3.1 物体的等角投影图	√
11.5.3.2 物体的斜轴投影图	√
11.5.4 展开图	
11.5.4.1 下列物体的展开图,包括:直角弯管、圆锥体、正棱锥体和方-圆连接件等	√
11.5.5 尺寸	

考试大纲	适用对象
	8303
11.5.5.1 对简单元件标注尺寸的方法	√
11.5.5.2 基准尺寸的特点及其标注方法	√
11.5.6 几何公差	
11.5.6.1 几何公差的含义及常用的几何公差项目和符号	√
11.5.6.2 工程图的公差数据,包括:直线度、平面度、圆度、圆柱度、同轴度、垂直度、平行度、倾斜度、位置度等	√
11.5.7 公差和配合	
11.5.7.1 公差带的表示方法及其含义	√
11.5.7.2 公差、实际尺寸、基本尺寸与公称尺寸之间的关系	√
11.5.7.3 基孔制和基轴制的区别	√
11.5.7.4 间隙配合、过渡配合和过盈配合的含义	√
11.5.7.5 累计公差的影响	√
11.5.7.6 公差选择的含义及影响公差选择的因素	√

船舶辅机（未满 750 kW 船舶大管轮）

8305：未满 750 kW 船舶大管轮

考试大纲	适用对象
	8305
1 泵	
1.1 往复泵的性能及故障分析处理	
1.1.1 往复泵的性能特点	
1.1.1.1 往复泵的工作原理	√
1.1.1.2 泵的作用数、泵的正常吸排条件	√
1.1.1.3 往复泵的结构	√
1.1.1.4 往复泵性能特点	√
1.1.1.5 电动往复泵的使用管理及维护	√
1.1.2 往复泵的常见故障分析及处理	
1.1.2.1 泵启动后不能供液或流量不足	√
1.1.2.2 安全阀顶开或电动机过载	√
1.1.2.3 泵发生异响和阀箱有异响	√
1.1.2.4 填料箱漏泄和摩擦部件发热	√
1.2 齿轮泵的性能及故障分析处理	
1.2.1 各种齿轮泵的性能特点	
1.2.1.1 齿轮泵的结构和工作原理	√
1.2.1.2 各种齿轮泵的性能特点	√
1.2.1.3 齿轮泵的使用管理及维护	√
1.2.2 齿轮泵的常见故障分析及处理	
1.2.2.1 不能排油或流量不足	√
1.2.2.2 泵磨损过快	√
1.2.2.3 工作噪声太大	√
1.3 离心泵的性能、运行管理与故障分析	
1.3.1 离心泵的性能特点	

考试大纲	适用对象
	8305
1.3.1.1 离心泵的工作原理	√
1.3.1.2 离心泵的一般结构	√
1.3.1.3 离心泵的轴向力平衡	√
1.3.1.4 离心泵的性能	√
1.3.2 离心泵的运行管理	
1.3.2.1 离心泵汽蚀及自吸	√
1.3.2.2 离心泵工况调节	√
1.3.2.3 离心泵串、并联工作	√
1.3.2.4 离心泵的使用管理及维护	√
1.3.3 离心泵的故障分析	
1.3.3.1 启动后不能供液	√
1.3.3.2 流量不足	√
1.3.3.3 电动机过载	√
1.3.3.4 运转时振动过大和产生异常声响	√
1.4 螺杆泵的管理及维护	
1.4.1 螺杆泵的结构和工作原理	√
1.4.2 螺杆泵的受力分析	√
1.4.3 螺杆泵的性能特点	√
1.4.4 螺杆泵的使用管理及维护	√
1.5 泵浦系统的操作	
1.5.1 压载水系统操作	√
1.5.2 消防系统操作	√
1.5.3 日用海淡水系统操作	√
2 液压控制设备	
2.1 液压系统及其组成	
2.1.1 液压控制阀	
2.1.1.1 方向控制阀的分类、功用、工作原理和图形符号	√
2.1.1.2 压力控制阀的分类、功用、工作原理和图形符号	√

考试大纲	适用对象 8305
2.1.1.3 流量控制阀和比例控制阀的分类、功用、工作原理和图形符号	√
2.1.2 液压泵	
2.1.2.1 液压泵的功用和图形符号	√
2.1.2.2 单、双作用叶片泵的结构、工作原理和特点	√
2.1.2.3 轴向柱塞泵的结构、工作原理和特点	√
2.1.3 液压马达	
2.1.3.1 液压马达的性能参数:转速、扭矩和功率	√
2.1.3.2 液压马达的功用和图形符号	√
2.1.3.3 叶片式马达的结构、工作原理和特点	√
2.1.3.4 连杆式马达的结构、工作原理和特点	√
2.1.3.5 内曲线式马达的结构、工作原理和特点	√
2.1.4 液压辅件	
2.1.4.1 滤油器的性能参数、主要类型、选择及使用管理	√
2.1.4.2 油箱的功能和应满足的要求	√
2.1.4.3 蓄能器的功能和使用管理	√
2.1.4.4 O形密封圈的使用与保管	√
2.2 液压系统的维护	
2.2.1 液压泵的使用管理	√
2.2.2 液压马达的使用管理	√
2.2.3 液压控制阀的管理和故障分析	√
3 甲板机械	
3.1 起货机、锚机和绞缆机应满足的要求及主要设备	√
3.2 液压油的污染及污染的原因和危害	
3.2.1 液压油污染的原因	√
3.2.2 液压油污染的危害	√
3.3 液压油的污染度标准、污染控制及更换	
3.3.1 液压油污染的标准和污染控制	√
3.3.2 液压油的管理及更换	√

考试大纲	适用对象
	8305
3.4 液压油温度对工作的影响及温度过高的原因	√
4 舵机及其系统	
4.1 舵叶分类	√
4.2 阀控型舵机液压系统的组成、工作原理、特点及远程控制系统	
4.2.1 阀控型舵机液压系统的组成、工作原理和特点	√
4.2.2 阀控型舵机液压系统的远程控制系统	√
4.3 舵机的启用和充油	√
4.4 舵机的试验和调整	√
4.5 舵机系统的日常管理	√

船舶辅机（未满 750 kW 船舶二/三管轮）

8306：未满 750 kW 船舶二/三管轮

考试大纲	适用对象
	8306
1 船用锅炉	
1.1 蒸汽锅炉的燃油雾化及燃烧	√
1.2 船用锅炉的工作机理	√
1.3 船用锅炉结构	
1.3.1 燃油锅炉的主要结构类型和特点	√
1.3.2 废气锅炉的主要结构类型和特点	√
1.3.3 燃油锅炉和废气锅炉的联系方法	√
1.4 船用锅炉附件及蒸汽分配	
1.4.1 水位计的结构及维护管理	√
1.4.2 安全阀的结构、要求、调节和试验	√
1.4.3 船用锅炉的蒸汽分配系统	√
2 其他辅助设备	
2.1 泵的基础知识	
2.1.1 泵的分类	√
2.1.2 泵的性能参数	√
2.2 离心泵	
2.2.1 离心泵的工作原理	√
2.2.2 离心泵的一般结构	√
2.2.3 离心泵的性能	√
2.2.4 离心泵汽蚀及自吸	√
2.2.5 离心泵的使用管理及维护	√
2.3 齿轮泵	
2.3.1 齿轮泵的结构和工作原理	√
2.3.2 齿轮泵的使用管理及维护	√

考试大纲	适用对象 8306
2.4 往复泵	
2.4.1 往复泵的工作原理	√
2.4.2 泵的作用数、泵的正常吸排条件	√
2.4.3 往复泵的结构	√
2.4.4 电动往复泵的使用管理及维护	√
2.5 空压机	
2.5.1 空压机在船上的用途	√
2.5.2 空压机的结构、工作原理和工作参数	
2.5.2.1 典型结构和主要部件(气阀、安全阀、气液分离器)	√
2.5.2.2 理论工作循环和实际工作循环	√
2.5.2.3 容积流量、输气系数和影响输气系数的因素	√
2.5.2.4 功率和效率	√
2.5.3 船舶压缩机系统的组成	
2.5.3.1 活塞式空气压缩机的润滑和冷却	√
2.5.3.2 活塞式空气压缩机的自动控制系统	√
3 甲板机械	
3.1 主要液压控制阀(包括比例阀)的分类、功用、工作原理和图形符号	
3.1.1 方向控制阀的分类、功用、工作原理和图形符号	√
3.1.2 压力控制阀的分类、功用、工作原理和图形符号	√
3.1.3 流量控制阀和比例控制阀的分类、功用、工作原理和图形符号	√
3.2 液压泵的功用和图形符号	√
3.3 液压马达的功用和性能参数(转速、扭矩和功率)	
3.3.1 液压马达的功用	√
3.3.2 液压马达的性能参数(转速、扭矩和功率)	√
3.4 起货机、锚机、绞缆机和救生艇(筏)起吊机应满足的要求及主要设备	√
4 泵浦系统的操作	
4.1 管系的基本知识	√
4.2 舱底水、压载水、消防水系统的组成与操作	

考试大纲	适用对象
	8306
4.2.1 舱底水系统的组成与操作	√
4.2.2 压载水系统的组成与操作	√
4.2.3 消防水系统的组成与操作	√
4.3 日用海淡水系统的组成与操作	√
5 船舶机器设备的维护保养与修理	
5.1 正确使用专业工具和测量仪器	
5.1.1 常用专用工具及测量仪表(温度计、压力表、转速表、流量计、比重计、游标卡尺、千分尺)的测量方法、使用与保养	
5.1.1.1 常用专用工具及测量仪表(温度计、压力表)的测量方法、使用与保养	√
5.1.1.2 常用专用工具及测量仪表(转速表、流量计、比重计、游标卡尺、千分尺)的测量方法、使用与保养	√
5.1.2 国际单位制中的常用单位、法定计量单位	√
5.1.3 轮机工程中常用的国际单位与工程单位、英制单位的换算	√
5.2 设备图纸及手册	
5.2.1 图纸的种类和作用	
5.2.1.1 总布置图、装配图和零件图的作用	√
5.2.1.2 零件图集和立体图的使用方法	√
5.2.1.3 图纸的标准尺寸及图纸上所提供的常规信息	√
5.2.2 线型及其应用	√
5.2.3 物体的立体投影图	
5.2.3.1 视图种类及应用	√
5.2.3.2 剖视图的种类及应用	√
5.2.3.3 断面图的种类及应用	√
5.2.4 物体的展开图	√
5.2.5 尺寸的标注方法	√
5.3 管系图、液压系统图及气压系统图	
5.3.1 管系图中使用的主要符号、系统的运行原理及工作方法	√

考试大纲	适用对象
	8306
5.3.2 液压系统图中使用的主要符号、系统的运行原理及工作方法	
5.3.2.1 控制阀的图形符号	√
5.3.2.2 液压泵和液压马达的图形符号	√
5.3.3 气压系统图中使用的主要符号、系统的运行原理及工作方法	√

船舶电气与自动化(750 kW 及以上船舶大管轮)

8401:3000 kW 及以上船舶大管轮
8402:750~3000 kW 船舶大管轮

考试大纲	适用对象	
	8401	8402
1 电气、电子控制设备的操作管理		
1.1 船舶电工、电子、电力电子、自动控制工程和安全装置		
1.1.1 船舶电工		
1.1.1.1 船舶常用的导体材料	√	√
1.1.1.2 船舶常用的绝缘材料	√	√
1.1.1.3 电缆护套、电缆的使用方法	√	√
1.1.1.4 船舶电工工艺	√	√
1.1.1.5 船舶安全用电	√	√
1.1.2 船舶电子技术、电力学、电力电子学		
1.1.2.1 电力二极管、晶闸管、绝缘栅双极型晶体管 IGBT 等电力电子器件的结构、工作原理、主要参数和特点	√	√
1.1.2.2 逻辑门电路的分类及基本逻辑关系		√
1.1.2.3 逻辑代数及组合逻辑电路设计分析		√
1.1.2.4 二极管结构、伏安特性及主要参数	√	√
1.1.2.5 三极管结构、特点、基本放大电路	√	√
1.1.2.6 单相半波和桥式整流电路的基本原理	√	√
1.1.2.7 滤波电路和稳压电路	√	√
1.1.2.8 微机系统的基本组成及应用	√	
1.1.2.9 三端集成稳压器的简单应用		√
1.1.2.10 RS、D 触发器的工作原理及应用		√
1.1.2.11 PLC 控制技术及其应用	√	√
1.1.2.12 单相和三相不可控整流器、可控整流器的结构和工作原理、特点和应用	√	√

考试大纲	适用对象	
	8401	8402
1.1.2.13 变频器的基本概念	√	√
1.1.3 自动控制工程和安全装置		
1.1.3.1 开环和闭环控制回路、过程控制的基本概念	√	√
1.1.3.2 船用系统中传感器和变送器的操作和使用,包括电阻温度装置、热电偶	√	√
1.1.3.3 船用系统中传感器和变送器的操作和使用,包括流量和压力测量、液位测量	√	√
1.1.3.4 船用系统中传感器和变送器的操作和使用,包括力平衡变送器	√	√
1.1.3.5 船用系统中传感器和变送器的操作和使用,包括油/水界面监测和水中油的监测、气动挡板/喷嘴系统	√	√
1.1.3.6 控制回路分析,包括温度控制系统	√	√
1.1.3.7 控制回路分析,包括液位控制系统、压力控制系统	√	√
1.1.3.8 调节器基本作用规律,调节器的操作和使用	√	√
1.1.3.9 反馈控制系统的组成、功能及动态过程	√	√
1.1.3.10 常用的电磁阀、电动执行机构和相关的执行阀件	√	√
1.1.3.11 重要设备的紧急控制和安保设备	√	√
1.2 自动控制装置和安全设备的设计参数及系统配置		
1.2.1 一般要求		
1.2.1.1 船用电气设备的特殊设计要求	√	√
1.2.1.2 阻燃的概念	√	√
1.2.1.3 在正常操作和紧急运行时对电力和照明供应的要求	√	√
1.2.1.4 船舶主要自动控制装置和安全设备的系统配置,包括传感器要求、显示	√	√
1.2.1.5 船舶主要自动控制装置和安全设备的系统配置,包括变送环节、参数转换	√	√

考试大纲	适用对象	
	8401	8402
1.2.1.6 船舶主要自动控制装置和安全设备运行过程中常见问题(故障)及其原因	√	√
1.2.1.7 船舶主要自动控制装置和安全设备运行过程中常见问题(故障)及其处理方法	√	√
1.2.2 主机自动控制装置和安全设备的设计参数及系统配置		
1.2.2.1 主机自动控制系统和安全装置的一般要求	√	√
1.2.2.2 主机自动控制系统和安全装置的遥控方式	√	√
1.2.2.3 主机自动控制系统和安全装置的安保系统	√	√
1.2.2.4 主机自动控制系统和安全装置运行过程中常见问题(故障)及其处理方法	√	√
1.2.2.5 主机控制系统中的重要参数设置,包括:发火转速、启动转速、换向转速、故障减速、临界转速	√	√
1.2.2.6 主机控制系统中的重要参数设置,包括:扫气压力限制、超速限制值、相关的延时时间值等	√	√
1.2.2.7 主机安保系统的参数检测和功能测试	√	√
1.2.3 发电机和配电系统		
1.2.3.1 发电机和配电系统的检测仪表和安全设备	√	√
1.2.3.2 导致辅助柴油发电机报警和故障停车的常见原因	√	√
1.2.3.3 柴油发电机、轴带发电机、汽轮发电机应控制的有关参数	√	√
1.2.3.4 发电机主开关的结构和基本保护回路	√	√
1.2.3.5 发动机和配电控制系统中的重要参数设置,包括:增机功率、重载请求、优先脱扣	√	√
1.2.3.6 发动机和配电控制系统中的重要参数设置,包括:逆功率、过载保护、相关的延时时间值等	√	√
1.2.3.7 发动机和配电控制系统中的重要参数设置,包括:滑油低压、超速保护值等	√	√
1.2.3.8 应急发电机自动启动的条件,应急电源的相关要求	√	√
1.2.3.9 发电机和配电系统常见故障的分析和处理	√	√

考试大纲	适用对象	
	8401	8402
1.2.4 蒸汽锅炉自动控制装置和安全设备的设计参数及系统配置		
1.2.4.1 蒸汽锅炉控制系统的基本组成及特点	√	√
1.2.4.2 蒸汽锅炉运行过程中控制系统的常见故障及其处理方法	√	√
1.2.4.3 蒸汽锅炉控制系统中的重要参数设置,包括:危险水位、风压保护、火焰检测保护等	√	√
1.2.4.4 蒸汽锅炉控制系统中的重要参数设置,包括:启停蒸汽压力、压力设定、油温设定、点火时序各时间值、相关的延时时间值等	√	√
1.3 电动机操作控制设备的设计参数及系统配置		
1.3.1 电动机的主要参数、工作原理和机械特性分析(三相交流电动机)		
1.3.1.1 三相异步电动机的结构和工作原理	√	√
1.3.1.2 星形和三角形连接电动机的设计特点	√	√
1.3.1.3 三相异步电动机的启动方法	√	√
1.3.1.4 三相异步电动机的调速方法	√	√
1.3.1.5 三相异步电动机的制动方法	√	√
1.3.1.6 负载转矩特性	√	
1.3.1.7 三相异步电动机的基本保护环节	√	√
1.3.2 电动机的主要参数、工作原理和机械特性分析(三相同步电动机)		
1.3.2.1 三相同步电动机的结构	√	√
1.3.2.2 三相同步电动机的工作原理	√	√
1.3.2.3 三相同步电动机的负载特性	√	√
1.3.2.4 提高同步电动机功率因数的方法	√	√
1.3.3 电动机的主要参数、工作原理和机械特性分析		

考试大纲	适用对象	
	8401	8402
1.3.3.1 交流电动机改变频率和电压时对如下参数的影响：速度、温度、扭矩、输出功率、启动时间和启动电流	√	√
1.3.4 电动机启动控制的功能要求和保护措施，包括：按钮控制，互锁控制，联锁控制，多地点选择控制，短路、过载、欠压和缺相保护		
1.3.4.1 直流电动机的控制和保护设备	√	√
1.3.4.2 交流电动机的控制和保护设备	√	√
1.3.5 根据电动机额定值选择断路器、熔断器、接触器、热继电器的主要参数	√	√
1.3.6 电动机及其控制回路常见故障及其处理措施	√	√
1.4 高压装置的设计参数和操作管理		
1.4.1 高压装置的设计参数		
1.4.1.1 高压变压器、变频器、高压断路器、高压电缆、高压熔断器的结构、基本功能和测试	√	
1.4.1.2 船舶常用高压装置的基本结构、主要参数和相关的高压配电设备	√	
1.4.2 船舶高压装置的安全操作		
1.4.2.1 如何使用高压个人防护装备（PPE）：绝缘手套、护目镜、绝缘杆、绝缘鞋、接地电缆、高压测试仪	√	
1.4.2.2 个人防护设备认证书	√	
1.4.2.3 高压安全程序：高压许可和协调工作；影响安全的因素；在高压下工作时的协助	√	
1.4.2.4 在开始任何工作之前检查设备是否存在高电压的方法	√	
1.4.3 船舶常用高压配电装置运行过程中常见问题（故障）及其处理方法	√	
1.5 气动控制设备的特点		
1.5.1 主机遥控的气动元件	√	√

考试大纲	适用对象	
	8401	8402
1.5.2 气动操纵系统的识读	√	√
1.5.3 气动系统安装与维护及故障排除	√	√
2 主机自动控制装置的结构和功能		
2.1 柴油机自动控制装置的结构和功能		
2.1.1 主机自动控制系统的组成和结构		
2.1.1.1 主机典型气动操纵系统（以 MAN B&W 机型为例）	√	√
2.1.1.2 MAN B&W 气动操纵系统组成及停油、换向、启动和调速等操作的动作过程	√	√
2.1.1.3 气动操纵系统的故障诊断和管理维护要点	√	√
2.1.1.4 其他典型主机遥控系统（AUTOCHIEF-Ⅳ型遥控系统、AC C20 型遥控系统除外）	√	√
2.1.2 包括操作/控制机械的主机自动控制系统的下列功能的含义：正常启动、启动失败、不能启动、操作错误、负荷限制、临界转速避让程序、全速/紧急倒车程序、恶劣/平静海况下的速度控制、可变喷油定时、可变排气阀定时、安全系统（自动停车、自动减速）（以 MAN B&W 机型为例）		
2.1.2.1 正常启动	√	√
2.1.2.2 启动失败、不能启动、操作错误	√	√
2.1.2.3 负荷限制	√	√
2.1.2.4 临界转速避让程序	√	√
2.1.2.5 全速/紧急倒车程序	√	√
2.1.2.6 恶劣/平静海况下的速度控制	√	√
2.1.2.7 可变喷油定时、可变排气阀定时、安全系统（自动停车、自动减速）	√	√
2.1.2.8 正常启动逻辑	√	√
2.1.2.9 重复启动逻辑	√	√
2.1.2.10 换向逻辑	√	√
2.1.2.11 制动逻辑	√	√

考试大纲	适用对象	
	8401	8402
2.1.2.12 程序负荷回路	√	√
2.1.2.13 回避临界转速回路	√	√
2.1.3 用于转速控制的电子调速系统的功能和结构（以DGS8800e为例）		
2.1.3.1 数字调节单元	√	√
2.1.3.2 电动执行机构	√	√
2.1.4 不同工况下主机的控制模式，包括：正常模式以及恶劣海况、直接供油、紧急倒车、应急运行等模式		
2.1.4.1 正常模式以及恶劣海况、直接供油模式	√	
2.1.4.2 紧急倒车、应急运行等模式	√	
2.1.5 冷却水温度控制系统		
2.1.5.1 冷却水温度控制系统的组成及基本工作原理：TQWQ型气动冷却水温度控制系统	√	√
2.1.5.2 冷却水温度控制系统的操作与管理	√	√
2.1.5.3 中央冷却水温度控制系统的组成及基本工作原理：ENGARD型中央冷却水温度控制系统和MR-Ⅱ型电动冷却水温度控制系统	√	√
2.1.5.4 中央冷却水温度控制系统操作与管理	√	√
2.1.6 燃油供油单元自动控制系统		
2.1.6.1 燃油供油单元的自动控制系统的组成及基本工作原理	√	√
2.1.6.2 测黏计工作原理	√	√
2.1.6.3 燃油黏度控制系统	√	√
2.1.6.4 燃油供油单元的综合控制	√	√
2.2 船用汽轮机自动控制装置的结构和功能（如适用）		
2.2.1 主汽轮机自动控制系统的组成和结构	√	√

考试大纲	适用对象	
	8401	8402
2.2.2 包括操作/控制机械的主汽轮机自动控制系统的下列功能的含义：不能启动、操作错误、加速程序、全速/紧急倒车程序、自动反转、安全(自动停车、自动减速)系统	√	√
2.3 船用燃气轮机自动控制装置的结构和功能(如适用)		
2.3.1 主燃气轮机自动控制系统的组成和结构	√	√
2.3.2 包括操作/控制机械的主燃气轮机自动控制系统的下列功能的含义：不能启动、操作错误、加速程序、全速/紧急倒车程序、自动反转、安全(自动停车、自动减速)系统	√	√
2.4 辅助机械自动控制装置的结构和功能		
2.4.1 发电机和配电系统的控制原理和功能		
2.4.1.1 发电机和配电系统自动控制的组成和结构	√	√
2.4.1.2 包括发电机和配电系统自动控制的下列功能：原动机的自动启动和停止、自动同步	√	√
2.4.1.3 包括发电机和配电系统自动控制的下列功能：自动负载分配、重载询问、优先脱扣	√	√
2.4.1.4 包括发电机和配电系统自动控制的下列功能：自动/主断路器(空气断路器和真空断路器)内置的保护/安全功能、自动电压调节(AVR)和频率控制	√	√
2.4.1.5 船舶电站故障的分级保护控制	√	√
2.4.2 蒸汽锅炉的自动控制原理和功能		
2.4.2.1 蒸汽锅炉自动控制的组成和结构	√	√
2.4.2.2 包括操作/控制机械的蒸汽锅炉自动控制的下列功能：自动燃烧控制(ACC，包括蒸汽压力控制、燃油流量控制和空气流量控制)、给水自动控制、蒸汽温度自动控制、蒸汽锅炉安全保护功能(包括给水泵的自动控制)	√	√
2.4.3 分油机的自动控制原理和功能		

考试大纲	适用对象	
	8401	8402
2.4.3.1 分油机自动控制的组成及功能；分油机自动控制流程及其关键参数；分油机自动控制的保护措施	√	√
2.4.4 舵机系统的自动控制原理和功能		
2.4.4.1 主操舵系统和应急操舵系统的组成和作用	√	√
2.4.4.2 自动操舵系统的组成和功能	√	√
2.4.4.3 在液压系统发生故障时恢复操舵能力	√	√
2.4.5 货物装卸设备和甲板机械的自动控制原理和功能		
2.4.5.1 锚机和自动张紧绞缆机	√	√
2.4.5.2 油船惰气系统非正常运行时，自动停止货泵（如适用）	√	√
2.4.5.3 油船和液化气船上货泵/装载的自动停止（如适用）	√	√
2.4.5.4 电液克令吊的动力组成和控制组成	√	√
2.4.5.5 克令吊的操纵和设备保护	√	√

船舶电气与自动化（750 kW 及以上船舶二/三管轮）

8403：750 kW 及以上船舶二/三管轮

考试大纲	适用对象
	8403
1 操作主机和辅机及相关控制系统	
1.1 主辅机械设备的基本结构及工作原理	
1.1.1 气动系统图中使用的主要符号、系统的运行原理及工作方法	
1.1.1.1 气动仪表的气动元部件及组成原理	√
1.1.1.2 主机遥控系统的气源及主要气动元部件	√
1.1.1.3 气动系统的运行原理及工作方法（以 MAN B&W 机型主机典型气动操纵系统为例）	√
1.1.2 自动控制系统	
1.1.2.1 各种机舱温度自动控制系统	√
1.1.2.2 分油机自动控制系统	√
1.1.2.3 船舶辅锅炉自动控制系统	√
1.1.2.4 船舶燃油黏度自动控制系统	√
1.1.2.5 主机（包括传统柴油机和电子控制柴油机）遥控系统	√
1.1.2.6 机舱监测报警系统	√
1.1.2.7 油雾浓度报警系统	√
1.1.2.8 火灾报警系统	√
1.2 推进装置及其控制系统的安全操作与应急程序	
1.2.1 主机的安全保护项目与安全保护功能	
1.2.1.1 造成主机自动减速和停车的安全保护项目	√
1.2.1.2 主机自动、手动减速和停车功能的实现	√
1.2.1.3 主机自动减速和停车的表现及对装置的影响	√
1.2.1.4 主机减速和停车的恢复程序	√
2 操作电气、电子和控制系统	
2.1 电气工程基础	

考试大纲	适用对象
	8403
2.1.1 电气理论	
2.1.1.1 欧姆定律及其应用	√
2.1.1.2 基尔霍夫定律及其应用	√
2.1.1.3 交流电路、直流电路及其在船舶上的应用	√
2.1.1.4 静电的意义、危害及消除	√
2.1.1.5 电阻、电感、电容、电抗、阻抗的概念及对电路的影响	√
2.1.1.6 功率、电流、电阻、电抗、阻抗和功率因数之间的关系	√
2.1.2 交流电基础	
2.1.2.1 正弦交流电的基本概念	√
2.1.2.2 三相交流电的基本概念	√
2.1.2.3 电磁感应的原理、用途及相关定律	√
2.1.2.4 功、能量和功率之间的关系	√
2.1.3 发电机	
2.1.3.1 三相交流发电机的构造与工作原理	√
2.1.3.2 船舶电站的电压和频率范围,电压有效值和峰值的关系	√
2.1.3.3 转子的励磁和供电方法	√
2.1.3.4 发电机的冷却方法和空间加热器的作用	√
2.1.3.5 自动电压调节器的作用和主要部件,以及手动微调器的作用	√
2.1.3.6 发电机并联运行条件	√
2.1.3.7 发电机组的并车操作方法	√
2.1.3.8 应急发电机、应急配电板的功能与安装位置	√
2.1.3.9 应急配电板和主配电板之间的关系	√
2.1.3.10 应急发电机自动启动的应急状况和启动方法	√
2.1.3.11 应急发电机的日常检查要点	√
2.1.4 电力分配系统	
2.1.4.1 开关、断路器、熔断器的基本作用	√
2.1.4.2 各种断路器合闸机构的工作原理、断路器脱扣方法及联锁装置的作用	√

考试大纲	适用对象
	8403
2.1.4.3 由船舶电站供电的重要负载	√
2.1.4.4 应急电源的作用、种类及投入使用的方法	√
2.1.4.5 船舶典型电力分配系统的系统图	√
2.1.4.6 中性点不接地(绝缘)系统与中性点接地系统的区别	√
2.1.4.7 绝缘、绝缘电阻的概念	√
2.1.4.8 常用的绝缘材料	√
2.1.4.9 变压器的基本结构和工作原理	√
2.1.4.10 三相变压器的组成与应用	√
2.1.4.11 接岸电的程序	√
2.1.5 电动机	
2.1.5.1 船舶常用电动机的类型及应用	√
2.1.5.2 三相交流异步电动机的结构和铭牌参数	√
2.1.5.3 三相交流异步电动机的工作原理和工作特性	√
2.1.5.4 电动机的防护等级	√
2.1.5.5 船舶特种电机的种类和应用(如伺服电机和自整角机)	√
2.1.6 电动机启动方法	
2.1.6.1 交流电动机的启动方法及特性,如直接启动、星-三角启动、自耦变压器启动	√
2.1.6.2 电动机保护装置的基本原理	√
2.1.6.3 熔断器、断路器、热继电器、接触器的作用、工作原理和选择依据	√
2.1.6.4 单相的含义及单相对电动机的影响	√
2.1.6.5 电机缺相运行的保护装置的工作原理	√
2.1.6.6 电机调速的方法	√
2.1.6.7 变频电动机的工作原理	√
2.1.7 高电压设备	
2.1.7.1 高压的概念及船舶使用高电压装置的原因	√
2.1.7.2 船舶高压电力系统常用的电压级别	√

考试大纲	适用对象
	8403
2.1.7.3 船舶高压电力系统常用的设备,如高压发电机、高压配电盘、高压电动机等	√
2.1.7.4 高压电力系统的安全常识	√
2.1.8 照明设备	
2.1.8.1 船舶照明系统的分类和特点	√
2.1.8.2 船舶常用灯具和电光源	√
2.1.8.3 船舶常用的照明控制线路	√
2.1.8.4 船舶常用的应急灯	√
2.1.9 电缆	
2.1.9.1 常用的电缆材料及其特性	√
2.1.9.2 电缆的安全使用与维护方法	√
2.1.10 蓄电池	
2.1.10.1 蓄电池的作用、类型、使用电压范围和使用场合	√
2.1.10.2 蓄电池间的危险因素及防范方法	√
2.1.11 电力故障(全船停电)	
2.1.11.1 船舶的电力供应及备用系统	√
2.1.11.2 发电机控制系统及电力分配系统	√
2.1.11.3 全船停电的瞬态表现及原因	√
2.1.11.4 熟练全船停电后备用发电机组的自动与手动启动程序	√
2.2 电子技术基础	
2.2.1 基本电子电路元件	
2.2.1.1 P-N 结及其特性	√
2.2.1.2 二极管的基本特性和结构	√
2.2.1.3 晶体管的特性、基本放大电路及其特点	√
2.2.1.4 晶闸管的定义、分类、结构、特性和应用	√
2.2.2 电子控制设备	
2.2.2.1 常用的电子控制设备及其控制原理,包括继电器电路单元	√

考试大纲	适用对象
	8403
2.2.2.2 常用的电子控制设备及其控制原理,包括综合自动控制及监测系统	√
2.2.2.3 常用的电子控制设备及其控制原理,包括可编程序逻辑控制器(PLC)	√
2.2.2.4 常用的电子控制设备及其控制原理,包括模拟/数字/计算机PID控制器	√
2.2.2.5 电子控制设备在主机上的应用,包括:主机启动/停车、转速、喷射时间、电子调速器及其他(自动负载调节、全速倒车、自动停车、自动降速等)	√
2.2.2.6 调距桨:自动负载调节/叶片角控制	√
2.2.2.7 发电机:发电机自动控制(自动同步、负荷分配等),原动机启动/停止时序	√
2.2.2.8 锅炉:自动燃烧控制、燃烧器控制、给水控制、蒸汽温度控制	√
2.2.2.9 其他辅助设备:分油机自动控制(自动排渣)/温度/压力/液位/黏度控制	√
2.2.3 自动控制系统流程图	
2.2.3.1 自动控制系统流程图中使用的符号标记	√
2.2.3.2 自动控制系统流程图中指示的主要部件及其功能	√
2.2.3.3 主机自动控制系统、发电机控制系统和其他控制系统的流程图	√
2.3 控制工程基础	
2.3.1 自动控制原理	
2.3.1.1 自动控制的作用	√
2.3.1.2 自动控制系统的组成、各部件的结构及功能	√
2.3.1.3 传感单元所含设备的类型、工作原理和结构	√
2.3.1.4 控制器的种类,如电子控制器(PID控制器、PLC控制器、计算机等)	√
2.3.1.5 控制器的设定值、输入值、偏差和输出值/被控量	√

考试大纲	适用对象 8403
2.3.1.6 调节单元所含设备的类型、工作原理和结构	√
2.3.1.7 各种控制对象	√
2.3.2 自动控制方法	
2.3.2.1 常用的自动控制方法及其实现方法,如双位控制、时序控制、PID 控制、程序控制等	√
2.3.2.2 自动控制系统中典型部件的工作原理,如温控开关、电阻感温包	√
2.3.2.3 自动控制系统中典型部件的工作原理,如电-气信号转换器、机电变换器	√
2.3.2.4 自动控制系统中典型部件的工作原理,如阀门定位器、控制阀	√
2.3.2.5 自动控制系统中典型部件的工作原理,如气动 PID 控制器	√
2.3.2.6 自动控制系统中典型部件的工作原理,如电子 PID 控制器	√
2.3.3 双位控制	
2.3.3.1 双位控制的含义、特点、使用方法	√
2.3.3.2 开关控制系统的组件	√
2.3.3.3 开关控制在船舶上的应用	√
2.3.4 时序控制	
2.3.4.1 时序控制的含义、特点、使用方法	√
2.3.4.2 时序控制系统的组件	√
2.3.4.3 时序控制在船舶上的应用	√
2.3.5 PID 控制	
2.3.5.1 PID 控制原理	√
2.3.5.2 比例、积分、微分作用的实现方法	√
2.3.5.3 PID 控制的电路图	√
2.3.5.4 比例、积分、微分、比例积分、比例微分、比例积分微分控制作用的特点及其在控制系统中发挥作用的方式	√
2.3.5.5 比例带、PID 控制的阶跃响应及相应结果	√
2.3.5.6 PID 控制系统的组件,包括传感器、变送器、执行器和控制器	√

考试大纲	适用对象
	8403
2.3.6 程序控制	
2.3.6.1 程序控制的含义、特点、实现方法	√
2.3.6.2 程序控制在船舶上的应用	√
2.3.7 过程值测量	
2.3.7.1 温度、压力、液位、流量等的测量原理和测量仪表	√
2.3.7.2 转速表、扭矩仪、测功仪、黏度计的工作原理	√
2.3.7.3 光电电池的应用场合,包括水的油分浓度探测器、烟度探测器、油雾浓度探测器、火焰探测器等	√
2.3.7.4 火灾探测器的常见类型	√
2.3.8 信号变送	
2.3.8.1 变送器的功能	√
2.3.8.2 电动变送器的结构、工作原理和主要特点	√
2.3.8.3 伺服电动机的基本工作原理	√
2.3.9 执行元件	
2.3.9.1 气动执行元件的结构、工作原理和主要特点	√
2.3.9.2 电动伺服马达的结构、工作原理和主要特点	√
2.3.9.3 液压伺服马达的结构、工作原理和主要特点	√
3 电气和电子设备的维护与修理	
3.1 有关电气系统工作的安全要求	
3.1.1 触电的原因及致命电流的大小	√
3.1.2 安全电压的范围	√
3.1.3 电气设备操作中的安全措施	√
3.1.4 电气设备所需的隔离	√
3.1.5 电路断路器安装联锁装置	√
3.1.6 汇流排附近空间的相关危险性	√
3.1.7 仪器用电压/电流互感器电路的潜在危险性和安全工作程序	√
3.1.8 组合配电柜柜门上通常配置的安全保护装置	√
3.2 维护保养与修理	

考试大纲	适用对象 8403
3.2.1 维护保养原理	
3.2.1.1 维护保养的意义	√
3.2.1.2 故障维修、计划维护和状态监测的含义	√
3.2.2 发电机	
3.2.2.1 维护保养发电机前必须采取的安全和隔离措施	√
3.2.2.2 发电机的常见故障和必要的补救措施	√
3.2.2.3 发电机绝缘电阻值的测试方法	√
3.2.2.4 发电机的日常维护与测试方法	√
3.2.3 配电盘	
3.2.3.1 主要断路器的日常维护方法	√
3.2.3.2 断路器故障的检测和纠正措施	√
3.2.4 电动机	
3.2.4.1 电动机的解体维修方法	√
3.2.4.2 绝缘失效的原因和检查三相异步电动机绝缘电阻的方法	√
3.2.4.3 三相异步电动机的常见故障及排除方法	√
3.2.5 启动器	
3.2.5.1 启动器的解体维修方法	√
3.2.5.2 启动器的常见故障及排除方法	√
3.2.6 配电系统	
3.2.6.1 变压器的日常维护方法	√
3.2.6.2 开路、接地与短路的含义	√
3.2.6.3 接地故障的产生条件、潜在危险及其对配电系统的影响	√
3.2.6.4 使用接地故障灯和绝缘测试仪判断接地故障的方法	√
3.2.6.5 船舶照明设备的日常维护与测试方法	√
3.2.6.6 电缆的切割、端头处理方法和连接	√
3.2.6.7 电缆电阻的测量、临时修理电缆绝缘的方法	√
3.2.7 应急电力系统及设备	

考试大纲	适用对象
	8403
3.2.7.1 对应急照明设备和船舶推进装置的备用电源线路进行定期测试的方法	√
3.2.7.2 蓄电池的维护及应采取的安全预防措施	√
3.2.7.3 蓄电池电解液比重的意义	√
3.3 电气系统故障诊断及防护	
3.3.1 故障保护	
3.3.1.1 故障保护的意义及故障保护设备的组成部件	√
3.3.1.2 常用的过流保护继电器及其工作原理	√
3.3.1.3 熔断保险丝的类型、特点,更换操作步骤	√
3.3.1.4 过载脱扣机理	√
3.3.1.5 发电机的欠压和逆功率保护的目的与实现方法	√
3.3.1.6 主配电盘的结构布局及主要部件的功能	√
3.3.1.7 配电盘仪表的供电方法及接地检测	√
3.3.1.8 小型断路器的常见故障及其处理程序	√
3.3.1.9 常见故障保护设备的调整、维护和测试方法	√
3.3.2 故障定位	
3.3.2.1 气动、液压和电气控制系统的特点	√
3.3.2.2 简单的控制回路	√
3.3.2.3 在简单的控制系统中对故障进行定位的方法	√
3.3.2.4 故障定位时的安全防护措施	√
3.3.2.5 为防止电气设备故障须采取的常规措施,包括电路烧毁、接触不良、限位/微型开关触电破损和失效等故障	√
3.4 电气检测设备的结构及操作	
3.4.1 绝缘测试仪(兆欧表)、万用表和钳形电流表的作用和工作原理	
3.4.1.1 绝缘测试仪(兆欧表)的作用和工作原理	√
3.4.1.2 万用表的作用和工作原理	√
3.4.1.3 钳形电流表的作用和工作原理	√
3.4.2 绝缘测试仪(兆欧表)、万用表和钳形电流表的使用方法	

考试大纲	适用对象
	8403
3.4.2.1 绝缘测试仪的使用方法	√
3.4.2.2 万用表的使用方法	√
3.4.2.3 钳形电流表的使用方法	√
3.5 电气设备功能、性能测试及配置	
3.5.1 监测系统	
3.5.1.1 监测系统及其构成方式和系统配置	√
3.5.1.2 监测系统各组件的功能、工作方式及运行机制,包括:CPU 单元、I/O 接口、监测显示器、日志打印机、报警打印机、指示灯驱动器、扩展报警系统等	√
3.5.1.3 对监测系统报警值进行设定的方法	√
3.5.1.4 对典型监测系统进行功能/性能测试的方法	√
3.5.2 自动控制设备(过程控制)	
3.5.2.1 各种自动控制系统的组件及系统配置	√
3.5.2.2 下列组件的功能和运行机制:传感器、控制器、变送器/转换器、定位器、调节器、控制阀、驱动器、继电器、伺服马达等	√
3.5.2.3 对自动控制系统各组件进行功能/性能测试的方法及用到的测试设备	√
3.5.2.4 自动控制系统在船舶辅锅炉、分油机、冷却水温度、燃油黏度中的应用	√
3.5.2.5 对下列设备的自动控制系统进行功能/性能测试的方法	
3.5.2.5.1 主机	√
3.5.2.5.2 发电和配电设备	√
3.5.2.5.3 锅炉	√
3.5.2.5.4 辅助机械	√
3.5.3 保护设备	
3.5.3.1 保护/安全设备的含义及工作原理	√
3.5.3.2 船舶动力装置将保护设备纳入每个系统的方法	√
3.5.3.3 熟悉"主机停车"运行保护机制,如超速、润滑油压力低等	√

考试大纲	适用对象 8403
3.5.3.4 熟悉"副机停车"运行保护机制	√
3.5.3.5 熟悉"锅炉停炉"运行保护机制,如低水位、火焰探测器失效等	√
3.5.3.6 熟悉"分油机器停止运行"保护机制	√
3.5.3.7 对保护设备进行功能测试的必要性,测试方法	√
3.6 电路图及简单电子电路图	
3.6.1 电路图中使用的主要电气元件和电子元件的符号及作用	
3.6.1.1 电气控制线路识图	√
3.6.1.2 电子元器件的识别	√
3.6.1.3 电子控制线路识图	√
3.6.2 简单电路图的功能	
3.6.2.1 单相整流电路	√
3.6.2.2 三相整流电路	√
3.6.2.3 滤波与稳压电路	√
3.6.3 不同电气图,包括方框图、系统图、电路图、接线图等	
3.6.3.1 电动机正反转控制电路	√
3.6.3.2 空压机自动控制电路	√
3.6.3.3 异步电机 Y-△换接启动控制电路	√
3.6.3.4 电动机互为备用自动切换控制电路	√
3.6.4 简单电路图和电路系统图的绘制方法	√

船舶电气与自动化（未满 750 kW 船舶大管轮）

8405：未满 750 kW 船舶大管轮

考试大纲	适用对象
	8405
1 船舶电工、电子、电力电子、自动控制工程和安全装置	
1.1 直流电路和交流电的基本概念	
1.1.1 直流电路的基本物理量及单位	√
1.1.2 电路基本定律	
1.1.2.1 欧姆定律	√
1.1.2.2 基尔霍夫定律	√
1.1.3 正弦交流电路	
1.1.3.1 正弦交流电的基本概念	√
1.1.3.2 交流电路中电阻、电感、电容元件	√
1.1.3.3 三相交流电源基本概念	√
1.1.3.4 三相负载的连接方式	√
1.2 电子、电力电子的基本元器件	
1.2.1 二极管的基本特性	√
1.2.2 使用万用表进行二极管性能测量与极性判别	√
1.2.3 晶体管的基本特性	√
1.2.4 使用万用表进行晶体管性能测量与极性判别	√
1.3 自动控制工程和安全装置	
1.3.1 自动控制的基础理论	
1.3.1.1 反馈控制系统的组成	√
1.3.1.2 反馈控制系统的结构框图	√
1.3.1.3 反馈控制系统的控制过程	√
1.3.2 自动控制方法	
1.3.2.1 双位控制	√
1.3.2.2 时序控制	√

考试大纲	适用对象
	8405
1.3.2.3 比例积分微分控制	√
1.3.3 典型参数测量	
1.3.3.1 自动化仪表的主要品质指标	√
1.3.3.2 气动仪表的气动元部件及组成原理	√
1.3.4 信号变送器的原理和结构	
1.3.4.1 气动差压变送器	√
1.3.4.2 电动差压变送器	√
1.3.5 执行机构的原理和结构	
1.3.5.1 气动执行机构	√
1.3.5.2 电动执行机构	√
1.4 船舶安全用电	√
2 自动控制装置和安全设备的设计特点及系统配置	
2.1 自动控制系统设计的一般要求	√
2.2 主机的自动控制方法	
2.2.1 主机冷却水温度控制系统	√
2.2.2 主机遥控系统的组成	√
2.2.3 主机遥控系统的功能	√
2.2.4 主机遥控系统的主要类型	√
2.3 发电机和配电系统的控制方法	
2.3.1 同步发电机组调速器的调速特性及频率调节	√
2.3.2 船舶发电机外部短路、过载、欠压和逆功率保护	√
2.3.3 船舶电网短路、过载保护	√
2.3.4 轴带发电机	
2.3.4.1 轴带发电系统的运行操作要求	√
2.3.4.2 轴带发电系统的管理要求	√
2.4 蒸汽锅炉的控制方法	√
3 电动机操作控制设备的设计特点及系统配置	
3.1 三相交流电动机的工作原理和操作方法	

考试大纲	适用对象 8405
3.1.1 三相交流电动机的工作原理	√
3.1.2 三相交流电动机的工作特性	√
3.1.3 三相交流电动机的启动	√
3.1.4 三相交流电动机的调速	√
3.1.5 三相异步电动机的制动	√
3.2 电动机的控制和保护	
3.2.1 电动机的基本保护环节	√
3.2.2 电动机控制电路的基本控制环节	√
3.2.3 异步电机的典型控制电路与电路图识图方法	
3.2.3.1 电动机正反转控制电路	√
3.2.3.2 压力水柜水位自动控制电路	√
3.2.3.3 交流三速电动锚机控制电路原理	√
3.2.4 继电器、电磁制动器的参数整定	
3.2.4.1 压力继电器、温度继电器、速度继电器设定值与幅差值的测试和调整	√
3.2.4.2 时间继电器的整定	√
3.2.4.3 热继电器的整定	√
3.3 三相发电机的结构、工作原理和操作方法	
3.3.1 三相发电机的结构	√
3.3.2 三相发电机的工作原理	√
3.3.3 三相发电机的操作方法	√
3.4 变压器的工作原理和连接方法	
3.4.1 变压器的工作原理	√
3.4.2 变压器的连接方法	√
3.4.3 电压、电流互感器的应用与要求	√
3.5 配电系统的组成及管理	
3.5.1 船舶主配电板的组成与管理	√
3.5.2 电网绝缘监视系统的工作原理及规范要求	√

考试大纲	适用对象
	8405
3.5.3 应急配电板的组成、功能与管理	√
3.6 应急电源的管理	
3.6.1 应急发电机的功能、操作与管理要求	√
3.6.2 船用蓄电池的维护保养	√
3.6.3 船舶岸电接用的操作注意事项	√
4 气动和液压控制设备的特点	
4.1 气动控制元件	√
4.2 气动操纵系统维护及故障排除	√

船舶电气与自动化（未满 750 kW 船舶二/三管轮）

8406：未满 750 kW 船舶二/三管轮

考试大纲	适用对象
	8406
1 电气电子和控制系统的操作	
1.1 电气工程基础	
1.1.1 电气基本理论	
1.1.1.1 直流电路的基本物理量及单位	√
1.1.1.2 欧姆定律	√
1.1.1.3 基尔霍夫定律	√
1.1.2 交流电基础	√
1.1.3 电力系统	
1.1.3.1 电力分配系统的组成	√
1.1.3.2 船舶电力系统的组成与特点	√
1.1.3.3 船舶电力系统的基本参数	√
1.1.3.4 船舶电网分类、配电方式	√
1.1.3.5 船舶电力系统的线制	√
1.1.4 电动机	
1.1.4.1 直流电机的工作原理	√
1.1.4.2 直流电机的构造、励磁方式	√
1.1.4.3 直流电机的运行特性	√
1.1.4.4 三相异步电动机的结构和铭牌参数	√
1.1.4.5 三相异步电动机的工作原理	√
1.1.4.6 三相异步电动机的工作特性	√
1.1.4.7 三相异步电动机的启动	√
1.1.4.8 单相异步电动机	√
1.1.4.9 伺服电动机	√
1.1.4.10 测速发电机及其应用	√

考试大纲	适用对象
	8406
1.1.5 照明设备	
1.1.5.1 船舶照明系统的分类和特点	√
1.1.5.2 船舶常用灯具和电光源	√
1.1.5.3 常用船舶照明控制线路	√
1.1.5.4 船舶照明系统的维护保养	√
1.1.6 电缆	
1.1.6.1 电缆的安全使用与维护	√
1.1.6.2 电气设备绝缘的意义和要求	√
1.1.6.3 常用电工绝缘材料的类型和等级	√
1.1.7 蓄电池	
1.1.7.1 蓄电池的作用、类型、使用电压范围和使用场合	√
1.1.7.2 蓄电池的充电程序、重复充电方法及放气周期	√
1.1.7.3 蓄电池重复充电的连接方法及判断碱性蓄电池工作状态的方法	√
1.1.7.4 蓄电池间的危险因素及防范方法	√
1.1.7.5 身体某部分(尤其是眼睛)接触到蓄电池电解液时的急救措施	√
1.1.7.6 蓄电池的维护及应采取的安全预防措施	√
1.2 电子技术基础	
1.2.1 基本电子电路元件	
1.2.1.1 半导体、P-N 结的基本概念	√
1.2.1.2 二极管的基本特性	√
1.2.1.3 使用万用表进行二极管性能测量与极性判别	√
1.2.1.4 晶体管的基本特性	√
1.2.2 常用电子控制设备	
1.2.2.1 电子元器件的识别	√
1.2.2.2 电子控制线路识图	√
1.2.2.3 常用电子控制设备	√
2 电气及电子设备的维护保养与修理	

考试大纲	适用对象
	8406
2.1 有关电气系统工作的安全要求	
2.1.1 触电的原因,致命电流的大小及安全电压的范围	
2.1.1.1 触电的原因	√
2.1.1.2 致命电流的大小及安全电压的范围	√
2.1.2 在实际工作中对电气设备进行工作时必需的安全措施	
2.1.2.1 船舶电气火灾的预防	√
2.1.2.2 船舶电气设备的船用条件及船检规定	√
2.1.2.3 船舶电气设备接地的意义和要求	√
2.1.3 电气设备所需的隔离程序	√
2.2 电气设备维护保养与修理	
2.2.1 维护保养的意义和基本程序	
2.2.1.1 维护保养的意义	√
2.2.1.2 维护保养的基本程序	√
2.2.2 配电盘的维护保养方法与修理	
2.2.2.1 分配电盘常用控制电器的结构原理和功用	√
2.2.2.2 分配电盘电动机的基本保护环节	√
2.2.2.3 分配电盘电动机控制电路的基本控制环节	√
2.2.2.4 分配电盘电气控制线路装配	√
2.2.2.5 船舶主配电板的组成与功能	√
2.2.2.6 船舶主配电板的维护保养方法与修理	√
2.2.2.7 船舶应急配电板的维护保养方法与修理	√
2.2.3 电动机的维护保养方法与修理	
2.2.3.1 交流电动机解体维修的方法与操作	√
2.2.3.2 交流电动机装配并恢复功能的方法与操作	√
2.2.3.3 电机受潮、绕组绝缘值降低时的处理方法	√
2.2.3.4 三相异步电动机常见故障的判断方法与故障排除	√
2.2.4 启动器的维护保养方法与修理	
2.2.4.1 启动器的维护保养方法	√

考试大纲	适用对象 8406
2.2.4.2 启动器的修理	√
2.2.5 电力分配系统的维护保养方法与修理	
2.2.5.1 船舶电网绝缘降低和单相接地故障的查找	√
2.2.5.2 照明设备的维护	√
2.2.5.3 船舶照明系统的常见故障检查	√
2.2.5.4 发电机主开关跳闸的应急处理	√
2.2.5.5 船舶岸电接用的操作注意事项	√
2.3 电气系统故障诊断及防护	
2.3.1 电气故障防护的目的和措施	
2.3.1.1 电气故障防护的目的	√
2.3.1.2 电气故障防护的措施	√
2.3.2 电气故障定位的方法	
2.3.2.1 根据故障现象判断故障性质和故障可能存在的环节	√
2.3.2.2 运用断电或带电查线法寻找故障点,并排除故障	√
2.4 电气检测设备的操作方法	
2.4.1 兆欧表的使用方法	√
2.4.2 电压表的使用方法	√
2.4.3 电流表的使用方法	√
2.4.4 万用表的使用方法	√
2.4.5 钳形电流表的使用方法	√
2.5 电气设备功能、性能测试及配置	
2.5.1 监测系统	
2.5.1.1 监测系统的构成方式和系统配置	√
2.5.1.2 监测系统各组件的功能、工作方式及运行机制,包括:CPU 单元、I/O 接口、监测显示器、日志打印机、报警打印机、指示灯驱动器、扩展报警系统等	√
2.5.1.3 对监测系统报警值进行设定的方法	√
2.5.1.4 对典型监测系统进行功能、性能测试的方法	√

考试大纲	适用对象 8406
2.6 自动控制设备功能、性能测试及配置	
2.6.1 反馈控制系统的基本概念	
2.6.1.1 反馈控制系统的组成	√
2.6.1.2 反馈控制系统的结构框图	√
2.6.1.3 反馈控制系统的控制过程	√
2.6.2 自动化仪表的基本知识	
2.6.2.1 自动化仪表的主要品质指标	√
2.6.2.2 气动仪表的气动元部件及组成原理	√
2.6.3 调节器及其调节作用规律	
2.6.3.1 位式调节器	√
2.6.3.2 比例调节器	√
2.6.4 传感器与变送器	
2.6.4.1 温度传感器的测温原理、转换电路、补偿措施、性能测试及配置	√
2.6.4.2 压力传感器的结构、压力检测原理、性能测试及配置	√
2.6.4.3 液位传感器的结构、液位检测原理、性能测试及配置	√
2.6.4.4 流量传感器的结构、流量检测原理、性能测试及配置	√
2.6.4.5 转速传感器的结构、转速和转向检测原理、性能测试及配置	√
2.6.4.6 气动差压变送器	√
2.6.4.7 电动差压变送器	√
2.6.5 执行机构	
2.6.5.1 气动执行机构	√
2.6.5.2 电动执行机构	√
2.6.6 以冷却水温度控制系统为例说明自动控制设备	
2.6.6.1 冷却水温度控制系统的组成及基本工作原理	√
2.6.6.2 冷却水温度控制系统的操作与管理	√
2.6.7 机器设备安全保护功能,性能测试及配置	
2.6.7.1 主机安全保护,如超速、润滑油压力低等	√

考试大纲	适用对象
	8406
2.6.7.2 副机安全保护	√
2.6.7.3 辅锅炉停炉,如低水位、火焰探测器失效等	√
2.7 基本电路识图方法	
2.7.1 常用控制电器的种类及电路符号	√
2.7.2 电动机正反转控制电路	√
2.7.3 压力水柜水位自动控制电路	√
2.7.4 交流三速电动锚机控制电路原理	√
2.7.5 电气控制线路识图	√

船舶管理(750 kW 及以上船舶轮机长/大管轮)

8501：无限航区 750 kW 及以上船舶轮机长
8502：沿海航区 750 kW 及以上船舶轮机长
8503：无限航区 750 kW 及以上船舶大管轮
8504：沿海航区 750 kW 及以上船舶大管轮

考试大纲	适用对象			
	8501	8502	8503	8504
1 安全有效的维护和修理程序的管理				
1.1 ISM 规则的计划维修保养系统				
1.1.1 依据 ISM 规则的计划维修保养系统				
1.1.1.1 PMS 的目标及方针			√	√
1.1.1.2 PMS 包括的设备、关键设备			√	√
1.1.1.3 准备船舶具体的 PMS			√	√
1.1.1.4 维护计划和工作程序、维护计划的更新			√	√
1.1.1.5 备件清单、缺陷记录			√	√
1.1.2 ISM 规则的构成和基本要求	√	√		
1.1.3 船舶系统设备维护保养的一般要求和规定	√	√		
1.2 安全和有效维修程序的管理				
1.2.1 进干船坞、水下检验和暂停使用船舶的准备和实践				
1.2.1.1 船坞修理文件、准备干船坞修理说明			√	√
1.2.1.2 进坞和水下检验、开始进坞的检查和坞修结束时的检查、在船坞内的检验和维修工作			√	√
1.2.1.3 在干船坞内船舶的支撑、进坞和出坞的准备			√	√
1.2.1.4 当船在干船坞内时对电力供应/淡水和卫生设备的典型安排			√	√
1.2.1.5 当船在干船坞内时防火及防爆的特别安排			√	√
1.2.2 船在干船坞内时油水舱柜的管理,采用静水压和气压方式检测舱柜			√	√

考试大纲	适用对象			
	8501	8502	8503	8504
1.2.3 在干船坞和船体水下检验时的准备、检查、记录、规划、维护工作			√	√
1.2.4 船舶进干船坞计划,水下船体部分的清洗,船舶闲置/再使用			√	√
1.2.5 船舶系统设备安全和有效维修的基本组成和要求,制订维修计划的依据				
1.2.5.1 船舶系统设备安全和有效维修的基本组成和要求	√	√		
1.2.5.2 制订维修计划的依据	√	√		
1.2.6 船舶系统设备维护修理的基本类型和特点、操作要求及程序				
1.2.6.1 船舶系统设备维护修理的基本类型和特点	√	√		
1.2.6.2 操作要求及程序	√	√		
1.2.7 常用维修过程中涉及的管理及要求				
1.2.7.1 修船前涉及的各类文档、操作规范、试验记录、检验要求	√	√		
1.2.7.2 修理中涉及的各类文档、操作规范、试验记录、检验要求	√	√		
1.2.7.3 修理后等环节涉及的各类文档、试验记录	√	√		
1.2.7.4 修理后等环节涉及的操作规范	√	√		
1.2.7.5 修理后等环节涉及的检验要求	√	√		
1.3 法定和船级检验的计划保养				
1.3.1 与ISM规则相关的法定和船级检验的计划保养系统所要求的拆检/校准程序				
1.3.1.1 按照制造商说明书的要求顺序拆卸、检查前的清洁、检测和/或适当的校准			√	√
1.3.1.2 对部件进行评估以确定是否可以再使用或需要更换/修理/修补翻新,设备检修相关信息记录在机器设备的维修记录和备件清单中			√	√

考试大纲	适用对象			
	8501	8502	8503	8504
1.3.2 根据国际公约和国家规定中关于船舶法定检验的具体要求及规定				
1.3.2.1 根据国际公约关于船舶法定检验的具体要求及规定	√	√		
1.3.2.2 根据国家规定中关于船舶法定检验的具体要求及规定	√	√		
1.3.3 根据船级社的相关规定中关于船级检验的具体要求及规定				
1.3.3.1 船舶入级检验	√	√		
1.3.3.2 保持船级检验	√	√		
1.3.3.3 循环检验	√	√		
1.3.3.4 公证检验	√	√		
1.3.3.5 轮机入级符号	√	√		
1.4 与计划维修保养系统有关的计划修理				
1.4.1 与计划维修保养系统有关的计划修理				
1.4.1.1 零件按照制造商说明书的要求进行测试、组装			√	√
1.4.1.2 设备/机械装复后的启动检查、性能测试和记录			√	√
1.4.2 船舶维修保养计划的类型、要求、特点、制订方法及相互关系				
1.4.2.1 船舶维修保养计划的类型、要求、特点	√	√		
1.4.2.2 船舶维修保养计划的制订方法及相互关系	√	√		
1.4.3 维修计划中涉及的法定检验项目、船级检验项目的要求及具体操作规定				
1.4.3.1 维修计划中涉及的法定检验项目的要求及具体操作规定	√	√		
1.4.3.2 维修计划中涉及的船级检验项目的要求及具体操作规定	√	√		

考试大纲	适用对象			
	8501	8502	8503	8504
1.4.4 维修计划中各种替代检验的种类、要求、操作规定				
1.4.4.1 维修计划中各种替代检验的种类、要求	√	√		
1.4.4.2 维修计划中各种替代检验的操作规定	√	√		
2 探测和识别机器故障原因并消除故障				
2.1 机械故障检测和防止其受损的措施——视情维修。当故障发生时,考虑到船舶的安全应首先采取的行动				
2.1.1 当故障发生时,考虑到船舶的安全应首先采取的行动,及时通知驾驶台潜在的问题、按照确定的故障重新评估优先次序和预定的计划工作			√	√
2.1.2 对过失进行确认、报告、记录并采取纠正措施			√	√
2.2 船舶机器设备定时维修、故障维修、视情维修的基本特点和要求				
2.2.1 船舶机器设备定时维修的基本特点和要求	√	√		
2.2.2 船舶机器设备故障维修的基本特点和要求	√	√		
2.2.3 船舶机器设备视情维修的基本特点和要求	√	√		
2.3 设备的检查和调整				
2.3.1 按制造商说明书的要求对设备进行每日、每周、每月和常规检查			√	√
2.3.2 根据船级检验和法定检验确定所要检查设备的方法	√	√	√	√
2.3.3 按照制造商说明书的要求进行设备的全面调整的方法	√	√	√	√
2.3.4 调整设备时所采用的专用工具			√	√
2.3.5 系统设备说明书关于维护保养的规定与要求	√	√		
2.4 无损检测方法				
2.4.1 视觉检测的实践与局限性			√	√

考试大纲	适用对象			
	8501	8502	8503	8504
2.4.2 染色渗透液测试的使用			√	√
2.4.3 磁粉检测的应用			√	√
2.4.4 放射显影的使用			√	√
2.4.5 便携式硬度测量的应用(压气机叶轮硬度的测量)			√	√
2.4.6 红外热像仪的使用			√	√
3 保证安全工作做法				
3.1 实行安全工作				
3.1.1 风险评估及其在船上的应用			√	√
3.1.2 船上安全员的作用			√	√
3.1.3 个人防护装备的种类及使用			√	√
3.1.4 确保工作设备安全的要求,包括:维护、检查、培训			√	√
3.1.5 安全响应程序的使用,包括:应急程序和防火措施、事故和紧急医疗事件、健康与卫生、良好的内务管理、环境责任、职业健康安全			√	√
3.1.6 降低火灾风险所需的防范措施,包括:吸烟、电气部件、自燃、机器空间的预防措施			√	√
3.1.7 典型的船舶应急程序,包括:火灾发生时的行动、应变部署和演习			√	√
3.1.8 确保人员安全活动的要求,包括:照明、通道的控制、水密门			√	√
3.1.9 高空作业、轻便梯子上作业、蒸汽和排气管上的隔热材料、无人机舱、制冷机械等情况时的安全作业注意事项				
3.1.9.1 高空作业、轻便梯子上作业注意事项			√	√
3.1.9.2 蒸汽和排气管等高温设备表面或附近作业注意事项			√	√

考试大纲	适用对象			
	8501	8502	8503	8504
3.1.9.3 无人机舱作业注意事项			√	√
3.1.9.4 制冷机械等低温设备表面或附近作业注意事项			√	√
3.1.10 进入密闭或受限制空间的风险和应采取的安全措施和程序			√	√
3.1.11 在无人机舱内工作、进入密闭或受限制空间、热工作业、高空作业、非电气电子员从事和电气系统相关的工作等作业时的工作许可证制度的使用			√	√
3.1.12 不当的工作方法导致骨骼损伤,需要人工处理时的安全操作			√	√
3.1.13 通用工具、砂轮、高压液压和气动设备、绳索等普通船用设备的安全使用				
3.1.13.1 工具和设备的使用、砂轮的使用			√	√
3.1.13.2 高压液压和气动设备的使用			√	√
3.1.13.3 索具的使用			√	√
3.1.14 安全使用起重装置的程序				
3.1.14.1 安全工作载荷、起重机械的登记/标识和证书			√	√
3.1.14.2 定期维护、检查/检验和测试、安全措施			√	√
3.1.15 机械设备维修作业安全程序,包括维修前的预防措施、挂不要启动机器的警告牌、在维修期间确保大件的安全等			√	√
3.1.16 船上进行热工作业的程序				
3.1.16.1 使用前设备测试、预防火灾和爆炸、电焊时注意事项			√	√
3.1.16.2 压缩气体钢瓶、气焊和气割			√	√
3.1.17 船上油漆作业的注意事项			√	√

考试大纲	适用对象			
	8501	8502	8503	8504
3.1.18 涉及有害物质时的安全作业程序,包括:致癌物和致突变物、石棉尘、化学剂的使用、安全数据记录表			√	√
3.1.19 减少噪声和振动造成不利影响的程序			√	√
3.1.20 电气设备作业安全注意事项			√	√
3.1.21 其他作业安全注意事项(舷外作业等)			√	√
3.2 保证安全工作做法				
3.2.1 系统设备风险评估、应急处置的一般要求和规定				
3.2.1.1 全船失电	√	√		
3.2.1.2 舵机失灵	√	√		
3.2.1.3 机舱进水	√	√		
3.2.1.4 其他作业(油类作业等)	√	√		
3.2.2 轮机应急和安全设备的构成、分类及使用的一般要求				
3.2.2.1 轮机应急和安全设备的构成、分类	√	√		
3.2.2.2 轮机应急和安全设备使用的一般要求	√	√		
3.2.3 机舱作业安全的要求和规定及应急处置程序和方法				
3.2.3.1 工作许可证制度	√	√		
3.2.3.2 制冷机械等	√	√		
3.2.3.3 高空作业、轻便梯子上作业	√	√		
3.2.3.4 进入密闭或受限制空间的风险和应采取的安全措施和程序	√	√		
3.2.3.5 高压液压和气动设备的使用	√	√		
3.2.3.6 蒸汽和排气管上的隔热材料	√	√		
3.2.3.7 无人机舱	√	√		
3.2.3.8 普通船用设备的安全使用	√	√		

考试大纲	适用对象			
	8501	8502	8503	8504
3.2.3.9 其他作业(安全使用提升装置,油漆作业,蒸汽和排气管上的隔热材料,无人机舱,普通船用工具、设备的安全使用,电气设备作业安全,舷外作业等)	√	√		
3.2.4 船舶消防、求生、防污染设备的基本要求和相关规定,及应急处置程序和方法				
3.2.4.1 船舶消防设备的基本要求和相关规定	√	√		
3.2.4.2 船舶消防的应急处置程序和方法	√	√		
3.2.4.3 船舶防污染设备的基本要求和相关规定	√	√		
3.2.4.4 船舶防污染的应急处置程序和方法	√	√		
3.2.4.5 船舶求生设备的基本要求和相关规定	√	√		
3.2.4.6 船舶求生的应急处置程序和方法	√	√		
3.2.5 船舶在航行和锚泊状态下,面对恶劣天气、条件和环境情况下的应急处置程序和方法				
3.2.5.1 船舶在航行和锚泊状态下,在大风浪天气下的应急处置程序和方法	√	√		
3.2.5.2 船舶在航行和锚泊状态下,在能见度不良情况下的应急处置程序和方法	√	√		
3.2.5.3 其他情况下的应急处置程序和方法	√	√		
4 控制吃水差、稳性和强度				
4.1 船舶构造、吃水差和稳性的基本原理				
4.1.1 应力				
4.1.1.1 船舶结构方面的应力:纵向弯曲、挠度、中垂	√	√	√	√
4.1.1.2 进坞、搁浅时的应力	√	√	√	√
4.1.1.3 冲击、振动导致的应力	√	√	√	√
4.1.2 船舶的结构安排				
4.1.2.1 双层底结构、箱形龙骨、首尖舱和尾尖舱的结构			√	√

考试大纲	适用对象			
	8501	8502	8503	8504
4.1.2.2 锚链端、纵骨架/横骨架和混合骨架式船舶、甲板、舱口盖、舷墙、加强肋骨			√	√
4.1.2.3 舭龙骨、船体列板、舱壁结构及其位置、舵及支架的布置、尾架			√	√
4.1.2.4 结构防火、船舶总布置图			√	√
4.1.3 符合 SOLAS 公约的船舶关于水密门和风雨密门总体设计和结构特点				
4.1.3.1 水密门、风雨密门			√	√
4.1.3.2 分舱			√	√
4.1.4 船舶动力学				
4.1.4.1 横向摇摆、俯仰、升降等船舶运动形态	√	√	√	√
4.1.4.2 舭龙骨、减摇鳍、被动和主动防横摇水舱的功用	√	√	√	√
4.1.4.3 船体振动的知识			√	√
4.1.5 船舶腐蚀的概念、机理及常用防护措施				
4.1.5.1 船舶腐蚀的概念、机理			√	√
4.1.5.2 船舶腐蚀的常用防护措施			√	√
4.1.6 船舶检验的类型、周期及通常项目				
4.1.6.1 船舶检验的类型、周期			√	√
4.1.6.2 船舶检验的通常项目			√	√
4.1.7 船舶稳性的概念、分类和影响因素				
4.1.7.1 船舶稳性的概念	√	√	√	√
4.1.7.2 船舶稳性的影响因素	√	√	√	√
4.1.7.3 船舶稳性的分类	√	√	√	√
4.1.8 船舶阻力、燃料消耗、续航力的概念和相互关系				
4.1.8.1 船舶阻力、燃料消耗和续航力的概念	√	√		
4.1.8.2 船舶阻力、燃料消耗和续航力之间的相互关系	√	√		
4.2 破损和进水对船舶吃水差和稳性的影响				

考试大纲	适用对象			
	8501	8502	8503	8504
4.2.1 进水对横向稳性和吃水差的影响				
4.2.1.1 可浸长度、限界线、舱壁甲板、空间渗透率、许可舱长、分舱因数、干舷、储备浮力、一舱制船、完整稳性、破损稳性等概念	√	√	√	√
4.2.1.2 舱室损坏导致船舶沉没的原因			√	√
4.2.1.3 进水后船舶状况的计算方法			√	√
4.2.1.4 浸水对吃水差的影响			√	√
4.2.1.5 改善破损船舶的稳性和吃水差的措施			√	√
4.2.1.6 船舶不同舱室进水的危害和处置措施	√	√		
4.2.2 影响吃水差和稳性的原理				
4.2.2.1 风、波浪、舱内自由液面对稳性的影响	√	√	√	√
4.2.2.2 在航行期间稳性发生变化的原因			√	√
4.2.2.3 进坞的稳性要求			√	√
4.2.2.4 横摇角、横摇周期、"谐摇"等概念及防止"谐摇"的措施			√	√
4.2.2.5 机舱在航行期间的操作对船舶吃水差的影响和处置措施	√	√		
4.3 舱室破损进水而影响吃水差和稳性的知识以及应采取的措施				
4.3.1 舱室破损进水而影响吃水差和稳性的知识	√	√		
4.3.2 应采取的措施	√	√		
4.4 IMO 关于船舶稳性建议的知识				
4.4.1《1966 年国际载重线公约》所要求的最小稳性数值			√	√
4.4.2《2008 年国际完整稳性规则》的最低稳性要求与建议			√	√
4.4.3 IMO《国际海运固体散装货物规则》的应用			√	√
4.4.4 国际公约和规则对船舶稳性的一般要求和规定	√	√		

考试大纲	适用对象			
	8501	8502	8503	8504
5 监督和控制对法定要求的遵守及保证海上人命安全、保安与保护海洋环境的措施				
5.1 国际海事公约关于随船携带的证书和其他文件的相关要求	√	√	√	√
5.2 《1966年国际载重线公约》有关要求规定的责任	√	√	√	√
5.3 《国际海上人命安全公约》有关要求规定的责任				
5.3.1 测试舵机	√	√	√	√
5.3.2 应急舵演习	√	√	√	√
5.3.3 对散装固体货物运输的基本要求	√	√	√	√
5.3.4 其他责任	√	√	√	√
5.4 《国际防止船舶造成污染公约》有关要求规定的责任				
5.4.1 MARPOL公约附则Ⅰ	√	√	√	√
5.4.2 MARPOL公约附则Ⅱ	√	√	√	√
5.4.3 MARPOL公约附则Ⅲ	√	√	√	√
5.4.4 MARPOL公约附则Ⅳ	√	√	√	√
5.4.5 MARPOL公约附则Ⅴ	√	√	√	√
5.4.6 MARPOL公约附则Ⅵ	√	√	√	√
5.4.7 油污应急计划				
5.4.7.1 油污应急计划的组成	√	√	√	√
5.4.7.2 油污应急计划报告程序	√	√	√	√
5.4.7.3 溢油应变部署	√	√	√	√
5.4.8 海洋污染概述	√	√	√	√
5.5 海员健康申报和国际卫生条例的要求	√	√	√	√
5.6 在《联合国海洋法公约》(UNCLOS)、《2006年海事劳工公约》(MLC 2006)、《1989年国际救助公约》(伦敦救助公约)、劳氏标准格式救助合同、船东保赔协会特别补偿条款、《1976年海事赔偿责任限制公约》(1976 LLMC)、共同海损和海上保险、租船合同等国际协议和公约中所体现的与管理级人员有关的其他国际海事法规的责任				

考试大纲	适用对象			
	8501	8502	8503	8504
5.6.1《联合国海洋法公约》	√	√	√	√
5.6.2《2006年海事劳工公约》		√	√	√
5.6.3《1989年国际救助公约》		√	√	√
5.6.4《1976年海事赔偿责任限制公约》		√	√	√
5.6.5 共同海损和海上保险		√	√	√
5.6.6 租船合同		√	√	√
5.7 影响船舶、旅客、船员或货物安全的国际文件(包括《2004年国际船舶压载水和沉积物控制与管理公约》、港口国监督的有关规定)所规定的责任				
5.7.1《2004年国际船舶压载水和沉积物控制与管理公约》	√	√	√	√
5.7.2 安全监督				
5.7.2.1 PSC 检查	√		√	
5.7.2.2 FSC 检查、《中华人民共和国船舶安全监督规则》	√	√	√	√
5.8 防止船舶污染环境的方法和辅助设备,包括《防止海洋倾倒废弃物和其他物质造成污染的公约》、《1969年国际干预公海油污事故公约》、《1973年干预公海非油类物质污染议定书》、《1969年国际油污损害民事责任公约》(CLC 1969)等的规定				
5.8.1《防止海洋倾倒废弃物和其他物质造成污染的公约》的规定	√	√	√	√
5.8.2《1969年国际干预公海油污事故公约》的规定	√	√	√	√
5.8.3《1973年干预公海非油类物质污染议定书》的规定	√	√	√	√
5.8.4《1969年国际油污损害民事责任公约》的规定	√	√	√	√
5.8.5 防止船舶污染环境的方法和辅助设备				
5.8.5.1 船舶防污染技术	√	√	√	√
5.8.5.2 油水分离器的操作	√	√	√	√

考试大纲	适用对象			
	8501	8502	8503	8504
5.8.5.3 焚烧炉的操作、维护与保养	√	√	√	√
5.8.5.4 生活污水处理装置的操作、维护与保养	√	√	√	√
5.8.5.5 油水分离器的维护与保养	√	√		
5.9 为实施国际协议和公约的国内立法				
5.9.1《中华人民共和国海洋环境保护法》	√	√	√	√
5.9.2《防治船舶污染海洋环境管理条例》	√	√	√	√
5.9.3《中华人民共和国船舶及其有关作业活动污染海洋环境防治管理规定》	√	√	√	√
5.9.4《中华人民共和国海上船舶污染事故调查处理规定》	√	√	√	√
5.9.5《中华人民共和国船舶安全营运和防止污染管理规则》	√	√	√	√
5.9.6《中华人民共和国海上交通安全法》	√	√	√	√
5.9.7《中华人民共和国海上交通事故调查处理条例》	√	√	√	√
5.9.8 其他国内立法	√	√	√	√
6 保持船员和旅客的安全、保安及救生、消防和其他安全系统的工作状态				
6.1 关于救生设备和装置有关规定的知识(SOLAS)——LSA 规则			√	√
6.2 消防和弃船演习相关知识和技能的更新				
6.2.1 消防演习相关知识和技能的更新	√	√	√	
6.2.2 弃船演习相关知识和技能的更新	√	√	√	
6.3 救生、消防和其他安全系统维护的相关知识,包括 SOLAS 公约训练手册中安全设备的使用和维护、船上救生/消防和其他安全系统的维修程序和检查时间表				
6.3.1 救生系统维护的相关知识	√	√	√	√
6.3.2 消防系统维护的相关知识	√	√	√	√
6.3.3 SOLAS 公约训练手册中安全设备的使用和维护	√	√	√	√

考试大纲	适用对象			
	8501	8502	8503	8504
6.3.4 船上救生/消防和其他安全系统的检查、维修程序和检查表、检查时间表	√	√	√	√
6.4 在紧急情况下保护所有船上人员安全应采取的行动	√	√	√	√
6.5 在失火、爆炸、碰撞或搁浅时限制损害与救助船舶的行动				
6.5.1 在失火、爆炸、碰撞或搁浅时限制损害与救助船舶的行动(大管轮)			√	√
6.5.2 在失火、爆炸、碰撞或搁浅时限制损害与救助船舶的处置程序和方法(轮机长)	√	√		
6.5.3 弃船的步骤			√	√
6.5.4 弃船操作时,机舱的操作程序及处置措施	√	√		
6.6 承担对船上旅客召集管理的船员的职责,包括:警告旅客、确保所有旅客分散撤离、引导旅客到集合站、维持通道秩序,检查旅客着装并正确穿着救生衣、清点旅客人数、引导旅客依次登上救生艇筏等	√			
7 制订应急与损害控制计划和处理紧急情况				
7.1 应急反应计划的准备				
7.1.1 应变部署表和应变任务卡的编制			√	√
7.1.2 主机停止、通风机停止、润滑和燃油驳运泵停止、切断阀、二氧化碳释放、水密门、应急发电机和配电盘、应急消防泵和舱底水泵等遥控操作中船员的职责			√	√
7.1.3 船员在应变部署时的分工			√	√
7.1.4 在特定区域的火灾和/或爆炸、从封闭空间营救受害者、船进水、货物严重移位、海盗的攻击、被另一艘船拖带、恶劣天气损坏、从另一艘船舶或从海上搜救幸存者、船舶搁浅后危险货物的泄漏和溢出、弃船等应急情况下应急计划的编制				
7.1.4.1 在特定区域的火灾和/或爆炸、从封闭空间营救受害者			√	√

考试大纲	适用对象			
	8501	8502	8503	8504
7.1.4.2 船进水、货物严重移位			√	√
7.1.4.3 海盗的攻击、被另一艘船拖带、恶劣天气损坏			√	√
7.1.4.4 从另一艘船舶或从海上搜救幸存者、船舶搁浅后危险货物的泄漏和溢出			√	√
7.1.4.5 弃船（应急计划的编制）			√	√
7.1.5 如何组织训练			√	√
7.1.6 在港出现紧急情况时应采取的行动,如本船发生火灾、附近船舶或相邻的港口设施发生火灾、在什么情况下船应离港出海等				
7.1.6.1 本船发生火灾应采取的行动			√	√
7.1.6.2 附近船舶或相邻的港口设施发生火灾时应采取的行动			√	√
7.1.6.3 在什么情况下船应离港出海			√	√
7.1.6.4 在港出现其他紧急情况时应采取的行动			√	√
7.1.7 应变部署表和应变任务卡的编制依据、要求和方法				
7.1.7.1 应变部署表和应变任务卡的编制依据	√	√		
7.1.7.2 应变部署表和应变任务卡的编制要求和方法	√	√		
7.1.8 应变部署的组织、训练、演习要求和程序				
7.1.8.1 应变部署的组织、训练要求和程序	√	√		
7.1.8.2 应变部署的演习要求和程序	√	√		
7.2 包括损害控制的船舶构造				
7.2.1 在船舶受损后对称进水时的临界条件			√	
7.2.2 船舶进水后什么样的平衡状况可认为是满意的			√	√
8 领导力和管理技能的运用				
8.1 船上人员管理和训练				

考试大纲	适用对象			
	8501	8502	8503	8504
8.1.1 船上人员管理				
8.1.1.1 管理下属并保持良好关系的原则			√	√
8.1.1.2 船员就业的相关要求			√	√
8.1.2 船上训练				
8.1.2.1 可以在船上采用的训练方法			√	√
8.1.2.2 需要培训的内容			√	√
8.1.2.3 训练方法的有效性评价			√	√
8.1.2.4 案例培训			√	
8.1.3 船上人员培训的知识				
8.1.3.1 船上人员培训的种类和方法	√	√		
8.1.3.2 船上人员培训的内容、程序和方法	√	√		
8.2 相关的国际海事公约、建议和国内法规				
8.2.1 ISM规则（大管轮）				
8.2.1.1 ISM规则的原则			√	√
8.2.1.2 ISM规则的内容			√	√
8.2.1.3 ISM规则的应用			√	√
8.2.2 STCW公约				
8.2.2.1 STCW公约的原则	√	√	√	√
8.2.2.2 STCW公约的内容及应用	√	√	√	√
8.2.2.3 STCW公约船上培训和记录	√	√	√	√
8.2.3《2006年海事劳工公约》等相关国际海事公约				
8.2.3.1 船员聘用和聘用条件	√	√	√	√
8.2.3.2 船员遣返的权利	√	√	√	√
8.2.3.3 医疗需求	√	√	√	√
8.2.4 国内法规有关船上人员管理的知识				
8.2.4.1《中华人民共和国劳动法》	√	√	√	√
8.2.4.2《中华人民共和国劳动合同法》	√	√	√	√
8.2.4.3《中华人民共和国船员条例》	√	√	√	√

考试大纲	适用对象			
	8501	8502	8503	8504
8.2.4.4《中华人民共和国海船船员适任考试和发证规则》	√	√	√	√
8.2.4.5《中华人民共和国海船船员值班规则》	√	√	√	√
8.2.4.6《中华人民共和国船员违法记分办法》	√	√	√	√
8.2.4.7 其他与船员管理相关的国内立法和规定	√	√	√	√
8.3 任务和工作量管理的运用				
8.3.1 领导力和团队精神中关于任务和工作量管理的内容	√	√	√	√
8.3.2 设计任务和进行工作量分配时应考虑人的局限性、个人能力、时间和资源限制、优先排序、工作量(休息和疲劳)	√	√	√	√
8.4 有效的资源管理				
8.4.1 有效沟通、船岸通信的内容	√	√	√	√
8.4.2 有效的资源分配、指派和优先排序理论				
8.4.2.1 资源的概念	√	√	√	√
8.4.2.2 资源的分配、指派	√	√	√	√
8.4.2.3 优先排序理论	√	√	√	√
8.4.3 根据团队经验进行决策的理论	√	√	√	√
8.4.4 领导风格和决断能力的理论	√	√	√	√
8.4.5 有关获得和保持情境意识的理论	√	√	√	√
8.4.6 根据不同的场景,完成包括设备使用、人员分工、职责分配、执行步骤等在内的行动预案	√	√		
8.5 决策技巧				
8.5.1 状况与风险评估,状况与风险评估的理论和方法	√	√	√	√
8.5.2 识别和进行选择,识别和进行选择的理论	√	√	√	√
8.5.3 选择行动过程,在决策时选择行动过程的理论	√	√	√	√
8.5.4 评价结果的有效性,实施结果有效性的评价方法	√	√	√	√

考试大纲	适用对象			
	8501	8502	8503	8504
8.6 开发、实施、监督和批准标准操作程序(SOPs),开发、实施、监督和批准标准操作程序的方法				
8.6.1 开发标准操作程序的方法	√	√	√	√
8.6.2 实施标准操作程序的方法	√	√	√	√
8.6.3 为什么有必要对标准操作程序进行监督和批准	√	√	√	√
9 燃油和润滑油				
9.1 燃油和润滑油的物理和化学性质				
9.1.1 船用燃油和润滑油的基本性能指标				
9.1.1.1 船用燃油的基本性能指标	√	√		
9.1.1.2 船用润滑油的基本性能指标	√	√		
9.1.2 船用燃油和润滑油的国内外的相关标准				
9.1.2.1 船用燃油的国内外相关标准	√	√		
9.1.2.2 船用润滑油的国内外相关标准	√	√		
9.2 燃油和润滑油的加装(岸上及船上的取样和测试)				
9.2.1 燃油和润滑油的加装的程序和操作,包括加油前、加油中、加油后的程序、要求和操作				
9.2.1.1 燃油加装前的程序、要求和操作	√	√		
9.2.1.2 燃油加装中的程序、要求和操作	√	√		
9.2.1.3 燃油加装后的程序、要求和操作	√	√		
9.2.1.4 润滑油加装前的程序、要求和操作	√	√		
9.2.1.5 润滑油加装中的程序、要求和操作	√	√		
9.2.1.6 润滑油加装后的程序、要求和操作	√	√		
9.2.2 燃油和润滑油加装过程中取样的方法和计量方法				
9.2.2.1 燃油加装过程中取样的方法和计量方法	√	√		
9.2.2.2 润滑油加装过程中取样的方法和计量方法				
9.2.3 为使机械高效运行,对燃油和滑油质量进行持续监测的重要性和意义				
9.2.3.1 对燃油质量进行持续监测的重要性和意义			√	√

考试大纲	适用对象			
	8501	8502	8503	8504
9.2.3.2 对润滑油质量进行持续监测的重要性和意义			√	√
9.2.4 对燃油和润滑油进行测试的程序,包括黏度、油中含水量、密度、凝点、总碱值(TBN)、微生物污染和其他污染				
9.2.4.1 对燃油进行测试的程序			√	√
9.2.4.2 对润滑油进行测试的程序			√	√
9.3 测试结果的解释				
9.3.1 燃油和润滑油化验方法及其应用需要				
9.3.1.1 燃油化验方法及其应用需要	√	√		
9.3.1.2 润滑油化验方法及其应用需要	√	√		
9.3.2 燃油和润滑油化验结果的分析和使用方法				
9.3.2.1 燃油化验结果的分析和使用方法	√	√		
9.3.2.2 润滑油化验结果的分析和使用方法	√	√		
9.3.3 可用于燃油和滑油测试的实验室设备及可确定的特性参数,在维护计划中怎样解释和如何利用测试结果				
9.3.3.1 可用于燃油测试的实验室设备及可确定的特性参数			√	√
9.3.3.2 可用于润滑油测试的实验室设备及可确定的特性参数			√	√
9.3.3.3 在维护计划中怎样解释和如何利用燃油的测试结果			√	√
9.3.3.4 在维护计划中怎样解释和如何利用润滑油的测试结果			√	√
9.3.4 船舶简易化验设备使用的程序,化验结果的特性参数				√
9.4 燃油和润滑油的处理方法,包括存储、离心分离、混合、预处理和处理				

考试大纲	适用对象			
	8501	8502	8503	8504
9.4.1 燃油的日常管理(燃油的处理)	√	√	√	√
9.4.2 润滑油的日常管理(润滑油的处理)	√	√	√	√
9.4.3 分油机的操作,影响最佳分离效果的因素	√	√	√	√
9.4.4 船上燃料混合器和替代燃料处理设备的操作及功能	√	√	√	√
9.5 微生物感染的污染物				
9.5.1 微生物对燃油和润滑油的危害处理方法				
9.5.1.1 微生物对燃油的危害及处理方法	√	√	√	√
9.5.1.2 微生物对润滑油的危害及处理方法	√	√	√	√
9.5.2 处理滑油中含水、滑油中含燃油/固体碎片或其他污染物的程序,不可接受的程度和可能的后果				
9.5.2.1 处理滑油中含水、滑油中含燃油/固体碎片或其他污染物的程序			√	√
9.5.2.2 不可接受的程度和可能的后果			√	√
9.5.3 滑油被微生物污染的原因、症状和影响,对已被微生物污染的滑油的处理方法				
9.5.3.1 滑油被微生物污染的原因、症状和影响			√	√
9.5.3.2 对已被微生物污染的滑油的处理方法			√	√
9.6 油料、物料、备件的管理				
9.6.1 燃油的申领、加装和使用管理				
9.6.1.1 燃油的申领			√	√
9.6.1.2 燃油的加装			√	√
9.6.1.3 燃油的使用管理			√	√
9.6.2 润滑油的申领、加装、使用管理、取样和化验				
9.6.2.1 润滑油的申领、加装、使用管理			√	√
9.6.2.2 润滑油的取样和化验			√	√
9.6.3 物料、工具、备件的申领、接收和使用管理				
9.6.3.1 物料、工具、备件的申领和接收			√	√

考试大纲	适用对象			
	8501	8502	8503	8504
9.6.3.2 物料、工具、备件的使用管理			√	√
9.6.4 船舶机务管理系统			√	√
9.7 岸上及船上的取样和测试	√	√		
9.8 航次计划相关内容,包括各种报表、检查表等			√	√
10 舱底水和压载水的操作管理				
10.1 舱底水和压载水相关的国际公约和国内法规的有关规定和操作				
10.1.1 舱底水相关的国际公约的有关规定和操作	√	√		
10.1.2 舱底水相关的国内法规的有关规定和操作	√	√		
10.1.3 压载水相关的国际公约的有关规定和操作	√	√		
10.1.4 压载水相关的国内法规的有关规定和操作	√	√		
10.2 海上油污染国际公约和国内法规的有关规定及操作				
10.2.1 海上油污染国际公约的有关规定及操作	√	√		
10.2.2 海上油污染国内法规的有关规定及操作	√	√		
10.3 生活污水相关的国际公约和国内法规的有关规定和操作				
10.3.1 生活污水相关的国际公约的有关规定和操作	√	√		
10.3.2 生活污水相关的国内法规的有关规定和操作	√	√		
10.4 包括泵和管系的操作和维护				
10.4.1 海上油污染的防治				
10.4.1.1 舱底水和压载水排放的原则			√	√
10.4.1.2 当调驳或加装燃油和润滑油时应采取的预防措施			√	√
10.4.1.3 对油水分离器的要求			√	√
10.4.1.4 泵的类型如何影响含油污水的乳化			√	√
10.4.1.5 油的温度、相对密度和颗粒大小如何影响油分离过程			√	√
10.4.1.6 二级和三级自动油水分离器的工作原理			√	√

考试大纲	适用对象			
	8501	8502	8503	8504
10.4.1.7 油水分离器为何安装减压装置和安装在何处			√	√
10.4.1.8 聚结器的作用			√	√
10.4.1.9 油水分离器油位检测探头的用途和原理			√	√
10.4.1.10 自动阀是如何控制和操作的			√	√
10.4.1.11 油水分离系统采取的保护措施			√	√
10.4.1.12 油水分离器的自动清洗			√	√
10.4.2 生活污水和污泥系统的操作和维护				
10.4.2.1 生活污水贮存系统			√	√
10.4.2.2 为什么使用真空抽吸系统			√	√
10.4.2.3 使用粉碎机和加氯处理的方法			√	√
10.4.2.4 生物化学处理装置的工作过程			√	√
10.4.2.5 生物化学处理装置的污泥如何处置			√	√
10.4.2.6 生物化学处理装置为什么应保持连续工作			√	√
10.4.2.7 会影响处理过程的污染物种类			√	√
10.4.2.8 化学处理装置的操作			√	√
10.4.2.9 可焚烧的废弃物			√	√
10.4.2.10 液体和固体废物如何在焚烧炉里焚烧			√	√
11 材料技术				
11.1 材料技术在船舶建造及维修中的应用				
11.1.1 常见的制造技术,包括焊接、锻造、铸造			√	√
11.1.2 常见的修复技术				
11.1.2.1 电镀工艺			√	√
11.1.2.2 热喷涂工艺			√	√
11.1.2.3 焊补工艺			√	√
11.1.2.4 金属扣合工艺			√	√
11.1.2.5 塑性变形修复			√	√
11.1.2.6 黏结修复			√	√

考试大纲	适用对象			
	8501	8502	8503	8504
11.1.2.7 研磨技术			√	√
11.1.2.8 修复方法			√	√
12 航运公司船舶安全营运与防污染管理				
12.1 航运公司简介				
12.1.1 航运公司经营资质与许可	√	√		
12.1.2 航运公司的模式	√	√		
12.1.3 航运公司管理机构	√	√		
12.1.4 航运公司日常营运管理过程	√	√		
12.2 航运公司岸基管理				
12.2.1 人力资源管理	√	√		
12.2.2 海务管理	√	√		
12.2.3 机务管理	√	√		
12.2.4 航运管理	√	√		
12.2.5 岸基行政管理	√	√		
12.2.6 体系管理	√	√		
12.2.7 应急准备与反应	√	√		
12.3 航运公司船舶管理				
12.3.1 船舶日常营运介绍	√	√		
12.3.2 船舶安全管理组织机构及其职责	√	√		
12.3.3 船舶管理活动的实施	√	√		
12.3.4 特殊船舶的管理	√	√		
12.4 安全管理体系建立与实施				
12.4.1 管理体系基础知识	√	√		
12.4.2 安全管理体系的建立	√	√		
12.4.3 安全管理体系运行和保持	√	√		
13 收集和报告船舶能耗数据				
13.1 船舶能效概念	√	√		
13.2 船舶节能减排的概念	√	√		

考试大纲	适用对象			
	8501	8502	8503	8504
13.3 船舶能耗数据收集范围和收集方法	√	√		
13.4 数据质量保证计划	√	√		
13.5 船舶能耗数据报告的内容、程序和格式要求	√	√		
14 ISM/NSM 规则				
14.1 ISM 规则简介				
14.1.1 ISM 规则产生的背景与形成的过程			√	√
14.1.2 ISM 规则适用范围和实施日期			√	√
14.1.3 ISM 规则的目标、要求与特点			√	√
14.2 NSM 规则简介				
14.2.1 NSM 规则产生的背景			√	√
14.2.2 ISM 规则与 NSM 规则的联系和区别			√	√
14.2.3 NSM 规则适用范围和实施日期			√	√
14.3 ISM（或 NSM）规则理解				
14.3.1 总则			√	√
14.3.2 安全和环境保护方针			√	√
14.3.3 公司的责任和权力			√	√
14.3.4 指定人员			√	√
14.3.5 船长的责任和权力			√	√
14.3.6 资源和人员			√	√
14.3.7 船上操作方案的制定			√	√
14.3.8 应急准备			√	√
14.3.9 不符合规定情况、事故和险情的报告和分析			√	√
14.3.10 船舶和设备的维护			√	√
14.3.11 文件			√	√
14.3.12 公司审核、复查和评价			√	√
14.3.13 发证和期间审核			√	√
14.3.14 临时发证			√	√
14.3.15 审核			√	√
14.3.16 证书格式			√	√

船舶管理(750 kW 及以上船舶二/三管轮)

8505:无限航区 750 kW 及以上船舶二/三管轮
8506:沿海航区 750 kW 及以上船舶二/三管轮

考试大纲	适用对象	
	8505	8506
1 保持安全的轮机值班		
1.1 保持轮机安全值班		
1.1.1 航行与锚泊时保持轮机安全值班须遵守的规则,包括接班职责、值班职责、轮机日志的记录、交班职责等	√	√
1.1.2 国际公约和国内法律、法规规定的值班标准,包括 STCW 公约和《中华人民共和国海船船员值班规则》对值班的有关规定	√	√
1.1.3 值班的重要性、法规性和值班安排,以及值班时对穿着、身体机能、意识等的要求	√	√
1.2 安全及应急程序		
1.2.1 机舱各设备的应急状态		
1.2.1.1 全船失电	√	√
1.2.1.2 其他设备的应急状态	√	√
1.2.2 应急程序与计划的响应与行动		
1.2.2.1 全船失电时的应急程序与计划的响应与行动	√	√
1.2.2.2 其他设备出现应急状况的应急程序与计划的响应与行动	√	√
1.2.3 将各系统的遥控/自动控制转换为本地控制的方法	√	√
1.2.4 将船舶推进控制系统的各部件/装置从系统中隔离并进行手动控制的方法	√	√
1.2.5 机舱各设备在电源或动力失效时的立刻补救及应急程序	√	√
1.2.6 紧急状况下机舱主要装置或设备诸如管系、控制系统等必要的隔离程序或措施	√	√

考试大纲	适用对象	
	8505	8506
1.2.7 舵机设备在全船断电或其他导致动力故障时立刻进行恢复的应急程序,以及在机旁进行遥控自动舵与手动舵的转换操作应急程序	√	√
1.3 轮机值班时的安全及快速反应措施		
1.3.1 接班前巡回检查及值班时定期巡回检查的重要性	√	√
1.3.2 与驾驶台和轮机长进行通信联络的方法	√	√
1.3.3 值班轮机员需保持的动机和心态	√	√
1.3.4 机舱各设备的所有运行参数以及其他机舱人员的工作任务状况	√	√
1.3.5 机舱结构,包括机舱应急逃生通道位置及机舱应急设备布置	√	√
1.3.6 消防设备的布置以及灭火器的种类和数量	√	√
1.3.7 当船舶发生火灾、人员落水、堵漏等事故时需采取的应急措施,特别是为降低损失而采取的正确应急措施	√	√
1.3.8 当船舶发生溢油事故时为遏制油污扩散应采取的必要措施,包括通信联络信息和报告、遏制油污扩散专用设备的准备、甲板泄水管的塞堵及油管系统的切断	√	√
1.4 机舱资源管理		
1.4.1 机舱资源管理的原则	√	√
1.4.2 机舱资源管理的重要性(从保持轮机安全值班的角度)	√	√
1.4.3 机舱资源管理中应包含的各种资源	√	√
1.4.4 人员管理、信息管理及设备管理	√	√
1.4.5 机舱资源管理的原则知识,包括资源的分配、分派和优先排序,有效的沟通,决断力和领导力,情境意识的获得及保持,团队合作经验	√	√
2 使用内部通信系统		
2.1 船舶内部通信系统的组成、作用和位置分布		
2.1.1 船内电话通信系统:声力电话、自动电话、指挥电话	√	√

考试大纲	适用对象	
	8505	8506
2.1.2 船舶操纵信号设备：电气传令钟、舵角指示器、主机转速测量系统、调距桨传令钟和指示器	√	√
2.1.3 电气信号装置：通用紧急报警系统、火灾自动报警系统、灭火剂释放报警系统、探火系统报警、机器报警、呼叫系统	√	√
2.1.4 船用广播系统	√	√
2.2 船舶内部通信系统的使用方法	√	√
3 操作主机和辅机及其相关的控制系统（推进装置及控制系统的安全操作与应急程序）		
3.1 主机的安全保护项目与安全保护功能		
3.1.1 造成主机自动减速和停车的安全保护项目	√	√
3.1.2 主机自动、手动减速和停车功能的实现	√	√
3.1.3 主机自动减速和停车的表现及对装置的影响	√	√
3.1.4 主机减速和停车的恢复程序	√	√
3.2 电力故障（全船停电）		
3.2.1 船舶的电力供应及备用系统	√	√
3.2.2 发电机控制系统及电力分配系统	√	√
3.2.3 全船停电的瞬态表现及原因	√	√
3.2.4 全船停电后备用发电机组的自动与手动启动程序	√	√
3.3 其他设备及装置的应急程序		
3.3.1 全船停电情况下分油机和换热器的应急操作程序	√	√
3.3.2 控制空气故障情况下控制系统的操作程序	√	√
3.3.3 空气渗入情况下冷却系统的操作程序	√	√
3.3.4 滤器堵塞等情况下的操作程序	√	√
4 燃油系统、滑油系统、压载水系统和其他泵系及其相关控制系统的操作		
4.1 舱底水、压载水及燃油加装系统的操作		
4.1.1 舱底水系统的用途、组成与布置特点	√	√

考试大纲	适用对象	
	8505	8506
4.1.2 压载水系统的用途、组成与布置特点	√	√
4.1.3 日用海淡水系统的用途、组成与布置特点	√	√
4.1.4 海水、淡水在船上的存放位置	√	√
4.1.5 消防管系的用途、组成与布置特点	√	√
4.1.6 国际公约对消防泵数量、应急消防泵的驱动方式与位置的要求	√	√
4.1.7 燃油的加装、储存与驳运方法及注意事项		
4.1.7.1 燃油的加装及注意事项	√	√
4.1.7.2 燃油的储存与驳运方法及注意事项	√	√
4.2 油水分离器及类似设备的操作		
4.2.1 对油水分离器及类似设备的要求	√	√
4.2.2 油水分离器及类似设备的结构、工作原理和组成部件		
4.2.2.1 油水分离器及类似设备的结构和组成部件	√	√
4.2.2.2 油水分离器及类似设备的工作原理	√	√
4.2.3 油水分离器及类似设备使用的供水泵和油分检测仪	√	√
4.2.4 油水分离器及类似设备的操作	√	√
4.2.5 含油污水的排放要求	√	√
4.2.6 排放舱底水时必须在油类记录簿上记录的内容	√	√
5 用于船上加工和修理的手动工具、机械工具及测量仪表的适当使用		
5.1 船舶系统及组件装配和修理时应考虑的材料特性与参数		
5.1.1 管路装配		
5.1.1.1 管路装配的安全知识	√	√
5.1.1.2 确定管路最小弯曲半径和选择过滤器的方法	√	√
5.1.1.3 管件弯折、清除填料与残留物、检查缺陷的方法	√	√
5.1.1.4 管路退火、正火或消除应力的处理方法	√	√
5.2 船舶安全应急/临时维修方法		

考试大纲	适用对象	
	8505	8506
5.2.1 应急/临时维修的含义、与永久维修的区别及实施时应考虑的问题	√	√
5.2.2 可用于管道、阀件、冷却器和烟管锅炉的紧急/临时维修材料	√	√
5.2.3 海水吸入阀泄漏时的紧急/临时维修方法及在船舶漂浮状态下的更换方法	√	√
5.3 确保安全工作环境及使用手动工具、机床、测量仪器需采取的安全措施		
5.3.1 机加工工具的电源控制	√	√
5.3.2 "开"与"关"按钮的基本区别	√	√
5.3.3 "紧急停止"按钮的位置和用途	√	√
5.3.4 维修中应采取的安全措施		
5.3.4.1 工作间:配置急救箱、灭火器,有合适的照明和通风	√	√
5.3.4.2 工作人员:使用手动工具、机床、测量仪器需采取的安全措施,穿戴个人防护装备	√	√
5.4 各类密封剂及填料的使用		
5.4.1 各类密封剂、密封垫片及密封填料	√	√
5.4.2 密封垫片和密封填料的区别	√	√
5.4.3 密封填料(包括各种类型的O形密封圈、压盖填料、机械密封、油密封及迷宫密封)的使用方法	√	√
5.4.4 密封垫片(包括各种类型的非金属密封垫片、有色金属密封垫片、金属密封垫片及半金属密封垫片)的使用方法	√	√
5.4.5 密封剂(包括各种类型的密封剂、液力密封及密封胶带)的使用方法	√	√
5.5 维护保养与修理应采取的安全措施		
5.5.1 国际安全管理规则(ISM规则)		
5.5.1.1 ISM规则的产生背景与发展过程	√	

考试大纲	适用对象	
	8505	8506
5.5.1.2 ISM 规则的主要内容	√	
5.5.2 安全管理体系（SMS）		
5.5.2.1 SMS 的建立方法及包含的各种文件	√	√
5.5.2.2 关于船舶制造和维修安全措施的各种文件和检查单	√	√
5.5.3 《中华人民共和国船舶安全营运和防止污染管理规则》（NSM 规则）		
5.5.3.1 NSM 规则的产生背景与发展过程	√	√
5.5.3.2 NSM 规则的主要内容	√	√
5.5.4 采取的安全措施		
5.5.4.1 风险评估方法在确定维护和维修的安全措施时的应用	√	√
5.5.4.2 安全会议对维护和维修工作的重要意义	√	√
5.5.4.3 基于安全管理体系的安全措施，包括防护设备、照明准备、防滑措施、安全程序准备、设置安全屏障、安全工作平台的准备、对将要维护/维修的机器设备进行机械和电力隔离以及前期检查	√	√
5.5.4.4 应采取的安全措施与设备特点的关系	√	√
5.6 船舶机械和设备的维护与修理、紧固		
5.6.1 各种类型的螺纹紧固件	√	√
5.6.2 多组螺栓的上紧顺序和上紧度	√	√
5.7 管理的基本原则		
5.7.1 管理的人本原则	√	√
5.7.2 管理的系统原则	√	√
5.7.3 管理的效益原则	√	√
5.8 管理体系概述		
5.8.1 管理体系的定义	√	√
5.8.2 管理体系的相关术语	√	√
5.8.3 相关管理体系介绍	√	√

考试大纲	适用对象	
	8505	8506
5.9 安全管理体系		
5.9.1 安全管理体系的定义	√	√
5.9.2 安全管理体系的功能	√	√
6 确保遵守防污染要求		
6.1 防止海洋环境污染应采取的预防措施的知识		
6.1.1 MARPOL 公约及其附则		
6.1.1.1 MARPOL 公约的功用、基本架构、适用范围	√	√
6.1.1.2 附则Ⅰ——防止油污染规则有关规定	√	√
6.1.1.3 附则Ⅱ——控制散装有毒液体物质污染规则有关规定	√	√
6.1.1.4 附则Ⅲ——防止海运包装有害物质污染规则有关规定	√	√
6.1.1.5 附则Ⅳ——防止船舶生活污水污染规则有关规定	√	√
6.1.1.6 附则Ⅴ——防止船舶垃圾污染规则有关规定	√	√
6.1.1.7 附则Ⅵ——防止船舶造成大气污染规则有关规定	√	√
6.1.2 各国采用的公约和法规		
6.1.2.1《防止倾倒废弃物和其他物质污染海洋公约》(伦敦倾废公约)(LDC)	√	
6.1.2.2《1969 年国际干预公海油污染事故公约》	√	
6.1.2.3《1969 年国际油污染损害民事责任公约》(CLC 1969)	√	
6.1.2.4《国际油污染预防、反应和合作公约》(OPRC)及修正案(OPRC-HNS)	√	
6.1.2.5《1990 年油污法》(OPA 1990)和其他美国法规	√	
6.1.3 中华人民共和国防污染法规有关规定		
6.1.3.1《中华人民共和国海洋环境保护法》	√	√
6.1.3.2《防治船舶污染海洋环境管理条例》	√	√

考试大纲	适用对象	
	8505	8506
6.1.3.3《中华人民共和国船舶及其有关作业活动污染海洋环境防治管理规定》	√	√
6.1.3.4 其他国内立法	√	√
6.2 防污染程序及相关设备		
6.2.1 排油控制		
6.2.1.1 MARPOL 73/78 公约有关排油控制的规定	√	√
6.2.1.2 特别敏感区域(PSSA)的含义	√	√
6.2.1.3 防止油污染的方法和将机器处所的油和油类混合物排放至特殊区域外和特殊区域内的要求	√	√
6.2.1.4 污水储存舱和油水分离器	√	√
6.2.1.5 MARPOL 73/78 公约有关排油监控系统、滤油设备的规定	√	√
6.2.1.6 MARPOL 73/78 公约有关船舶在碰撞或搁浅事件中防止油污染的规定和有关现有油船在碰撞或搁浅事件防止油污染的规定	√	√
6.2.1.7 MARPOL 73/78 公约有关将油留存在船的规定	√	√
6.2.2 油类记录簿		
6.2.2.1 对船舶配置油类记录簿的规定	√	√
6.2.2.2 油类记录簿的填写	√	√
6.2.3 船舶防止油污染应急计划(SOPEP)、船舶海洋污染应急计划(SMPEP)和船舶反应计划(VRP)		
6.2.3.1 对船舶配置 SOPEP 的有关规定及其主要内容	√	√
6.2.3.2 对船舶配置 SMPEP 的有关规定及其主要内容	√	√
6.2.3.3 对船舶配置 VRP 的有关规定及其主要内容	√	√
6.2.4 污水处理装置、焚烧炉和压载水处理装置的操作程序		
6.2.4.1 生活污水处理系统的作用、工作原理、及对生活污水的排放要求、操作方法	√	√
6.2.4.2 焚烧炉的作用和工作原理、操作方法	√	√
6.2.4.3 压载水处理装置的作用和工作原理、操作方法	√	√

考试大纲	适用对象	
	8505	8506
6.2.5 挥发性有机化合物(VOC)管理计划、垃圾管理计划、防海生物沾污系统、压载水管理及其排放标准		
6.2.5.1 VOC 的成分、物理特性、来源及 VOC 管理计划的相关要求	√	√
6.2.5.2 垃圾管理计划的主要内容及垃圾记录簿的填写要求	√	√
6.2.5.3 国际公约对防海生物(附着)玷污系统的使用要求、使用方法	√	√
6.2.5.4 《压载水管理公约》的有关规定,压载水处理装置的操作与记录	√	√
6.3 保护海洋环境的积极措施,在下列作业过程中,应采取的保护海洋环境的积极措施		
6.3.1 装/卸化学品和危险货物	√	√
6.3.2 油舱清洗	√	√
6.3.3 货舱清洗	√	√
6.3.4 驱气和除气	√	√
7 保持船舶的适航性		
7.1 船舶稳性、纵倾和应力表		
7.1.1 排水量		
7.1.1.1 排水量的概念与分类	√	√
7.1.1.2 各种排水量与载重量之间的对应关系	√	√
7.1.1.3 每厘米吃水吨位的概念	√	√
7.1.1.4 方形系数的概念	√	√
7.1.1.5 排水量、尺度和方形系数之间的关系	√	√
7.1.2 浮力		
7.1.2.1 浮力的概念	√	√
7.1.2.2 储备浮力、干舷高度、载重线的概念	√	√
7.1.2.3 保持水密完整性的要求及破舱稳性的要求	√	√

考试大纲	适用对象	
	8505	8506
7.1.3 淡水吃水余量		
7.1.3.1 淡水与海水密度的差别	√	√
7.1.3.2 船舶从海水驶入淡水及从淡水驶入海水中时部分参数的变化,包括吃水、每厘米吃水吨位等	√	√
7.1.4 静稳性		
7.1.4.1 船舶重心、浮心的概念及影响其位置的因素	√	√
7.1.4.2 稳性、横倾复原力臂 GZ、横倾复原力矩的概念及影响因素	√	√
7.1.5 初稳性		
7.1.5.1 初稳性、横向稳心、稳心距龙骨的高度 KM 的概念	√	√
7.1.5.2 初稳性高度 GM 的概念、作用、影响因素、获取方法及建议的最小值	√	√
7.1.6 重心的移动		
7.1.6.1 导致船舶重心移动的原因	√	√
7.1.6.2 重心移动的计算方法	√	√
7.1.6.3 重心距龙骨的高度 KG 的概念及在航行中引起 KG 变化的因素	√	√
7.1.7 横倾及其纠正		
7.1.7.1 横倾力矩、横倾角的计算方法	√	√
7.1.7.2 消除横倾的方法	√	√
7.1.7.3 横倾角与吃水的关系	√	√
7.1.8 未装满液体舱柜的影响		
7.1.8.1 装满液体舱柜的特性和未装满液体舱柜的特性	√	√
7.1.8.2 自由液面的概念及其重心高度、稳心高度的影响	√	√
7.1.8.3 减小自由液面影响而采取的常用措施	√	√
7.1.9 纵倾		
7.1.9.1 吃水差的概念及影响因素	√	√
7.1.9.2 漂心的概念及通过静水力曲线获取漂心位置的方法	√	√

考试大纲	适用对象	
	8505	8506
7.1.9.3 纵倾力矩、每厘米纵倾力矩（MTC 1 cm）的概念及获取方法	√	√
7.1.9.4 船舶吃水、吃水差的计算方法	√	√
7.1.10 完整浮力的丧失,船舶丧失部分完整浮力时应采取的行动,如迅速关闭舱室水密门、阀或其他开口,立即使用防横倾系统（如果有）等	√	√
7.2 船舶构造		
7.2.1 船舶尺度和船型		
7.2.1.1 船舶的分类	√	√
7.2.1.2 不同船型的总体布置、纵剖面图和平面布置图,包括杂货船、油船、散货船、混装船、集装箱船、滚装船、客船等	√	√
7.2.1.3 船舶的主要构件及主要舱室的位置	√	√
7.2.1.4 船舶尺度的分类与主要参数	√	√
7.2.2 船舶强度		
7.2.2.1 剪力和弯矩的概念	√	√
7.2.2.2 中拱与中垂产生原因及对船舶结构的影响	√	√
7.2.2.3 船体受到的水压负载和舱柜受到的液体压力负载	√	√
7.2.2.4 船舶受到的冲击、砰击及振动力	√	√
7.2.2.5 船舶的局部应力	√	√
7.2.2.6 腐蚀的含义、成因及减少船舶腐蚀的方法	√	√
7.2.3 船体结构		
7.2.3.1 船体结构形式,包括纵骨架、横骨架和混合骨架式船体结构	√	√
7.2.3.2 船体结构和构件的分类	√	√
7.2.3.3 船体外板、甲板板、船底结构、甲板结构、舱壁结构、支柱、舷墙与栏杆等处的主要结构零件	√	√
7.2.3.4 船舶使用的标准型钢	√	√

考试大纲	适用对象	
	8505	8506
7.2.4 船首及船尾		
7.2.4.1 作用于船首的外力及首端结构	√	√
7.2.4.2 作用于船尾的外力及尾端结构	√	√
7.2.5 船舶附件		
7.2.5.1 舱口、舱盖的类型与布置	√	√
7.2.5.2 货船的舱底管系、压载管系和消防系统的布置	√	√
7.2.5.3 舱柜测量管、空气管的结构和布置	√	√
7.2.5.4 系缆设备、锚设备的主要部件与布置	√	√
7.2.5.5 桅杆、吊杆柱、吊杆、甲板起重机的结构与布置	√	√
7.2.6 舵与轴隧		
7.2.6.1 舵的作用和分类	√	√
7.2.6.2 舵设备的结构与布置	√	√
7.2.6.3 轴隧的结构特点和作用	√	√
7.2.7 载重线及吃水标志		
7.2.7.1 干舷、勘定的夏季干舷、干舷甲板的概念	√	√
7.2.7.2 载重线标志及勘绘载重线标志的意义	√	√
7.2.7.3 水尺的识读方法	√	√
8 监督遵守法定要求		
8.1 有关海上人命安全、保安和海洋环境保护的 IMO 公约的基本知识		
8.1.1 海事相关法规简介		
8.1.1.1 国际公约的性质和意义	√	
8.1.1.2 国际公约与国家法规之间的关系	√	
8.1.1.3 海事国际公约的发起者,包括国际海事组织(IMO)、国际劳工组织(ILO)、国际海事委员会(CMI)、联合国	√	
8.1.1.4 船旗国管辖权、沿海国管辖权和港口国管辖权	√	√
8.1.1.5 海事法规的实施方式	√	√

考试大纲	适用对象	
	8505	8506
8.1.1.6 船舶的营运受到国际公约、船旗国法规和国家法规的控制	√	√
8.1.2 海洋法		
8.1.2.1 有关海洋法的公约	√	√
8.1.2.2 下列概念：领海和毗连区、国际海峡、专属经济区和大陆架、公海	√	√
8.1.2.3 海洋法对海洋环境的预防和保护要求	√	√
8.1.3 《1966 年国际载重线公约》（LL 1966）		
8.1.3.1 《1966 年国际载重线公约》的意义	√	√
8.1.3.2 《1966 年国际载重线公约》的有关要求	√	√
8.1.4 经修订的《1974 年海上人命安全公约》（SOLAS 公约）		
8.1.4.1 SOLAS 公约的产生背景和修订过程	√	√
8.1.4.2 SOLAS 公约的有关要求	√	√
8.1.4.3 SOLAS 公约第Ⅱ-1 节有关分舱与稳性、机电设备的要求	√	√
8.1.4.4 SOLAS 公约第Ⅱ-2 节有关防火、探火和灭火的要求	√	√
8.1.4.5 SOLAS 公约第Ⅲ章有关救生设备与装置的要求	√	√
8.1.4.6 SOLAS 公约第Ⅵ章 C 部分有关谷物运输的要求	√	√
8.1.4.7 SOLAS 公约第Ⅶ章有关危险品运输的要求	√	√
8.1.5 商船海员安全工作守则（COSWP）		
8.1.5.1 商船海员安全工作守则的意义	√	√
8.1.5.2 商船海员安全工作守则的有关内容	√	√
8.1.6 经修订的 1978 年 STCW 公约		
8.1.6.1 STCW 公约的产生背景和修订过程	√	√
8.1.6.2 STCW 公约的有关要求	√	√
8.1.7 《国际船舶和港口设施保安规则》（ISPS 规则）		
8.1.7.1 ISPS 规则的产生背景	√	√

考试大纲	适用对象	
	8505	8506
8.1.7.2 ISPS 规则的有关要求	√	√
8.1.8 港口国监督(PSC)		
8.1.8.1 港口国监督的由来和现状	√	
8.1.8.2 港口国监督的法律依据	√	
8.1.8.3 港口国监督程序	√	
8.1.8.4 实施港口国监督的有关规定	√	
8.1.9《中华人民共和国船舶安全监督规则》		
8.1.9.1 船旗国监督的由来和现状	√	√
8.1.9.2《中华人民共和国船舶安全监督规则》的有关要求	√	√
8.1.10 船舶检验		
8.1.10.1 船舶检验的目的和检验机构	√	√
8.1.10.2 船舶检验的种类	√	√
8.1.10.3 船级符号和附加标志	√	√
8.1.10.4 船舶适航必备的证书	√	√
8.1.11 海员职业道德、心理素养、船员纪律的一般知识	√	√
9 领导力和团队工作技能的运用		
9.1 船上人员管理及训练		
9.1.1 船员组织机构、权威机构和岗位职责		
9.1.1.1 典型的船舶组织机构	√	√
9.1.1.2 不同船员的等级及其岗位职责	√	√
9.1.1.3 船舶命令链	√	√
9.1.2 文化意识、内在特质、态度、行为和跨文化沟通		
9.1.2.1 文化意识	√	√
9.1.2.2 内在的文化特质	√	√
9.1.2.3 内在特质、态度和行为之间的关系	√	√
9.1.2.4 在跨文化沟通中需要注意的方面,尤其是在船上	√	√
9.1.3 船上环境和非正式的社会结构		
9.1.3.1 多文化船员的非正式社会结构	√	√

考试大纲	适用对象	
	8505	8506
9.1.3.2 非正式社会结构需要被认可、被允许的原因	√	√
9.1.3.3 改进跨文化人际关系的做法	√	√
9.1.4 人为失误、情境意识、自动化意识、自满和厌倦		
9.1.4.1 活跃因素和潜在状况的概念	√	√
9.1.4.2 疏忽失误和行为失误的概念	√	√
9.1.4.3 失误链及其成因	√	√
9.1.4.4 在即将发生失误时应采取的措施	√	√
9.1.4.5 自动化、自满和厌倦之间的联系	√	√
9.1.4.6 为应对自满和厌倦需采取的措施	√	√
9.1.5 领导力和团队工作		
9.1.5.1 领导力的概念	√	√
9.1.5.2 领导素质,包括自我意识、情境意识、人际交往技能、激励和尊重	√	√
9.1.5.3 领导特征,包括外表、魄力、决断力和情感智力	√	√
9.1.5.4 领导技巧,包括以身作则、设定预期、提供监督和授权	√	√
9.1.5.5 团队行为和群体行为的区别	√	√
9.1.5.6 在船上进行团队合作的优点	√	√
9.1.5.7 固定团队和任务小组之间的区别	√	√
9.1.5.8 "船员都是船舶团队的一员"的含义	√	√
9.1.5.9 良好团队沟通的重要作用	√	√
9.1.6 培训及有组织的船上培训计划		
9.1.6.1 有组织的船上培训的重要性	√	√
9.1.6.2 如何有效实施有组织的船上培训	√	√
9.1.6.3 为实施有组织的船上培训,管理级船员应担负的责任	√	√
9.1.6.4 在船上培训时需要的辅导与指导	√	√
9.1.6.5 如何评估被培训人员的学习效果	√	√

考试大纲	适用对象	
	8505	8506
9.1.6.6 如何记录和报告被培训人员的学习效果	√	√
9.1.6.7 公司如何介入有组织的船上培训	√	√
9.1.6.8 培训计划的调整	√	√
9.2 相关国际公约及建议,国内法规		
9.2.1 《2006年海事劳工公约》		
9.2.1.1 《2006年海事劳工公约》的产生背景和修订过程	√	√
9.2.1.2 《2006年海事劳工公约》的有关要求	√	√
9.2.2 我国劳动法的有关规定		
9.2.2.1 《中华人民共和国劳动法》的有关规定	√	√
9.2.2.2 《中华人民共和国劳动合同法》的有关规定	√	√
9.2.3 《中华人民共和国船员条例》的有关规定	√	√
9.2.4 《中华人民共和国海船船员适任考试和发证规则》的有关规定	√	√
9.2.5 《中华人民共和国船舶最低安全配员规则》的有关规定	√	√
9.2.6 国内外移民、海关、卫生检疫等相关知识	√	√
9.3 运用任务和工作量管理的能力		
9.3.1 计划和协调		
9.3.1.1 计划的含义	√	√
9.3.1.2 如何衡量计划的成果	√	√
9.3.1.3 "反馈"在衡量计划的成果时起到的作用	√	√
9.3.1.4 协调的定义	√	√
9.3.1.5 船舶需要的协调工作	√	√
9.3.2 人员指派		
9.3.2.1 人员指派的含义	√	√
9.3.2.2 船上的人员指派工作	√	√
9.3.3 人的极限		
9.3.3.1 人的极限的一般表示方法,如疲劳、误解、自满	√	√
9.3.3.2 船上可测试人的极限的活动,包括技术的运用	√	√

考试大纲	适用对象	
	8505	8506
9.3.3.3 表明人员超出极限的现象	√	√
9.3.3.4 为防止人员超出极限而采取的措施	√	√
9.3.3.5 隐形压力是如何导致人员超出极限的	√	√
9.3.3.6 人员超出极限的后果	√	√
9.3.3.7 STCW 公约关于疲劳与值班的要求	√	
9.3.4 时间和资源的限制		
9.3.4.1 时间限制的概念	√	√
9.3.4.2 导致时间限制的因素	√	√
9.3.4.3 如何应对船上的时间限制	√	√
9.3.4.4 资源限制的概念	√	√
9.3.4.5 导致资源限制的因素	√	√
9.3.4.6 如何应对船上的资源限制	√	√
9.3.5 人员能力		
9.3.5.1 在船上实施有效的领导力和团队工作所需的人的特质	√	√
9.3.5.2 有助于在船上实施有效的领导力和团队工作的自身能力	√	√
9.3.5.3 如何管理并加强人的特质	√	√
9.3.5.4 个人如何很好地融入团队工作	√	√
9.3.6 优先排序		
9.3.6.1 优先排序的概念	√	√
9.3.6.2 优先排序的必要性	√	√
9.3.7 工作量、休息和疲劳		
9.3.7.1 自己所在船舶的工作量	√	√
9.3.7.2 工作量过大的危害	√	√
9.3.7.3 工作量过小的危害	√	√
9.3.7.4 如何评估工作量的大小	√	√
9.3.7.5 如何确保工作量适当	√	√

考试大纲	适用对象	
	8505	8506
9.3.7.6 确保海员得到适当休息的规定	√	√
9.3.7.7 休息时间记录表	√	√
9.3.7.8 疲劳的特征	√	√
9.3.7.9 疲劳如何会导致严重的后果	√	√
9.3.7.10 疲劳管理的导则和规则	√	√
9.3.8 管理(领导)风格		
9.3.8.1 领导和管理的区别	√	√
9.3.8.2 指定的领导和功能性领导的概念	√	√
9.3.8.3 领导素质	√	√
9.3.8.4 领导技巧	√	√
9.3.8.5 领导力的发展与角色转变	√	√
9.3.9 挑战与回应		
9.3.9.1 什么是"挑战与回应"的环境	√	√
9.3.9.2 "挑战与回应"的环境存在的风险	√	√
9.3.9.3 什么情况下采取独裁是合理的	√	√
9.4 运用有效资源管理的知识和能力		
9.4.1 资源的分配、分派和优先排序		
9.4.1.1 需要管理的船舶资源	√	√
9.4.1.2 如何利用被管理的资源	√	√
9.4.1.3 船舶资源的分配、分派和优先排序方法	√	√
9.4.2 船上和岸上的有效沟通		
9.4.2.1 有效沟通的内涵	√	√
9.4.2.2 通信系统的主要组成部分	√	√
9.4.2.3 有效沟通的障碍	√	√
9.4.2.4 四个通信线路	√	√
9.4.2.5 有效的沟通技巧	√	√
9.4.2.6 在船舶机动状态下进行闭环沟通的原因	√	√
9.4.2.7 船舶常用的通信协议	√	√

考试大纲	适用对象	
	8505	8506
9.4.2.8 内部沟通和外部沟通	√	√
9.4.2.9 与岸上人员的沟通和与船上人员沟通的区别	√	√
9.4.2.10 为创造良好的沟通氛围需要采取的措施	√	√
9.4.3 决策反映出团队的经验		
9.4.3.1 如何获得最大的团队效益	√	√
9.4.3.2 基于信任的工作分配	√	√
9.4.3.3 良好的团队工作和领导力的关系	√	√
9.4.3.4 优秀的领导者是如何激发团队活力的	√	√
9.4.4 决断力和领导力,包括激励		
9.4.4.1 对初级值班人员的领导力需求	√	√
9.4.4.2 独裁领导力的危害	√	√
9.4.4.3 个人或团队是如何被激发或抑制的	√	√
9.4.5 获得并保持情境意识		
9.4.5.1 值班时应保持的情境意识	√	√
9.4.5.2 值班时缺少情境意识的表现	√	√
9.4.5.3 现代电子辅助设备是如何导致情境意识缺乏的	√	√
9.4.5.4 疲劳和情境意识之间的危险关联	√	√
9.4.6 评价工作绩效		
9.4.6.1 如何评价工作绩效	√	√
9.4.6.2 有效评价工作绩效的好处	√	√
9.5 运用决策技能的知识和能力		
9.5.1 局面和风险评估		
9.5.1.1 如何评估一个局面	√	√
9.5.1.2 局面评估的关键特征	√	√
9.5.1.3 情境意识被削弱的原因	√	√
9.5.1.4 风险的定义	√	√
9.5.1.5 局面评估和风险之间的关系	√	√
9.5.1.6 如何评估风险	√	√

考试大纲	适用对象	
	8505	8506
9.5.1.7 如何管理风险	√	√
9.5.1.8 风险评估在风险管理中的作用	√	√
9.5.1.9 局面和风险评估在决策中的作用	√	√
9.5.2 识别并考虑形成选项		
9.5.2.1 如何考虑可利用选项	√	√
9.5.2.2 如何形成选项	√	√
9.5.2.3 领导力在形成选项中的作用	√	√
9.5.3 选择行动方案		
9.5.3.1 识别最佳行动方案的责任	√	√
9.5.3.2 识别最佳行动方案的注意事项	√	√
9.5.4 评价结果的有效性		
9.5.4.1 船上行动方案的结果	√	√
9.5.4.2 如何评价行动方案的结果	√	√
9.5.4.3 结果被评价后的跟进措施	√	√
9.5.5 决策和处理问题的技巧	√	√
9.5.6 权威和魄力		
9.5.6.1 各种形式的权威	√	√
9.5.6.2 船舶权威的形式	√	√
9.5.6.3 魄力的含义	√	√
9.5.6.4 "权威"在船上特殊环境中的作用	√	√
9.5.7 判断力		
9.5.7.1 判断力的含义	√	√
9.5.7.2 "事实判断"和"价值判断"的区别	√	√
9.5.7.3 船上对判断力的使用	√	√
9.5.8 紧急情况的管理		
9.5.8.1 船上最常见的紧急情况	√	√
9.5.8.2 在应对船上的紧急情况时对领导力的要求	√	√
9.5.8.3 为应对船上的紧急情况而需要做的准备	√	√

船舶管理(未满 750 kW 船舶轮机长/大管轮)

8507:未满 750 kW 船舶轮机长
8508:未满 750 kW 船舶大管轮

考试大纲	适用对象	
	8507	8508
1 保证安全工作做法		
1.1 上高作业的安全注意事项	√	√
1.2 吊运作业的安全注意事项	√	√
1.3 设备检修作业的安全注意事项	√	√
1.4 车床、钻床作业的安全注意事项	√	√
1.5 清洗和油漆作业的安全注意事项	√	√
1.6 压力容器作业时的安全注意事项	√	√
1.7 船舶机舱消防的安全注意事项	√	√
1.8 封闭场所作业的安全注意事项	√	√
2 燃油、润滑油的操作管理		
2.1 燃油加装与管理		
2.1.1 燃油的加装	√	√
2.1.2 燃油的储存和驳运	√	√
2.1.3 燃油的使用管理	√	√
2.2 润滑油管理	√	√
3 控制吃水差、稳性和强度		
3.1 船舶强度概念及分类		
3.1.1 船体受力	√	√
3.1.2 船体强度	√	√
3.2 船舶稳性分类及提高稳性的措施		
3.2.1 稳性分类	√	√
3.2.2 初稳性	√	√
3.2.3 稳性的基本衡准	√	√

考试大纲	适用对象	
	8507	8508
3.2.4 稳性的影响因素及保持稳性的措施	√	√
3.3 船舶吃水及吃水标志	√	√
3.4 船舶破损进水形式及密封与堵漏		
3.4.1 破损浸水形式	√	√
3.4.2 船舶分舱	√	√
3.4.3 密封	√	√
3.4.4 堵漏	√	√
3.5 船舶结构	√	√
4 国际公约和国内法规		
4.1 国内法规要求随船携带的证书和其他文件	√	√
4.2 SOLAS 1974 的 LSA 及 FSS 规则简介	√	√
4.3 MARPOL 公约的 6 个附则要求		
4.3.1 MARPOL 公约的功用、基本架构、适用范围	√	√
4.3.2 附则Ⅰ——防止油污染规则有关规定	√	√
4.3.3 附则Ⅱ——控制散装有毒液体物质污染规则有关规定	√	√
4.3.4 附则Ⅲ——防止海运包装有害物质污染规则有关规定	√	√
4.3.5 附则Ⅳ——防止船舶生活污水污染规则有关规定	√	√
4.3.6 附则Ⅴ——防止船舶垃圾污染规则有关规定	√	√
4.3.7 附则Ⅵ——防止船舶造成大气污染规则有关规定	√	√
4.4 防污染设备		
4.4.1 油水分离器		
4.4.1.1 工作原理	√	√
4.4.1.2 典型结构	√	√
4.4.1.3 操作	√	√
4.4.1.4 维护与保养	√	√
4.4.2 焚烧炉		
4.4.2.1 工作原理	√	√
4.4.2.2 典型结构	√	√

考试大纲	适用对象	
	8507	8508
4.4.2.3 操作、维护与保养	√	√
4.4.3 生活污水处理装置		
4.4.3.1 工作原理	√	√
4.4.3.2 典型结构	√	√
4.4.3.3 操作、维护与保养	√	√
4.4.4 压载水处理技术	√	√
4.5 国内防污染法规		
4.5.1《中华人民共和国海洋环境保护法》	√	√
4.5.2《防治船舶污染海洋环境管理条例》	√	√
4.5.3《中华人民共和国船舶及其有关作业活动污染海洋环境防治管理规定》	√	√
4.5.4《中华人民共和国海上船舶污染事故调查处理规定》		
4.5.4.1 事故报告及调查	√	√
4.5.4.2 事故鉴定及处理等	√	√
4.5.5 其他最新国际、国内防污染法规	√	√
5 船舶应急应变		
5.1 船上应变部署		
5.1.1 船舶应变部署表的有关内容	√	√
5.1.2 船员应变须知和操作须知的有关内容	√	√
5.2 船舶碰撞、搁浅及触礁时的应急处理		
5.2.1 船舶搁浅后的应急安全措施	√	√
5.2.2 船舶碰撞后的应急安全措施	√	√
5.3 机舱应急设备管理		
5.3.1 应急动力设备的使用和管理	√	√
5.3.2 应急消防设备的使用和管理	√	√
5.3.3 应急救生设备的使用和管理	√	√
5.3.4 其他应急设备的使用和管理	√	√
6 机舱资源管理的知识和运用		

考试大纲	适用对象	
	8507	8508
6.1 机舱资源的分类与应用		
6.1.1 机舱资源管理的概念	√	√
6.1.2 机舱资源的构成、特点、分配与排序	√	√
6.1.3 机舱资源管理的作用与目的	√	√
6.2 船舶与轮机部组织结构	√	√
6.3 团队的作用	√	√
6.4 情境意识	√	√
6.5 通信与沟通		
6.5.1 通信与沟通的定义、方式及特点	√	√
6.5.2 有效沟通的原则	√	√
6.5.3 内部沟通与通信的方式及要点	√	√
6.5.4 外部通信的方式及要点	√	√
6.5.5 通信与沟通的障碍与改进措施	√	√
6.6 领导力与决策力	√	√

船舶管理（未满 750 kW 船舶二/三管轮）

8509：未满 750 kW 船舶二/三管轮

考试大纲	适用对象
	8509
1 保持安全的轮机值班	
1.1 保持轮机安全值班规则	√
1.2 安全及应急程序	
1.2.1 船上应变部署	
1.2.1.1 船舶应变部署表的有关内容	√
1.2.1.2 船员应变须知和操作须知的有关内容	√
1.2.2 机舱应急设备管理	
1.2.2.1 应急动力设备的使用和管理	√
1.2.2.2 应急消防设备的使用和管理	√
1.2.2.3 应急救生设备的使用和管理	√
1.2.2.4 其他应急设备的使用和管理	√
1.3 船舶碰撞、触礁、搁浅、恶劣海况、失电及舵机失灵时的应急处理	
1.3.1 船舶搁浅、触礁后的应急处理	√
1.3.2 船舶碰撞后的应急处理	√
1.3.3 船舶在恶劣气候条件下航行时的安全措施	√
1.3.4 船舶在恶劣气候条件下锚泊时的安全措施	√
1.3.5 能见度不良条件下航行时的安全措施	√
1.3.6 冰区航行时的安全措施	√
1.3.7 全船失电时的应急处理	√
1.3.8 航行中舵机失灵时的应急处理	√
1.4 机舱资源管理	
1.4.1 机舱资源的分类	√
1.4.2 船舶与轮机部组织结构	√
1.4.3 团队的作用	√

考试大纲	适用对象
	8509
1.4.4 情境意识	√
1.4.5 通信与沟通	√
1.4.6 领导力与决策力	√
2 使用内部通信系统	
2.1 船内通信工具和信号装置的组成和作用	√
2.2 中国船级社对船内通信和信号设备的有关规定	√
2.3 使用船内通信系统的注意事项	√
3 确保遵守防污染要求	
3.1 防污染程序及相关设备	
3.1.1 排油控制要求	√
3.1.2 油类记录簿(第一章:机器处所的操作)的记录方法	√
3.1.3 船舶油污应急计划(SOPEP)包括针对油和/或有毒液体物质的船上海洋污染应急计划(SMPEP)	√
3.1.4 船用油水分离器的工作原理、典型结构、操作及维护与保养	
3.1.4.1 工作原理	√
3.1.4.2 典型结构	√
3.1.4.3 操作	√
3.1.4.4 维护与保养	√
3.1.5 垃圾管理计划	√
3.2 保护海洋环境的操作性措施(如油、垃圾、污水等相关操作)	√
4 保持船舶的适航性	
4.1 船舶稳性、破损与堵漏	
4.1.1 船舶稳性分类及提高稳性的措施	
4.1.1.1 稳性分类	√
4.1.1.2 提高稳性的措施	√
4.1.2 船舶破损进水形式及密封与堵漏	
4.1.2.1 破损浸水形式	√
4.1.2.2 密封	√
4.1.2.3 堵漏	√

考试大纲	适用对象 8509
4.2 船舶的主要构造	
4.2.1 船舶强度概念及分类	
4.2.1.1 船舶强度概念	√
4.2.1.2 船舶强度分类	√
4.2.2 船舶吃水及水尺	√
4.2.3 船舶结构	√
4.2.4 船舶的主要构件	√
4.2.5 船舶尺度和船型	√
5 监督遵守法定要求	
5.1 我国海上交通管理法规	
5.1.1《中华人民共和国海上交通安全法》有关规定	√
5.1.2《中华人民共和国海上交通事故调查处理条例》有关规定	√
5.1.3《中华人民共和国船舶安全营运和防止污染管理规则》(NSM 规则)有关规定	√
5.2《中华人民共和国船舶安全监督规则》	
5.2.1 总则	√
5.2.2 船舶安全检查和处理	
5.2.2.1 安全检查	√
5.2.2.2 处理	√
5.2.3 船旗国监督检查记录簿和港口国监督检查报告使用规定	√
5.2.4 法律责任	√
5.3 我国劳动法的有关规定	
5.3.1《中华人民共和国劳动法》的有关规定	√
5.3.2《中华人民共和国劳动合同法》的有关规定	√
5.4《中华人民共和国船员条例》的有关规定	√
5.5《中华人民共和国海船船员适任考试和发证规则》的有关规定	√
5.6《中华人民共和国海船船员值班规则》的有关规定	√
5.7 海事局对船员的管理	√
5.8 海员职业道德、心理素养、船员纪律的一般知识	√

轮机英语

8001：无限航区 750 kW 及以上船舶轮机长
8002：无限航区 750 kW 及以上船舶大管轮
8003：无限航区 750 kW 及以上船舶二/三管轮

考试大纲	适用对象		
	8001	8002	8003
1 船舶主推进装置			
1.1 船舶动力装置概述			
1.1.1 船舶动力装置的组成	√	√	√
1.1.2 船舶动力装置的类型	√	√	√
1.2 船舶柴油机装置			
1.2.1 基本特性指标	√	√	√
1.2.2 船舶柴油机的工作原理和基本结构		√	√
1.2.3 船舶柴油机燃油系统	√	√	√
1.2.4 船舶柴油机滑油系统	√	√	√
1.2.5 船舶柴油机冷却水系统	√	√	√
1.2.6 船舶柴油机启动空气系统	√	√	√
1.2.7 船舶柴油机的操纵系统和控制系统	√	√	
1.2.8 船舶柴油机的运行管理	√	√	
1.2.9 船舶柴油机的故障分析和排除	√	√	
1.2.10 现代船舶柴油机的结构特点	√	√	
1.3 船舶推进装置			
1.3.1 推进装置的传动方式	√	√	√
1.3.2 传动轴系的布置和结构	√	√	
1.3.3 定距桨和调距桨装置	√	√	
1.3.4 船舶在各种航行条件下的工况管理	√	√	
1.3.5 推进装置的管理	√	√	
2 船舶辅助机械			

考试大纲	适用对象		
	8001	8002	8003
2.1 船用锅炉			
2.1.1 船用锅炉的类型			√
2.1.2 典型船用锅炉的结构特点			√
2.1.3 船用锅炉的运行管理			√
2.1.4 船用锅炉的故障分析和排除	√	√	√
2.2 船用泵			
2.2.1 船用泵的类型			√
2.2.2 常见船用泵的工作原理和结构特点			√
2.2.3 船舶通用泵系的布置原则和特点	√	√	√
2.2.4 常见船用泵的运行管理和故障排除	√	√	√
2.3 船舶制冷和空调装置			
2.3.1 制冷原理和制冷循环		√	√
2.3.2 船舶制冷系统的组成及主要设备	√	√	
2.3.3 船舶空调系统的组成及主要设备	√		√
2.3.4 船舶制冷装置的运行管理	√	√	
2.3.5 船舶空调装置的运行管理	√		√
2.3.6 船舶制冷装置的故障分析和排除	√	√	
2.3.7 船舶空调装置的故障分析和排除	√		√
2.4 船舶防污染设备			
2.4.1 油水分离器的工作原理及运行管理	√	√	√
2.4.2 焚烧炉的工作原理及运行管理	√	√	√
2.4.3 生活污水处理装置的工作原理及运行管理	√	√	√
2.5 分油机、空压机和海水淡化装置			
2.5.1 分油机的工作原理及运行管理		√	√
2.5.2 分油机的故障分析和排除	√	√	√
2.5.3 空压机的工作原理及运行管理			√
2.5.4 空压机的故障分析和排除	√		√
2.5.5 海水淡化原理			√

考试大纲	适用对象		
	8001	8002	8003
2.5.6 海水淡化装置的主要设备和运行管理	√		√
2.6 船舶甲板机械			
2.6.1 液压泵、控制阀件和油马达的结构特点	√	√	√
2.6.2 起货机的结构特点及其故障分析和排除	√		√
2.6.3 锚机的结构特点及其故障分析和排除	√		√
2.6.4 绞缆机的结构特点及其故障分析和排除	√		√
2.6.5 舵机的工作原理及结构特点	√		√
2.6.6 舵机的故障分析和排除	√	√	
2.6.7 液压系统管理	√	√	√
3 船舶电气和自动化			
3.1 船用发电机			
3.1.1 船用发电机的结构特点	√		√
3.1.2 船用发电机的并车和解列	√		
3.1.3 船用应急发电机	√	√	
3.2 船用配电板			
3.2.1 主配电板的组成	√	√	√
3.2.2 应急配电板	√	√	√
3.2.3 配电箱	√		√
3.3 船舶电气装置			
3.3.1 船舶电气设备	√	√	√
3.3.2 电气控制设备	√	√	√
3.3.3 电气设备运行管理	√	√	√
3.4 船舶自动化			
3.4.1 自动控制基本原理	√	√	√
3.4.2 自动控制仪表	√	√	√
3.4.3 典型的自动控制系统	√	√	√
3.4.4 集中监视和报警系统	√	√	
3.4.5 无人机舱的基本含义及功能要求	√	√	√

考试大纲	适用对象		
	8001	8002	8003
3.4.6 船舶计算机网络基础	√	√	
4 船舶轮机管理业务			
4.1 操作规程			
4.1.1 备车	√	√	√
4.1.2 巡回检查	√	√	√
4.1.3 完车	√	√	√
4.2 安全管理知识			
4.2.1 轮机部操作安全注意事项	√	√	√
4.2.2 船舶防火防爆的措施及守则	√	√	√
4.2.3 机舱应急设备的使用及管理	√	√	√
4.2.4 船员个人安全知识	√	√	√
4.3 油料、物料和备件的管理			
4.3.1 燃油的管理	√		√
4.3.2 润滑油的管理	√	√	
4.3.3 物料和备件的管理	√	√	√
4.4 船舶修理和检验			
4.4.1 修理的类别	√	√	√
4.4.2 轮机坞修工程	√	√	
4.4.3 试验与试航	√	√	
4.4.4 船舶检验的类别与作用	√	√	
4.4.5 轮机设备检验证书	√		
4.5 防污染管理及 PSC 检查			
4.5.1 海洋环境保护知识	√	√	√
4.5.2 油类记录簿与 IOPP 证书的管理	√	√	√
4.5.3 PSC 检查中的明显理由与更详细检查	√	√	√
4.5.4 PSC 检查报告和缺陷的纠正	√	√	√
4.6 机舱资源管理的基本知识	√	√	√
5 国际公约、规则			

考试大纲	适用对象		
	8001	8002	8003
5.1 STCW 公约			
5.1.1 轮机值班的基本原则	√	√	√
5.1.2 轮机员的基本职责和道德	√	√	√
5.1.3 驾驶、轮机联系制度	√	√	√
5.2 MARPOL 公约			
5.2.1 MARPOL 公约中有关污染物的排放规则	√	√	√
5.2.2 有关国家、港口的防污染规则	√	√	√
5.3 SOLAS 公约			
5.3.1 SOLAS 公约的基本精神和基本原则	√	√	
5.3.2 SOLAS 公约的主要内容	√	√	√
5.3.3 SIM 规则	√	√	
5.3.4 ISPS 规则简介	√	√	√
5.4 ILO 公约及其他公约和规则			
5.4.1 ILO 公约	√	√	√
5.4.2 其他公约和规则	√	√	
6 轮机业务书写			
6.1 轮机日志与油类记录簿			
6.1.1 填入轮机日志的主要内容	√	√	√
6.1.2 正确书写轮机日志	√	√	√
6.1.3 正确填写油类记录簿	√	√	√
6.2 修理单			
6.2.1 修理单的种类	√	√	√
6.2.2 正确书写修理单	√	√	√
6.3 备件、物料订购单			
6.3.1 一般格式	√	√	√
6.3.2 正确书写订购单	√	√	√
6.4 事故报告			
6.4.1 事故报告应包含的内容	√	√	

考试大纲	适用对象		
	8001	8002	8003
6.4.2 正确书写事故报告	√	√	
6.5 工作报告、信函、传真及电子邮件			
6.5.1 航次报告	√		
6.5.2 保修和索赔报告	√	√	
6.5.3 信函、传真及电子邮件	√	√	
6.6 正确书写轮机关键设备的操作规程	√	√	√

机工业务（750 kW 及以上船舶）

8601：750 kW 及以上船舶值班机工

考试大纲	适用对象
	8601
1 执行适合于组成机舱值班部分的普通船员职责的日常值班任务,理解指令并能向其他人表述与值班职责有关的事宜	
1.1 海员职业道德、心理素养、船员纪律的一般知识	
1.1.1 海员职业道德	
1.1.1.1 海员职业道德的基本要求	√
1.1.1.2 海员职业道德的特别要求	√
1.1.2 心理素养	√
1.1.3 船员纪律	√
1.2 国内外移民、海关、卫生检疫等相关知识	√
1.3 国内外劳务契约、劳资关系的一般知识	
1.3.1 国外劳务契约、劳资关系的一般知识	√
1.3.2 国内劳务契约、劳资关系的一般知识	
1.3.2.1 劳动合同的内容	√
1.3.2.2 船员劳动合同与劳动合同的争议解决方式	√
1.4 机械制图的基础知识	
1.4.1 正投影原理	√
1.4.2 组合体三视图	√
1.4.3 剖视、剖面图的识图	√
1.5 典型零件(轴与孔、螺纹等)和一般装配图的知识	
1.5.1 典型零件(轴与孔、螺纹等)的表达方式	√
1.5.2 一般装配的读图方法及步骤	√
1.6 机械传动机构、传动件的构造及传动原理	
1.6.1 平面四杆机构	√
1.6.2 凸轮/棘轮机构	√

考试大纲	适用对象
	8601
1.6.3 带/滚子链传动	√
1.6.4 齿轮传动	√
1.6.5 蜗杆传动	√
1.7 轮机主要零部件常用材料	√
1.8 轮机常用热工仪表的种类和用途	
1.8.1 轮机常用热工仪表的种类	
1.8.1.1 温度计的种类	√
1.8.1.2 压力表的种类	√
1.8.2 轮机常用热工仪表温度计的用途	√
1.8.3 轮机常用热工仪表压力表的用途	√
1.8.4 轮机常用热工仪表流量计的用途	√
1.8.5 转速表	√
1.9 轮机常用测量仪器	
1.9.1 轮机常用测量仪器的使用	√
1.9.2 轮机常用测量仪器的维护	√
1.10 船舶动力装置的基本知识	√
1.11 船用柴油机的基本工作原理	
1.11.1 柴油机的基本概念	√
1.11.2 四冲程柴油机的工作原理	√
1.11.3 二冲程柴油机的工作原理	√
1.11.4 二冲程柴油机与四冲程柴油机的比较	√
1.11.5 船用柴油机的应用	
1.12 筒状活塞式柴油机的主要零部件	
1.12.1 机体、机座的构造、功用	√
1.12.2 缸头、缸套的构造、功用	
1.12.2.1 缸头的构造、功用	√
1.12.2.2 缸套的构造、功用	√
1.12.3 连杆、曲轴的构造、功用	√

考试大纲	适用对象 8601
1.12.4 主轴承的构造、功用	√
1.12.5 活塞组件的构造、功用	√
1.12.6 配气机构的构造、功用	
1.12.6.1 配气机构的构造	√
1.12.6.2 配气机构的功用	√
1.12.7 喷油设备的构造、功用	√
1.13 船舶动力系统(燃油系统、滑油系统、冷却系统、压缩空气系统)的组成、主要设备、功用及维护管理	
1.13.1 燃油系统的组成、主要设备、功用及维护管理	
1.13.1.1 燃油系统的组成、主要设备、功用	√
1.13.1.2 维护管理	√
1.13.2 滑油系统的组成、主要设备、功用及维护管理	
1.13.2.1 滑油系统的组成、主要设备、功用	√
1.13.2.2 维护管理	√
1.13.3 冷却系统的组成、主要设备、功用及维护管理	
1.13.3.1 冷却系统的组成、主要设备、功用	√
1.13.3.2 维护管理	√
1.13.4 压缩空气系统的组成、主要设备、功用及维护管理	
1.13.4.1 压缩空气系统的组成、主要设备、功用	√
1.13.4.2 维护管理	√
1.14 柴油机的运行管理(启动操作、运转中的检查项目和方法、停车操作)	
1.14.1 柴油机的启动操作	√
1.14.2 柴油机运转中的管理(检查项目和方法)	√
1.14.3 柴油机的停车操作	√
1.15 船用泵的分类和性能参数	
1.15.1 泵的分类	√
1.15.2 泵的性能参数	√
1.16 往复泵的基本结构、工作原理和管理要点	

考试大纲	适用对象
	8601
1.16.1 往复泵的基本结构、工作原理	√
1.16.2 往复泵的管理要点	√
1.17 齿轮泵的基本结构、工作原理和管理要点	
1.17.1 齿轮泵的基本结构、工作原理	√
1.17.2 齿轮泵的管理要点	√
1.18 离心泵的基本结构、工作原理和管理要点	
1.18.1 离心泵的基本结构、工作原理	√
1.18.2 离心泵的管理要点	√
1.18.3 离心泵的启停操作	√
1.19 喷射泵的基本结构、工作原理和管理要点	
1.19.1 喷射泵的基本结构、工作原理	√
1.19.2 喷射泵的管理要点	√
1.20 螺杆泵的基本结构、工作原理和管理要点	
1.20.1 螺杆泵的基本结构、工作原理	√
1.20.2 螺杆泵的管理要点	√
1.21 船用空压机的基本结构、工作原理和管理要点	
1.21.1 船用空压机的基本结构、工作原理	√
1.21.2 船用空压机的管理要点	
1.21.2.1 启动管理	√
1.21.2.2 运行、维护保养管理	√
1.22 液压设备的基本知识	√
1.23 其他辅助机械的基本知识	√
1.24 分油机的基本结构、工作原理和管理要点	
1.25 船员配备及其岗位职责、轮机部船员值班制度与交接班制度、轮机部与甲板部联系制度	
1.25.1 船员配备及其岗位职责	√
1.25.2 轮机部船员值班制度与交接班制度	√
1.25.3 轮机部与甲板部联系制度	√

考试大纲	适用对象 8601
1.26 轮机部安全作业注意事项(油漆作业,高空作业,拆装作业,封闭场所作业,钳工作业,电、气焊作业,清洗作业及其他作业安全注意事项)	
1.26.1 油漆作业	√
1.26.2 高空作业	√
1.26.3 拆装作业	√
1.26.4 封闭场所作业	√
1.26.5 钳工作业	√
1.26.6 电、气焊作业	
1.26.6.1 电焊作业	√
1.26.6.2 气焊作业	√
1.26.7 清洗作业	√
1.26.8 其他作业安全注意事项	√
1.26.9 作业风险评估	√
1.27 防止海洋污染的有关国际公约、法规的相关内容	√
1.28 防止海洋污染的有关国内法律、法规的相关内容	√
1.29 防污染设备的种类及作用	√
1.30 船内通信工具和信号装置的组成和作用以及使用船内通信系统的注意事项	
1.30.1 船内通信工具和信号装置的组成和作用	√
1.30.2 使用船内通信系统的注意事项	√
1.31 机舱报警系统的分类、组成以及各类报警设备的使用方法(特别是固定灭火设备的警报)	
1.31.1 机舱报警系统的分类、组成及原理	√
1.31.2 各类报警设备的使用方法	√
2 值锅炉班:保持正确的水位和蒸汽压力	
2.1 锅炉的种类、功用	√
2.2 锅炉的主要附属设备	√
2.3 锅炉的燃油、汽、水系统的基本组成	√

考试大纲	适用对象 8601
2.4 锅炉运行的管理要点	√
3 操作应急设备和应用应急程序	
3.1 船舶应变部署表及其应急职责,各种警报的识别	
3.1.1 船舶应变部署表及其应急职责	√
3.1.2 各种警报的识别	√
3.2 机舱应急设备的种类及功用	
3.2.1 应急动力设备的种类及功用	√
3.2.2 应急消防设备的种类及功用	√
3.2.3 应急救生设备的种类及功用	√
3.2.4 其他应急设备的种类及功用	√
3.3 船舶应急逃生路线及正确操作水密门的方法	√
3.4 机舱灭火器材、堵漏设备的布置及使用	√
3.5 机舱释放固定灭火设备(二氧化碳、泡沫灭火装置)的应急程序	√
4 泵的日常操作	
4.1 船舶管系的基本组成、基本标识	√
4.2 船舶压载水系统的功用、组成、操作及管理要点	
4.2.1 功用、组成	√
4.2.2 操作及管理要点	√
4.3 船舶舱底水系统的功用、组成、操作及管理要点	
4.3.1 功用、组成	√
4.3.2 操作及管理要点	√
4.4 船舶消防水系统的功用、组成、操作及管理要点	
4.4.1 功用、组成	√
4.4.2 操作及管理要点	√
4.5 船舶日用海淡水系统的功用、组成、操作及管理要点	
4.5.1 功用、组成	√
4.5.2 操作及管理要点	√
5 电气装置及其危险性的基本知识	

考试大纲	适用对象
	8601
5.1 安全用电常识	√
5.2 电气火灾的预防措施	√
6 有助于船上的维护和修理	
6.1 轮机常用工具的使用和维护	
6.1.1 轮机常用工具的使用	√
6.1.2 轮机常用工具的维护	√
7 有助于物料管理	
7.1 机舱常用物料的种类	√
7.2 机舱物料申请方法	√
7.3 物料安全存放、固定的基本方法与使用要求	√

机工业务（未满 750 kW 船舶）

8602：未满 750 kW 船舶值班机工

考试大纲	适用对象
	8602
1 执行适合于组成机舱值班部分的普通船员职责的日常值班任务，理解指令并能向其他人表述与值班职责有关的事宜	
1.1 海员职业道德、心理素养、船员纪律的一般知识	
1.1.1 海员职业道德	
1.1.1.1 海员职业道德的基本要求	√
1.1.1.2 海员职业道德的特别要求	√
1.1.2 心理素养	√
1.1.3 船员纪律	√
1.2 劳务契约、劳资关系的一般知识	
1.2.1 劳动合同的内容	√
1.2.2 船员劳动合同与劳动合同的争议解决方式	√
1.3 轮机常用热工仪表的种类和用途	
1.3.1 轮机常用热工仪表的种类	
1.3.1.1 温度计的种类	√
1.3.1.2 压力表的种类	√
1.3.2 轮机常用热工仪表温度计的用途	√
1.3.3 轮机常用热工仪表压力表的用途	√
1.3.4 轮机常用热工仪表流量计的用途	√
1.3.5 转速表	√
1.4 轮机常用工具、测量仪器	
1.4.1 轮机常用测量仪器的使用和维护	
1.4.1.1 轮机常用测量仪器的使用	√
1.4.1.2 轮机常用测量仪器的维护	√
1.5 船舶动力装置的基本知识	√

考试大纲	适用对象
	8602
1.6 船用四冲程柴油机的基本工作原理	
1.6.1 柴油机的基本概念	√
1.6.2 四冲程柴油机的工作原理	√
1.6.3 船用柴油机的应用	
1.6.3.1 船用柴油机的应用1	√
1.6.3.2 船用柴油机的应用2	√
1.7 筒状活塞式柴油机的主要零部件	
1.7.1 机体、机座的构造、功用	√
1.7.2 缸头、缸套的构造、功用	
1.7.2.1 缸头的构造、功用	√
1.7.2.2 缸套的构造、功用	√
1.7.3 连杆、曲轴的构造、功用	√
1.7.4 主轴承的构造、功用	√
1.7.5 活塞组件的构造、功用	√
1.7.6 配气机构的构造、功用	
1.7.6.1 配气机构的构造	√
1.7.6.2 配气机构的功用	√
1.7.7 喷油设备的构造、功用	√
1.8 船舶动力系统(燃油系统、滑油系统、冷却系统)的组成、主要设备、功用及维护管理	
1.8.1 燃油系统的组成、主要设备、功用及维护管理	
1.8.1.1 燃油系统的组成、主要设备、功用	√
1.8.1.2 维护管理	√
1.8.2 滑油系统的组成、主要设备、功用及维护管理	
1.8.2.1 滑油系统的组成、主要设备、功用	√
1.8.2.2 维护管理	√
1.8.3 冷却系统的组成、主要设备、功用及维护管理	
1.8.3.1 冷却系统的组成、主要设备、功用	√

考试大纲	适用对象
	8602
1.8.3.2 维护管理	√
1.9 柴油机的运行管理(启动操作、运转中的检查项目和方法、停车操作)	
1.9.1 柴油机的启动操作	√
1.9.2 柴油机运转中的管理(检查项目和方法)	√
1.9.3 柴油机的停车操作	√
1.10 船用泵的分类和性能参数	
1.10.1 船用泵的分类	√
1.10.2 船用泵的性能参数	√
1.11 齿轮泵的基本结构、工作原理和管理要点	
1.11.1 齿轮泵的基本结构、工作原理	√
1.11.2 齿轮泵的管理要点	√
1.12 离心泵的基本结构、工作原理和管理要点	
1.12.1 离心泵的基本结构、工作原理	√
1.12.2 离心泵的管理要点	√
1.12.3 离心泵的启停操作	√
1.13 船用空压机的基本结构、工作原理和管理要点	
1.13.1 船用空压机的基本结构、工作原理	√
1.13.2 船用空压机的管理要点	
1.13.2.1 启动管理	√
1.13.2.2 运行、维护保养管理	√
1.14 船用锅炉的基本结构、工作原理	
1.14.1 船用锅炉的种类、功用	√
1.14.2 船用锅炉的主要附属设备	√
1.14.3 船用锅炉的燃油、汽、水系统的基本组成	√
1.14.4 船用锅炉运行的管理要点	√
1.15 船员配备及其岗位职责、轮机部船员值班制度与交接班制度、轮机部与甲板部联系制度	
1.15.1 船员配备及其岗位职责	√

考试大纲	适用对象 8602
1.15.2 轮机部船员值班制度与交接班制度	√
1.15.3 轮机部与甲板部联系制度	√
1.16 轮机部安全作业注意事项(油漆作业,高空作业,拆装作业,封闭场所作业,钳工作业,电、气焊作业,清洗作业及其他作业安全注意事项)	
1.16.1 油漆作业	√
1.16.2 高空作业	√
1.16.3 拆装作业	√
1.16.4 封闭场所作业	√
1.16.5 钳工作业	√
1.16.6 电、气焊作业	
1.16.6.1 电焊作业	√
1.16.6.2 气焊作业	√
1.16.7 清洗作业	√
1.16.8 其他作业安全注意事项	√
1.17 防止海洋污染的有关国内法律、法规的相关内容	√
1.18 防污染设备的种类及作用	√
1.19 船内通信工具和信号装置的组成和作用以及使用船内通信系统的注意事项	
1.19.1 船内通信工具和信号装置的组成和作用	√
1.19.2 使用船内通信系统的注意事项	√
1.20 机舱报警系统的分类、组成及原理,各类报警设备的使用方法	
1.20.1 机舱报警系统的分类、组成及原理	√
1.20.2 各类报警设备的使用方法	√
2 操作应急设备和应用应急程序	
2.1 船舶应变部署表及其应急职责(包括各种警报的识别)	
2.1.1 船舶应变部署表及其应急职责	√
2.1.2 各种警报的识别	√
2.2 机舱应急设备的种类及功用	

考试大纲	适用对象
	8602
2.2.1 应急动力设备的种类及功用	√
2.2.2 应急消防设备的种类及功用	√
2.2.3 应急救生设备的种类及功用	√
2.2.4 其他应急设备的种类及功用	√
2.3 船舶应急逃生路线及正确操作水密门的方法	√
2.4 机舱灭火器材、堵漏设备的布置及使用	√
3 泵的日常操作	
3.1 船舶管系的基本组成、基本标识	√
3.2 船舶舱底水系统的功用、组成、操作及管理要点	
3.2.1 功用、组成	√
3.2.2 操作及管理要点	√
3.3 船舶消防水系统的功用、组成、操作及管理要点	
3.3.1 功用、组成	√
3.3.2 操作及管理要点	√
3.4 船舶日用海淡水系统的功用、组成、操作及管理要点	
3.4.1 功用、组成	√
3.4.2 操作及管理要点	√
3.5 船舶压载水系统的功用、组成、操作及管理要点	
3.5.1 功用、组成	√
3.5.2 操作及管理要点	√
4 电气装置及其危险性的基本知识	
4.1 安全用电常识	√
4.2 电气火灾的预防措施	√
5 轮机常用工具的使用和维护	√
6 物料管理	
6.1 机舱常用物料的种类	√
6.2 机舱物料申请方法	√
6.3 物料安全存放、固定的基本方法与使用要求	√

船舶电气

7101:750 kW 及以上船舶电子电气员

考试大纲	适用对象
	7101
1 电工技术和电机学	
1.1 电路的基本概念	
1.1.1 电流、电压、功率和能量等各电路变量的定义,单位名称及其相互关系	√
1.1.2 电压、电流的参考方向	√
1.1.3 下列三个无源电路元件的定义、伏安特性及能量表达式:电阻元件、电容元件及电感元件	√
1.1.4 两个有源元件的定义及特性:电压源、电流源	√
1.2 直流电路	
1.2.1 欧姆定律,电阻的串联与并联分析和计算	√
1.2.2 基尔霍夫电流定律 KCL 和基尔霍夫电压定律 KVL,并能运用其进行简单电路的分析和计算	√
1.2.3 叠加定理、戴维南定理,并用此定律进行电路分析	√
1.2.4 一阶电路的暂态过程	√
1.3 交流电路	
1.3.1 交流电路的定义以及与直流电路的区别	√
1.3.2 正弦量的三个要素,交流电路中有效值(均方根值)的定义	√
1.3.3 正弦量的相量表示;相量图的定义,欧姆定律及基尔霍夫定律的相量形式,交流电路中电阻、电容和电感的特性,阻抗的定义	√
1.3.4 利用相量法进行交流电路的稳态分析过程,RLC 的串联和并联电路相应的相量图	√
1.3.5 交流电路中有效功率、无功功率、视在功率、功率因数的定义	√
1.3.6 星形和三角形连接三相电路中线电压、相电压的定义及其关系;线电流和相电流的定义及其关系;利用相量图解释上述相量间的关系	√

考试大纲	适用对象
	7101
1.3.7 三相四线制和三相三线制电路的有效功率、无功功率、视在功率、功率因数测量方法	√
1.3.8 RLC 串联谐振电路和并联谐振电路	√
1.3.9 非正弦电流电路	√
1.4 磁场和电磁感应	
1.4.1 电磁感应现象、法拉第定律、楞次定律、左手定则、右手定则,磁场的基本物理量	√
1.4.2 电感的定义及表达式	√
1.4.3 交流铁芯/空心线圈电路的电磁关系/电流关系及功率损耗	√
1.5 电气材料技术	
1.5.1 导体	
1.5.1.1 导体电阻率的计算	√
1.5.1.2 用作导体、电阻和触点的常见材料	√
1.5.2 半导体:常见半导体材料及其应用(压敏电阻、热敏电阻、半导体电子器件)	√
1.5.3 绝缘材料	
1.5.3.1 温度对绝缘材料的影响	√
1.5.3.2 船用绝缘材料及其应用	√
1.5.5.3 绝缘材料的概念	√
1.6 变压器	
1.6.1 单相变压器的结构、分类、铭牌及应用	√
1.6.2 变压器的运行特性	√
1.6.3 三相变压器的结构、分类及铭牌	√
1.6.4 三相变压器的连接组别的判断	√
1.6.5 两种仪用变压器(电压互感器和电流互感器)的特点、使用注意事项及连接方法	√
1.7 电机基本原理	
1.7.1 电机的定义、分类、典型结构、材料、铭牌	√

考试大纲	适用对象
	7101
1.7.2 铁磁材料的三个特性:高磁导率、磁滞、饱和;损耗的组成、产生原因及减少铁耗的方法	√
1.7.2.1 铁磁材料的三个特性:高磁导率、磁滞、饱和	√
1.7.2.2 损耗的组成、产生原因及减少铁耗的方法	√
1.7.3 电机效率的定义,损耗的组成	√
1.7.4 电机的发热与冷却形式	√
1.7.5 电机在船上的应用场合	√
1.8 直流电机	
1.8.1 直流电动机和直流发电机的工作原理和按励磁方式的分类[他励、并励、串励、积(差)复励]	√
1.8.2 直流电机的结构及换向器	√
1.8.3 他(并)励直流电动机的电枢等效电路、电压平衡方程、机械特性及典型应用	√
1.8.4 直流电动机拖动的基本概念,包括:启动、制动及调速	√
1.9 异步电机	
1.9.1 异步电动机的结构、分类、连接方式和基本工作原理	√
1.9.2 同步转速、转差速度、转差率的定义	√
1.9.3 三相异步电动机的空载运行、负载运行及转子堵转时电磁关系	√
1.9.4 三相异步电动机的机械特性、工作特性	√
1.9.5 三相异步电动机的铭牌参数、防护形式	√
1.9.6 三相异步电动机的启动、调速和制动	
1.9.6.1 启动	√
1.9.6.2 调速	√
1.9.6.3 制动	√
1.9.7 电动机单相运行的概念及运行时或启动时单相运行的后果	√
1.10 同步电机	
1.10.1 同步电机的主要类型、结构及工作原理	√
1.10.2 同步发电机的空载起压控制、分析负载运行时的电枢反应	√

考试大纲	适用对象 7101
1.10.3 同步发电机的运行特性(空载特性、负载特性曲线、外特性和调节特性)	√
1.10.4 同步电动机的启动	√
1.10.5 双隐极式和凸极式同步电机的相对特点	√
1.10.6 同步电动机功率因数可控运行	√
1.11 特种电机	
1.11.1 单相异步电动机的结构和主要特点	√
1.11.2 交直流伺服电动机的结构特点及主要特性	√
1.11.3 自整角机的原理及应用	√
1.11.4 永磁直流无刷电机的原理	√
1.11.5 步进电动机的原理、基本参数及应用	√
1.11.6 编码器的工作原理及应用	√
2 电子学和电力电子基础	
2.1 电力电子技术	
2.1.1 电力电子器件的分类、主要特点	√
2.1.2 电力二极管、晶闸管、绝缘栅双极型晶体管 IGBT 等电力电子器件的结构、工作原理、主要参数和特点;集成门极换流晶闸管 IGCT、智能功率模块 IPM 的工作原理和驱动电路	√
2.1.3 上述不同器件的特点、应用场合和安装方法;电力电子器件失效的判断和识别方法及替换原则	
2.1.3.1 上述不同器件的特点、应用场合和安装方法	√
2.1.3.2 电力电子器件失效的判断和识别方法及替换原则	√
2.1.4 单相和三相不可控整流器、可控整流器、有源前端整流器(AFE)的结构和工作原理及其特点和应用;整流和逆变的基本概念	√
2.1.5 单相交流调压器的结构和工作原理,三相单相交流调压器的结构和工作原理	√
2.1.6 换流器的分类,电压源型和电流源型逆变器的结构和工作原理,各自的特点和应用场合	√

考试大纲	适用对象
	7101
2.1.7 交交变频器的结构、工作原理及特点	√
2.1.8 PWM控制技术的工作原理	√
3 配电板和电气设备	
3.1 基本参数、过程及环境影响	
3.1.1 电气设备的典型参数,例如:标称电压、空载电压、测试电压、防护等级、额定电流、峰值电流、功率因数等	√
3.1.2 电气设备的工作方式:连续负载、断续负载、短时负载	√
3.1.3 电弧产生过程及电弧防护装置	√
3.1.4 短路形成的原因及其后果	√
3.1.5 船上电气设备的工作环境	√
3.2 船舶电力系统Ⅰ(配电板)	
3.2.1 船舶电力系统的组成、特点及参数,在船上使用三相三线制中性点绝缘系统的特点	√
3.2.2 船舶电力系统单线图和照明系统单线图(符号、位置等)	√
3.2.3 配电系统的组成部件,如馈电线、配电板、母线连接器断路屏	
3.2.4 配电板的结构	√
3.2.5 电力系统的保护要求	√
3.3 船舶电力系统Ⅱ(配电设备)	
3.3.1 下列配电设备的结构、工作原理、功能、主要特性	
3.3.1.1 自动断路器	√
3.3.1.2 隔离开关	√
3.3.1.3 保护继电器(过流)	√
3.3.1.4 保护继电器(热过载)	√
3.3.1.5 保护继电器(欠压)	√
3.3.1.6 绝缘监视设备	√
3.3.2 短路保护和过载保护主要参数的确定	√
3.3.3 发电机主开关:结构、功能、原理、铭牌参数及其含义、设定	√
3.4 船舶电力系统Ⅲ(电缆)	

考试大纲	适用对象 7101
3.4.1 船舶电缆的结构、分类及常用电缆的型号	√
3.4.2 船舶电缆的载流量及电缆的选择(类型及截面积)	√
3.4.3 船舶电缆安装的主要规则	√
3.5 其他船舶电气设备	
3.5.1 充电电池的原理、分类、参数及维护程序	√
3.5.2 荧光灯的工作原理	√
3.5.3 白炽灯和卤钨灯的工作原理	√
3.5.4 蒸气灯的工作原理	√
3.5.5 阴极电流保护的原理	√
3.5.6 不间断电源UPS的原理、构造、使用和维护	√
4 电力拖动	
4.1 交流异步电动机拖动控制	
4.1.1 电气控制系统常见电器原理、主要参数、功能、符号及设定:如主令、断路器、接触器、熔断器、各种继电器(电流继电器、电压继电器、热继电器、时间继电器等)、电磁制动器	√
4.1.2 电机保护的基本原因及相关措施	√
4.1.3 电机基本控制电路:直接启动,星-三角启动;正反转控制、行程控制、顺序控制	√
4.1.4 电机的启动方式及特点、应用场合	√
4.1.5 异步电动机的调速方法及各自的适用场合	√
4.1.6 异步电动机变频调速的控制方式,通用变频器的组成,变频器的主要参数设置及操作,变频电机的特点	√
4.2 机舱电机驱动控制装置	
4.2.1 机舱风机控制装置	√
4.2.2 机舱压力水柜的控制	√
4.2.3 机舱空压机自动控制装置	√
4.2.4 机舱双机互备控制装置	√
4.2.5 电梯的安全保护控制	√

考试大纲	适用对象
	7101
4.3 甲板机械电动拖动控制	
4.3.1 三速锚机控制系统	√
4.3.2 电液克令吊控制系统	√
4.3.3 变频调速甲板起货机控制系统	√
5 发电机和配电系统的操作	
5.1 发电机的并联、负荷分配及切换	
5.1.1 船舶同步发电机并联运行:并车条件,手动并车方法及仪表观测,半自动并车,自动并车的基本原理与操作	
5.1.1.1 并车条件	√
5.1.1.2 并车操作	√
5.1.2 同步发电机电压及无功功率调节:调压原理,自动调压的分类及基本作用原理,自励起压原理;相复励的种类及基本原理;无刷励磁系统的结构	√
5.1.3 船舶电力系统频率及有功调节原理	√
5.1.4 船舶电力系统保护的内容、要求、原则	√
5.1.5 同步发电机保护的内容、要求	√
5.1.6 轴带发电机概念及其稳频、稳压方法及换电操作	√
5.1.7 自动电站的功能、能量管理系统	√
5.2 配电板和配电屏间的并联和切断	
5.2.1 主配电盘及应急配电盘和配电屏的结构、设备及功能	√
5.2.2 主配电盘、应急配电盘和配电屏上测量仪表的基本工作原理和使用,包括:电压表、电流表、功率表、频率表、同步表、功率因数表、接地故障表	√
5.2.3 主配电盘和应急配电盘间的连接及分断控制	√
5.2.4 船电转岸电的操作要求与程序	√
6 1 kV 以上供电系统的操作和维护	
6.1 高压电技术	
6.1.1 高压电力系统在船舶中的应用,包括:电力系统的结构组成、主要功能	√

考试大纲	适用对象 7101
6.1.2 高压设备的结构、原理和操作,如真空断路器、熔断器、接地开关、电动机、发电机和变压器等电气设备;高压配电盘;包括电压、电流互感器、高压漏电测试仪等测试仪器	√
6.1.3 船舶常用高压配电装置运行过程中的常见问题(故障)及其处理方法	√
6.1.4 船舶常用高压配电装置常见问题的产生原因	√
6.1.5 船用电机(含超过 1 kV 高压电机)的技术参数和安全使用要求	√
6.1.6 高压发电机和高压电动机的主要验收参数和试验要求	√
6.2 操作 1 kV 以上电力系统时的危险和预防措施	
6.2.1 电压等级分类;触电电压、触电电流、人体电阻基本概念及其关系;触电电流大小、频率、时间等对人体的影响	√
6.2.2 静电电击基本原理;其触电方式对人体的影响及与低压触电的区别	√
6.2.3 警告符号的意义;触电事故基本处理方法	√
6.3 安全预防措施和技术	
6.3.1 常用高压保护措施;遮拦、隔离、安全距离、绝缘胶垫、绝缘材料、限制靠近、标志和警告牌、高压设备接近监视和上锁等	√
6.3.2 电气设备绝缘试验技术:使用固定和便携式高压测量和控制仪器对高压电机、电缆及其他设备进行绝缘电阻测量	√
6.3.3 高压验电器的检查和使用方法	√
6.3.4 船舶高压电力系统的"五防"措施及操作规范	√
7 船舶电力推进、电机和控制系统	
7.1 船舶电力推进的优点	√
7.2 电力推进系统的主要组成部分,包括:常规的轴推进系统和吊舱推进系统,各组成部分的特点	√
7.3 电力推进系统的整体方框图	√
7.4 电力推进系统中推进电机的工作特点,电动机的类型、机械构造、励磁方式以及冷却方式	√

考试大纲	适用对象
	7101
7.5 电力推进系统供电设备的组成,变压器的冷却方式、保护功能以及接线方式,变压器和滑环在供电环节的作用	√
7.6 电力推进系统变频驱动的类型,电流源型和电压源型变频器以及交交变频器的工作原理,相应变频结构方框图,接线方式和整流方式及其主要特点	√
7.7 电力推进系统中电动机的控制方法,矢量控制和直接转矩控制的工作原理,并说明其主要特点	√
7.8 吊舱推进船舶对吊舱推进器的转速和方位角的要求,转速控制和舵角控制的输入输出信号	√
7.9 船舶电力推进和首侧推的工作原理	√
8 电气和电子设备的维护与修理	
8.1 便携式和固定式接地设备的正确使用	√
8.2 维护和修理电气系统设备、配电盘、电动机、发电机、直流电气系统和设备	
8.2.1 发电机的维护和修理,包括:接线柱的检查,绕组的绝缘测试,烘干程序,滤网、轴承、滑环、碳刷、旋转整流器、励磁绕组的更换等	√
8.2.2 自动调压器(AVR)的原理和组成;调压器包括相复励变压器、移相电抗器、整流器等的维护和可能故障处理。发电机、调压器的常见故障,判断故障原因,故障的排除方法	√
8.2.3 交流电动机的拆装、清洁、维护和修理。例如,轴承的润滑;转子碰磨的检查;绕组的绝缘测量,低于标准值时的绝缘处理。联轴器和电磁制动器的维护和修理	√
8.2.4 电机加热和冷却系统的维护和修理。电机长时间放置不用或处于潮湿环境,使用前的通电加热程序,以防止电机损坏	√
8.2.5 酸性和碱性蓄电池的结构和原理。蓄电池的充放电操作、根据电压和电解液密度判断蓄电池充、放电是否结束。蓄电池的日常维护和修理	√
8.2.6 UPS的工作原理和注意事项,UPS的检修、除尘、紧固、放电等操作	√
8.3 电气故障检测、故障查找及防止损害的方法	

考试大纲	适用对象
	7101
8.3.1 恰当使用带电和断电方法,根据故障现象,通过电路图进行故障的查找	√
8.3.2 船上各种接地(在船舶管理中考)	
8.3.3 船上各种电气设备的一般故障及排除程序、方法(在船舶管理中考)	
8.4 电气测试和测量设备的构造和操作	
8.4.1 电压表、电流表、频率表、功率表等仪表在三相交流电路中的使用方法(连接电路),模拟万用表和数字万用表的区别、测量方法	
8.4.1.1 电压表的使用方法	√
8.4.1.2 电流表的使用方法	√
8.4.1.3 频率表的使用方法	√
8.4.1.4 功率表的使用方法	√
8.4.1.5 模拟万用表和数字万用表的区别、测量方法	√
8.4.2 固定式和便携式绝缘表的构造和工作原理,其使用方法和注意事项,接地电气灯的使用	√
9 维护和修理甲板机械和装卸货设备的电气、电子和控制系统	
9.1 甲板机械	
9.1.1 锚机、绞缆机、舷梯机、救生艇绞车、舱盖绞车等设备或系统的电气、电子和控制系统的主要部件、日常检查、维护和修理方法及程序、安全和应急程序	
9.1.1.1 锚机、绞缆机	√
9.1.1.2 舷梯机	√
9.1.1.3 救生艇绞车	√
9.1.1.4 舱盖绞车	√
9.1.1.5 舵机	√
9.1.2 维护和修理甲板机械的测试、维护、故障检查和修理的实际知识:控制系统的电源,电缆和接地,连接器的固定,控制屏,电动机和制动器,限位开关,安全设备,液压泵、电动机、阀和制动器的电气控制,通风、加热等	√

考试大纲	适用对象 7101
9.2 维护和修理装卸货设备的电气、电子和控制系统	
9.2.1 甲板起重机	
9.2.1.1 甲板机械分类及基本原理	√
9.2.1.2 电气元件的日常检查、维护和修理方法及程序	√
9.2.1.3 克令吊电源(滑环)、甲板机械的电缆和接地、连接器的固定、控制屏、移动式控制器、PLC 输入和输出,电动机和制动器,限位开关,安全设备,液压泵,电动机,阀和制动器的电气控制	√
9.2.2 冷藏集装箱	
9.2.2.1 冷藏集装箱数据记录系统的日常检查、维护和修理流程	√
9.2.2.2 冷藏集装箱控制系统的日常检查、维护和修理流程及方法	√
9.2.3 液体和气体货物系统(如有)	
9.2.3.1 汽轮机的电气控制,货物和压载系统阀的电气控制,通风、加热、液位测量系统的日常检查、维护和修理流程及方法	√
9.2.3.2 货物系统的电源,电缆和接地,连接器,控制屏,PLC 输入和输出,安全设备,电动机,限位开关,安全设备,液压泵和电动机的电气控制	√
10 维护和修理生活设备的控制和安全系统	
10.1 电梯	
10.1.1 电梯的基本结构,如机房、带齿轮箱和制动器的电动机、电机曳引轿厢门、层门、限速器、测速发电机、控制箱、电梯电话	√
10.1.2 电梯的运行原理,工作模式如正常、检查、消防	√
10.1.3 控制系统的组成	√
10.1.4 电梯的主要维护及修理程序	√
10.1.5 电梯受困报警或内部通信的操作和维护	√
10.2 生活安全和报警系统	√
10.2.1 火灾探测和控制系统的组成、操作、维护和修理	√
10.2.2 船上医院呼叫系统的操作、维护和修理	√
10.2.3 冷库受困报警的操作、维护和修理	√
10.3 生活照明系统	

考试大纲	适用对象
	7101
10.3.1 船员或旅客数量大的船(如游船或渡船)上,照明系统的结构,包括:主照明、应急照明	√

船舶机舱自动化

7201:750 kW 及以上船舶电子电气员

考试大纲	适用对象
	7201
1 自动化、自动控制系统及技术的基础	
1.1 自动控制基础	
1.1.1 反馈控制系统的组成,开环控制和闭环控制的特点	
1.1.1.1 反馈控制系统的组成	√
1.1.1.2 开环控制和闭环控制的特点	√
1.1.2 反馈控制系统的动态过程	√
1.1.3 调节器基本作用规律(双位、比例、积分、微分)	√
1.1.4 常用的电磁阀、电动执行机构和相关的执行阀件	√
1.2 数据处理的主要特点(PLC 程序设计)	
1.2.1 数据类型及数字系统的基本概念	√
1.2.2 PLC 或计算机中存储器的结构	√
1.2.3 存储区的定义、分类以及寻址	√
1.2.4 存储区的访问方法:字节访问、字访问	√
1.2.5 测量数据的存储特点,对测量数据的各种操作处理手段	
1.2.5.1 测量数据的存储特点	√
1.2.5.2 对测量数据的各种操作处理手段	√
1.2.6 测量数据的滤波和平滑处理方法	√
1.2.7 PLC 的程序结构:子程序、中断、顺序控制继电器	√
1.2.8 位处理指令、定时指令、计数器指令、跳变指令	√
1.2.9 字节和字处理指令、逻辑运算指令、传送指令、移位指令、循环移位指令、比较指令	√
1.2.10 梯形图的设计原则,利用梯形图实现顺序控制的编程方法,并进行简单的程序设计	
1.2.10.1 梯形图的设计原则	√

考试大纲	适用对象
	7201
1.2.10.2 利用梯形图实现顺序控制的编程方法,并进行简单的程序设计	√
1.2.11 数字 PID 的控制方法、控制器参数调整以及控制回路的中断处理过程	√
1.3 可编程序控制器(PLC)原理及应用	
1.3.1 PLC 的结构、基本工作原理、分类及应用开发过程	√
1.3.2 PLC 的构成(模块),PLC 的 IO 模块接口电路及连线,IO 模块型号的类型	
1.3.2.1 PLC 的构成(模块)	√
1.3.2.2 PLC 的 IO 模块接口电路及连线,IO 模块型号的类型	√
1.3.3 PLC 硬件抗干扰措施	√
1.3.4 PLC 的使用和维护	√
1.4 船上计算机网络的组成和使用	
1.4.1 计算机系统的硬件组成、安装及功能,计算机网络的定义及其功能,工业控制计算机网络的类型、结构、特点及应用,不间断电源的基本原理和维护	
1.4.1.1 计算机系统的硬件组成、安装及功能,计算机网络的定义及其功能	√
1.4.1.2 工业控制计算机网络的类型、结构、特点及应用	√
1.4.1.3 不间断电源的基本原理和维护	√
1.4.2 网络体系结构的基本概念,网络的层次结构,网络协议的定义,常用网络协议标准;局域网拓扑结构 TCP/IP 参考模型与 OSI 参考模型的关系及各层功能	
1.4.2.1 网络体系结构的基本概念,网络的层次结构,网络协议的定义,常用网络协议标准	√
1.4.2.2 局域网拓扑结构 TCP/IP 参考模型与 OSI 参考模型的关系及各层功能	√

考试大纲	适用对象
	7201
1.4.3 数据通信的基本概念、计算机网络常用传输介质及其主要特性；数据编码技术与传输技术、多路复用技术、数据交换技术、差错控制技术等；数据传输方式，包括：基带传输和宽带传输、并行传输和串行传输，单工、双工、半双工传输	
1.4.3.1 数据通信的基本概念、计算机网络常用传输介质及其主要特性	√
1.4.3.2 数据编码技术与传输技术、多路复用技术、数据交换技术、差错控制技术等	√
1.4.3.3 数据传输方式，包括：基带传输和宽带传输、并行传输和串行传输，单工、双工、半双工传输	√
1.4.4 计算机局域网的基本定义及特点，网络设备的组成及功能，IP 地址的概念及设置；网络设备：网卡、集线器、交换机、路由器、网关；传输介质：双绞线、同轴电缆、光纤、无线传输；IEEE802 参考模型和相关标准、多路访问协议	
1.4.4.1 计算机局域网的基本定义及特点，网络设备的组成及功能，IP 地址的概念及设置；网络设备：网卡、集线器、交换机、路由器、网关	√
1.4.4.2 传输介质：双绞线、同轴电缆、光纤、无线传输	√
1.4.4.3 IEEE802 参考模型和相关标准、多路访问协议	√
1.4.5 局域网的拓扑结构，高速局域网的应用；IP 地址设置、子网划分、子网掩码	√
1.4.6 局域网的介质访问控制方式，包括：争用、轮询、预约	√
1.4.7 工业以太网的概念、特点、分类	√
1.4.8 RS232、RS485、RS422、NMEA0183 的基本原理及特点	√
1.4.9 USS 协议的概念、特点、结构及数据传输方式及应用	√
1.4.10 Modbus 协议的概念、特点、传输方式及应用	√
1.5 微型控制器的原理及通信基础	
1.5.1 单片机的基本组成和工作原理	√
1.5.2 单片机控制系统的基本组成和工作原理	√

考试大纲	适用对象
	7201
1.5.3 微机系统的串行接口 RS232、RS485	√
2 仪表、警报和监测系统	
2.1 常用传感器原理及应用	
2.1.1 传感器的种类及相关参数	√
2.1.2 变送器的概念及标准信号类型及其适用场合	√
2.1.3 温度传感器的主要种类、原理、特点、测温范围，RTD 的分度号，RTD 实际应用的封装形式、测量电路	
2.1.3.1 温度传感器的主要种类、原理、特点、测温范围	√
2.1.3.2 RTD 的分度号	√
2.1.3.3 RTD 实际应用的封装形式、测量电路	√
2.1.4 热敏电阻的特点、NTC、PTC	√
2.1.5 热电偶的原理、分度号、主要特点	√
2.1.6 热电偶的补偿导线原理	√
2.1.7 热电偶的冷端温度补偿方法	√
2.1.8 热电偶的使用注意事项	√
2.1.9 压力传感器的种类(压电、应变、电感、霍尔、电涡流等)及工作原理	√
2.1.10 液位传感器的种类及工作原理	√
2.1.11 其他类型传感器(如转速、流量、黏度传感器等)	√
2.2 船舶监视报警系统	
2.2.1 机舱监视报警系统基本知识	
2.2.1.1 机舱监视报警系统的基本结构、原理	√
2.2.1.2 机舱监视报警系统所具有的功能,包括:声光报警、参数与状态显示、打印记录、报警延时与报警锁闭、延伸报警、自检与测试功能、备用电源自动投入、值班呼叫、轮机员安全报警、失职报警	√
2.2.1.3 长时报警与短时报警,监测点报警处理流程	√
2.2.2 典型机舱监视报警系统的结构、组成、操作	√
2.2.3 火灾监视报警系统	
2.2.3.1 火灾监视报警系统的组成及各部分工作	√

考试大纲	适用对象 7201
2.2.3.2 常用火灾探测方法	√
2.2.3.3 离子感烟探测器、光电式探测器、感温式探测器的工作原理	√
2.2.3.4 火灾探测器的接线形式及终端电阻	√
2.2.3.5 总线型火灾监视报警系统结构及原理	√
2.2.4 典型的曲轴箱油雾浓度检测系统原理,光电油分检测原理	
2.2.4.1 典型的曲轴箱油雾浓度检测系统原理	√
2.2.4.2 光电油分检测原理	√
2.2.5 可燃气体探测装置的使用与测试	√
3 电动-液压和电动-气动控制系统	
3.1 电动-液压控制系统中的关键器件特性	√
3.2 电动-气动控制系统中的关键器件特性	√
3.3 构成液压起货机和气动遥控系统的原理分析	√
4 推进装置和辅助机械自动控制系统的监控与操作准备	
4.1 推进控制系统	
4.1.1 主推进控制系统的分类、组成及功能	√
4.1.2 启动、换向和制动控制逻辑	
4.1.2.1 换向逻辑	√
4.1.2.2 启动逻辑及过程	√
4.1.2.3 重复启动逻辑	√
4.1.2.4 慢转启动逻辑	√
4.1.2.5 重启动逻辑	√
4.1.2.6 强制制动逻辑	√
4.1.3 转速与负荷控制	
4.1.3.1 典型车钟系统	√
4.1.3.2 主推进装置转速控制系统的组成、功能	√
4.1.3.3 加、减速的速率限制环节,高负荷区时程序负荷环节,临界转速回避环节,最大、最小转速限制环节,轮机长最大转速限制环节,最低稳定转速限制环节,最大倒车转速限制环节,增压空气压力限制环节,转矩限制环节,最大油量限制环节,故障降速环节,故障停车环节	√

考试大纲	适用对象
	7201
4.1.3.4 典型数字调速系统组成及工作原理	√
4.1.4 典型安全保护系统组成及工作原理	√
4.1.5 电/气(E/P)转换器、电/液(E/H)转换器的工作原理	√
4.1.6 典型主机遥控系统结构、各个组成单元的功能	
4.1.6.1 微机控制的主机遥控系统(以 AUTOCHIEF-Ⅳ 型遥控系统为例)	√
4.1.6.2 网络型遥控系统(AC C20)	√
4.1.7 变距桨的特点,变距桨主机控制系统的组成,变距桨主机遥控系统的控制方式	
4.1.7.1 变距桨的特点,变距桨主机控制系统的组成	√
4.1.7.2 变距桨主机遥控系统的控制方式	√
4.1.8 低速大功率电喷柴油机控制系统的组成、功能及重要参数的设置	
4.1.8.1 RT-flex 型电喷柴油机控制系统的组成、功能及重要参数的设置	√
4.1.8.2 ME 型电喷柴油机控制系统的组成、功能及重要参数的设置	√
4.2 辅助机械控制系统	
4.2.1 空压机自动控制系统的基本环节	√
4.2.2 辅锅炉控制系统	
4.2.2.1 辅助锅炉控制系统的基本组成,水位控制、蒸汽压力控制、点火时序控制、安全保护环节	√
4.2.2.2 水位检测方法及维护	√
4.2.2.3 火焰检测方法及故障判断	√
4.2.2.4 燃烧器组成及分类和特点	√
4.2.2.5 大型锅炉的水位控制和燃烧控制特点	√
4.2.3 舵机	
4.2.3.1 舵机控制系统的组成	√
4.2.3.2 操舵方式及应用场合	√
4.2.3.3 舵角检测方法及原理	√

考试大纲	适用对象
	7201
4.2.3.4 舵机控制系统的调节环节	√
4.2.3.5 检测元件的故障判断及维护	√
4.2.4 燃油系统	
4.2.4.1 燃油系统的组成	√
4.2.4.2 燃油供油单元自动控制系统	√
4.2.5 冷却系统:柴油机冷却水温度控制系统的组成、原理,控制器的设置方法	√
4.2.6 滑油系统:自清滤器自动控制的原理	√
4.2.7 燃油黏度控制系统	
4.2.7.1 黏度控制的作用	√
4.2.7.2 黏度控制系统的组成及原理	√
4.2.7.3 黏度检测原理	√
4.2.8 分油机	
4.2.8.1 分油机的基本原理	√
4.2.8.2 分油机控制系统的组成	√
4.2.8.3 分油机工作时序	√
4.2.8.4 分油机控制系统输入输出信号	√
4.2.9 伙食冰机控制系统	
4.2.9.1 制冷循环环节	√
4.2.9.2 冰机控制系统的组成,压力控制系统和温度控制系统	√
4.2.9.3 油压保护、融霜控制、冷凝压力保护、曲轴箱加热等基本环节	√
4.2.9.4 自动化元件的基本原理、操作及维护	√
4.2.10 货物冷藏控制系统	
4.2.10.1 冷藏集装箱控制系统的组成	√
4.2.10.2 运转控制方式	√
4.2.10.3 自动化元件的基本原理、操作及维护	√
4.2.11 空调控制系统	
4.2.11.1 船舶空调系统的运行工况	√

考试大纲	适用对象 7201
4.2.11.2 湿度检测原理及维护	√
4.2.11.3 制冷工况下的温度控制方式	√
4.2.11.4 取暖工况下的温度和湿度控制方式及原理	√
5 维护和修理主推进和辅助机械自动化和控制系统	
5.1 监视系统、自动控制设备、保护设备的功能、构造及性能测试	
5.1.1 监视系统常见的信号形式及连接方法	√
5.1.2 智能传感器概念及校准原理、操作	√
5.1.3 火灾监控系统的组成、控制面板的功能及操作	
5.1.3.1 常用火灾探测方法	√
5.1.3.2 离子感烟探测器、光电式探测器、感温式探测器的工作原理	√
5.1.3.3 火灾探测器的接线形式、终端电阻	√
5.1.4 关键设备工况监视的计算机系统(如在线油分监测、机舱报警监视计算机)的用途、构成和功能	√
5.1.5 船舶安全保护控制装置的结构和功能	√
5.1.6 船舶自动控制系统的各模块功能	√
5.1.7 船舶机舱应急切断操作的功能	√

信息技术与通信导航系统

7301:750 kW 及以上船舶电子电气员

考试大纲	适用对象
	7301
1 数字电子技术	
1.1 数制与码制基本知识,熟悉二进制十进制转换,熟悉十六进制二进制转换,二进制代码(ASCII 码、格雷码、BCD 码)	√
1.2 基本逻辑关系和复合逻辑关系	
1.2.1 与门的符号及其逻辑关系	√
1.2.2 或门的符号及其逻辑关系	√
1.2.3 非门的符号及其逻辑关系	√
1.2.4 与非门的符号及其逻辑关系	√
1.2.5 异或门的符号及其逻辑关系	√
1.2.6 三态门的符号及其逻辑关系	√
1.2.7 正逻辑和负逻辑	√
1.3 逻辑门电路的分类	√
1.4 逻辑代数及组合逻辑电路设计分析	√
1.5 熟悉常见组合逻辑电路(编码器、译码器、数据选择器)	
1.5.1 编码器	√
1.5.2 译码器	√
1.5.3 数据选择器	√
1.6 熟悉 RS 触发器原理、符号,熟悉 JK、D 触发器真值表	
1.6.1 RS 触发器的符号及原理	√
1.6.2 JK、D 触发器的符号、原理及真表值	√
1.7 寄存器、锁存器的原理,熟悉其概念	
1.8 RAM/ROM 原理,熟悉其分类及特点	√
1.9 施密特触发器的基本原理	√
1.10 模数转换和数模转换原理,熟悉 AD/DA 的概念	

考试大纲	适用对象
	7301
1.10.1 D/A 转换器的功能	√
1.10.2 A/D 转换器的功能	√
2 模拟电子技术	
2.1 熟悉半导体的基本知识(本征半导体、杂质半导体、P-N 结)	√
2.2 熟悉二极管的结构、伏安特性及主要参数	
2.2.1 二极管的结构和伏安特性	√
2.2.2 二极管的主要参数	√
2.3 单相半波和桥式整流电路的基本原理	√
2.4 熟悉滤波电路和稳压电路	√
2.5 熟悉三极管的结构,三极管的放大工作原理,三极管的主要参数和特性	
2.5.1 三极管的结构	√
2.5.2 三极管的放大工作原理	√
2.5.3 三极管的主要参数和特性	√
2.6 熟悉三极管基本放大电路及其特性	
2.6.1 共射极放大电路	√
2.6.2 共集电极放大电路	√
2.6.3 共基极放大电路	√
2.7 MOSFET 结构和特点	√
2.8 温度对半导体器件的影响	√
2.9 熟悉集成运算放大器的主要特点,共模与差模的概念	
2.9.1 熟悉集成运算放大器的主要特点	√
2.9.2 共模和差模的概念	√
2.10 熟悉运算放大器的应用(加法器、减法器、微分器、积分器、电压比较器)	
2.10.1 加法器	√
2.10.2 减法器	√
2.10.3 微分器	√

考试大纲	适用对象
	7301
2.10.4 积分器	√
2.10.5 电压比较器	√
2.11 反馈放大电路的分析方法(理想化模型,虚短与虚断)	√
2.12 熟悉三端集成稳压器的简单应用	√
3 操作船上专用计算机系统	
3.1 IBS 的用途、构成和功能	√
3.2 航行数据记录仪(VDR)的用途、构成和功能	√
3.3 动力定位系统(DPS)的用途、构成和功能	
4 使用内部通信系统	
4.1 自动电话系统	
4.1.1 现代船舶上自动电话的功能	√
4.1.2 自动电话交换机	√
4.1.3 船舶各种信号装置	√
4.2 应急声力电话系统	
4.2.1 船上声力电话的用途	√
4.2.2 熟悉声力电话的工作原理	√
4.2.3 呼叫电路的工作原理和设计	√
4.3 对讲系统——内部通信	
4.3.1 船上对讲系统的用途	√
4.3.2 船上对讲系统的工作原理	√
4.4 公共广播系统(PA)	
4.4.1 船上公共广播系统的用途	√
4.4.2 公共广播系统的工作原理	√
5 维护和修理驾驶台航行设备	
5.1 雷达	
5.1.1 熟悉雷达系统的基本组成及其原理	√
5.1.2 雷达图像特点,雷达显示方式及其特点	√

考试大纲	适用对象 7301
5.1.3 熟悉测距、测方位原理,雷达系统基本配置、组成及其基本工作原理	√
5.1.4 发射机的组成及工作原理,熟悉磁控管的工作特性、维护和更换知识	√
5.1.5 雷达双工器的工作特性	√
5.1.6 天线及微波传输系统的基本组成及其工作特性	√
5.1.7 雷达接收机的组成及基本工作原理	√
5.1.8 信息处理与显示系统的基本组成及其工作原理	√
5.1.9 雷达主要技术指标(工作波段、发射功率、脉冲宽度、脉冲重复频率、天线增益、天线波束宽度、接收机灵敏度、通频带宽)及其对性能的影响	
5.1.9.1 雷达主要技术指标	√
5.1.9.2 技术指标对性能的影响	√
5.1.10 熟悉雷达基本控钮、菜单操作方法	√
5.1.11 雷达安装步骤,误差校正方法、维护与保养	
5.1.11.1 安装步骤	
5.1.11.2 误差校正方法	√
5.1.11.3 维护与保养	√
5.1.12 雷达接口特性	√
5.2 全球导航卫星系统(GNSS)	
5.2.1 GNSS/DGNSS 的基本工作原理	√
5.2.2 GNSS/DGNSS 导航仪的基本功能和操作方法	√
5.2.3 导航仪与其他航行设备的接口要求	√
5.3 熟悉 AIS 系统的基本原理、公约要求以及操作和接口知识	
5.3.1 AIS 系统的基本原理、公约要求	√
5.3.2 接口、传感器	√
5.4 惯性导航系统:惯性导航系统的基本原理	√
5.5 船舶罗经设备	

考试大纲	适用对象 7301
5.5.1 理解陀螺罗经指北原理(陀螺仪、视运动、控制力矩、阻尼力矩)	√
5.5.2 陀螺罗经基本操作知识,误差及其消除方法	
5.5.2.1 陀螺罗经基本操作知识	√
5.5.2.2 各类误差	√
5.5.2.3 具体型号罗经的误差及其调节	√
5.5.3 陀螺罗经结构与电路	
5.5.3.1 主罗经结构(灵敏部分、随动部分和固定部分)	√
5.5.3.2 陀螺罗经电源系统	√
5.5.3.3 陀螺罗经随动系统	√
5.5.3.4 陀螺罗经传向系统	√
5.5.4 陀螺罗经与其他航行设备的接口测试与连接	
5.6 船用计程仪	
5.6.1 电磁计程仪的基本组成和工作原理,与其他导航设备接口知识	√
5.6.2 多普勒计程仪的基本组成和工作原理,与其他导航设备接口知识	√
5.6.3 声相关计程仪的基本组成和工作原理,与其他导航设备接口知识	√
5.7 测深系统:回声测深仪的基本组成和工作原理,与其他导航设备接口	√
5.8 航行数据记录仪(VDR/S-VDR)	
5.8.1 基本组成和工作原理	√
5.8.2 公约要求、与其他传感器接口和电源	√
5.9 电子海图系统	
5.9.1 电子海图设备的基本组成和功能	√
5.9.2 与其他导航设备接口	√
6 船舶通信系统	
6.1 电磁波传播的基本知识	
6.1.1 无线电波传播的特点和途径,海用无线电频带	√
6.1.2 调制与解调的基本概念	√
6.2 GMDSS 概述	
6.2.1 GMDSS 的基本组成及功能	√

考试大纲	适用对象 7301
6.2.2 GMDSS 设备的配备要求	√
6.2.3 GMDSS 通信设备的维修要求	√
6.3 卫星通信系统	
6.3.1 Inmarsat 通信系统的构成及基本工作原理	√
6.3.2 Inmarsat-C 船站的组成、通信功能及维护	√
6.3.3 Inmarsat-FB 船站的组成、通信功能及维护	√
6.3.4 船舶保安报警系统组成及维护方法	√
6.3.5 铱星系统的组成、原理及维护方法	√
6.4 MF/HF 组合电台组成、通信功能及维护：MF/HF 组合电台组成、通信功能及维护方法	
6.4.1 MF/HF 组合电台的组成	√
6.4.2 MF/HF 组合电台的通信功能	√
6.4.3 MF/HF 组合电台的维护方法	√
6.5 船用 VHF 与 VHF-DSC 通信设备组成、通信功能及维护：VHF 与 VHF-DSC 通信设备组成、通信功能及维护方法	√
6.6 NAVTEX 与气象传真机的组成及维护：NAVTEX 与气象传真机的组成及维护方法	√
6.7 无线电救生设备(双向 VHF 无线电话设备、工作在航空器紧急频率的双向无线电通信设备、EPIRB、Radar-SART 和 AIS-SART)的组成及维护方法	√
6.8 电台的识别：无线电电台识别的概念，船用电台识别的主要方法	√
6.9 船舶通信天线种类、特点及维护：能够识别各种天线，各种天线的特点及维护方法	√
6.10 GMDSS 备用电源的维护与保养	
6.10.1 GMDSS 备用电源的种类，SOLAS 公约的相关要求	√
6.10.2 各类备用电源的特点和维护方法	√
6.11 其他通信技术：船舶可能装备的其他通信系统工作原理、维护保养方法，包括：V-sat、LRIT、北斗系统等	√

船舶管理(电子电气员)

7401：无限航区 750 kW 及以上船舶电子电气员
7402：沿海航区 750 kW 及以上船舶电子电气员

考试大纲	适用对象	
	7401	7402
1 确保符合防污染要求		
1.1 防止海洋环境污染采取的预防措施		
1.1.1 MARPOL 公约及其附则		
1.1.1.1 MARPOL 公约的功用、基本架构、适用范围	√	√
1.1.1.2 附则Ⅰ——防止油类污染规则的有关规定	√	√
1.1.1.3 附则Ⅱ——控制散装有毒液体物质污染规则的有关规定	√	√
1.1.1.4 附则Ⅲ——防止海运包装有害物质污染规则的有关规定	√	√
1.1.1.5 附则Ⅳ——防止船舶生活污水污染规则的有关规定	√	√
1.1.1.6 附则Ⅴ——防止船舶垃圾污染规则有关规定	√	√
1.1.1.7 附则Ⅵ——防止船舶造成大气污染规则的有关规定	√	√
1.2 防污染程序及设备		
1.2.1 排油控制		
1.2.1.1 MARPOL 73/78 公约第 9 款有关排油控制的规定	√	√
1.2.1.2 污水储存舱和油水分离器	√	√
1.2.1.3 MARPOL 73/78 公约中第 16 款有关排油监控系统、滤油设备的规定	√	√
1.2.2 船舶油污应急计划(SOPEP)、船上海洋污染应急计划(SMPEP)和船舶反应计划(VRP)		
1.2.2.1 对船舶配置 SOPEP 的有关规定及其主要内容	√	√

考试大纲	适用对象	
	7401	7402
1.2.2.2 对船舶配置 SMPEP 的有关规定及其主要内容	√	√
1.2.2.3 对船舶配置 VRP 的有关规定及其主要内容	√	√
1.2.3 下列防污染设备的操作程序		
1.2.3.1 污水处理装置	√	√
1.2.3.2 压载水处理装置	√	√
1.2.4 压载水管理及其排放标准		
1.2.4.1《压载水管理公约》的有关规定	√	√
1.2.4.2 压载水处理装置的操作与记录	√	√
1.3 保护海洋环境的积极措施		
1.3.1 保护海洋环境的积极措施:在下列作业过程中,应采取的保护海洋环境的积极措施		
1.3.1.1 加油	√	√
1.3.1.2 装/卸油、化学品和危险货物	√	√
1.3.1.3 油舱清洗	√	√
1.3.1.4 货舱清洗	√	√
1.3.1.5 排出舱底水(货舱与机舱的舱底水)	√	√
1.3.1.6 压载水置换	√	√
1.3.1.7 其他垃圾处理	√	√
1.3.1.8 生活污水	√	√
1.4 电子电气常用物料(包含电子技工的要求)		
1.4.1 电子电气常用物料的种类	√	√
1.4.2 电子电气物料申请方法	√	√
1.4.3 物料安全存放、固定的基本方法与使用要求	√	√
1.5 需要定期加油和清洁的船舶电气设备及项目	√	√
1.6 安全处置废料的知识(包含电子技工的要求)	√	√
2 领导和团队工作技能的应用		
2.1 船上人员管理及训练		
2.1.1 船员组织机构、权威机构和岗位职责		

考试大纲	适用对象	
	7401	7402
2.1.1.1 典型的船舶组织机构	√	√
2.1.1.2 不同船员的等级及其岗位职责	√	√
2.1.1.3 船舶命令链	√	√
2.1.2 文化意识、内在特质、态度、行为和跨文化沟通		
2.1.2.1 文化意识	√	√
2.1.2.2 内在特质	√	√
2.1.2.3 态度和行为之间的关系	√	√
2.1.2.4 在跨文化沟通中需要注意的方面,尤其是在船上	√	√
2.1.3 船上环境和非正式社会结构		
2.1.3.1 多文化船员的非正式社会结构	√	√
2.1.3.2 非正式社会结构需要被认可、被允许的原因	√	√
2.1.3.3 改进跨文化人际关系的做法	√	√
2.1.4 人为失误、情境意识、自动化意识、自满和厌倦		
2.1.4.1 活跃因素和潜在状况的概念	√	√
2.1.4.2 疏忽失误和行为失误的概念	√	√
2.1.4.3 失误链及其成因	√	√
2.1.4.4 情境意识及其在船舶上的应用	√	√
2.1.4.5 在即将发生失误时应采取的措施	√	√
2.1.4.6 自动化意识、自满和厌倦之间的联系	√	√
2.1.4.7 为应对自满和厌倦需采取的措施	√	√
2.1.5 领导力和团队工作		
2.1.5.1 领导力的概念	√	√
2.1.5.2 领导素质,包括:自我意识、情境意识、人际交往技能、激励和尊重	√	√
2.1.5.3 领导特征,包括:外表、魄力、决断力和情感智力	√	√
2.1.5.4 领导技巧,包括:以身作则、设定预期、提供监督和授权	√	√
2.1.5.5 团队行为和群体行为的区别	√	√

考试大纲	适用对象	
	7401	7402
2.1.5.6 在船上进行团队合作的优点	√	√
2.1.5.7 固定团队和任务小组之间的区别	√	√
2.1.5.8 "船员都是船舶团队的一员"的含义	√	√
2.1.5.9 良好团队沟通的重要作用	√	√
2.1.6 培训及有组织的船上培训计划		
2.1.6.1 有组织的船上培训的重要性	√	√
2.1.6.2 如何有效实施有组织的船上培训	√	√
2.1.6.3 为实施有组织的船上培训,管理级船员应担负的责任	√	√
2.1.6.4 在船上培训时需要的辅导与指导	√	√
2.1.6.5 如何评估被培训人员的学习效果	√	√
2.1.6.6 如何记录和报告被培训人员的学习效果	√	√
2.1.6.7 公司如何介入有组织的船上培训	√	√
2.1.6.8 培训计划需要适时调整,以满足船上的实际需求	√	√
3 国际海事公约和建议以及相关国内立法的知识		
3.1《2006 年海事劳工公约》		
3.1.1 海事劳工公约的产生背景和修订过程	√	√
3.1.2 海事劳工公约的有关要求	√	√
3.2 SOLAS 公约及 ISM 规则		
3.2.1 SOLAS 公约的结构	√	√
3.2.2 SOLAS 公约的主要条款	√	√
3.2.3 ISM 规则	√	√
3.2.4 PSC 检查	√	√
3.3 STCW 公约		
3.3.1 STCW 公约的功用、基本架构	√	√
3.3.2 STCW 公约对电子员的相关要求	√	√
3.4 中华人民共和国防污染法规有关规定		
3.4.1《中华人民共和国海洋环境保护法》	√	√

考试大纲	适用对象	
	7401	7402
3.4.2《防治船舶污染海洋环境管理条例》	√	√
3.4.3《中华人民共和国船舶及其有关作业活动污染海洋环境防治管理规定》	√	√
3.5《中华人民共和国海船船员适任考试和发证规则》	√	√
3.6《中华人民共和国船员条例》	√	√
3.7《中华人民共和国船员违法记分办法》	√	√
4 传热、力学和流体力学		
4.1 热传递的三种基本方式(热传导、热对流、热辐射)和特点	√	√
4.2 流体力学的研究对象	√	√
4.3 流体的主要物理性质(比重、压缩性、黏度)	√	√
4.4 流体的黏度表示(动力黏度、运动黏度、相对黏度)及温度对黏度的影响	√	√
5 人际沟通和信息转达		
5.1 机舱、驾驶台一般工作程序	√	√
5.2 可接受的航海术语及标准航海交流习惯用语,并能够清楚、准确和简洁地进行命令、指示、报告和信息交换,能够准确记录所完成的任务	√	√
6 电气和电子设备的维护与修理		
6.1 船上电气安全作业要求		
6.1.1 船上电气系统工作时存在的安全威胁:电击、电弧伤、瞬态过压、运动(旋转)设备,诸如高温、潮湿、水、油、蒸汽泄漏、雨、风、船的晃动和颠簸等环境因素		
6.1.1.1 船上电气系统工作时存在的安全威胁:电击、电弧伤、瞬态过压、运动(旋转)设备	√	√
6.1.1.2 船上环境因素存在的安全威胁:高温、潮湿、水、油、蒸汽泄漏、雨、风、船的晃动和颠簸等	√	√
6.1.2 作业安全分析	√	√
6.1.3 具体任务的安全分析和工具的选用	√	√

考试大纲	适用对象	
	7401	7402
6.1.4 作业许可制度及应用、锁定挂牌程序	√	√
6.2 大修、定期检修、周期维护的基本原则	√	√
6.3 日常保养的基本原则	√	√
6.4 磨合期、有效寿命期、耗损期、故障率等概念	√	√
6.5 PMS(计划维护保养系统)及船级社对电气设备维护的要求	√	√
6.6 船舶电气设备检验的种类	√	√
6.7 设备维护、检修、试验工作的记录表的主要内容和使用方法	√	√
6.8 备件、维修工作记录、维护周期的计算机管理程序	√	√
6.9 电气故障检测、故障查找及防止损害的方法		
6.9.1 船上各种接地	√	√
6.9.2 船上各种电气设备故障的一般故障及排除程序、方法	√	√
6.9.3 恰当使用带电和断电方法,根据故障现象,通过电路图进行故障的查找	√	√
6.10 易燃区域的电气电子系统的运行		
6.10.1 危险物质的分类、分级和分组	√	√
6.10.2 电气设备的防爆原理、防爆形式和标识	√	√
6.10.3 船舶危险区域	√	√
6.10.4 本安系统的构成(本安仪表、本安电缆和关联设备)及布线规则	√	√
6.10.5 爆炸性粉尘区域电气设备的防爆形式	√	√
6.10.6 防爆设备的维护注意事项	√	√
6.11 安全和应急程序;危险环境下电子电气员应急反应的职责	√	√
7 基本理解机械工程系统的运行		
7.1 船舶主推进装置的基本知识		
7.1.1 船舶动力装置的含义、分类及基本特点	√	√
7.1.2 船舶柴油机的基本工作原理及分类	√	√
7.1.3 柴油机的基本结构	√	√

考试大纲	适用对象	
	7401	7402
7.1.4 柴油机的工作系统(柴油机冷却系统、柴油机润滑系统、燃油供给系统)	√	√
7.1.5 柴油机的换气与增压	√	√
7.1.6 柴油机调速的基本原理	√	√
7.1.7 主推进装置的传动方式(直接传动、间接传动、Z型传动、电力传动)	√	√
7.1.8 螺旋桨的工作特性	√	√
7.1.9 可调螺距螺旋桨的工作原理	√	√
7.1.10 新型主推进装置的概况	√	√
7.2 机舱辅助机械		
7.2.1 泵的主要种类及特点		
7.2.1.1 泵的作用、分类、结构	√	√
7.2.1.2 泵的原理及主要特点	√	√
7.2.1.3 泵的主要性能参数的意义	√	√
7.2.2 活塞式空气压缩机的结构和工作原理		
7.2.2.1 活塞式空气压缩机的结构	√	√
7.2.2.2 活塞式空气压缩机的工作原理	√	√
7.2.3 船舶辅锅炉的基本结构、分类及系统		
7.2.3.1 船舶辅锅炉的基本结构、分类	√	√
7.2.3.2 船舶辅锅炉系统	√	√
7.2.4 船舶其他设备及系统(压载水系统、舱底水系统、风机、尾轴管密封装置等)	√	√
7.3 舵机系统:舵设备(转舵机构)的结构、种类和工作原理		
7.3.1 舵设备(转舵机构)的结构、种类	√	√
7.3.2 舵设备的工作原理	√	√
7.4 装卸货系统:液货船的装卸系统	√	√
7.5 甲板机械		
7.5.1 锚设备的功能和组成	√	√

考试大纲	适用对象	
	7401	7402
7.5.2 系泊设备的工作原理	√	√
7.5.3 开关舱设备、吊艇机、舷梯等设备的基本功能	√	√
7.5.4 起货机的分类及结构（吊杆式起货机、回转式起货机）		
7.5.4.1 吊杆式起货机的分类及结构	√	√
7.5.4.2 回转式起货机的分类及结构	√	√
7.6 生活系统		
7.6.1 伙食冷库的基本组成和工作原理		
7.6.1.1 伙食冷库的基本组成	√	√
7.6.1.2 伙食冷库的工作原理	√	√
7.6.2 船舶空调和通风系统的基本组成和工作原理		
7.6.2.1 空调和通风系统的基本组成	√	√
7.6.2.2 空调和通风系统的工作原理	√	√
7.6.3 船舶日用海淡水系统的构成及作用	√	√
8 安全管理体系基础知识		
8.1 管理的基本原则		
8.1.1 管理的人本原则	√	√
8.1.2 管理的系统原则	√	√
8.1.3 管理的效益原则	√	√
8.2 管理体系概述		
8.2.1 管理体系的定义	√	√
8.2.2 管理体系的相关术语	√	√
8.2.3 相关管理体系介绍	√	√
8.3 安全管理体系		
8.3.1 安全管理体系的定义	√	√
8.3.2 安全管理体系的功能	√	√

电子电气员英语

7001：无限航区 750 kW 及以上船舶电子电气员

考试大纲	适用对象
	7001
1 船舶概论	
1.1 驾驶常识	
1.1.1 船舶的种类、结构及相关参数	
1.1.1.1 船舶的种类	√
1.1.1.2 船舶的结构及相关参数	√
1.1.2 驾驶台的设备配置	√
1.2 轮机常识	
1.2.1 主推进动力装置(柴油机、轴系、螺旋桨等)	√
1.2.2 船舶辅助设备(包括各种管系、各种泵、分油机、防污染设备、液压机械、船用锅炉、造水机、冷库和空调等)	√
2 船舶电气	
2.1 电气基础知识	
2.1.1 交流电路基础	√
2.1.2 电工仪表、工具	√
2.1.3 电力电子元器件及应用基础(二极管、三极管、晶闸管等)	√
2.2 异步电动机	
2.2.1 三相异步电动机的分类和结构	√
2.2.2 三相异步电动机的铭牌及基本参数	√
2.2.3 异步电动机的运行控制	√
2.3 电力拖动	
2.3.1 电力拖动基础	
2.3.1.1 交流电动机的继电保护	√
2.3.1.2 交流变频调速及变频器	√
2.3.2 船舶甲板机械的电力拖动与控制	√

考试大纲	适用对象
	7001
2.3.3 船舶舵机的电力拖动与控制	√
2.4 船舶电力推进系统	
2.4.1 电力推进系统的组成、分类及要求	√
2.4.2 电力推进系统的工作原理、安全保护	√
2.5 船舶同步发电机	
2.5.1 船舶同步发电机工作原理	√
2.5.2 船舶同步发电机的并联运行、管理及保护	√
2.6 船舶电力系统	
2.6.1 船舶电力系统概述	√
2.6.2 船舶配电盘的分类、组成及功能	√
2.6.3 船舶电力系统的保护	√
2.6.4 蓄电池的维护与保养	√
2.7 船舶自动化电站	
2.7.1 船舶自动化电站的基本功能	√
2.7.2 船舶电站的自动控制	√
2.7.3 船舶电站的综合保护	√
2.7.4 船舶自动化电站的操作和管理	√
2.8 船舶高压电系统	
2.8.1 船舶高压电系统与设备的电气参数	√
2.8.2 船舶高压电系统与设备的安全常识	√
2.8.3 船舶高压电系统的操作与管理	√
3 轮机自动控制技术	
3.1 自动控制基础知识	
3.1.1 反馈控制系统	√
3.1.2 调节器的作用规律	√
3.1.3 可编程序控制器	√
3.2 船舶机舱辅助自动控制系统	
3.2.1 燃油黏度自动控制系统	√

考试大纲	适用对象 7001
3.2.2 辅锅炉的自动控制	√
3.2.3 分油机自动控制系统	√
3.3 微机控制型主机遥控系统（以 AC-Ⅳ 主机遥控系统为例）	
3.3.1 AC-Ⅳ 主机遥控系统的组成、功能及基本操作	√
3.3.2 AC-Ⅳ 主机遥控系统的参数设定、模拟试验	√
3.3.3 AC-Ⅳ 主机遥控系统的故障诊断流程	√
3.3.4 电子调速器的工作原理及调整	√
3.4 网络型遥控系统（以 AC C20 为例）	
3.4.1 遥控系统的硬件结构及其网络结构	√
3.4.2 驾驶台、集控室操作面板的组成、功能	√
3.4.3 遥控系统的工作模式	√
3.4.4 遥控系统的参数设定方法	√
3.5 集中监视与报警系统	
3.5.1 常用的传感器	√
3.5.2 集中监视与报警系统的功能与分类	√
3.5.3 网络型监视与报警系统的组成及原理	√
3.6 火灾报警系统	
3.6.1 火灾检测方法及火警探测器	√
3.6.2 火灾报警系统的基本原理及相关动作	√
3.6.3 总线型火警监控系统的基本原理	√
4 船舶计算机系统	
4.1 计算机网络基础知识	
4.1.1 商务计算机组成及应用基础，COMS、内存、显卡、声卡、网卡、硬盘、磁盘驱动器、电源、显示器、打印机等硬件设备的作用和安装	√
4.1.2 Windows 操作系统基础知识	√
4.1.3 常用网络应用软件操作（浏览器、邮件）	√
4.1.4 办公软件（WORD、EXCEL）的基本使用	√
4.2 船舶计算机网络	

考试大纲	适用对象 7001
4.2.1 计算机网络及通信协议的基础知识与常见标准	√
4.2.2 船舶局域网的网络体系结构和硬件设备	√
4.2.3 船舶局域网的运行、维护和管理	√
4.2.4 船舶计算机网络安全的基本知识	√
5 通信与导航设备	
5.1 综合驾驶台系统（IBS）	√
5.2 船舶导航系统	
5.2.1 船舶导航雷达	
5.2.1.1 雷达设备的基本原理和组成	√
5.2.1.2 雷达的主要技术指标	√
5.2.1.3 雷达的操作与维护	√
5.2.2 卫星导航系统	
5.2.2.1 GPS 全球定位系统	√
5.2.2.2 船载 GPS 导航仪	√
5.2.3 船舶自动识别系统（AIS）	√
5.2.4 船载航行数据记录仪	√
5.2.5 船用陀螺罗经	√
5.2.6 船用测深仪、计程仪	√
5.2.7 电子海图显示与信息系统（ECDIS）的介绍	√
5.3 船舶通信系统	
5.3.1 GMDSS	
5.3.1.1 GMDSS 的基本组成及功能	√
5.3.1.2 GMDSS 遇险报警的实现	√
5.3.1.3 GMDSS 船载通信设备的维护	√
5.3.2 Inmarsat 通信系统	
5.3.2.1 Inmarsat 系统简介	√
5.3.2.2 Inmarsat-C 船站的组成、功能及维护	√
5.3.2.3 Inmarsat-F 船站的组成、功能及维护	√

考试大纲	适用对象 7001
5.3.3 MF/HF 组合电台的组成、功能及维护	√
5.3.4 船用 VHF 通信设备及 VHF DSC 终端设备	√
5.3.5 NAVTEX 与气象传真机设备的组成及应用	√
5.3.6 S-EPIRB 与 9 GHz SART 设备的组成及性能指标	√
5.3.7 船舶内部通信系统	
5.3.7.1 船用电话交换机的组成	√
5.3.7.2 声力电话的基本原理及组成	√
5.3.7.3 船令广播系统的用途和组成	√
6 船舶管理	
6.1 与船舶电子电气设备相关的国际组织及其相关规范概述	√
6.2 SOLAS 公约	
6.2.1 总则	√
6.2.2 消防、救生的有关内容	√
6.2.3 保安规则的有关内容	√
6.3 STCW 公约	
6.3.1 总则	√
6.3.2 STCW 公约关于电子员的相关内容	√
6.4 MARPOL 公约	
6.4.1 总则	√
6.4.2 防止油类污染规则的有关规定	√
6.4.3 防止船舶垃圾污染规则的有关规定	√
6.5《2006 年海事劳工公约》	
6.5.1 休息与工作时间	√
6.5.2 居住条件	√
6.6 港口国监督	
6.6.1 概述	√
6.6.2 港口国监督程序	√
6.6.3 优先检查与扩大范围检查	√

考试大纲	适用对象 7001
6.7 其他最新电子员专业的相关公约及法规	√
7 船舶电子电气函电书写	
7.1 船舶电子电气设备与岸基来往英文业务函电	√
7.2 船舶电子电气设备事故报告	√
7.3 船舶电子电气设备安全检查报告	√
7.4 船舶电子电气设备安装和调试许可报告	√
7.5 船舶电子电气设备维护安装日志	√

电子技工业务

7601:750 kW 及以上船舶电子技工

考试大纲	适用对象
	7601
1 电气设备的安全使用	
1.1 工作或修理前的安全预防措施,包括:工具的选用、绝缘检测、短路测试、断电操作等	√
1.2 工作或修理时的隔离程序,包括:断开主开关	√
1.3 触电事故防护、触电防护、静电防护、电器防火与防爆和电气火灾预防的知识和措施,以及发生该类故障后应采取的应急程序	
1.3.1 触电事故防护、触电防护	√
1.3.2 静电防护	√
1.3.3 电器防火与防爆	√
1.3.4 电气火灾预防的知识和措施	√
1.4 船舶高压、低压和蓄电池等电力系统的安全操作和基本知识	√
2 有助于电气系统和机械操作的监控	
2.1 船舶机械工作系统的工作原理	
2.1.1 原动机,包括主推进装置	√
2.1.2 机舱辅助机械	√
2.1.3 操舵系统	√
2.1.4 装卸货系统	√
2.1.5 甲板机械	√
2.1.6 生活系统	√
2.2 电路	
2.2.1 电路的概念和组成,电压和电流参考方向	
2.2.1.1 电路的概念和组成	√
2.2.1.2 电压和电流参考方向	√
2.2.2 电路的基本元件及其符号、元件串并联及星-三角连接方式	

考试大纲	适用对象
	7601
2.2.2.1 基本元件及其符号	√
2.2.2.2 元件串并联	√
2.2.2.3 星-三角连接	√
2.2.3 电路的欧姆定律和基尔霍夫定律	
2.2.3.1 欧姆定律	√
2.2.3.2 基尔霍夫定律	√
2.2.4 正弦交流电的三要素、有效值的概念；三相交流电的基本概念	
2.2.4.1 正弦交流电的三要素	√
2.2.4.2 有效值的概念	√
2.2.4.3 三相交流电的基本概念	√
2.2.5 功率因数的概念，交流电路的有功、无功功率概念	
2.2.5.1 功率因数的概念	√
2.2.5.2 交流电路的有功、无功功率概念	√
2.2.6 简单电路的分析和计算	√
2.3 电机学	
2.3.1 变压器的基本结构与工作原理(包括互感器)	
2.3.1.1 磁场的基本概念	√
2.3.1.2 电磁感应定律	√
2.3.1.3 船舶常用铁磁材料分类、性能	√
2.3.1.4 铁芯损耗的产生及常见解决措施	√
2.3.1.5 变压器的基本结构与工作原理	√
2.3.1.6 三相变压器的组成与应用	√
2.3.1.7 电压、电流互感器的应用与要求	√
2.3.2 交流异步电机的基本结构、主要分类及主要参数和特性	
2.3.2.1 基本结构、主要分类	√
2.3.2.2 主要参数和特性	√
2.3.3 直流电机的基本结构及主要参数和特性	√
2.3.4 同步电机的基本结构及主要参数和特性	

考试大纲	适用对象
	7601
2.3.4.1 三相交流同步发电机的基本结构	√
2.3.4.2 三相交流同步发电机的工作原理	√
2.3.4.3 船用同步发电机的铭牌数据	√
2.4 电子技术	
2.4.1 半导体二极管、三极管的符号、种类及主要作用	
2.4.1.1 二极管	√
2.4.1.2 三极管	√
2.4.2 单相整流和滤波电路	
2.4.2.1 单相整流电路	√
2.4.2.2 滤波电路	√
2.5 配电屏和电气设备：船舶电站的组成，配电屏上各种电气设备功能及其操作	
2.5.1 船舶主配电板的组成与功能	√
2.5.2 船舶重要负载的供电方式	√
2.5.3 应急发电机与应急配电板的功能、操作与管理要求	√
2.5.4 发电机主开关的基本结构和功能	√
2.6 自动化、自动控制系统和技术的基础：反馈控制系统的概念，控制器执行的概念	√
2.7 仪表报警和监控系统	
2.7.1 传感器的概念及常见信号类型	√
2.7.2 常见温度测量仪表和压力/压差测量仪表的基本原理和基本特点	√
2.7.3 船上监控系统的功能	√
2.8 电力驱动	
2.8.1 拖动控制系统的基本典型电路	
2.8.1.1 电动机正反转控制电路	√
2.8.1.2 海（淡）水柜水位自动控制电路	√
2.8.1.3 空压机自动控制电路	√
2.8.1.4 异步电机 Y-△ 启动控制电路	√

考试大纲	适用对象 7601
2.8.2 电机保护的基本环节	√
2.8.3 变频器的概念及交流调速的基本知识	√
2.9 电子-液压和电子-气动控制系统	
2.9.1 主要气动和液压阀件的功能、图形符号	√
2.9.2 液压泵、液压马达的概念及其功能	√
3 使用手动工具、电气和电子测量设备进行故障检查、维护和修理作业	
3.1 船舶电力系统的组成、参数及特点	
3.1.1 船舶电力系统的组成与特点	√
3.1.2 船舶电力系统的基本参数	√
3.1.3 船舶电网分类、配电方式、电力系统的线制	√
3.2 常见电器的拆装、更换要求	
3.2.1 继电器、接触器维护保养要求及其参数整定,判别和排除自动空气断路器的主要故障	
3.2.1.1 继电器、接触器的维护保养及其参数整定	√
3.2.1.2 判别和排除自动空气断路器的主要故障	√
3.2.2 电磁制动器的拆装及间隙的测量和调整	√
3.2.3 电路焊接技术和常用元器件的装配	√
3.2.4 电气控制箱的维护保养要求	√
3.2.5 断电查线寻找故障点的方法	√
3.2.6 船用电缆分类与选用、船用电缆的更换	
3.2.6.1 船用电缆的分类与选用	√
3.2.6.2 船用电缆的更换	√
3.2.7 掌握电机的结构,并能进行正确地拆装和清洁;能根据电机的故障现象判别其常见故障的原因;掌握直流电机换向器和电刷的维护保养及调整的方法	
3.2.7.1 交流电动机解体	√
3.2.7.2 交流电动机装配	√
3.2.7.3 清洁电机、检查零部件,添加轴承润滑脂	√

考试大纲	适用对象 7601
3.2.7.4 电机受潮,绕组绝缘值降低时的处理	√
3.2.7.5 三相异步电动机常见故障的判断	√
3.2.7.6 直流电机换向器和电刷的维护保养及调整的方法	√
3.3 船舶电力系统的接地、绝缘	√
3.4 船上直流系统的构成,蓄电池种类、充放电操作和电池保养方法	
3.4.1 船上直流系统的构成	√
3.4.2 蓄电池种类、充放电操作和电池保养方法	√
3.5 电气测量仪表的使用	
3.5.1 万用表的使用	√
3.5.2 钳形电流表的使用	√
3.5.3 交流电压表和电流表使用	√
3.5.4 便携式兆欧表的使用	√
4 有助于船上维护和修理	
4.1 船用润滑、清洁物料和设备的特点和管理、使用方法,需要定期加油和清洁的船舶电气设备及项目	
4.1.1 船用润滑、清洁物料和设备的特点和管理、使用方法	√
4.1.2 需要定期加油和清洁的船舶电气设备及项目	√
4.2 安全处置废料的知识	√
5 有助于船上电气系统和机械的维护及修理	
5.1 船舶电气系统和机械的维护及修理安全应急程序,以及允许人员维护和修理前安全隔离设备和相关系统的基本知识	√
5.2 船舶电力系统主要图纸	√
5.3 电气防爆知识	√
6 有助于物料管理	
6.1 电子电气常用物料的种类	√
6.2 电子电气物料申请方法	√
6.3 物料安全存放、固定的基本方法与使用要求	√
7 采取预防措施和有助于防止海洋环境污染	
7.1 防止海洋污染的有关国际公约、法规的相关内容	√

考试大纲	适用对象
	7601
7.2 防止海洋污染的有关国内法律、法规的相关内容	√
7.3 油水分离器的结构、工作原理	√
7.4 生活污水处理装置的结构、工作原理	√
7.5 焚烧炉的结构、工作原理	√
7.6 船舶防污染技术与海洋污染的处理方法	√
8 应用职业健康和安全的程序	
8.1 安全做法	
8.1.1 电气安全	√
8.1.2 锁定/挂牌	√
8.1.3 机械安全	√
8.1.4 许可证制度	√
8.1.5 高空作业	√
8.1.6 封闭处所作业	√
8.1.7 吊装技术和防止背部伤害的方法	√
8.1.8 化学品和生物危害的安全	√
8.1.9 个人安全设备	√
8.2 船舶内部通信方法，各类报警设备的使用方法	
8.2.1 船舶内部通信方法	√
8.2.2 各类报警设备的使用方法	√
8.3 船员配备及其岗位职责、轮机部船员值班制度与交接班制度、轮机部与甲板部联系制度	√
8.4 海员职业道德、心理素养、船员纪律的一般知识	
8.4.1 海员职业道德	√
8.4.2 心理素养	√
8.4.3 船员纪律	√
8.5 国内外移民、海关、卫生检疫等相关知识	√
8.6 国内外劳务契约、劳资关系的一般知识	√

适任实操评估篇

第一部分
船长及甲板部船员

船舶操纵、避碰与驾驶台资源管理(船长/大副)

评估大纲	适用对象			
	3000总吨及以上船舶船长	500~3000总吨船舶船长	3000总吨及以上船舶大副	500~3000总吨船舶大副
1 在各种条件下操纵和操作船舶				
1.1 船舶操纵性能	√	√	√	√
1.2 能见度不良			√	√
1.3 受限水域			√	√
1.4 VTS 控制区域			√	√
1.5 冰区航行			√	√
1.6 接送引航员操纵	√	√		
1.7 旋回试验	√	√		
1.8 冲程试验	√	√		
1.9 锚泊作业	√	√	√	√
1.10 靠离泊作业	√	√		
2 确立值班安排和程序				
2.1 能根据 MLC 和 STCW 国际公约进行有效的值班安排	√	√		
2.2 VDR 与 S-VDR 操作			√	
2.3 BNWAS 操作	√	√	√	√
2.4 碰撞事故案例分析	√	√	√	
3 驾驶台资源管理(BRM)				
3.1 协调搜寻和救助行动				
3.1.1 能根据遇险性质和外部环境制订正确的搜救协调计划	√	√		

评估大纲	适用对象			
	3000总吨及以上船舶船长	500~3000总吨船舶船长	3000总吨及以上船舶大副	500~3000总吨船舶大副
3.1.2 能根据险情协助船长制订正确的搜救协调计划			√	√
3.1.3 能根据有关信息确定搜寻基点,按照正确的搜寻方式进行搜寻	√	√	√	√
3.1.4 协调各搜救船舶	√	√		
3.1.5 人员落水时能采用正确合理的方式接近落水人员并进行救助	√	√	√	√
3.1.6 能与遇险船舶、各搜救船舶、岸基等进行有效的沟通与协调	√	√	√	√
3.1.7 能与飞机进行有效的沟通与协调	√	√		
3.2 使用有助于指挥决策的从导航设备和系统获得的信息,以保持航行安全				
3.2.1 能够使用各种导航信息保持航行安全	√	√		
3.2.2 搜救计划与协调训练	√	√		
3.2.3 各种导航系统的操作控制			√	√
3.2.4 目标跟踪标绘操作应用			√	√
3.2.5 使用各种系统(包括 ARPA/TT/AIS/ECDIS)导航信息保持航行安全与盲航训练			√	√
3.3 通过使用协助指挥决策的 ECDIS 和关联导航系统,以保持航行安全				
3.3.1 计划航线的检查与审核	√	√		
3.3.2 航行监控功能的查验与应急处理	√	√		
3.3.3 关联导航系统的显示与处理	√	√		
3.3.4 电子海图误差、故障及风险识别	√	√		
3.4 航行中的应急反应				
3.4.1 各种船舶应急反应演练	√	√		
3.4.2 能进行实船应急拖带功率的估算	√	√		

评估大纲	适用对象			
	3000总吨及以上船舶船长	500~3000总吨船舶船长	3000总吨及以上船舶大副	500~3000总吨船舶大副
3.4.3 能进行操舵方式转换并能进行应急操舵			√	√
3.4.4 能进行各种应急反应训练[包括碰撞、搁浅、溢油、失控(舵机故障、主机故障、失电)、救助落水人员]			√	√
3.5 根据航次计划引导航行(船上实习或实验室)				
3.5.1 能够根据具体的航次指令制订航次计划			√	√
3.5.2 能制定各种航行条件下对应的航行安全措施,并充分考虑到所在海域的航行条件			√	√
3.5.3 分道通航制、VTS区域航行规定和船舶报告程序			√	√
3.6 航行及其监控(模拟器训练)				
3.6.1 狭水道航行			√	√
3.6.2 沿岸航行			√	√
3.6.3 分道通航制区域航行			√	√
3.6.4 VTS区域航行			√	√
3.6.5 能见度不良时的航行			√	√
3.6.6 潮汐影响大的区域航行			√	√
3.6.7 大风浪航行			√	√
3.6.8 航海日志记载和航次记录			√	√
3.7 定位和确定各种定位方法获取的最终船位的精度	√	√		
3.8 保持船舶、船员和旅客的安全、保安及救生、消防和其他安全系统的工作状态				
3.8.1 能正确发出各种演习信号	√	√		
3.8.2 能正确识别和判断各种演习信号			√	√
3.8.3 能熟知各种应急准备内容与流程	√	√	√	√
3.8.4 能正确指挥和协调各种应急	√	√		

评估大纲	适用对象			
	3000总吨及以上船舶船长	500~3000总吨船舶船长	3000总吨及以上船舶大副	500~3000总吨船舶大副
3.8.5 能携带任务分工的使用设备或器材及时赶往现场待命			√	√
3.8.6 能正确和有效地完成应急任务	√	√		
3.8.7 能正确和有效地完成指定任务			√	√
3.9 制订应急和损害控制计划并处置紧急情况				
3.9.1 能制订和审核应急反应计划	√	√		
3.9.2 能协助船长制订应急反应计划			√	√
3.9.3 破损控制图和水密装置的关闭操作	√	√	√	√
3.9.4 消防员装备的放置,能正确使用。消防设备的配置及布置,防火控制图,能指挥和参与消防演习	√	√	√	√
3.9.5 能根据救生艇筏进行配员,救生艇筏的布置与存放;指挥和参与救生艇筏的降落与登乘,安排并指挥救生应急训练与演习	√	√	√	√

船舶操纵、避碰与驾驶台资源管理(二/三副)

评估大纲	适用对象
	500总吨及以上船舶二/三副
1 船舶操纵	
1.1 操舵控制系统	
1.1.1 自动舵的三种操舵转换方式	√
1.1.2 自动、随动和非随动三种操舵方式各自的使用时机	√
1.1.3 自动舵各功能调节旋钮的正确使用方法	√
1.1.4 按照操作程序在驾驶台操舵	√
1.1.5 在舵机房应急操舵	√
1.2 操纵船舶	
1.2.1 能够使用正确的撇缆方法辅助靠、离泊及拖带作业	√
1.2.2 能够正确完成系、离泊作业	√
1.2.3 能够正确完成系、离浮筒作业	√
2 《1972年国际海上避碰规则》的内容、应用和意图的全面知识	
2.1 号灯号型识别及运用	√
2.2 灯光声响信号识别及运用	√
2.3 瞭望的基本手段和方法	√
2.4 正确判断船舶的会遇态势和局面	√
2.5 理解"早、大、宽、清"的含义,并根据该原则采取适当的避碰行动	√
2.6 正确应用狭水道、分道通航制水域的航行和避让原则	√
2.7 理解和应用能见度不良时的行动原则	√
2.8 防碰撞、防海损时的技巧:慢、准、稳,适时使用舵、车、声号等手段	√
3 驾驶台资源管理(BRM)	
3.1 使用来自导航设备的信息保持安全航行值班	
3.1.1 利用从各导航设备中获取有用的信息,做出正确的判断,采取有效的行动(防止出现信息过载及获取不足、判断不准、行动不力的问题)	√

评估大纲	适用对象
	500总吨及以上船舶二/三副
3.2 船舶报告制的一般原则和VTS程序使用报告制	
3.2.1 能进行规定的船舶报告	√
3.2.2 能按定线制规定安全航行	√
3.3 驾驶台资源管理综合训练	
3.3.1 各种特殊条件下的操船训练(各种紧急情况、限制水域、恶劣天气海况等)	√
3.3.2 各种局面和环境条件下的船舶避让训练	√
3.3.3 船舶内外各种资源的综合运用训练	√
3.4 应急反应	
3.4.1 不明的船舶搁浅的应急操船	√
3.4.2 船舶碰撞前的应急操船	√
3.5 对海上遇险信号的反应	
3.5.1 能立即判明遇险和应急信号	√
3.5.2 能根据有关信息确定搜寻基点,并按照正确的搜寻方式进行搜寻	√
3.5.3 有人落水时能立即采取正确的应急初始行动,能采用正确合理的方式接近落水人员并进行救助	√
3.6 监督遵守法定要求	
3.6.1 按规定记载航海日志	√
3.7 计划并引导航行和定位	
3.7.1 能正确识别和选取可用于船舶定位的陆标和航标	√
3.7.2 能准确测定物标的方位和距离	√
3.7.3 能正确在海图上绘画船位线并确定观测船位	√
3.7.4 能准确评价观测船位的精度	√
3.7.5 能正确识别并使用各种助航标志	√
3.7.6 根据资料或观测准确估计外界风、流(包括潮流)参数	√
3.7.7 根据风、流和船速参数进行航迹推算	√

评估大纲	适用对象
	500 总吨及以上船舶二/三副
3.7.8 能用正确的方法测定风流合压差	√
3.8 航行值班中应遵守的原则的全面知识	
3.8.1 能正确使用《驾驶台程序指南》,保障值班秩序	√
3.8.2 能正确使用船上内部通信设备	√
3.8.3 能使用工作语言就有关值班职责的事宜与其他值班船员进行沟通	√
3.8.4 能按照要求正确识别和升降主要航海国家的国旗和常见信号旗	√

船舶操纵、避碰与驾驶台资源管理（未满500总吨船舶）

评估大纲	适用对象		
	未满500总吨船舶船长	未满500总吨船舶大副	未满500总吨船舶二/三副
1 船舶操纵			
1.1 自动操舵			
1.1.1 自动舵的三种操舵转换方式和使用时机	√	√	√
1.1.2 自动舵各功能调节旋钮的正确使用方法	√	√	√
1.1.3 自动、随动和非随动三种操舵方式各自的使用时机			√
1.2 操纵船舶			
1.2.1 船舶系泊操作训练	√		
1.2.2 船舶锚泊操作训练	√		
1.3 应急反应			
1.3.1 船舶碰撞应急反应训练	√	√	√
1.3.2 船舶搁浅应急反应训练	√	√	
1.3.3 船舶搁浅初始应急反应训练			√
1.3.4 船舶失控（主机故障、舵机故障、失电等）应急反应训练	√	√	√
2《1972年国际海上避碰规则》的内容、应用和意图的全面知识			
2.1 号灯号型识别及运用			√
2.2 灯光声响信号识别及运用			√
2.3 对遇、交叉、追越等局面的判断及采取相应行动	√	√	√
2.4 能见度不良时应采取的相应措施	√	√	√
2.5 能在船舶定线制区域安全航行	√	√	√
2.6 在VTS区域按要求进行船舶报告	√	√	√
3 驾驶台资源管理（BRM）			

评估大纲	适用对象		
	未满500总吨船舶船长	未满500总吨船舶大副	未满500总吨船舶二/三副
3.1 对海上遇险信号的反应			
3.1.1 能立即判明遇险和应急信号	√	√	√
3.1.2 能根据有关信息确定搜寻基点，并按照正确的搜寻方式进行搜寻	√	√	√
3.1.3 有人落水时能采用正确合理的方式接近落水人员并进行救助	√	√	√
3.2 按规定记载航海日志			√
3.3 测深仪、计程仪、AIS和北斗、GPS接收机的操作	√	√	
3.4 雷达操作	√	√	√
3.5 应用和解释从船用气象仪器上获取的信息的能力	√	√	√
3.6 使用海图和诸如航路指南、潮汐表、航行通告、无线电航行警告和船舶定线资料等航海出版物的全面知识和能力		√	
3.7 使用ECDIS的全面知识和能力		√	

电子海图显示与信息系统(电子海图系统)

评估大纲	适用对象	
	无限航区 500 总吨及以上船舶 二/三副	沿海航区 500 总吨及以上船舶 二/三副
1 系统组成检查		
1.1 开启电子海图系统并检查各传感器信号是否正常接入	√	√
1.2 开启电子海图显示与信息系统并检查各传感器信号是否正常接入	√	√
2 系统数据与显示		
2.1 电子海图数据		
2.1.1 电子航海图数据调用、出版、发行与改正信息查询	√	√
2.1.2 光栅航海图数据调用、出版、发行与改正信息查询	√	√
2.1.3 其他电子海图数据调用、出版、发行与改正信息查询	√	√
2.1.4 电子海图比例尺变更操作	√	√
2.2 辅助数据的使用		
2.2.1 航路指南、大洋航路、潮汐表、港口数据等的使用	√	√
2.3 海图改正		
2.3.1 自动与手动改正海图及辅助数据	√	√
2.3.2 船员标绘	√	√
2.4 系统显示		
2.4.1 光标、电子方位线和距离圈的设置与使用	√	√
2.4.2 不同电子海图的数据显示特点、识图与光栅海图显示方式的局限性	√	√
2.4.3 电子海图显示与信息系统的三种显示方式的正确使用	√	√
2.4.4 不同层次、类别数据的理解与显示、符号与经纬线显示控制	√	√
2.4.5 不同定位系统数据的使用设置、显示与误差鉴别	√	√

评估大纲	适用对象	
	无限航区 500 总吨及以上船舶 二/三副	沿海航区 500 总吨及以上船舶 二/三副
2.4.6 雷达、AIS、罗经、测深、计程等设备信息的显示	√	√
2.4.7 不同数据坐标系、参照系的检查与修正	√	√
2.4.8 本船与他船航行矢量的设置与显示	√	√
2.4.9 不同矢量稳定模式显示	√	√
2.4.10 雷达信息真北和罗经北的差别识别与修正	√	√
2.4.11 不同背景显示的使用	√	√
2.4.12 强调显示的识别(水深、安全等深线、浅水阴影)	√	√
2.4.13 报警信息(数据、航行与设备故障)显示与确认处理	√	√
3 系统安全参数的设置		
3.1 本船参数的设置		
3.1.1 本船的尺度、吃水等	√	√
3.1.2 与系统连接的定位系统天线、雷达天线、测深仪的位置	√	√
3.2 安全监控参数的设置		
3.2.1 本船安全等深线的设定	√	√
3.2.2 安全水深(安全水域)和安全距离的设定	√	√
3.3 系统安全参数的检验	√	√
4 航线设计与航次计划		
4.1 航线设计		
4.1.1 航线设计模式与航行监控模式切换	√	√
4.1.2 用地理坐标移至某海区、移动光标切换海区并返回本船位置	√	√
4.1.3 基于系统数据库或其他纸质资料研究水文气象等航线设计相关数据	√	√
4.1.4 设定安全偏航距离参数	√	√
4.1.5 利用光标或必要时调出航线表输入、添加、移动和删除转向点	√	√

评估大纲	适用对象	
	无限航区 500 总吨及以上船舶 二/三副	沿海航区 500 总吨及以上船舶 二/三副
4.1.6 根据本船旋回性能输入施舵点并必要时调出计划表修改	√	√
4.1.7 合并已存在的多条航线作为一条新的航线	√	√
4.1.8 航线的反向使用	√	√
4.1.9 对航线进行安全检查	√	√
4.2 航次计划		
4.2.1 调出航次计划表对航线进行有关转向点、大圆航线或恒向线航线、安全偏航距、航向、开航时间、停留时间、预计航速等参数的调整、编辑与存储	√	√
5 航行监控		
5.1 基本监控		
5.1.1 调入船舶航行航线	√	√
5.1.2 查验各种提醒和安全监控参数	√	√
5.1.3 设定矢量时间	√	√
5.1.4 查验坐标系、参考系统的修正并做适当处理	√	√
5.1.5 根据提示转向	√	√
5.1.6 查看主、辅航迹的相对状态,视情况查验、处理船位误差	√	√
5.1.7 输入数据以计算风流压差	√	√
5.1.8 测量坐标、航向、方位和距离	√	√
5.1.9 必要时手动修改航线、船位、航向和航速数据	√	√
5.1.10 正确使用雷达(包括雷达图像叠加)定位并结合 AIS 数据进行避碰决策、试操船,从而采取避碰行动	√	√
5.2 应对特殊情况		
5.2.1 航行报警:穿越安全等深线,偏航,偏离航线,接近危险点、孤立危险物或危险区、穿越特殊区域等	√	√

评估大纲	适用对象	
	无限航区 500 总吨及以上船舶 二/三副	沿海航区 500 总吨及以上船舶 二/三副
5.2.2 船位报警:主船位丢失、辅船位丢失、航迹推算船位异常	√	√
5.2.3 系统报警:系统测试与故障排除	√	√
6 航海日志		
6.1 航行记录		
6.1.1 设定自动记录时间间隔	√	√
6.1.2 变更船时	√	√
6.1.3 按需即时插入记录	√	√
6.1.4 输入附加数据	√	√
6.2 查看航行记录	√	√
6.3 输出航行记录		
6.3.1 编制航次数据和报告	√	√
6.3.2 打印航行记录内容	√	√
6.3.3 检查航行记录输出至航行数据记录仪的情况	√	√
7 过分依赖电子海图的风险		
7.1 海图数据的误差导致风险的识别	√	√
7.2 船位误差或错误导致风险的识别	√	√
7.3 硬件故障与数据误差导致风险的识别	√	√
7.4 系统的可靠性差导致风险的识别	√	√
7.5 系统操作误差导致风险的识别	√	√

航次计划

评估大纲	适用对象		
	无限航区 500 总吨及以上船舶船长	沿海航区 500 总吨及以上船舶船长	未满 500 总吨船舶船长
1 航次计划的目的、主要内容和制订步骤			√
2 预定航次图书资料的配备要求及信息获取			
2.1 航海图书资料配备要求	√	√	√
2.2 预定航次相关信息的获取	√	√	√
3 根据航次任务审核计划航线			
3.1 审核航海图书和海图的适用性和完整性	√	√	√
3.2 审核计划航线的合理性	√	√	√
3.3 运用 ECDIS 审核计划航线	√	√	
4 对具体航次进行风险评估			
4.1 复杂航区风险的识别与评估	√	√	
4.2 恶劣天气条件下风险的识别与评估	√	√	
4.3 特定水域的识别与评估	√	√	
5 制定各种航行条件下对应的航行安全措施,并充分考虑到所在海域的航行条件			
5.1 复杂航区的航行安全措施	√	√	√
5.2 恶劣天气条件下的航行安全措施	√	√	√
5.3 特定水域(海盗、战争)的航行安全措施	√	√	
6 分道通航制、VTS 区域航行规定和船舶报告程序			
6.1 分道通航制 TSS 规定	√	√	√
6.2 VTS 区域航行规定	√	√	√
6.3 船舶报告程序	√	√	√
7 能够根据具体的航行任务编制航次计划书	√	√	

航海仪器的使用

评估大纲	适用对象		
	无限航区 500 总吨及以上船舶 二/三副	沿海航区 500 总吨及以上船舶 二/三副	未满 500 总吨船舶 二/三副
1 磁罗经和陀螺罗经			
1.1 组成的核对和设备测试	√	√	√
1.2 磁罗经的气泡消除	√	√	√
1.3 陀螺罗经的启动操作	√	√	
1.4 分罗经与主罗经的同步操作	√	√	
1.5 罗经数据的读取和对比	√	√	√
1.6 维护保养	√	√	
1.7 正确确定测定罗经差的时机	√	√	√
1.8 罗经差测定注意事项	√	√	√
2 船用计程仪的操作			
2.1 组成的核对和设备测试	√	√	√
2.2 基本操作,并能正确读取数据	√	√	√
3 回声测深仪的操作			
3.1 组成核对和设备测试	√	√	√
3.2 主要功能的使用	√	√	√
3.3 主要导航信息的调用	√	√	
3.4 理解显示屏上所显示的数据	√	√	√
3.5 能根据测深数据与海图水深数据的对比结果,保证船舶航行在安全水域内	√	√	
4 卫星导航接收机			
4.1 设备的核对和设备测试	√	√	√
4.2 各种启动过程	√	√	
4.3 主要功能的使用	√	√	√

评估大纲	适用对象		
	无限航区 500 总吨及以上船舶 二/三副	沿海航区 500 总吨及以上船舶 二/三副	未满 500 总吨船舶 二/三副
4.4 显示屏上所显示数据的理解	√	√	√
4.5 能在 GPS、北斗导航仪中根据航线设计输入航线信息和必要的警戒功能	√	√	
4.6 能进行锚位监控、落水人员位置设置等特殊功能的操作	√	√	√
5 船载 AIS 设备操作			
5.1 组成的核对和设备测试	√	√	√
5.2 基本操作,并能正确读取数据	√	√	√
6 VDR、LRIT 的基本操作	√	√	

航线设计

评估大纲	适用对象		
	无限航区500总吨及以上船舶二/三副	沿海航区500总吨及以上船舶二/三副	未满500总吨船舶二/三副
1 海图及图书资料管理			
1.1 根据中版《航海通告》进行海图改正与标注		√	√
1.2 根据英版《航海通告》进行海图改正与标注	√		
1.3 中版航海图书资料(《航海图书总目录》《中国航路指南》《灯标表》)改正	√	√	√
1.4 英版航海图书资料(《航海图书总目录》《航路指南》《世界大洋航路》《灯标与雾号表》《潮汐表》《无线电信号表》)改正	√		
1.5 根据无线电航行警告,与本船航行安全有关的内容在航海图书资料上做出标注	√	√	√
1.6 能正确保管、添置和更新船上海图	√	√	√
2 能根据航线和航行水域选择合适的海图			
2.1 抽选中版海图,并评价海图的质量、可靠性和适时性	√	√	√
2.2 抽选英版海图,并评价海图的质量、可靠性和适时性	√		
3 查阅航海图书资料			
3.1 查找推荐航线的有关资料	√	√	√
3.2 查阅海岸无线电台、雷达航标、法定时、引航服务和船舶交通服务和报告制的资料	√		
3.3 查阅某灯标的详细资料	√	√	√
4 船舶定线,并能按其设计航线			
4.1 船舶定线	√	√	√

评估大纲	适用对象		
	无限航区 500 总吨及以上船舶 二/三副	沿海航区 500 总吨及以上船舶 二/三副	未满 500 总吨船舶 二/三副
4.2 恒向线航线设计、标注与航线表编制	√	√	√
4.3 大圆航线、混合航线设计、标注与航线表编制	√		
4.4 提交航线设计报告	√	√	
5 按设计航线实施航法			
5.1 根据给定的参数进行船舶定位	√	√	√
5.2 实测风流压差修正航向指导船舶航行	√	√	√
5.3 确定物标正横或最近距离时的船位	√	√	√

货物积载与系固(大副)

评估大纲	适用对象				
	无限航区 3000 总吨及以上船舶大副	无限航区 500~3000 总吨船舶大副	沿海航区 3000 总吨及以上船舶大副	沿海航区 500~3000 总吨船舶大副	未满 500 总吨船舶大副
1 杂货积载					
1.1 核算船舶载货能力	√	√	√	√	√
1.2 按舱容比分配各舱货物重量	√	√	√	√	√
1.3 拟定初配方案	√	√	√	√	√
1.4 全面核查初配方案	√	√	√	√	√
1.5 校核船舶稳性、吃水差和总纵强度	√	√	√	√	√
1.6 绘制货物配载图	√	√	√	√	√
2 固体散货积载					
2.1 计算航次最大货运量	√	√	√		
2.2 分配各舱货物重量	√	√	√		
2.3 利用装载仪校核船舶稳性、吃水差和强度	√	√	√		
2.4 绘制货物配载图	√	√	√		
2.5 利用装载仪编制货物装舱顺序表	√	√	√		
3 散装谷物积载					
3.1 计算航次最大货运量	√			√	
3.2 分配各舱货物重量	√			√	
3.3 绘制货物配载图	√			√	
3.4 填写散装谷物船稳性计算表	√				
4 集装箱积载					
4.1 核算船舶载箱能力	√	√	√	√	
4.2 编制集装箱预配图	√	√	√	√	

评估大纲	适用对象				
	无限航区 3000 总吨及以上船舶大副	无限航区 500~3000 总吨船舶大副	沿海航区 3000 总吨及以上船舶大副	沿海航区 500~3000 总吨船舶大副	未满 500 总吨船舶大副
4.3 利用装载仪校核船舶稳性、吃水差和强度	√	√	√	√	
5 非标准货物运输单元系固					
5.1 制定货物运输单元系固方案	√	√			
5.2 根据 CSS 规则评判货物系固效果	√	√			

货物积载与系固(二/三副)

评估大纲	适用对象	
	无限航区 500 总吨及以上船舶 二/三副	沿海航区 500 总吨及以上船舶 二/三副
1 船舶主要标志辨识及应用		
1.1 水尺标志	√	√
1.2 载重线标志	√	√
1.3 其他标志	√	√
2 货物包装和标志辨识及应用		
2.1 普通货物包装及标志	√	√
2.2 危险货物包装及标志	√	√
2.3 集装箱及其标记	√	√
3 货物积载与系固方法辨识		
3.1 普通货物积载	√	√
3.2 包装危险货物积载与隔离	√	√
3.3 危险品集装箱积载与隔离	√	√
3.4 普通集装箱积载与系固	√	√
3.5 滚装货物积载与系固	√	√
3.6 钢材货物积载与系固	√	√
3.7 木材甲板货积载与系固	√	
3.8 典型非标准货物单元积载与系固	√	√
4 货物配载图辨识及应用		
4.1 杂货配载图	√	√
4.2 散装谷物配载图	√	
4.3 散装固体货物配载图及装舱顺序表	√	√
4.4 集装箱配载图	√	√
5 船舶相关性能核算		

评估大纲	适用对象	
	无限航区 500 总吨及以上船舶 二/三副	沿海航区 500 总吨及以上船舶 二/三副
5.1 根据配载图及船舶资料计算杂货船稳性、强度及吃水差	√	√
5.2 根据配载图及船舶资料核算集装箱船稳性及局部强度	√	√
5.3 根据配载图及船舶资料核算船舶载货能力	√	

雷达操作与应用

评估大纲	适用对象	
	无限航区 500 总吨及以上船舶 二/三副	沿海航区 500 总吨及以上船舶 二/三副
1 雷达基本操作与设置		
1.1 雷达主要控扭操作	√	√
1.2 雷达开关机操作	√	√
1.3 雷达传感器设置与数据核实	√	√
1.4 保持清晰观测目标的雷达操作方法	√	√
1.5 准确测量目标位置的操作方法	√	√
2 雷达观测		
2.1 雷达目标识别	√	√
2.2 雷达定位		
2.2.1 适合雷达定位的目标	√	√
2.2.2 雷达定位方法	√	√
2.2.3 准确测量目标距离和方位	√	√
3 雷达导航		
3.1 平行线导航	√	√
3.2 距离避险线	√	√
3.3 方位避险线	√	√
4 雷达人工标绘		
4.1 转向避让措施	√	√
4.2 变速避让措施	√	√
5 雷达自动标绘		
5.1 目标捕获		
5.1.1 手动捕获在不同航行环境中的应用	√	√
5.1.2 自动捕获设置,目标闯入报警,自动捕获的局限性	√	√

评估大纲	适用对象	
	无限航区 500 总吨及以上船舶 二/三副	沿海航区 500 总吨及以上船舶 二/三副
5.2 目标跟踪		
5.2.1 目标被录取后最初的跟踪,目标运动趋势的获取	√	√
5.2.2 目标稳定跟踪条件,目标预测运动及其数据的获取与解释,危险目标判断与报警	√	√
5.2.3 目标数据精度判断	√	√
5.2.4 目标丢失的各种可能性,目标丢失报警	√	√
5.2.5 目标交换的各种情况	√	√
5.2.6 本船机动和目标机动的影响	√	√
5.2.7 目标跟踪最大距离	√	√
6 AIS 报告目标		
6.1 AIS 目标信息解读	√	√
6.2 雷达跟踪目标与 AIS 报告目标位置不一致时的处理原则	√	√
7 试操船		
7.1 试操船启动前的准备和试操船启动时机	√	√
7.2 正确进行试操船操作	√	√

气象传真图分析

评估大纲	适用对象	
	无限航区船舶船长	沿海航区船舶船长
1 气象传真图的识别		
1.1 地面天气图	√	√
1.3 热带气旋(预)警报图	√	√
1.4 波浪图	√	√
1.5 海冰图	√	√
1.6 海流图	√	√
2 气象传真图综合分析运用		
2.1 天气系统分析	√	√
2.2 海区天气、海况分析	√	√
2.3 航线天气、海况预报	√	√
3 应用气象导航信息设计和修正航线	√	

航海英语听力与会话(船长/大副)

991:无限航区 500 总吨及以上船舶船长
992:无限航区 500 总吨及以上船舶大副
994:沿海航区 500 总吨及以上船舶船长
995:沿海航区 500 总吨及以上船舶大副

考试大纲	适用对象			
	991	992	994	995
1 基于航行值班和遇险通信的听说交流				
1.1 航行值班	√	√	√	√
1.2 进出港及特殊作业	√	√		
1.3 海上遇险求助与通信	√	√	√	√
1.4 海上遇险信息的接收与应答	√	√	√	√
2 基于海上事故处理和海上救助的听说交流				
2.1 海上事故处理	√			
2.2 搜寻救助	√		√	√
3 基于进出港业务听说交流				
3.1 代理业务	√			
3.2 海关业务	√			
3.3 移民业务	√			
3.4 船舶保安	√			
3.5 船舶修理	√			
3.6 油污水及垃圾处理	√			
3.7 检验检疫	√			
3.8 其他方面的业务	√			
4 基于PSC检查听说交流				
4.1 一般检查	√	√		
4.2 安全管理体系检查	√	√		
4.3 甲板检查	√	√		
4.4 防污检查	√	√		

考试大纲	适用对象			
	991	992	994	995
4.5 救生设备检查	√	√		
4.6 消防设备检查	√	√		
4.7 不合格项纠正	√			
4.8 检查报告及总结	√			
4.9 MLC 检查	√	√		
5 基于货物作业的业务听说交流				
5.1 备舱		√		
5.2 货舱检验	√	√		
5.3 工班安排		√		
5.4 装卸值班		√		
5.5 理货作业		√		
5.6 绑扎与系固		√		
5.7 特殊货物作业		√		
5.8 货损与货差的处理	√	√		
5.9 进入封闭舱室	√	√		
6 航海词汇				
6.1 甲板设备			√	√
6.2 驾驶台设备			√	√
6.3 系泊设备			√	√
6.4 救生设备			√	√
6.5 船体结构			√	√
6.6 水手工艺			√	√
6.7 生活区设施			√	√
6.8 货物运输			√	√
6.9 助航设备			√	√
6.10 消防设备			√	√
6.11 号灯号型			√	√
6.12 船舶状态(碰撞、搁浅、倾侧等)			√	√

考试大纲	适用对象			
	991	992	994	995
6.13 救生图示			√	√
6.14 船舶类型			√	√
6.15 甲板工具			√	√
6.16 服装			√	√
6.17 火灾探测装置			√	√
6.18 驾驶台救生			√	√
6.19 消防工具			√	√
6.20 避碰			√	
7 朗读	√	√	√	√
8 航海英语写作				
8.1 夜航命令、常规命令及其他书面命令	√	√		
8.2 海上事故报告(碰撞、搁浅、火灾、溢油、货损货差、失盗、人员偷渡及出走、人身伤亡)	√	√		
8.3 海事索赔相关报告	√			
8.4 海事声明与延伸海事声明	√			
8.5 船舶实施ISM规则的相关报告	√			
8.6 港口国检查相关报告	√			
8.7 各种业务信函(申请、说明,海事、海关、检疫与移民局等报表等)	√	√		
8.8 船长交接报告	√			
8.9 大副批注		√		
8.10 船舶修理方面的有关内容		√		
8.11 货物损坏及港口作业方面的有关内容		√		
8.12 航海日志		√		
8.13 演习记录		√		
8.14 船舶日常保养		√		
8.15 物料申请		√		
8.16 事故、损伤记录		√		

考试大纲	适用对象			
	991	992	994	995
9 英译汉				
9.1 船舶结构与设备		√		
9.2 船舶货运技术		√		
9.3 国际海事公约	√	√		
9.4 航运法规与业务	√			
9.5 船舶安全管理	√			

航海英语听力与会话(二/三副)

993:无限航区 500 总吨及以上船舶二/三副
996:沿海航区 500 总吨及以上船舶二/三副

考试大纲	适用对象	
	993	996
1 基础英语		
1.1 航海人员间日常问候语	√	√
1.2 船上生活常用语	√	√
1.3 航海基本词汇	√	√
2 正确使用 SMCP 与相关人员进行英语交流		
2.1 标准车、舵令	√	√
2.2 紧急、安全通信	√	√
2.3 引航交流	√	
2.4 特殊作业	√	
2.5 船舶交通服务(VTS)标准用语	√	
2.6 船上安全	√	
2.7 货物和货物作业	√	
3 基于消防、救生等设备的 PSC 检查听说交流		
3.1 救生设备检查	√	
3.2 消防设备检查	√	
3.3 航仪设备检查	√	
3.4 其他 PSC 检查	√	
4 基于航行值班和遇险通信的听说交流		
4.1 航行值班	√	√
4.2 遇险通信	√	√
5 阅读		
5.1 能够阅读和理解各类英版航海出版物和英版海图	√	

考试大纲	适用对象	
	993	996
5.2 能够阅读和理解与航海日常事务相关的国际公约和法律文书	√	√
5.3 能够正确阅读和理解船上收到的航行警告、气象预告、传真电传等资料	√	√
6 其他		
6.1 海关业务、移民业务	√	
6.2 船舶保安	√	

水手工艺（高级值班水手）

评估大纲	适用对象
	高级值班水手
1 安全工作做法和人员在船安全的实用知识	
1.1 能够安全进行高空作业	√
1.2 能够安全进行舷外作业	√
1.3 能够安全进行封闭舱室作业	√
1.4 能够安全进行船舶清洁作业	√
2 安装引航梯	
2.1 能够正确收放舷梯、引航梯（包括组合引航梯）	√
2.2 能够正确维护保养舷梯、引航梯	√
3 基本的环境保护程序	
3.1 能够正确使用常见的堵漏器械	√
3.2 能够正确使用消油剂、吸油毡、围油栅等防污染器材	√
3.3 能够按照公约法规要求正确处理海洋污染物	√

水手工艺（值班水手）

评估大纲	适用对象
	值班水手
1 常用绳结的打法和插接	
1.1 能够熟练使用航海常用绳结	√
1.2 能够熟练使用三股绳编结、插接	√
1.3 能够熟练进行八股绳插接	√
1.4 能够熟练进行钢丝绳的切割及使用"二、四"起头双花插接方法进行钢丝绳插接	√
2 有助于货物和物料的装卸	
2.1 能够使用绑扎工具进行简单绑扎作业	√
3 有助于船上维护与修理	
3.1 能够根据船舶锈蚀情况选择合适的除锈工具进行除锈	√
3.2 能够正确使用油漆作业工具进行油漆作业	√
4 有助于靠泊、锚泊和其他系泊操作	
4.1 能够使用正确的撇缆方法辅助系、离泊及拖带作业	√
4.2 能够在高级船员的指挥下完成系、离泊作业	√
4.3 能够在高级船员的指挥下完成系、离浮筒作业	√
4.4 能够在高级船员的指挥下完成锚泊作业	√
5 能用各种姿势正确撇缆	√

水手英语听力与会话（高级值班水手）

998：无限航区 500 总吨及以上船舶高级值班水手

评估大纲	适用对象
	998
1 公共用语	
1.1 英语日常用语（打招呼、互相介绍、告别、道歉等）	√
1.2 船上常用词汇	√
1.3 看图词汇	√
2 舵令、解系缆令、锚令和车钟令	
2.1 舵令	√
2.2 解系缆令	√
2.3 锚令	√
2.4 车钟令	√
3 舷梯值班常用用语	√
4 舱口值班用语、开关舱用语	
4.1 舱口值班用语	√
4.2 开关舱用语	√
5 吊杆调整用语	√
6 装、卸货用语	√
7 绑扎系固用语	√
8 接送引航员用语	√
9 船舶维修保养常用短语	√
10 保持安全值班、交班和接班的日常用语	√
11 船舶保安的常用语	√
12 船舶救生、消防等应急部署、演习的常用语	√

水手英语听力与会话(值班水手)

997:无限航区 500 总吨及以上船舶值班水手

评估大纲	适用对象
	997
1 船员日常生活和船上日常工作用语	
1.1 英语日常用语	√
1.2 船员职务英文名称	√
1.3 梯口值班常用语	√
2 船舶航行值班、靠离泊等职责	
2.1 航行值班常用语	√
2.2 交接班常用语	√
2.3 船舶舵令	√
2.4 船舶解系缆令	√
2.5 船舶锚令	√
3 货物装卸和积载	
3.1 开、关货舱常用语	√
3.2 货物绑扎、系固工具英文名称	√
4 船舶安全应急演练	
4.1 消防设备英文名称:便携式灭火器、固定灭火系统	√
4.2 消防演习沟通常用语	√
4.3 救生设备英文名称:救生圈、救生衣、救生艇、救助艇	√
4.4 救生演习沟通常用语	√
5 船舶维护和修理	
5.1 船舶结构部位英文名称	√
5.2 船上常用物料、工具英文名称	√
5.3 船上常用甲板设备英文名称	√
5.4 船上常用索具英文名称	√
6 基本词汇	

评估大纲	适用对象 997
6.1 岸上设施	√
6.2 船舶类型	√
6.3 船体结构	√
6.4 船体设备	√
6.5 船舶舱室	√
6.6 锚设备	√
6.7 系泊设备	√
6.8 装卸设备	√
6.9 系固设备	√
6.10 航海仪器	√
6.11 操舵相关设备	√
6.12 无线电设备	√
6.13 救生设备	√
6.14 消防设备	√
6.15 个人安全防护设备	√
6.16 船员证书	√
6.17 常用工具	√
6.18 安全标志	√
6.19 操舵舵角	√
6.20 舵角指示器舵角	√

水手值班

评估大纲	适用对象
	E1001
1 用视觉和听觉保持正规的瞭望	
1.1 船舶常用号灯号型的含义	√
1.2 船舶常用声号和灯光信号的含义	√
1.3 正确描述目标的方位、特征和状态	√
2 有助于监测和控制安全值班	
2.1 能够正确使用船上内部通信设备(如公共广播系统,声力电话、手持VHF)	√
2.2 能够使用工作语言就有关值班职责的事宜与值班高级船员进行沟通	√
3 识别国际信号旗、主要航海国国旗和挂旗方法	
3.1 能够按照要求正确进行升降旗操作	√
3.2 能够正确识别 A、B、G、H、N、O、P、Q、Y 等国际信号旗的含义	√
4 水手操舵	
4.1 能够使用磁罗经和陀螺罗经正确读取航向	√
4.2 能够正确比对磁罗经和陀螺罗经航向	√
4.3 能够完成自动、随动、非随动操舵方式的转换	√
4.4 能够在可接受的限度内稳定地操舵以保持航向	√
4.5 能够平稳地控制航向的改变	√
4.6 能够在驾驶台和舵机间进行应急操舵	√
4.7 能够执行高级船员下达的舵令并就操舵中出现的情况及时向高级船员报告	√
5 操作应急设备和应用应急程序	
5.1 能够正确使用烟火遇险信号	√
5.2 能够正确使用卫星紧急无线电示位标和搜救应答器	√

通信英语听力与会话

评估大纲	适用对象	
	GMDSS 通用操作员	一、二级无线电电子员
1 能够使用基本国际信号编码及熟练使用常用标准缩写及常用业务编码		
1.1 英文字母的抄收	√	√
1.2 数字的抄收	√	√
1.3 混合码组的抄收	√	√
1.4 常用标准缩写	√	√
1.5 常用业务代码	√	√
2 数字、标准单位及关键词组的抄收		
2.1 常用计量单位的抄收	√	√
2.2 船舶位置信息的抄收	√	√
2.3 航向、速度等信息的抄收	√	√
2.4 船舶操纵的信息关键词抄收	√	√
3 通信英语短文听力选择		
3.1 遇险通信	√	√
3.2 紧急通信用语	√	√
3.3 安全通信用语	√	√
3.4 日常通信联络常用语	√	√
3.5 船舶日常业务交流用语	√	√
3.6 船舶各种检查的应对用语	√	√
3.7 船舶通导设备维修申请用语	√	√
4 熟练使用英语进行遇险通信		
4.1 遇险报警和回答相关问题	√	√
4.2 遇险收妥确认和回答相关问题	√	√
4.3 遇险转发和回答相关问题	√	√
4.4 遇险援助通知和对通知收妥的确认	√	√

评估大纲	适用对象	
	GMDSS 通用操作员	一、二级无线电电子员
4.5 遇险通信和回答相关问题	√	√
5 熟练使用英语进行紧急通信		
5.1 紧急信息呼叫	√	√
5.2 紧急信息收妥确认和回答相关问题	√	√
5.3 紧急通信和回答相关问题	√	√
6 熟练使用英语进行安全通信		
6.1 安全信息的呼叫	√	√
6.2 安全信息广播和回答相关问题	√	√
7 消除误报警的通信		
7.1 口述消除误报警的方法	√	√
7.2 关于消除误报警的会话和回答相关问题	√	√
8 熟练使用常用标准航海通信用语		
8.1 关于请求引航员的会话和回答相关问题	√	√
8.2 关于请求进港的会话和回答相关问题	√	√
8.3 关于请求离港的会话和回答相关问题	√	√
8.4 和代理等通话和回答相关问题	√	√
8.5 驾驶台和驾驶台之间会话和回答相关问题	√	√
8.6 其他通信类型的会话和回答相关问题	√	√
9 朗读题	√	√
10 能够用英语起草标准电报	√	√

GMDSS 设备操作与维护

评估大纲	适用对象	
	GMDSS 一级无线电电子员	GMDSS 二级无线电电子员
1 电工、电子及无线电工艺		
1.1 印刷电路板的组装工艺	√	
1.2 手工焊接工艺	√	
1.3 连接胶接及插件连接工艺	√	
2 无线电通信设备		
2.1 VHF 设备方框图	√	√
2.2 MF/HF 设备方框图（包括各单元方框图）	√	
2.3 Inmarsat-C 船站组成及各单元方框图	√	√
2.4 专用计算机方框图	√	√
2.5 SART 及 EPIRB 方框图	√	
2.6 NAVTEX 接收机方框图	√	√
2.7 完成 GMDSS 各设备方框图读图	√	
2.8 GMDSS 设备性能标准	√	
2.9 不间断电源电路		√
3 微处理器		
3.1 完成编程实现中断控制	√	√
3.2 完成简单中断程序调试	√	√
3.3 编程实现直接存取	√	√
3.4 编程控制输入、输出端口	√	√
3.5 能够编程识别基本输入、输出系统参数及计算机硬件组成	√	√
3.6 检测微处理器主要组成部件	√	√
3.7 辨识不同总线	√	√
3.8 能够编程实现总线控制	√	√
3.9 测试串行、并行数据传输速度差异	√	√

评估大纲	适用对象	
	GMDSS 一级无线电电子员	GMDSS 二级无线电电子员
3.10 编程实现串行、并行接口控制	√	√
3.11 微处理器方框图	√	√
4 计算机软件及硬件		
4.1 计算机组成硬件及其参数检测和状态判别	√	√
4.2 计算机主板结构	√	√
4.3 常用操作系统及其系统功能测试	√	√
4.4 软件系统检测	√	√
4.5 计算机杀毒	√	√
4.6 局域网的组成及组网	√	√
4.7 基本网络拓扑	√	√
4.8 手册网络协议	√	√
4.9 Internet 功能	√	√
4.10 常用网络软件	√	√
4.11 完成计算机故障诊断、故障排除及升级	√	√
4.12 完成主板安装、更换及其连接	√	√
4.13 完成电源冷却及电源连接	√	√
4.14 完成 PC 维护	√	√
5 电子导航设备		
5.1 读取位置信息	√	√
5.2 读取目标距离	√	√
5.3 磁罗经主要部件,安装位置	√	√
5.4 检查罗盆与校正器	√	√
5.5 磁罗经的使用、维护与保养	√	√
5.6 各种陀螺罗经整机组成、各部件的认识、主罗经的结构以及开关机步骤	√	√
5.7 各种陀螺罗经的正确使用方法	√	√
5.8 陀螺罗经主要参数的测量、检查与调整	√	√

评估大纲	适用对象	
	GMDSS 一级无线电电子员	GMDSS 二级无线电电子员
5.9 陀螺罗经的正确使用与维护、保养的基本知识	√	√
5.10 认识转向率指示器结构	√	√
5.11 正确使用转向率指示器	√	√
5.12 维护保养转向率指示器	√	√
5.13 正确使用自动驾驶仪	√	√
5.14 根据不同条件调整自动驾驶仪参数	√	√
5.15 自动驾驶仪的维护与保养	√	√
5.16 认识计程仪整机结构及换能器	√	√
5.17 常用几种计程仪的使用与维护方法、排除故障与消除故障方法	√	√
5.18 认识回声测深仪整机结构及换能器	√	√
5.19 使用测深仪	√	√
5.20 测深仪的维护与保养	√	√
6 船舶雷达、ARPA		
6.1 目标测距、测方位	√	√
6.2 天线波导、发射机、接收机、显示器的结构	√	√
6.3 干扰杂波图像特点、消除方法	√	√
6.4 目标的人工及自动录取,跟踪目标的信息数据	√	√
6.5 试操船操作方法	√	√
6.6 SART、RACON 在雷达显示器上显示的图像	√	√
6.7 识别 AIS 各类目标及 AIS 设备提供的数据	√	√
6.8 ECDIS 报警信息显示与确认处理,系统故障测试方法、功能自检与故障排除	√	√
6.9 船舶雷达、ATA、EPA、ARPA、ECDIS、AIS、综合导航设备及综合信息处理	√	√
6.10 船舶雷达、ATA、EPA、ARPA、ECDIS、AIS、综合导航设备的工作测试及维护保养	√	√

评估大纲	适用对象	
	GMDSS 一级无线电电子员	GMDSS 二级无线电电子员
7 导航系统		
7.1 陆基导航系统接收机结构	√	√
7.2 GPS 接收机结构	√	√
7.3 从 GPS 读取位置、速度、时间等信息,确认定位精度（高、低）	√	√
7.4 GLONASS 接收机结构	√	√
7.5 由 GLONASS 读取位置、时间、速度等信息,确定精度	√	√
7.6 DGPS 接收机结构	√	√
7.7 广域差分系统接收机的定位信息	√	√
7.8 无线电导航设备的技术指标与操作说明	√	√
7.9 船舶无线电导航系统的保养与维修	√	√
7.10 船舶无线电导航系统的操作测试、故障排除、故障维修	√	√
8 船载 GMDSS 设备维护		
8.1 使用相关仪器及控制测量设备	√	√
8.2 使用万用表确定半导体二极管、三极管、电感线圈、电解电容器及变压器的工作状态	√	√
8.3 使用润滑油清洁通信设备的机械部件	√	√
8.4 完成天线系统、天线电缆及波导管维护	√	√
8.5 安装 Inmarsat-C 船站天线	√	√
8.6 完成 VHF、HF 和 MF 天线检查	√	√
8.7 完成内置测试和设备故障检测	√	√
8.8 借助内置测量设备及分析单元图、技术图进行故障排除	√	√
8.9 完成无内置诊断系统的船舶无线电设备的故障检测	√	√

评估大纲	适用对象	
	GMDSS 一级无线电电子员	GMDSS 二级无线电电子员
8.10 完成船载卫星通信设备的故障检测	√	√
8.11 更换单元及模块排除 GMDSS 设备的故障	√	√
8.12 完成电源的故障排除	√	√
8.13 无线电台失去控制的故障排除	√	√
8.14 完成收发信机的故障排除	√	√
8.15 完成天线调谐单元的故障排除	√	√
8.16 借助测试设备进行故障检测	√	√
8.17 完成无须测试设备的故障检测	√	√
8.18 电子元件的故障判别及更换	√	√
8.19 单元及模块的故障判别及更换	√	√
8.20 软件的故障诊断及排除	√	√
8.21 将连接器与射频电缆及波导管焊接在一起	√	√
8.22 预定 GMDSS 设备备件	√	√
8.23 电源更换	√	√
8.24 专用计算机的更换	√	√
8.25 完成无线电记录簿填写	√	√
8.26 无线电记录簿内容	√	√
9 业务出版物的使用		
9.1 查阅各类电台表	√	√
9.2 查阅信号书Ⅰ/Ⅱ/Ⅲ/Ⅴ卷	√	√
9.3 使用海上移动业务和海上卫星移动业务手册	√	√
10 使用船舶 VHF 设备的能力		
10.1 VHF 设备面板各按钮的作用	√	√
10.2 完成 VHF DSC 常规呼叫:单呼、群呼	√	√
10.3 完成 VHF DSC 查询、位置请求操作	√	√
10.4 查看 VHF DSC 已经收到存储在存储器中的报文	√	√
10.5 查看 VHF DSC 本台的 MMSI	√	√

评估大纲	适用对象	
	GMDSS 一级无线电电子员	GMDSS 二级无线电电子员
10.6 编辑 VHF DSC 岸台、用户、位置及时间	√	√
10.7 改变 VHF DSC 自动收妥设置、信道、功率设置	√	√
10.8 完成 VHF DSC 地址簿编辑	√	√
10.9 完成 VHF DSC 日常测试	√	√
10.10 完成 VHF DSC 各类呼叫电文的编辑与接收	√	√
10.11 完成 VHF 无线电话常规通信：船到船、船到岸 VHF 无线电话通信	√	√
10.12 完成 VHF 电话的各类设置操作		
10.12.1 高/低发射功率转换	√	√
10.12.2 设置双值守	√	√
10.12.3 信道的存储和扫描	√	√
10.12.4 调整控制面板亮度和对比度	√	√
10.12.5 开启或关闭扬声器	√	√
10.12.6 调节静噪等	√	√
11 使用船舶 MF/HF 设备的能力		
11.1 MF/HF 设备面板各按钮的作用	√	√
11.2 完成 MF/HF DSC 单呼、群呼、区呼操作	√	√
11.3 查看已经收到的报文	√	√
11.4 查看本台的 MMSI	√	√
11.5 MF/HF DSC 基本设置		
11.5.1 完成收妥方式、位置和时间设置等	√	√
11.5.2 功率设置、通信类型设置	√	√
11.6 查找海岸电台的通信频率，并能在 MF/HF 设备上设置收发频率	√	√
11.7 完成天线调谐及匹配	√	√
11.8 完成射频增益调整	√	√
11.9 完成 MF/HF DSC 日常自测和呼叫测试	√	√

评估大纲	适用对象	
	GMDSS 一级无线电电子员	GMDSS 二级无线电电子员
11.10 完成无线电话遇险安全频率 2182 kHz 的快捷设置	√	√
11.11 完成常规无线电话通信	√	√
11.12 完成 MF/HF 电话的各类设置及电话通信操作		
11.12.1 工作方式的切换、信道/收发频率的选择与输入	√	√
11.12.2 无线电话国际遇险与安全频率的设置与使用	√	√
11.12.3 调整发射的功率以及设置静噪	√	√
11.12.4 频率的存储与调取	√	√
11.12.5 MF/HF 无线电话通信[船-岸、船-用户 MF/HF 无线电话通信;船-船 MF/HF 无线电话通信、岸台通话表(T/L)的接收]	√	√
11.13 完成 MF/HF 无线电传常规通信操作	√	√
11.14 其他:NBDP 普通电文与通告电文的格式;完成电文修改、保存;完成 NBDP 遇险与安全通信频率设置	√	√
11.15 能够完成 MF/HF 无线电设备日常维护与管理	√	√
12 使用 Inmarsat-C 船站的能力		
12.1 完成基本设置	√	√
12.2 完成入网、退网	√	√
12.3 完成向陆地电传用户、传真用户、邮件用户发送电文	√	√
12.4 转换洋区卫星	√	√
12.5 完成性能测试	√	√
12.6 能完成数据(位置报告)报告	√	√
12.7 完成地址簿编辑	√	√
12.8 完成查看通信记录	√	√

评估大纲	适用对象	
	GMDSS 一级无线电电子员	GMDSS 二级无线电电子员
12.9 借助帮助功能,能够建立便捷操作	√	√
13 使用 EPIRB 的能力		
13.1 能正确使用和维护 EPIRB	√	√
13.2 预防及处理 EPIRB 误报警	√	√
14 使用 SART 的能力		
14.1 能正确使用和维护 SART	√	√
15 GMDSS 设备电源及 GMDSS 设备简单故障定位、排除		
15.1 辨别各类电池	√	√
15.2 完成电池充电及维护	√	√
15.3 完成电池酸性检测及电压测量	√	√
15.4 能够完成 GMDSS 海上电子设备简单故障定位及排除	√	√
16 使用 MSI 接收设备的能力		
16.1 完成 NAVTEX 接收机设置:依据实际航线,正确选择接收台、报文类别、接收频率等	√	√
16.2 查看 NAVTEX 接收机收到的报文	√	√
16.3 完成 EGC 设置	√	√
16.4 操作气象传真机	√	
16.5 完成 HF MSI 的接收设置	√	√
17 遇险、紧急、安全通信能力		
17.1 VHF 设备		
17.1.1 完成 VHF DSC 两种遇险报警(快速报警和编发报警)	√	√
17.1.2 对收到的 VHF DSC 遇险报警能正确处理(包括收妥及转发等)	√	√
17.1.3 完成 VHF DSC 紧急呼叫、安全呼叫	√	√

评估大纲	适用对象	
	GMDSS 一级无线电电子员	GMDSS 二级无线电电子员
17.1.4 使用遇险、紧急和安全信号并能完成遇险、紧急和安全呼叫及遇险、紧急和安全通信	√	√
17.1.5 VHF DSC 医疗运输请求操作	√	√
17.2 MF/HF 设备		
17.2.1 完成 DSC 遇险报警以及对收到的遇险报警能正确处理（包括收妥及转发等）	√	√
17.2.2 完成 DSC 紧急、安全呼叫	√	√
17.2.3 能够完成 DSC 医疗运输、医疗指导呼叫与通信	√	√
17.2.4 使用 MF/HF 无线电话遇险、紧急、安全信号并能完成遇险、紧急、安全呼叫及遇险、紧急、安全通信	√	√
17.3 Inmarsat-C 船站		
17.3.1 发送遇险报警及遇险通信	√	√
17.3.2 完成误报警处理	√	√
17.4 EPIRB		
17.4.1 使用 EPIRB 完成遇险报警	√	√
17.5 使用驾驶台报警面板	√	√
18 搜救工作		
18.1 联系相关 RCC	√	√
18.2 完成船位报告（AUSREP，CHISREP）设置	√	√
19 紧急情况下，提供无线电服务及保障人身及船舶安全的措施		
19.1 在弃船时携带相关设备及资料	√	√
19.2 紧急情况下使用无线电设备	√	√
19.3 使用 VHF 电话与救助单位进行正确有效的沟通，以获得快速有效的救援	√	√

评估大纲	适用对象	
	GMDSS 一级无线电电子员	GMDSS 二级无线电电子员
19.4 无线电设备部分或全部故障时,采用适当的设备或方式获得援助	√	√
19.5 发生无线电设备危害时能采取正确有效的防护及救助措施	√	√

GMDSS 设备操作

评估大纲	适用对象	
	GMDSS 通用操作员	GMDSS 限用操作员
1 业务出版物的使用		
1.1 查阅各类电台表	√	
1.2 查阅信号书Ⅰ/Ⅱ/Ⅲ/Ⅴ卷	√	
1.3 使用海上移动业务和海上卫星移动业务手册	√	
2 使用船舶 VHF 设备的能力		
2.1 VHF 设备面板各按钮的作用	√	√
2.2 完成 VHF DSC 常规呼叫:单呼、群呼	√	√
2.3 完成 VHF DSC 查询、位置请求操作	√	√
2.4 查看 VHF DSC 已经收到存储在存储器中的报文	√	√
2.5 查看 VHF DSC 本台的 MMSI	√	√
2.6 编辑 VHF DSC 岸台、用户、位置及时间	√	√
2.7 改变 VHF DSC 自动收妥设置、信道、功率设置	√	√
2.8 完成 VHF DSC 地址簿编辑	√	√
2.9 完成 VHF DSC 日常测试	√	√
2.10 完成 VHF DSC 各类呼叫电文的编辑与接收	√	√
2.11 完成 VHF 无线电话常规通信:船到船、船到岸 VHF 无线电话通信	√	√
2.12 完成 VHF 电话的各类设置操作		
2.12.1 高/低发射功率转换	√	√
2.12.2 设置双值守	√	√
2.12.3 信道的存储和扫描	√	√
2.12.4 调整控制面板亮度和对比度	√	√
2.12.5 开启或关闭扬声器	√	√
2.12.6 调节静噪等	√	√
3 使用船舶 MF/HF 设备的能力		

评估大纲	适用对象	
	GMDSS通用操作员	GMDSS限用操作员
3.1 MF/HF 设备面板各按钮的作用	√	
3.2 完成 MF/HF DSC 单呼、群呼、区呼操作	√	
3.3 查看已经收到的报文	√	
3.4 查看本台的 MMSI	√	
3.5 MF/HF DSC 基本设置		
3.5.1 完成收妥方式、位置和时间设置等	√	
3.5.2 功率设置、通信类型设置	√	
3.6 查找海岸电台的通信频率,并能在 MF/HF 设备上设置收发频率	√	
3.7 完成天线调谐及匹配	√	
3.8 完成射频增益调整	√	
3.9 完成 MF/HF DSC 日常自测和呼叫测试	√	
3.10 完成无线电话遇险安全频率 2182 kHz 的快捷设置	√	
3.11 完成常规无线电话通信	√	
3.12 完成 MF/HF 电话的各类设置及电话通信操作		
3.12.1 工作方式的切换、信道/收发频率的选择与输入	√	
3.12.2 无线电话国际遇险与安全频率的设置与使用	√	
3.12.3 调整发射的功率以及设置静噪	√	
3.12.4 频率的存储与调取	√	
3.12.5 MF/HF 无线电话通信[船-岸、船-用户 MF/HF 无线电话通信;船-船 MF/HF 无线电话通信、岸台通话表(T/L)的接收]	√	
3.13 完成 MF/HF 无线电传常规通信操作	√	
3.14 其他:NBDP 普通电文与通告电文的格式;完成电文修改、保存;完成 NBDP 遇险与安全通信频率设置	√	
3.15 能够完成 MF/HF 无线电设备日常维护与管理	√	
4 使用 Inmarsat-C 船站的能力		

评估大纲	适用对象	
	GMDSS 通用操作员	GMDSS 限用操作员
4.1 完成基本设置	√	
4.2 完成入网、退网	√	
4.3 完成向陆地电传用户、传真用户、邮件用户发送电文	√	
4.4 转换洋区卫星	√	
4.5 完成性能测试	√	
4.6 能完成数据(位置)报告	√	
4.7 完成地址簿编辑	√	
4.8 完成查看通信记录	√	
4.9 借助帮助功能,能够建立便捷操作	√	
5 使用 EPIRB 的能力		
5.1 能正确使用和维护 EPIRB	√	√
5.2 预防及处理 EPIRB 误报警	√	√
6 使用 SART 的能力		
6.1 能正确使用和维护 SART	√	√
7 GMDSS 设备电源及 GMDSS 设备简单故障定位、排除		
7.1 辨别各类电池	√	
7.2 完成电池充电及维护	√	
7.3 完成酸性电池的密度和电压测量	√	√
7.4 能够完成 GMDSS 海上电子设备简单故障定位及排除	√	
8 使用 MSI 接收设备的能力		
8.1 完成 NAVTEX 接收机设置:依据实际航线,正确选择接收台、报文类别、接收频率等	√	√
8.2 查看 NAVTEX 接收机收到的报文	√	
8.3 完成 EGC 设置	√	
8.4 操作气象传真机	√	√
8.5 完成 HF MSI 的接收设置	√	
9 遇险、紧急、安全通信能力		

评估大纲	适用对象	
	GMDSS 通用操作员	GMDSS 限用操作员
9.1 VHF 设备		
9.1.1 完成 VHF DSC 两种遇险报警(快速报警和编发报警)	√	√
9.1.2 对收到的 VHF DSC 遇险报警能正确处理(包括收妥及转发等)	√	√
9.1.3 完成 VHF DSC 紧急呼叫、安全呼叫	√	√
9.1.4 使用遇险、紧急和安全信号并能完成遇险、紧急和安全呼叫及遇险、紧急和安全通信	√	√
9.1.5 VHF DSC 医疗运输请求操作	√	√
9.2 MF/HF 设备		
9.2.1 完成 DSC 遇险报警以及对收到的遇险报警能正确处理(包括收妥及转发等)	√	
9.2.2 完成 DSC 紧急、安全呼叫	√	
9.2.3 能够完成 DSC 医疗运输、医疗指导呼叫与通信	√	
9.2.4 使用 MF/HF 无线电话遇险、紧急、安全信号并能完成遇险、紧急、安全呼叫及遇险、紧急、安全通信	√	
9.3 Inmarsat-C 船站		
9.3.1 发送遇险报警及遇险通信	√	
9.3.2 完成误报警处理	√	
9.4 EPIRB		
9.4.1 使用 EPIRB 完成遇险报警	√	√
9.5 使用驾驶台报警面板	√	
10 搜救工作		
10.1 联系相关 RCC	√	
10.2 完成船位报告(AMVER/AUSREP/CHISREP)设置	√	
11 GMDSS 相关知识		
11.1 完成无线电记录簿记录		√
12 紧急情况下,提供无线电服务及保障人身及船舶安全的措施		

评估大纲	适用对象	
	GMDSS 通用操作员	GMDSS 限用操作员
12.1 在弃船时携带相关设备及资料	√	√
12.2 紧急情况下使用无线电设备	√	√
12.3 使用 VHF 电话与救助单位进行正确有效的沟通,以获得快速有效的救援	√	√
12.4 无线电设备部分或全部故障时,采用适当的设备或方式获得援助	√	√
12.5 发生无线电设备危害时能采取正确有效的防护及救助措施	√	√

国际航行船舶船员专业英语

301：不参加航行和轮机值班船员

评估大纲	适用对象
	301
1 日常问候与介绍	
1.1 日常问候	√
1.2 自我介绍(姓名、职位、家乡、爱好等)	√
1.3 介绍他人(姓名、职位等)	√
2 询问信息及寻求帮助	
2.1 陆上问路	√
2.2 询问时间、日期和天气	√
2.3 询问价格、数量和质量	√
2.4 买菜	√
2.5 去银行(兑换点)	√
2.6 过海关	√
2.7 去大使馆或领事馆	√
2.8 在机场/移民局	√
3 日常业务工作	
3.1 船上主要编制/职务英文名称	√
3.2 主要颜色、方位、方向的英文描述	√
3.3 船舶基础知识(船舶主要部位的英文名称、常见重要设备/设施及场所的英文名称)	√
3.4 主要甲板和机舱工作	√
3.5 危机管理、拥挤人群管理及旅客安全	√
3.6 垃圾管理	√
4 应急、职业安全及基本急救	
4.1 应急和安全基本常识：应急、求生、救生	√
4.2 伤痛和不适情况描述	√

评估大纲	适用对象
	301
4.3 药品及处置描述	√
4.4 消防演习	√
5 接待访客和提供服务	
5.1 接待海事机构官员、检查人员及引航员	√
5.2 食品描述	√
5.3 膳食服务	√

海上游艇操作人员

考试大纲	适用对象			
	海上一等混合动力游艇操作人员	海上一等机械动力游艇操作人员	海上二等混合动力游艇操作人员	海上二等机械动力游艇操作人员
1 游艇基本安全知识和水上生存技能				
1.1 使用求救信号发出警报	√	√	√	√
1.2 急救措施：观察测量生命体征、心肺复苏、正确搬运伤员、止血带止血、临时骨折固定、三角巾包扎等	√	√	√	√
1.3 水上求生：能正确穿着救生衣、能穿着救生衣游泳等	√	√	√	√
1.4 操作救生设备	√	√	√	√
1.5 消防设备的使用	√	√	√	√
2 游艇航行基本知识				
2.1 使用纸质海图或者电子海图设定航线的方法	√	√	√	√
2.2 常见绳结的打法	√	√	√	√
3 游艇机械推进动力装置基本知识				
3.1 机械推进动力装置的操纵方法	√	√	√	√
3.2 蓄电池的日常维护保养方法	√	√	√	√
3.3 开航前的检查要求	√	√	√	√
4 航行值班及国际海上避碰规则的应用				
4.1 正确显示本船号灯号型和施放声光信号，根据他船的号灯号型和声光信号判断其行动意图	√	√	√	√
4.2 在各种能见度情况下，利用一切有效手段保持正规瞭望	√	√	√	√

考试大纲	适用对象			
	海上一等混合动力游艇操作人员	海上一等机械动力游艇操作人员	海上二等混合动力游艇操作人员	海上二等机械动力游艇操作人员
4.3 正确判断碰撞危险和避让责任	√	√	√	√
4.4 采取最有效的避碰行动避免碰撞危险	√	√	√	√
5 游艇助航设备的使用				
5.1 准确读出游艇主要仪表上的数据	√	√	√	√
5.2 磁罗经的维护与保养	√	√	√	√
5.3 VHF 的作用和使用方法	√	√	√	√
5.4 雷达的使用方法	√	√	√	√
5.5 GPS 的使用、维护与保养	√	√	√	√
5.6 AIS 的作用和使用	√	√	√	√
6 游艇操纵基本知识				
6.1 安全、高效的靠、离码头	√	√	√	√
6.2 驶近和系、离浮筒	√	√	√	√
6.3 锚泊作业	√	√	√	√
6.4 航行	√	√	√	√
6.5 蛇航绕标	√	√	√	√
6.6 合理救助落水人员	√	√	√	√
7 驶帆技术				
7.1 升帆和降帆操作	√		√	
7.2 驶帆的各种航行操作	√		√	
7.3 驶帆救助落水人员	√		√	

第二部分
轮机部船员

轮机模拟器

评估大纲	适用对象		
	3000 kW 及以上船舶轮机长	750~3000 kW 船舶轮机长	未满 750 kW 船舶轮机长
1 推进装置机械的操作管理			
1.1 实施对主柴油机及其辅助系统以及辅助机械设备常见故障的分析判断及排查处理	√	√	
1.2 螺旋桨轴和辅助设备的常见故障处理	√	√	
2 主推进装置和辅助机械的操纵、监控、性能评估及安全维护			
2.1 冷船启动,包括:应急发电机、主发电机组的启动,主柴油机的备车、启动与运行管理	√	√	
2.2 机舱设备的应急操作,包括:主柴油机的应急操作、全船失电的应急操作、发电机组并车故障的应急操作、舵机的应急操作等	√	√	
3 电气和电子控制设备的故障诊断			
3.1 一般电机启动控制箱的故障诊断	√	√	√
3.2 PLC 控制系统的故障诊断	√	√	
3.3 常见电气元件的故障诊断	√	√	√
3.4 常见传感器和执行阀件的故障诊断	√	√	√
3.5 计算机控制系统的常见故障及排除	√	√	
4 电气和电子控制设备及安全设备的功能测试			
4.1 单个器件的功能测试,如二极管、三极管、晶闸管、电磁阀、电动执行机构等			√

评估大纲	适用对象		
	3000 kW 及以上船舶轮机长	750~3000 kW 船舶轮机长	未满 750 kW 船舶轮机长
4.2 单元的测试和功能试验,包括:报警功能测试、智能传感器的测试、温度控制模块等	√	√	√
4.3 系统功能测试,包括:主机遥控系统的功能测试、发电机负载功能测试、辅锅炉控制系统保护功能测试	√	√	
4.4 IGBT、PLC 模块的功能测试	√	√	
5 监测系统的故障诊断			
5.1 测量传感器级变送器的故障判断,包括:Pt100、热电偶、热敏电阻、光敏电阻、光电池、差动变压器、磁感应接近开关、各种变送器等	√	√	√
5.2 监测系统通信总线的状态检测和故障判定	√		
5.3 监测系统主要接口功能模块的故障诊断	√	√	
5.4 编码器和转换模块的故障判断	√	√	
6 软件版本控制			
6.1 软件的备份与记录	√	√	
6.2 参数的备份与记录	√	√	
6.3 软件的版本跟踪升级	√	√	
7 收集和报告船舶能耗数据,能在船上(实习)或在实验室(航海模拟器)开展以下各项			
7.1 根据船舶能耗数据收集方法收集到规定范围内的船舶能耗及相关数据	√	√	
7.2 对收集到的数据进行每日或者每一航次的记录	√	√	
7.3 根据报告内容、程序和格式要求向海事管理机构报告船舶能耗数据	√	√	

评估大纲	适用对象		
	3000 kW 及以上船舶轮机长	750~3000 kW 船舶轮机长	未满 750 kW 船舶轮机长
8 能够完成柴油机吊缸拆装、零部件检验与测量			
8.1 气缸盖的拆装与检验			√
8.2 气阀机构的拆装与检验、气阀的研磨与密封面检验、气阀间隙的测量与调整			√
8.3 气缸套的拆装与测量、圆度和圆柱度的计算、内径增大量的计算			√
8.4 活塞组件的拆装与解体、活塞的测量与圆度和圆柱度的计算、活塞销及连杆小端轴承间隙的测量			√
8.5 活塞环的拆装与检验、活塞环天地间隙、搭口间隙、活塞环厚度及活塞环槽的测量			√
8.6 连杆、连杆大端轴瓦和连杆螺栓的拆装与检验、连杆螺栓的上紧方法、曲轴销的测量			√
8.7 主轴承的拆装与测量以及轴承间隙的测量			√
8.8 喷油泵的拆装与检修、喷油定时的检查与调整、密封性的检查与处理			√
8.9 喷油器的拆装与检修、启阀压力的检查与调节			√
8.10 曲轴臂距差的测量与计算、曲轴轴线的状态分析			√
8.11 气缸启动阀、安全阀、示功阀、空气分配器拆装与检修			√
9 废气涡轮增压器的拆装			
9.1 增压器轴承与转子的拆装			√
9.2 气封环的测量检查与更换			√

动力装置测试分析与操作

评估大纲	适用对象		
	3000 kW 及以上船舶大管轮	750~3000 kW 船舶大管轮	未满 750 kW 船舶大管轮
1 掌握船舶电控柴油机的操作			
1.1 船舶电控柴油机的备车、启动、完车	√	√	
1.2 船舶电控柴油机的日常管理	√	√	
1.3 船舶电控柴油机的参数设定及修改	√	√	
2 掌握制冷装置操作与管理			
2.1 制冷装置的启动与停用	√	√	
2.2 制冷装置的日常管理操作	√	√	
2.3 制冷装置参数调整	√	√	
3 舵机装置操作与管理			
3.1 舵机的启动与停用	√	√	
3.2 舵机系统的日常管理	√	√	
3.3 舵机的试验与调整	√	√	
3.4 舵机的应急操作	√	√	
4 船舶主柴油机操作与管理			
4.1 船舶主柴油机开航前备车准备工作			√
4.2 船舶主柴油机启动后的参数监测和调整			√
4.3 船舶主柴油机定速后的管理			√
4.4 船舶主柴油机完车操作			√
5 发电柴油机操作与管理			
5.1 发电柴油机的启动和停车			√
5.2 发电柴油机的运行管理			√
6 泵系操作与管理			
6.1 管路系统图的识读			√
6.2 压载水系统的操作与管理			√
7 活塞式空气压缩机操作与管理			

评估大纲	适用对象		
	3000 kW 及以上船舶大管轮	750~3000 kW 船舶大管轮	未满 750 kW 船舶大管轮
7.1 空压机的启动和停止			√
7.2 空压机的运行管理			√

电气与自动控制(大管轮)

评估大纲	适用对象		
	3000 kW 及以上船舶大管轮	750~3000 kW 船舶大管轮	未满 750 kW 船舶大管轮
1 电气安全			
1.1 常用电气仪表的使用,如万用表、钳形表、电压表、电流表、兆欧表等	√	√	√
1.2 安全用电的基本要求	√	√	√
1.3 电路符号及电路图的识读			√
2 电气控制故障分析			
2.1 一般电机启动控制箱的故障诊断,如断线、短路或接地	√	√	
2.2 常见电气元件的故障,如继电器、接触器	√	√	√
2.3 常见电气元件的故障,如断路器、大功率器件、发电机、电动机等	√	√	
3 单个器件的功能测试			
3.1 二极管、三极管	√	√	√
3.2 晶闸管、IGBT、PLC 模块、电磁阀、电动执行机构等	√	√	
3.3 热继电器的功能测试方法	√	√	
3.4 继电器和电磁接触器的功能测试方法	√	√	
3.5 时间继电器的功能测试方法	√	√	
3.6 熔断器的功能测试方法	√	√	√
3.7 塑壳断路器(MCCB)的功能测试方法	√	√	
3.8 空气断路器(ACB)的功能测试方法	√	√	
4 单元的测试和功能试验			
4.1 智能传感器的测试	√	√	
4.2 温度控制模块	√	√	
5 系统功能测试及故障处理			

评估大纲	适用对象		
	3000 kW 及以上船舶大管轮	750~3000 kW 船舶大管轮	未满 750 kW 船舶大管轮
5.1 主机遥控系统的操作程序,功能测试及故障处理	√	√	
5.2 发电机及配电系统的操作程序,功能测试及故障处理	√	√	√
5.3 辅锅炉控制系统保护功能的操作程序及故障处理	√	√	
5.4 分油机自动控制操作程序及故障处理	√	√	
5.5 制冷和空调自动控制和保护的操作程序及故障处理	√	√	
5.6 舵机控制的操作程序及故障处理	√	√	
5.7 泵和管系控制的操作程序及故障处理	√	√	
5.8 甲板机械电气控制的操作程序及故障处理	√	√	
5.9 电机启动控制、油泵自动启动控制、报警及报警监测系统等的功能测试	√	√	√
5.10 火灾探测系统的功能测试	√	√	√
6 自动控制系统的常见故障及处理方法			
6.1 常见传感器和执行阀件的故障诊断,包括:Pt100 断线、热电偶断开,4~20 mA 信号回路断开或短路,热敏电阻、光敏电阻、光电池、差动变压器、磁感应接近开关、编码器、转换模块等	√	√	√
6.2 电动阀卡死、气动阀漏气	√	√	
6.3 变送器的校准和调整方法	√	√	√
6.4 调节器的接线与操作使用	√	√	
7 PLC 的联机操作与 PLC 主要模块故障分析,如信号不到位、执行不到位、程序错误等	√	√	
8 监测系统的故障诊断			

评估大纲	适用对象		
	3000 kW 及以上船舶大管轮	750~3000 kW 船舶大管轮	未满 750 kW 船舶大管轮
8.1 监测系统通信总线的状态检测和故障判定	√		
8.2 监测系统主要接口功能模块的测试和故障诊断	√	√	
9 计算机控制系统的常见故障及排除			
9.1 线路故障、接口故障、继电器板故障	√		
9.2 通信故障、内存故障、CPU 死机等	√		
10 软件版本控制			
10.1 软件的备份与记录	√	√	
10.2 参数的备份与记录	√	√	
10.3 软件的版本跟踪升级	√	√	
10.4 PLC 程序的上传与下载	√	√	
10.5 计算机应用程序和参数的编辑与保存	√	√	
11 高压装置的安全操作			
11.1 高压电的检测与操作规程	√		
11.2 高压操作五防措施	√		
11.3 高压配电装置的操作与管理	√		

电气与自动控制(二/三管轮)

评估大纲	适用对象	
	750 kW 及以上船舶二/三管轮	未满 750 kW 船舶二/三管轮
1 电气控制箱的维护保养及故障查找与排除		
1.1 根据线路图指出各元器件在控制箱内的实际位置	√	
1.2 根据故障现象判断故障性质和故障可能存在的环节	√	
2 电子控制线路识图、器件识别与功能测试、焊接与装配		
2.1 电子元器件的识别	√	
2.2 电路板、电子元器件的焊接与装配	√	
2.3 电气控制线路图识别	√	
2.4 简单的电子控制线路图识别	√	
3 船舶电力系统的继电保护及主要故障的判断和排除		
3.1 自动空气断路器的维护、主要故障的判断及排除	√	
3.2 发电机外部短路、过载、失(欠)压故障的判断	√	
3.3 船舶电网绝缘降低和单相接地故障的查找	√	√
4 船舶电站手动操作		
4.1 发电机手动准同步并车	√	
4.2 并联运行发电机组的负荷转移及分配	√	
4.3 发电机组的解列	√	
5 船舶电站的管理与维护		
5.1 主配电板安全运行管理	√	√
5.2 发电机主开关跳闸的应急处理	√	
5.3 船舶应急配电板与应急发电机功能试验	√	
5.4 岸电箱的使用及其功能试验	√	√

评估大纲	适用对象	
	750 kW 及以上船舶二/三管轮	未满 750 kW 船舶二/三管轮
5.5 船舶自动化电站	√	
6 高电压设备(如适用)		
6.1 能够在高压系统出故障时采取必要的补救措施,制定高压系统部件隔离的切换方案	√	
6.2 熟练操作船舶高压电系统,执行系统切换和隔离程序,进行高压设备绝缘电阻检测	√	
7 自动化仪表		
7.1 温度、压力测量仪表的使用、保养	√	
7.2 压力开关的操作和调整	√	
7.3 电动差压变送器的使用操作与调整	√	
7.4 数字式调节器的使用操作与调整	√	
8 船舶自动控制系统		
8.1 熟练识读气动系统图	√	
8.2 掌握自动控制系统各主要单元的功能和性能测试方法,包括:测量单元、调节单元和主要执行阀件的效能测试	√	
8.3 冷却水温度控制系统的功能测试	√	
8.4 主推进装置的安全保护功能测试	√	√
8.5 副机安全保护的功能测试	√	√
8.6 燃油黏度自动控制系统的功能测试	√	
8.7 辅锅炉安全保护及自动控制系统的功能测试	√	√
8.8 分油机自动控制系统的功能测试	√	
9 推进装置及控制系统的安全操作与应急程序		
9.1 熟练实施主机自动减速和停车后的恢复程序(包括机动操作的转换、机动操作方法、故障排除等)	√	

评估大纲	适用对象	
	750 kW 及以上船舶二/三管轮	未满 750 kW 船舶二/三管轮
9.2 熟练实施全船停电后的恢复程序,包括:副机的重新启动或备用副机的启动、电力供应的恢复、故障排除等	√	
9.3 熟练实施火警系统、风油切断装置动作后的故障排除及功能恢复	√	
10 机舱监视与报警系统		
10.1 掌握报警监视系统的使用	√	√
10.2 报警监视系统的功能测试	√	√
10.3 相关信息的查找	√	√
10.4 主要参数的设置(如报警设定值、延时时间值等)	√	√

船舶电工工艺和电气设备

评估大纲	适用对象	
	750 kW 及以上船舶二/三管轮	未满 750 kW 船舶二/三管轮
1 熟练使用万用表		
1.1 测量电阻和交(直)流电压	√	√
1.2 进行二极管性能测量与极性判别	√	√
1.3 进行晶体管性能测量与极性判别	√	
1.4 进行可控硅性能测量与极性判别	√	
2 熟练使用钳形电流表测量线路电流	√	√
3 熟练使用交流电压表和电流表		
3.1 交流电压的测量	√	√
3.2 交流电流的测量	√	√
4 熟练使用便携式兆欧表对电气设备的绝缘电阻值进行测量	√	√
5 继电器、接触器的维护保养及其参数整定		
5.1 熟练测试、调整压力继电器(或温度继电器)的设定值与幅差值	√	
5.2 熟练整定时间继电器	√	
5.3 熟练整定热继电器	√	
6 船用电机维护保养和启动		
6.1 熟练解体交流电动机	√	√
6.2 熟练装配交流电动机	√	√
6.3 熟练清洁电机、检查零部件,添加轴承润滑脂	√	√
6.4 熟练处理受潮、绕组绝缘值降低的电动机	√	√
6.5 三相异步电动机不能启动的原因的判断	√	√
6.6 三相异步电动机启动后转速低且无力故障的原因的判断	√	
6.7 三相异步电动机温升过高的原因的判断	√	√

评估大纲	适用对象	
	750 kW 及以上船舶二/三管轮	未满 750 kW 船舶二/三管轮
6.8 三相异步电动机运行时振动过大的原因的判断	√	√
6.9 三相异步电动机轴承过热的原因的判断	√	√
6.10 熟练连接三相异步电动机直接启动控制电路	√	√
6.11 熟练连接三相异步电动机星-三角降压启动控制电路	√	
6.12 熟练连接三相异步电动机变频启动	√	
6.13 熟练使用 PLC 控制电动机的启停,并进行编程和测试	√	
6.14 电压、电流互感器的功能测试与安装使用	√	√
7 照明设备的维护		
7.1 熟练安装与检修船用灯具	√	√
7.2 常见灯具的检修	√	√
8 蓄电池的使用与维护		
8.1 蓄电池的使用	√	√
8.2 蓄电池的维护与保养	√	√

动力设备操作

评估大纲	适用对象	
	750 kW 及以上船舶二/三管轮	未满 750 kW 船舶二/三管轮
1 船舶主机的操作与管理		
1.1 熟练主机开航前的备车操作	√	√
1.2 熟练主机启动后的参数监测和调整	√	√
1.3 熟练主机定速后的操作与管理	√	√
1.4 熟练主机的完车操作	√	√
2 船舶副机的操作与管理		
2.1 熟练副机的启动和停车操作	√	√
2.2 熟练副机的运行管理	√	√
3 船舶辅锅炉的操作与管理		
3.1 熟练辅锅炉点火前的准备工作	√	√
3.2 熟练辅锅炉的点火、升汽	√	√
3.3 熟练辅锅炉的运行管理	√	√
3.4 熟练实施辅锅炉的停火操作	√	√
4 熟练操作与管理分油机	√	√
5 熟练操作与管理活塞式空气压缩机	√	
6 熟练操作与管理造水机	√	
7 制冷装置的操作与管理		
7.1 熟练启动、停止制冷装置	√	
7.2 熟练管理制冷装置	√	
7.3 熟练调整制冷装置的参数	√	
8 熟练操作与管理空调装置	√	
9 液压舵机装置的操作与管理		
9.1 熟练启动、停止舵机	√	
9.2 熟练管理舵机系统	√	
9.3 熟练实施舵机的试验与调整	√	

评估大纲	适用对象	
	750 kW 及以上船舶二/三管轮	未满 750 kW 船舶二/三管轮
9.4 熟练实施舵机的应急操作	√	
10 液压甲板机械的操作与管理		
10.1 熟练启动、停止液压甲板机械	√	
10.2 熟练管理液压系统	√	
10.3 熟练识读液压系统图		
10.4 熟练液压甲板机械的试验与调整	√	
11 泵系统的操作与管理		
11.1 熟练启动、停止离心泵,并判断其工作性能	√	√
11.2 齿轮泵的操作与管理		√
11.3 往复泵的操作与管理		√
11.4 船舶消防水系统的操作和参数监控		√
11.5 熟练操作与管理压载水处理装置	√	√
11.6 熟练操作与管理舱底水系统	√	√
11.7 能正确选择管系堵漏器材和绑扎止漏	√	√
11.8 正确理解并使用加油程序用语	√	
11.9 正确理解并使用加油操作用语	√	
11.10 熟练识读管系图	√	
11.11 能正确拆装管系	√	√
12 生活污水处理装置、油水分离器、焚烧炉等防污染设备的操作程序		
12.1 熟练操作生活污水处理装置	√	
12.2 熟练操作焚烧炉	√	
12.3 熟练操作与管理油水分离器	√	

动力设备拆装

考试大纲	适用对象			
	750 kW 及以上船舶大管轮	未满 750 kW 船舶大管轮	750 kW 及以上船舶二/三管轮	未满 750 kW 船舶二/三管轮
1 柴油机吊缸拆装、零部件检查与测量				
1.1 气缸盖的拆装与检查	√	√	√	√
1.2 气阀机构的拆装与检查、气阀的研磨与密封面检查、气阀间隙与气阀定时的测量与调整	√	√	√	√
1.3 气缸套的拆装与测量、圆度和圆柱度的计算、内径增大量的计算	√	√	√	√
1.4 活塞组件的拆装与解体、活塞的测量与圆度和圆柱度的计算、活塞销及连杆小端轴承间隙的测量	√	√	√	√
1.5 活塞环的拆装与检查、活塞环天地间隙、搭口间隙、活塞环厚度及活塞环槽的测量	√	√	√	√
1.6 连杆、连杆大端轴瓦和连杆螺栓的拆装与检查、连杆螺栓的上紧方法、曲轴销的测量	√	√	√	√
1.7 主轴承的拆装与测量以及轴承间隙的测量	√	√	√	√
1.8 喷油泵的拆装与检修、供油定时的检查与调整、密封性的检查与处理	√	√	√	√
1.9 喷油器的拆装与检修、启阀压力的检查与调节	√	√	√	√
1.10 曲轴臂距差的测量与计算、曲轴轴线的状态分析	√	√	√	√

考试大纲	适用对象			
	750 kW及以上船舶大管轮	未满750 kW船舶大管轮	750 kW及以上船舶二/三管轮	未满750 kW船舶二/三管轮
1.11 气缸启动阀、安全阀、示功阀、空气分配器的拆装与检修	√	√	√	√
1.12 液压拉伸器的使用和管理	√	√	√	√
2 增压器的拆装				
2.1 熟练实施增压器的拆卸、清洁、检查与测量、修理和装复	√	√		
2.2 熟练实施增压器的清洁、检查与测量			√	√
3 熟练实施制冷压缩机的解体、清洁、修理与组装	√		√	
4 熟练实施液压控制阀、液压泵和液压马达的解体、清洁、修理与组装				
4.1 液压控制阀的解体、清洁、修理与组装			√	
4.2 液压泵(柱塞泵)的解体、清洁、修理与组装	√		√	
4.3 液压马达的解体、清洁、修理与组装			√	
5 熟练实施自清滤器和分油机的解体、检修与装复				
5.1 自清滤器			√	
5.2 分油机			√	
6 熟练实施泵的拆卸、清洗、检查与测量、修理、装复和密封调整				
6.1 离心泵			√	√
6.2 往复泵			√	√
6.3 齿轮泵			√	√
7 熟练实施空压机的拆卸、清洗、检查与测量、修理和装复			√	

考试大纲	适用对象			
	750 kW及以上船舶大管轮	未满750 kW船舶大管轮	750 kW及以上船舶二/三管轮	未满750 kW船舶二/三管轮
8 熟练实施油水分离器分离筒的拆卸、清洁、检查和装复			√	√
9 熟练实施锅炉水位计和燃烧器的解体、清洁、修理与组装				
9.1 水位计			√	√
9.2 燃烧器			√	√
10 运用正确的上紧程序,熟练安装双头螺栓和螺栓			√	
11 熟练实施截止阀、止回阀、截止止回阀、蝶阀和安全阀的拆卸、清洗、检查与测量、修理、装复和试验				
11.1 截止阀			√	
11.2 止回阀			√	
11.3 截止止回阀			√	
11.4 蝶阀			√	
11.5 安全阀			√	
12 熟练实施换热器的拆卸、清洗、检查与测量、修理、装复和试验			√	
13 正确拆装管系			√	√

机舱资源管理

评估大纲	适用对象		
	750 kW 及以上船舶轮机长	750 kW 及以上船舶大管轮	750 kW 及以上船舶二/三管轮
1 领导力和管理技能的运用(在轮机模拟器或实船设备上进行)			
1.1 分组讨论管理、激励、机舱资源、团队意识、情境意识、文化意识等机舱资源管理原则的知识	√	√	
1.2 分组讨论、演练任务和工作量分配	√	√	
1.3 分组讨论和演练有效沟通、资源分配、团队意识、情境意识、领导力与决断力	√	√	
2 机舱资源管理(在轮机值班过程中)			
2.1 按照优先顺序分配和分派机舱资源			√
2.2 与机舱其他值班人员和驾驶台值班人员进行清楚、无歧义的通信与沟通			√
2.3 领导机舱其他值班人员对驾驶台或轮机长的指令迅速响应			√
2.4 领导机舱其他值班人员对机舱设备的状态和船舶所处的环境保持足够关注			√
3 运用任务和工作量管理的能力			
3.1 计划和协调			√
3.2 人员指派			√
3.3 人的极限			√
3.4 时间和资源的限制			√
3.5 人员能力			√
3.6 优先排序			√
3.7 工作量、休息和疲劳			√
3.8 管理(领导)风格			√

评估大纲	适用对象		
	750 kW 及以上船舶轮机长	750 kW 及以上船舶大管轮	750 kW 及以上船舶二/三管轮
3.9 挑战与回应			√
4 运用有效资源管理的知识和能力			
4.1 资源的分配、分派和优先排序			√
4.2 船上和岸上的有效沟通			√
4.3 决策反映出团队的经验			√
4.4 决断力和领导力,包括激励			√
4.5 获得并保持情境意识			√
4.6 评价工作绩效	√	√	
5 运用决策技能的知识和能力			
5.1 局面和风险评估			√
5.2 识别并考虑形成的选项			√
5.3 选择行动方案			√
5.4 评价结果的有效性			√
5.5 决策和问题处理技巧			√
5.6 权威和魄力			√
5.7 判断力			√
5.8 紧急情况的管理			√
6 船舶内部的各种通信系统			√

金工工艺(二/三管轮)

评估大纲	适用对象	
	750 kW 及以上船舶二/三管轮	未满 750 kW 船舶二/三管轮
1 手动工具		
1.1 船舶上制造和维修中常用的手动工具,包括:各种类型的扳手、扳钳、钳子、螺丝刀、镊子、弯钳、切刀、钢锯、老虎钳、拔马、锉刀、手钻、铰刀、锤子、丝锥和板牙、刷子、铁砧、型砧、冲子、刮刀、凿子、剪刀及卡盘等	√	√
1.2 手动工具的选择和使用技巧		
1.2.1 螺栓的拆卸与紧固	√	√
1.2.2 轴承的装卸	√	√
1.2.3 断节螺栓的拆卸	√	√
1.2.4 方铁錾切、锯割、锉削	√	√
1.2.5 方铁划线、钻孔、攻丝	√	√
1.2.6 螺帽加工	√	√
2 动力工具		
2.1 船舶上制造和维修中常用的动力工具,包括:各种类型的电动/气动研磨机、磨砂机、钻孔机、冲击扳手、便携式锯、剪切机和步冲轮廓机等	√	
2.2 动力工具的选择和使用技巧	√	
3 钻床		
3.1 钻床的用途和使用钻床时存在的危险	√	
3.2 钻床的使用技巧及安全注意事项	√	
4 磨床		
4.1 磨床的用途和使用磨床时存在的危险	√	
4.2 磨床的使用技巧及安全注意事项	√	
5 普通车床		

评估大纲	适用对象	
	750 kW 及以上船舶二/三管轮	未满 750 kW 船舶二/三管轮
5.1 普通车床的用途、组成和各部件的功能	√	
5.2 车床的基本参数及使用时存在的危险	√	
5.3 切削刀具的分类及其特征	√	
5.4 普通车床的使用技巧及安全注意事项		
5.4.1 车刀的安装	√	√
5.4.2 刻度盘使用时的注意事项	√	√
5.4.3 车削螺纹锥销	√	√
5.4.4 车削台阶轴	√	√
5.4.5 车削锥体	√	√
5.4.6 车削螺纹柱	√	√
6 焊接和钎焊		
6.1 电弧焊工艺、设备构成及适用范围	√	
6.2 气焊工艺、设备构成及适用范围	√	
6.3 电弧焊和气焊的操作技巧		
6.3.1 电焊工艺		
6.3.1.1 钢板平对接焊	√	√
6.3.1.2 管子对接焊	√	√
6.3.1.3 管板垂直角焊	√	√
6.3.2 气焊工艺		
6.3.2.1 回火的处理	√	√
6.3.2.2 气焊设备着火的处理	√	√
6.3.2.3 气焊进行补焊	√	√
6.3.2.4 气焊进行铜焊	√	√
6.3.2.5 钢板平对接焊	√	√
6.3.2.6 管子对接焊	√	√
6.3.2.7 气割方圆	√	√
6.4 热切割工艺的分类、工作原理其应用	√	

评估大纲	适用对象	
	750 kW 及以上船舶二/三管轮	未满 750 kW 船舶二/三管轮
6.5 热切割工艺的操作技巧	√	
6.6 焊接后的检查要点、常规测试方法	√	
6.7 焊接缺陷的产生原因	√	
6.8 钎焊工艺、设备构成及使用范围	√	
6.9 软钎焊、硬钎焊的操作技巧	√	
6.10 焊接操作时应采取的安全预防措施	√	
7 测量仪器		
7.1 船舶上制造和维修中常用的测量仪器,包括:各种类型的天平、卡规、分度规、直角尺和直尺、游标卡尺、深度规、千分尺、千分表、厚度尺、半径规和节距规等	√	
7.2 测量仪器的选择和使用技巧	√	
8 熟练使用不同的密封剂、密封垫片和密封填料	√	
9 工程制图练习		
9.1 熟练使用下列方法绘制工程图:阶梯剖、旋转剖、单一全剖、局部剖、半剖、虚线图、机械符号、表面粗糙度、角度标注、箭头、辅助尺寸、中心线、节圆直径、螺纹、粗线型、放大视图、剖面线、指引线	√	
9.2 熟练使用参考资料,用简略标识制图	√	
9.3 熟练使用习惯画法表示下列特征:内、外螺纹,轴上的方槽,三角形齿花键轴和花键轴,分布在线或圆周上孔的简化画法,轴承,中断视图,拉伸和压缩的弹簧	√	

轮机英语听力与会话

评估大纲	适用对象		
	无限航区 750 kW 及以上船舶轮机长	无限航区 750 kW 及以上船舶大管轮	无限航区 750 kW 及以上船舶二/三管轮
1 公共用语			
1.1 日常用语	√	√	√
1.2 日常对外业务用语	√	√	√
1.3 船东面试用语	√	√	√
2 机舱日常业务			
2.1 主机系统			
2.1.1 轮机设备部件名称	√	√	√
2.1.2 主机燃油系统的操作与管理	√	√	√
2.1.3 主机冷却水系统的操作与管理	√	√	√
2.1.4 主机润滑油系统的操作与管理	√	√	√
2.1.5 主机启动空气系统的操作与管理	√	√	√
2.1.6 主机运行工况监测	√	√	√
2.1.7 主机换气、增压系统的操作与管理	√	√	√
2.1.8 主机故障排除	√	√	√
2.1.9 主机维护保养	√	√	√
2.1.10 主机智能设备操作	√	√	√
2.2 辅助设备			
2.2.1 锅炉的操作与管理	√	√	√
2.2.2 发电柴油机的操作与管理	√	√	√
2.2.3 空调和制冷系统的操作与管理	√	√	√
2.2.4 空压机的操作与管理	√	√	√
2.2.5 造水机的操作与管理	√	√	√
2.2.6 分油机的操作与管理	√	√	√

评估大纲	适用对象		
	无限航区 750 kW 及以上船舶轮机长	无限航区 750 kW 及以上船舶大管轮	无限航区 750 kW 及以上船舶二/三管轮
2.2.7 油水分离器的操作与管理	√	√	√
2.2.8 焚烧炉的操作与管理	√	√	√
2.2.9 生活污水处理装置的操作与管理	√	√	√
2.2.10 舵机的操作与管理	√	√	√
2.2.11 压载水系统操作与管理	√	√	√
2.2.12 舱底水系统操作与管理	√	√	√
2.2.13 甲板机械的维护与管理	√	√	√
2.2.14 电气设备的操作与管理	√	√	√
2.2.15 电气设备的安全注意事项	√	√	√
2.2.16 消防水系统的操作与管理	√	√	√
2.2.17 生活日用水系统的操作与管理	√	√	√
3 与驾驶台联系			
3.1 值班人员交流	√	√	√
3.2 备车	√	√	√
3.3 试车	√	√	√
3.4 完车	√	√	√
3.5 对车钟	√	√	√
3.6 对时	√	√	√
3.7 试舵	√	√	√
3.8 轮机长与船长的对话	√		
4 应急情况下的用语			
4.1 主机故障应急用语	√	√	√
4.2 失电应急用语	√	√	√
4.3 船舶消防应急用语	√	√	√
4.4 碰撞应急用语	√	√	√
4.5 机舱进水应急用语	√	√	√

评估大纲	适用对象		
	无限航区 750 kW 及以上船舶轮机长	无限航区 750 kW 及以上船舶大管轮	无限航区 750 kW 及以上船舶二/三管轮
4.6 撤离现场与弃船应急用语	√	√	√
4.7 溢油应急用语	√	√	√
4.8 人员伤亡与救护应急用语	√	√	√
5 对外业务联系用语			
5.1 加油			
5.1.1 加油程序用语	√	√	√
5.1.2 加油前的准备用语	√	√	√
5.1.3 加油中的注意事项用语	√	√	√
5.1.4 加油数量的核对及争议的处理用语	√	√	√
5.2 修船、监造、交接船			
5.2.1 核对修理项目	√	√	√
5.2.2 确定修理要求与标准	√	√	√
5.2.3 修理质量与争议的处理	√	√	√
5.2.4 坞修	√	√	√
5.2.5 修理设备的调试	√	√	√
5.2.6 造船规范讨论	√	√	√
5.2.7 船舶交接	√	√	√
5.3 机损报告、机损检查与各项检验	√	√	√
5.4 物料和备件			
5.4.1 物料和备件的申请	√	√	√
5.4.2 物料和备件的接收	√	√	√
6 PSC、ISM 检查用语			
6.1 PSC 一般性检查			
6.1.1 各种证书的名称及内容	√	√	
6.1.2 油类记录簿的记录与内容	√	√	√
6.2 PSC 详细检查			

评估大纲	适用对象		
	无限航区 750 kW 及以上船舶轮机长	无限航区 750 kW 及以上船舶大管轮	无限航区 750 kW 及以上船舶二/三管轮
6.2.1 机器、设备操作性检查	√	√	√
6.2.2 救生与消防演习现场检查	√	√	√
6.2.3 职务规则用语	√	√	√
6.3 安全 ISM 体系审核			
6.3.1 ISM 体系文件的检查	√	√	√
6.3.2 与体系文件相关的记录的检查	√	√	√
6.3.3 与 ISM 审核官员的会话	√	√	√
6.3.4 ISM 条款问答	√	√	√

设备拆装与操作

评估大纲	适用对象	
	750 kW 及以上船舶值班机工	未满 750 kW 船舶值班机工
1 有关机舱操作的安全工作做法		
1.1 能对发电柴油机进行启动、停车以及运行管理操作	√	√
1.2 能对分油机进行正确的操作与运行管理	√	
1.3 能正确识别热工及其他仪表并能够正确读数与记录	√	√
2 能正确进行船舶辅锅炉的操作与管理		
2.1 辅锅炉点火前的准备工作	√	
2.2 辅锅炉点火、升汽	√	
2.3 辅锅炉运行监控与调节	√	
2.4 辅锅炉的停炉操作	√	
3 泵的日常操作诸如污水、压载水、消防水和日用水系统的基本知识		
3.1 能对船舶消防水系统进行正确的操作与参数监控	√	√
3.2 能对舱底水系统进行正确的操作与参数监控	√	√
3.3 能对压载水系统进行正确的操作与参数监控	√	
4 有助于船上的维护和修理		
4.1 能按照工作程序和注意事项开展轮机日常维护修理工作	√	√
4.2 能正确使用油漆、润滑和清洁材料与设备	√	√
4.3 能正确清理零部件表面	√	√
4.4 能正确进行四冲程柴油机吊缸拆装、零部件检查与测量(气缸盖的拆装,气阀机构的拆装、气阀的研磨与密封面检查,活塞连杆组件的拆装,活塞环的拆装,连杆大端的拆装,喷油器的解体与装复)	√	√

评估大纲	适用对象	
	750 kW 及以上船舶值班机工	未满 750 kW 船舶值班机工
4.5 能正确拆装离心泵	√	√
4.6 能正确拆装齿轮泵	√	√
4.7 能正确拆装往复泵	√	
4.8 能正确拆装和清洗分油机	√	
4.9 能正确拆装和清洗过滤器	√	√
4.10 能正确拆装管系	√	√
4.11 能正确选择管系堵漏器材和绑扎止漏	√	√
4.12 能正确拆装和清洗冷却器	√	√

动力设备操作与管理

评估大纲	适用对象
	750 kW 及以上船舶高级值班机工
1 有关机舱操作的安全工作做法	
1.1 能对发电柴油机进行启动、停车以及运行管理操作	√
1.2 能对分油机进行正确的操作与运行管理	√
1.3 能正确识别热工及其他仪表并能够正确读数与记录	√
2 锅炉的安全操作	
2.1 能正确进行船舶辅锅炉的操作与管理(点火前的准备工作,点火、升汽,运行监控与调节,停炉操作)	√
3 泵的日常操作诸如污水、压载水、消防水和日用水系统的基本知识	
3.1 能对船舶消防水系统进行正确的操作与参数监控	√
3.2 能对舱底水系统进行正确的操作与参数监控	√
3.3 能对压载水系统进行正确的操作与参数监控	√
4 有助于船上的维护和修理	
4.1 能按照工作程序和注意事项开展轮机日常维护修理工作	√
4.2 能正确使用油漆、润滑和清洁材料与设备	√
4.3 能正确清理零部件表面	√
4.4 能正确进行四冲程柴油机吊缸拆装、零部件检查(气缸盖的拆装,气阀机构的拆装、气阀的研磨与密封面检查,活塞连杆组件的拆装,活塞环的拆装,连杆大端的拆装,喷油器的解体与装复)	√
4.5 能正确拆装离心泵	√
4.6 能正确拆装齿轮泵	√
4.7 能正确拆装往复泵	√
4.8 能正确拆装和清洗分油机	√
4.9 能正确拆装和清洗过滤器	√

评估大纲	适用对象
	750 kW 及以上船舶高级值班机工
4.10 能正确拆装管系	√
4.11 能正确选择管系堵漏器材和绑扎止漏	√
4.12 能正确拆装和清洗冷却器	√

金工工艺(值班机工)

评估大纲	适用对象
	无限/沿海航区 750 kW 及以上船舶值班机工
1 车工	
1.1 能正确使用三爪卡盘和量具	√
1.2 能正确磨制和安装车刀	√
1.3 能正确使用刻度盘	√
1.4 能正确车削台阶轴	√
1.5 能正确车削锥体	√
1.6 能正确车削螺纹柱	√
2 钳工	
2.1 能正确使用钳工夹具和量具	√
2.2 能正确进行方铁的划线、钻孔、攻丝操作	√
2.3 能正确进行方铁的錾切、锯割、锉削操作	√
2.4 能正确拆卸和紧固螺栓	√
2.5 能正确装卸轴承	√
2.6 能进行螺纹表面修复	√
2.7 能拆卸断节螺栓	√
2.8 能加工螺帽	√
3 电焊	
3.1 能正确进行钢板对接平焊操作	√
3.2 能正确进行滚动水平管子对接焊操作	√
3.3 能正确进行管板垂直焊接操作	√
4 气焊	
4.1 能够正确进行钢板的补焊操作	√
4.2 能够正确进行钢板对接平焊操作	√
4.3 能正确进行滚动水平管子对接焊操作	√
4.4 能正确进行 8 mm 厚钢板的气割操作	√

机工英语听力与会话（高级值班机工）

评估大纲	适用对象
	无限航区 750 kW 及以上船舶高级值班机工
1 公共用语	
1.1 日常用语（打招呼、互相介绍、告别、道歉等）	√
1.2 船上常用词汇	√
1.3 船员职务名称	√
2 机舱业务日常用语	
2.1 主机系统操作	
2.1.1 主机燃油系统操作	√
2.1.2 主机冷却水系统操作	√
2.1.3 主机润滑油系统操作	√
2.1.4 主机启动空气系统操作	√
2.2 辅助设备操作用语	
2.2.1 辅锅炉的操作	√
2.2.2 发电柴油机的操作	√
2.2.3 分油机的操作	√
2.2.4 空气压缩机的操作	√
2.2.5 油水分离器的操作	√
2.2.6 焚烧炉的操作	√
2.2.7 生活污水处理装置的操作	√
2.2.8 压载水系统的操作	√
2.2.9 舱底水系统的操作	√
2.2.10 电气设备的操作	√
2.2.11 消防水系统的操作	√
2.2.12 生活日用水系统的操作	√
3 与驾驶台联系	
3.1 值班人员交流	√

评估大纲	适用对象
	无限航区 750 kW 及以上船舶高级值班机工
3.2 备车	√
3.3 检查车钟	√
3.4 对时	√
4 应急情况下的用语	
4.1 主机故障应急用语	√
4.2 失电应急用语	√
4.3 船舶消防应急用语	√
4.4 碰撞应急用语	√
4.5 机舱进水应急用语	√
4.6 撤离现场与弃船应急用语	√
4.7 溢油应急用语	√
4.8 人员伤亡与救护应急用语	√
5 加油	
5.1 加油程序用语	√
5.2 加油前的准备用语	√
5.3 加油中的注意事项用语	√
6 PSC 检查时用语	
6.1 PSCO 详细检查时机器、设备操作会话	√
6.2 PSCO 详细检查时救生、消防演习会话	√
7 ISM、ISPS 检查时用语	
7.1 ISM 检查时与机工有关 SMS 条款的问答	√
7.2 ISPS 检查时与机工有关内容的问答	√
8 机舱维护保养用语	
8.1 日常维护保养时会话	√
8.2 机器检修时会话	√

机工英语听力与会话(值班机工)

评估大纲	适用对象
	无限航区 750 kW 及以上船舶值班机工
1 掌握普通船员日常生活和工作的英语用语	
1.1 正确理解并使用日常生活用语	√
1.2 正确理解并使用船舶结构与设施、船员职务名称	√
1.3 正确理解并使用机舱常用设备及其主要零部件名称	√
1.4 正确理解并使用日常检修工具、物料名称	√
2 轮机业务用语	
2.1 掌握机舱业务日常用语(正确理解并使用辅助设备操作用语)	√
2.2 掌握与驾驶台联系用语	
2.2.1 正确理解并使用值班人员交流用语(含常规安全要求)	√
2.2.2 正确理解并使用备车、检查车钟、对时用语	√
2.3 掌握加油操作用语	
2.3.1 正确理解并使用加油程序用语	√
2.3.2 正确理解并使用加油操作用语	√
3 机舱维护保养用语	
3.1 正确理解并使用日常维护保养用语	√
3.2 正确理解并使用机器检修用语	√
4 船舶应急和国际检查用语	
4.1 掌握应急情况下的用语	
4.1.1 正确理解并使用主机故障、失电、消防应急用语	√
4.1.2 正确理解并使用碰撞、机舱进水、撤离现场与弃船应急用语	√
4.1.3 正确理解并使用溢油、人员伤亡与救护应急用语	√
4.2 了解 PSC 检查用语(正确理解并使用 PSCO 详细检查时机器设备操作、救生演习、消防演习用语)	√

评估大纲	适用对象
	无限航区 750 kW 及以上船舶值班机工
4.3 了解 ISM/ISPS 检查用语（正确理解并使用 ISM/ISPS 检查时有关内容的问答用语）	√

船舶电站操作和维护

评估大纲	适用对象
	750 kW 及以上船舶电子电气员
1 电气安全	
1.1 个人防护设备和接地设备的正确使用,包括:工作服、安全鞋或绝缘鞋、安全护目镜或护面罩、绝缘手套、绝缘垫、护耳设备、安全绳、安全帽、橡皮围裙、防尘面罩、防护服等	√
1.2 正确使用便携式和固定式接地设备	√
2 发电机手动准同步并车、自动并车及负荷转移操作	
2.1 同步表法手动准同步并车	√
2.2 灯光明暗或灯光旋转法同步并车	√
2.3 负载转移及分配	√
2.4 发电机组的手动解列	√
2.5 自动并车与解列	√
2.6 重载问询	√
2.7 重要负载的自动切换	√
3 发电机主开关结构识别,基本故障判断及应急处理程序	
3.1 船舶发电机主开关基本结构识别	√
3.2 船舶发电机主开关手柄合闸、分闸操作	√
3.3 船舶发电机主开关合闸失败的原因判断及排除	√
3.4 船舶发电机主开关故障跳闸的原因判断及排除	√
3.5 非自动化电站主开关跳闸的应急处理	√
3.6 自动化电站主开关跳闸的应急处理	√
3.7 主开关及其控制回路的维护和修理	√
3.8 主开关的功能试验及方法	√
4 船舶发电机组启动失败故障分析及恢复	√
5 配电盘、配电屏、配电系统的操作及测试	
5.1 配电盘和配电屏的认识和操作	√

评估大纲	适用对象
	750 kW 及以上船舶电子电气员
5.2 掌握配电盘上的测量仪表、PLC 控制器、显示屏等的日常维护（如电压表、电流表、频率表、功率表、功率因数表、同步表等）	√
5.3 自动空气断路器等配电设备的操作与维护	√
6 配电系统的发电机保护测试	
6.1 过电流测试	√
6.2 过载测试（船舶发电机外部短路、过载故障的原因判断及排除）	√
6.3 欠压测试（船舶发电机欠压故障的原因判断及排除）	√
6.4 逆功率测试（船舶发电机逆功率故障的原因判断及排除）	√
7 船舶绝缘故障查找	√
8 船舶应急配电板与岸电箱	
8.1 船舶应急配电板的功能试验	√
8.2 主电源、应急电源及岸电的切换	√
9 船用蓄电池的日常管理及操作	
9.1 蓄电池的充放电操作	√
9.2 电池状态判别及相关工具的使用	√
10 UPS 设置和维护	√
11 船舶高压供电系统的操作和维护	
11.1 高压装置的安全操作	
11.1.1 高压电的检测与操作规程	√
11.1.2 高压操作五防措施	√
11.1.3 高压配电板基本操作	√
11.2 高压发电机检修前，高压配电的操作流程	√
11.3 高压配电装置的日常操作与管理	√
11.4 高压主开关的检修程序	√

船舶电子电气管理与工艺

评估大纲	适用对象
	750 kW 及以上船舶电子电气员
1 电子电气工艺	
1.1 常用电子电气元器件识别与测量	
1.1.1 电阻元件及图形符号的识别,正确使用万用表测量电阻的阻值	√
1.1.2 电容元件及图形符号的识别,正确使用万用表判断电容元件的性能	√
1.1.3 电感元件及图形符号的识别,正确使用万用表判断电感元件的性能	√
1.1.4 二极管识别,正确使用万用表进行二极管性能测量与极性判别	√
1.1.5 晶体管识别,正确使用万用表进行晶体管性能测量与极性判别	√
1.1.6 晶闸管识别,正确使用万用表进行晶闸管的性能测量及极性判别	√
1.1.7 绝缘栅极双极晶体管等电力电子器件的识别及好坏判断	√
1.2 常用仪表及工具的使用	
1.2.1 正确使用钳形电流表测量线路电流	√
1.2.2 正确使用便携式兆欧表对电动机绕组的绝缘电阻值进行测量	√
1.2.3 正确使用万用表测量电阻,交直流电压、电流	√
1.2.4 交流电路测量,交流仪表解读	√
1.3 电子线路的分析、焊接及测试	
1.3.1 简单电子线路的分析	√
1.3.2 稳压电源焊接制作	√
1.4 船用电缆的使用与更换	

评估大纲	适用对象
	750 kW 及以上船舶电子电气员
1.4.1 电缆识别与更换	√
1.4.2 电缆端头的处理工艺	√
2 船舶电气设备维护	
2.1 电动机的管理与拆装	
2.1.1 异步电动机铭牌识别	√
2.1.2 异步电动机结构识别及拆装	√
2.1.3 同名端判别及绕组的星-三角连接转换	√
2.1.4 电动机启动箱接线	√
2.2 电动机启动控制的典型电路的维护与故障分析及处理,包括:直接启动/星-三角启动、正反转、限位保护控制等	
2.2.1 电动机主回路短路故障分析与排除	√
2.2.2 电动机主回路缺相故障分析与排除	√
2.2.3 电动机控制回路某处断线故障分析与排除	√
2.2.4 电动机控制回路某处短路故障分析与排除	√
2.2.5 电动机控制回路某处接地故障分析与排除	√
2.3 断路器、接触器、继电器(热继电器、逆功率继电器、时间继电器)、熔断器、电磁制动器拆装及修理	
2.3.1 断路器的拆装及修理	√
2.3.2 接触器的常见故障、拆装及修理	√
2.3.3 继电器(热继电器、逆功率继电器、时间继电器)的常见故障、拆装及修理	√
2.3.4 熔断器的常见故障、拆装及修理	√
2.3.5 电磁制动器的拆装及调整	√
2.4 变频器的接线和参数设定	
2.4.1 通用变频器的外部接线	√
2.4.2 变频器的主要参数设定	√
2.5 荧光灯的接线及故障排除	√

评估大纲	适用对象
	750 kW 及以上船舶电子电气员
2.6 变压器的使用维护	
2.6.1 变压器铭牌参数的识别	√
2.6.2 变压器同名端判断	√
2.6.3 电压和电流互感器的使用	√
2.7 操作三速锚机,测试及分析过载保护动作	√
3 船上电气管理	
3.1 正确选择和使用润滑油脂对电动机轴承加油	√
3.2 正确选择和使用清洁材料对电子电气设备进行维护保养	√
3.3 正确保管和使用电子电气设备操作说明及船舶操作手册	√

通信与导航设备维护

评估大纲	适用对象	
	无限航区 750 kW 及以上船舶电子电气员	沿海航区 750 kW 及以上船舶电子电气员
1 雷达维护保养		
1.1 雷达主要部件与元件识别	√	√
1.2 雷达基本电路参数测量（电源电压、磁控管电流、调谐指示等）	√	√
1.3 雷达误差校准（测距、方位）	√	√
1.4 雷达故障判断	√	√
1.5 雷达保养及安全维护	√	√
2 GPS 导航仪信号连接		
2.1 GPS 接口设置	√	√
2.2 GPS 与其他设备的连接	√	√
2.3 GPS 基本操作	√	√
3 AIS 船载设备的安装检验		
3.1 AIS 基本操作	√	√
3.2 AIS 接口设置	√	√
3.2 AIS 与其他设备的连接	√	√
4 典型罗经的维护保养		
4.1 陀螺罗经基本操作	√	√
4.2 陀螺罗经电源故障判断	√	√
4.3 陀螺罗经随动故障判断	√	√
4.4 陀螺罗经传向故障判断	√	√
4.5 陀螺罗经安全维护程序	√	√
4.6 陀螺罗经与其他设备的连接	√	√
5 船用计程仪		

评估大纲	适用对象	
	无限航区 750 kW 及以上船舶电子电气员	沿海航区 750 kW 及以上船舶电子电气员
5.1 计程仪基本操作	√	√
5.2 计程仪与其他航行设备的连接	√	√
6 测深系统		
6.1 测深仪基本操作	√	√
6.2 测深仪与其他航行设备的连接	√	√
7 电子海图系统		
7.1 电子海图设备的基本操作	√	√
7.2 电子海图设备与其他航行设备的连接	√	√
8 Inmarsat 通信系统		
8.1 Inmarsat-C/FB 船站入网、脱网、开关机操作、一般通信及遇险报警操作,软硬件检测,通信链路的测试	√	√
8.2 船舶保安警报系统 SSAS 的测试及维护方法	√	√
9 MF/HF 组合电台组成、通信功能及维护		
9.1 MF/HF 组合电台收发信机	√	√
9.2 NBDP 终端	√	√
9.3 DSC 终端的自检	√	√
9.4 与海岸电台的链路测试	√	√
9.5 船位等基本参数设置	√	√
10 船用 VHF 与 VHF-DSC 通信设备组成、通信功能及维护		
10.1 VHF 电台收发信机、DSC 终端的自检	√	√
10.2 船位等基本参数设置	√	√
11 NAVTEX 与气象传真机的组成及维护		
11.1 NAVTEX 设备基本设置、自检、打印头的更换	√	√
11.2 气象传真机基本设置、自检	√	√
11.3 上述设备日常维护	√	√
12 无线电救生设备、S-EPIRB 与 SART 的组成及维护		

评估大纲	适用对象	
	无限航区 750 kW 及以 上船舶电 子电气员	沿海航区 750 kW 及以 上船舶电 子电气员
12.1 EPRIB、SART 测试,误发射的预防	√	√
12.2 EPRIB、SART 电池有效期	√	√
12.3 EPRIB 静水压力释放器有效期	√	√
13 船舶通信天线		
13.1 各种天线的识别及维护方法	√	√
13.2 工作中的安全防护措施	√	√
14 了解铱星系统船站、Air-phone、V-SAT 船载终端设备、双向 VHF 等新技术、新产品的基本维护	√	√

计算机与自动化

评估大纲	适用对象
	750 kW 及以上船舶电子电气员
1 计算机网络的使用	
1.1 通信介质识别及连接、制作、测试	√
1.2 船舶局域网的组建	√
1.3 TCP/IP 主要属性设置	√
1.4 计算机网络连通性测试	√
2 PLC 的应用	
2.1 PLC 模块识别及 IO 模块接线	√
2.2 PLC 与编程器的联机通信和程序的上传与下载	√
3 常见传感器检查	
3.1 Pt100 的判别及好坏测试,接线	√
3.2 热电偶判别及好坏测试,接线	√
3.3 差压变送器的调校	√
4 推进装置控制系统的操作、维护和修理	
4.1 主机遥控系统的组成、功能及参数设置	√
4.2 主机遥控系统安保系统的功能测试	√
4.3 主机遥控系统的气动操纵的维护保养	√
4.4 主机遥控系统的各控制模块的维护保养	√
4.5 主机遥控系统启动闭锁的原因查找和故障排除	√
4.6 主机遥控系统启动发火失败的原因查找和故障排除	√
4.7 主机遥控系统故障停车的原因查找和故障排除	√
4.8 主机遥控系统转速不能上升到车令的原因查找和故障排除	√
4.9 转速传感器的测试和回路故障测试	√
4.10 电喷柴油机控制系统供油阀故障分析和原因判断	√
4.11 主机遥控系统各控制电磁阀和故障停车电磁阀的测试和回路故障模拟测试	√

评估大纲	适用对象
	750 kW 及以上船舶电子电气员
5 辅助机械自动控制系统的维护及修理	
5.1 辅锅炉控制系统的保护功能测试、维护及修理	√
5.2 舵机控制系统中参数设置、舵角指示器零位调整及常见故障排除	√
5.3 燃油供油单元(燃油温度和黏度)自动控制系统的设置、维护及修理	√
5.4 燃油和滑油分油机、污水处理装置、油水分离器控制系统的维护及修理	√
5.5 润滑、燃油和冷却水自动控制系统中的各模块单元进行功能测试、维护及修理	√
5.6 空压机自动控制系统的维护及修理	√
5.7 船舶制冷装置控制系统,包含:伙食冷库制冷、货物冷藏舱和冷藏集装箱、空调的维护及修理	√
5.8 自动舵控制系统的维护及修理	√
6 机舱监视报警系统的使用和维护	
6.1 对温度和压力传感器进行校对操作	√
6.2 机舱监视报警系统重要的温度、压力等参数的测试、报警值设定和闭锁等功能操作	√
6.3 机舱监视报警系统的操作	√
7 火警探测装置的功能试验	
7.1 火灾报警系统的测试和火灾传感器性能测试	√
7.2 火灾传感器类型识别和火灾探测系统试验	√

电子电气员英语听力与会话

评估大纲	适用对象
	无限航区 750 kW 及以上船舶电子电气员
1 船舶日常生活用语	
1.1 熟悉船舶种类	
1.1.1 杂货船、集装箱、散货船、客船等常见船型	√
1.1.2 油船、化学品船、冷藏船等特种船型	√
1.2 熟悉船舶部位	
1.2.1 船首、船尾、甲板、舱室等	√
1.2.2 船舶的安全图贴	√
1.2.3 船舶救生和消防设施	√
1.2.4 基本安全设施	√
1.3 电子电气员在船舶应急行动(包括:灭火、弃船逃生、船舶失电、人员落水、污染、进水)时的工作岗位	√
1.4 熟悉船舶配电设施和电气设备	
1.4.1 船舶电力系统	√
1.4.2 船舶电力拖动系统	√
1.4.3 主机遥控系统	√
1.4.4 辅机控制系统	√
1.4.5 通信导航设备	√
1.4.6 其他电气设备	√
2 船舶电子电气设备日常管理	
2.1 电子电气设备的绝缘保护、清洁和除尘、润滑、拆装、测量等维修保养	√
2.2 船舶电子电气设备维修中有关电气备件物料供应、工具、电气技术参数的交流用语	√
3 船舶电子电气设备各种检查	
3.1 电子电气设备短路、断路、过载、过流、失灵等故障的诊断探讨	√

评估大纲	适用对象
	无限航区 750 kW 及以上船舶电子电气员
3.2 电子电气设备故障排除流程,包括:查明故障原因、更换器件、恢复供电、功能测试、复位等	√
4 业务联系标准英语听力理解	
4.1 与船上相关部门业务交流	√
4.2 与验船师交流	√
4.3 与制造厂家交流	√
4.4 申请技术支持	√
5 法律、法规及国际公约方面标准英语	
5.1 STCW 公约马尼拉修正案中有关电子电气员的条款	√
5.2 船级社规范及 PSC 检查	√

电子技工实际操作

评估大纲	适用对象
	750 kW 及以上船舶电子技工
1 电气设备的安全使用和操作	
1.1 电工工具的安全使用	√
1.2 电气箱的安全断电操作	√
1.3 电气箱的短路与绝缘测试	√
1.4 电气箱漏电处理和静电消除	√
1.5 电器防火及灭火预防训练	√
1.6 高低压安全操作	√
1.7 防触电操作训练	√
2 机械工程系统操作的基本知识	
2.1 能进行船舶电站的基本操作	
2.1.1 发电机手动准同步并车操作	√
2.1.2 发电机自动并车操作	√
2.1.3 发电机并车后负载分配的操作	√
2.1.4 发电机解列操作	√
2.1.5 接岸电的操作	√
2.2 电动机的解体和装复	√
2.3 机舱建设报警系统的操作	√
2.4 启动控制箱的装配和故障排除	√
2.5 常见电路元件及电气测量仪表的连接	√
3 船上电气系统操作的安全要求	
3.1 能正确使用钳形表、兆欧表、万用表、交流电压表和电流表	√
3.2 常见电器的拆装、更换	√
3.3 能进行继电器、接触器维护保养及参数设定,能进行空气自动断路器的主要故障判别	√
3.4 能查找简单电气控制线路的故障点	√

评估大纲	适用对象 750 kW 及以上 船舶电子技工
3.5 能区分船用电缆种类、能进行船用电缆的拆接与更换	√
3.6 能正确完成船用蓄电池的充/放电和维护保养操作	√
4 润滑、清洁材料和设备的使用能力	
4.1 正确选择和使用润滑油脂对电机轴承加油	√
4.2 正确选择和使用清洁材料对电子电气设备进行维护保养	√
4.3 正确保管和使用电子电气设备操作说明及船舶操作手册	√
5 安全和应急程序	
5.1 船舶电力系统单线图的识读	√
5.2 船舶照明系统绝缘检查和故障排除	√
5.3 能进行白炽灯、日光灯、航行灯等的接线及故障排除	√
5.4 掌握船用熔断器的基本知识和更换注意事项	√
5.5 厨房电器的断电、断线、绝缘故障的查找和排除	√
5.6 掌握机舱集中控制室的警报辨识以及处理方法	√
5.7 掌握船舶火警监控系统的报警测试及处理方法	√
5.8 掌握船舶舷梯的维护与故障处理	√
5.9 掌握船舶生活电器的维护与故障处理	√
5.10 掌握辅锅炉控制、自动舵控制、压力水柜的自动控制和锚缆机的控制系统的主回路供电的故障分析及处理方法	√
6 物料的安全管理、存放和系固程序的知识	
6.1 掌握物料安全存放、固定和使用	√

电子技工英语听力与会话

评估大纲	适用对象
	无限航区 750 kW 及以上船舶电子技工
1 船舶常用词汇	
1.1 船舶主要部位及结构英语词汇	√
1.2 船上职务称谓的英语词汇	√
1.3 表示船舶状态的词汇	√
1.4 船舶关键指示、警报、警示牌含义	√
1.5 甲板主要设备及其操作的词汇	√
1.6 常见机舱设备及其操作的主要词汇	√
2 电子技工的基本专业词汇	
2.1 主要船舶电气设备词汇	√
2.2 主要电气设备主要操作的词汇	√
2.3 电气系统运行常用状态及参数和测量的词汇	√
2.4 船上电子电气专业主要缩略语	√
2.5 电子电气设备维护保养主要词汇	√
3 电子电气业务日常用语	
3.1 电子电气参数测量	
3.1.1 交(直)流电压、电流测量	√
3.1.2 电气设备绝缘电阻测量	√
3.1.3 常用电子元器件测量	√
3.2 电气设备控制箱的维护	√
3.3 照明系统的维护	√
3.4 船舶电站操作	
3.4.1 主配电板的认识	√
3.4.2 手动准同步并车操作	√
3.4.3 负载转移操作	√
3.4.4 解列操作	√

评估大纲	适用对象
	无限航区 750 kW 及以上船舶电子技工
3.5 电动机保养	√
4 应急情况下的用语	
4.1 全船失电应急用语	√
4.2 船舶消防应急用语	√
4.3 弃船应急用语	√
4.4 溢油应急用语	√
4.5 人员触电与救护应急用语	√
5 PSC 检查用语	√

培训合格证理论考试篇

Z01 基本安全培训合格证

Z01:海船上所有船员

考试大纲	适用对象
	Z01
1 个人求生	
1.1 可能发生的紧急情况的类型,如碰撞、失火、沉没	√
1.2 救生设备的种类与配备标准(救生艇、救生筏、救生衣、求生信号、通信设备、救生浮具、抛绳设备及属具)	
1.2.1 救生艇的种类与配备标准	√
1.2.2 救生筏的种类与配备标准	√
1.2.3 救生衣的种类与配备标准	√
1.2.4 求生信号的种类与配备标准	√
1.2.5 通信设备的种类与配备标准	√
1.2.6 救生浮具的种类与配备标准	√
1.2.7 抛绳设备及属具的种类与配备标准	√
1.3 救生艇筏内的设备	√
1.4 个人救生设备的位置	
1.4.1 救生衣	√
1.4.2 救生服和防暴露服	√
1.4.3 救生圈	√
1.4.4 保温用具	√
1.5 有关求生的原则	
1.5.1 海上求生培训和演习的价值	√
1.5.2 船上个人防护服及器具的组成和使用方法	√
1.5.3 为任何紧急情况做好准备的必要性	√
1.5.4 被召至救生艇筏位置时应采取的行动	√
1.5.5 弃船时应采取的行动	√
1.5.6 在水中时应采取的行动	√

考试大纲	适用对象
	Z01
1.5.7 在救生艇筏上时应采取的行动	√
1.5.8 求生者的主要危险	√
2 防火与灭火	
2.1 船上灭火组织	
2.1.1 船舶消防组织	√
2.1.2 船舶消防演习	√
2.1.3 船舶防火控制图(灭火器具的位置和应急逃生路线)	√
2.1.4 燃烧的基本知识	√
2.1.5 船舶火灾的种类和原因	√
2.1.6 火的蔓延	√
2.1.7 火灾危险、船舶消防工作的重要性及日常防火的必要性	√
2.1.8 火灾自动探测及报警系统	√
2.1.9 火的种类及特点	√
2.1.10 灭火剂的种类及灭火原理和使用注意事项	√
2.1.11 灭火剂适用的对象及灭火注意事项	√
2.2 扑灭火灾	
2.2.1 固定灭火系统的作用与操作	√
2.2.2 消防员装备的组成与性能	√
2.2.3 个人设备[包括紧急逃生呼吸器(EEBD)、防毒面具]性能与要求	√
2.2.4 各种手提式灭火器的结构、灭火级别、灭火作用和使用方法	√
2.2.5 各种移动式灭火装置的结构、灭火作用和使用方法	√
2.2.6 其他消防器材及其作用	√
2.2.7 灭火的基本方法	√
2.2.8 船舶灭火程序与基本原则	√
3 基本急救	
3.1 评估伤员的方法和对自身安全的威胁	
3.1.1 基本急救的原则	√
3.1.2 急救前的思考	√

考试大纲	适用对象
	Z01
3.2 人体构造和功能	
3.2.1 骨骼的主要构成和功能	√
3.2.2 主要肌肉名称和功能	√
3.2.3 血液循环系统的构成和生理功能	√
3.2.4 血液的主要成分和生理功能	√
3.2.5 呼吸系统的构成和功能	√
3.2.6 胸膜腔的概念	√
3.2.7 消化系统的构成和功能	√
3.2.8 消化管和消化腺的功能	√
3.2.9 中枢神经系统的构成和功能	√
3.2.10 周围神经系统的构成和功能	√
3.3 理解在紧急情况下应采取的应急措施	
3.3.1 安置伤员	√
3.3.2 心肺复苏术	√
3.3.3 止血术	√
3.3.4 治疗休克的基本措施	√
3.3.5 处置烧伤和烫伤,包括电击伤的应急措施	√
3.3.6 抢救运送伤员的措施	√
3.3.7 简易的包扎方法和急救箱内物品的使用	√
4 个人安全与社会责任	
4.1 船舶应急应变知识和程序	
4.1.1 常见的应急种类、程序和行动	
4.1.1.1 碰撞应急	√
4.1.1.2 火灾应急	√
4.1.1.3 进水与沉没应急	√
4.1.2 船舶各种应急计划的知识	√
4.1.3 船舶应变部署及正确使用个人安全设备	√
4.1.4 听到警报信号后的行动	√

考试大纲	适用对象 Z01
4.1.5 逃生路线、船上内部应急通信与报警系统	√
4.1.6 船员日常安全教育、船上培训及演习	√
4.1.7 船舶的安全评估方法	√
4.1.8 国际和国内安全管理规则	√
4.1.9 船旗国与港口国监督检查	√
4.2 船上安全作业方法	
4.2.1 遵守安全作业方法的重要性	√
4.2.2 适用于船舶上防止潜在危害的安全和保护装置及安全注意事项	
4.2.2.1 个人劳动安全保护	√
4.2.2.2 高空作业	√
4.2.2.3 舷外作业	√
4.2.2.4 系离泊作业	√
4.2.2.5 热工作业	√
4.2.2.6 开关舱和扫舱作业	√
4.2.2.7 金工作业	√
4.2.2.8 进入封闭处所	√
4.2.3 《中华人民共和国海船船员值班规则》中有关适用标准	√
4.2.4 职业健康及防止工伤事故的国际措施	√
4.2.5 船上常见工伤事故案例分析	√
4.3 防止海洋环境污染的措施	
4.3.1 航运对海洋环境的影响及操作性或事故性污染对海洋环境危害的基本知识	√
4.3.2 防止船舶造成污染的基本要求	√
4.3.3 海洋环境多样性、复杂性的基本知识	√
4.3.4 防污染应急基本程序	√
4.4 船上信息交流和语言技能	
4.4.1 语言技能对信息交流的影响	√
4.4.2 船上个人和团队之间有效交流的原则和障碍	√

考试大纲	适用对象
	Z01
4.4.3 建立和保持有效交流的能力	√
4.5 船员人际关系	
4.5.1 船员人际关系特点	√
4.5.2 保持船上良好的人际关系和工作关系的重要性	√
4.5.3 船员群体及其心理特征	√
4.5.4 危害安全的不良心理素质	√
4.5.5 团队工作的原则和方法、冲突的解决	√
4.5.6 船员的社会责任、任职资格及雇用条件	√
4.5.7 船员的基本权利和义务	√
4.5.8 船员的职业道德和纪律	√
4.5.9 滥用药物和酗酒的危害及控制	√
4.6 防止和消除疲劳的措施	
4.6.1 必要休息的重要性	√
4.6.2 睡眠、作息时间与生理节律、身体紧张刺激因素、船舶内外环境的紧张刺激因素、作息时间的改变对海员疲劳的影响	√
4.6.3 消除疲劳的方法和措施	√
4.7 具备良好的综合素质和职业素养	
4.7.1 船员职业责任意识	
4.7.1.1 交通战备的含义及海员在我国交通战备中的作用	√
4.7.2 船员敬业精神和职业忠诚	√
4.7.3 船员自觉遵纪守法和船员法律制度	
4.7.3.1 组织纪律	√
4.7.3.2 劳动纪律	√
4.7.3.3 涉外纪律	√
4.7.3.4 船员相关法律制度	√
4.7.4 船员职业生涯规划	√
4.7.5 船员权益风险规避及维护	
4.7.5.1 《2006年海事劳工公约》	√

考试大纲	适用对象
	Z01
4.7.5.2《中华人民共和国船员条例》	√
4.7.6 社会心理与船员的人际关系	√
4.7.7 航海事故对船员心理的影响	√
4.7.8 船员的心理健康与心理训练	√

Z02 精通救生艇筏和救助艇培训合格证

Z02：船舶上服务的其他指定操纵救生艇筏和
除快速救助艇以外的救助艇的船员

考试大纲	适用对象 Z02
1 救生艇筏、救助艇的基本知识	
1.1 救生艇筏和救助艇的结构和属具及其各项设备	
1.1.1 救生艇的结构	√
1.1.2 救助艇的结构	√
1.1.3 救生艇的属具设备的细目	√
1.1.4 救助艇的属具设备的细目	√
1.1.5 救生筏的结构	√
1.1.6 救生筏的属具设备的细目	√
1.2 救生艇筏和救助艇的特性和设施	
1.2.1 救生艇的特性	√
1.2.2 救助艇的特性	√
1.2.3 救生艇的设施	√
1.2.4 救助艇的设施	√
1.2.5 救生筏的特性	√
1.2.6 救生筏的设施	√
1.3 救生艇筏、救助艇的各种释放装置	
1.3.1 救助艇降落装置的类型、结构、属具及操作要点	√
1.3.2 救生艇的降落方法	√
1.3.3 救生筏的降落方法	√
1.3.4 救助艇的降落方法	√
1.4 在恶劣海况下释放救生艇筏和救助艇的方法	
1.4.1 在恶劣海况下降落和回收救生艇筏和救助艇的方法	√
1.4.2 对降落装置的检查及维护保养	√

考试大纲	适用对象 Z02
1.4.3 救生艇所备灭火器的使用	√
1.4.4 救生艇艇机一般故障的排除	√
1.5 回收救生艇筏和救助艇的方法	
1.5.1 救生艇筏、救助艇安全回收的方法	√
1.5.2 自由降落式救生艇的降落与回收	√
1.6 离船后采取的行动	
1.6.1 救生艇筏、救助艇的操纵	√
1.6.2 划桨、驾艇以及运用罗经驾艇	√
1.6.3 在恶劣天气中救生艇筏的操纵	√
1.6.4 使用救助艇和机动救生艇集结救生筏并营救求生者和落水者的方法	√
1.7 与使用承载释放装置有关的危险，与释放自由降落式救生艇有关的危险	√
1.8 维护保养程序的知识	
1.8.1 救生艇筏维护保养	√
1.8.2 救助艇维护保养	√
2 操作救生艇艇机	
2.1 救生艇艇机及其附属机具的相关知识	
2.1.1 救生艇艇机及其附属机具的启动与操作方法	√
2.1.2 救生艇艇机的结构及工作原理	√
2.1.3 救生艇艇机一般故障排除	√
2.2 救生艇所备灭火器的使用方法	√
3 弃船后对求生者和救生艇筏的管理	
3.1 在恶劣天气下操纵救生艇筏的基本知识	√
3.2 使用艇首缆、海锚及所有其他设备的方法	√
3.3 救生艇筏上食物和淡水的分配方法	
3.3.1 救生艇筏上食物的分配原则	√
3.3.2 救生艇筏上淡水的分配原则	√
3.4 为最大可能地使救生艇筏被发现和定位应采取行动的方法	
3.4.1 安设装置以助定位的方法	√

考试大纲	适用对象 Z02
3.4.2 正确使用定位设备	√
3.5 直升机营救的方法	√
3.6 低温效应及其预防,包括:救生服和保温器具在内的防护遮盖物和服装的使用	
3.6.1 低温效应及其预防	√
3.6.2 救生服和保温器具在内的防护遮盖物和服装的使用	√
3.6.3 相关防护知识	√
3.7 救生艇筏抢滩的方法	√
4 使用定位设备,包括:通信设备、信号设备及烟火信号	
4.1 救生艇筏上的无线电救生设备的使用方法,包括:卫星紧急无线电示位标(EPIRB)和搜救应答器(SART)等	√
4.2 烟火遇险信号	√
5 对求生者进行急救	
5.1 使用急救箱和复苏技能的相关知识	
5.1.1 使用急救箱的相关知识	√
5.1.2 复苏技能的相关知识	√
5.2 伤员处置、包括止血和控制休克的相关知识	
5.2.1 对伤势的可能原因、性质和程度能迅速准确地认定	√
5.2.2 医疗处理的先后次序能最大限度地减少对人命的威胁	√

Z03 精通快速救助艇培训合格证

Z03：配备快速救助艇的船舶上服务的船长、驾驶员、轮机长、轮机员及其他指定操纵快速救助艇的船员

考试大纲	适用对象
	Z03
1 快速救助艇的构造、维护、修理和属具	
1.1 快速救助艇的结构和属具及其各项设备	
1.1.1 快速救助艇的类型及其构造	√
1.1.2 快速救助艇的属具及其各项设备	√
1.2 快速救助艇的维护和紧急修理的方法	
1.2.1 快速救助艇的维护	√
1.2.2 快速救助艇的紧急修理	√
1.3 气胀式快速救助艇气室的正常充气和放气的知识	
1.3.1 特性	√
1.3.2 设施	√
1.3.3 局限性	√
2 负责在释放和回收期间通常装备的释放设备和设施	
2.1 快速救助艇的释放设备和释放装置	√
2.2 快速救助艇的释放设备和释放装置为立即释放和操作所做的准备工作	√
2.3 绞车、刹车、吊艇索、艇首缆、运动补偿和其他通常所配设备的操作及其局限性	√
2.4 在释放和回收快速救助艇的准备和操作程序	√
2.5 降落和回收快速救助艇期间的安全预防措施	√
2.6 在通常和恶劣天气和海况条件下释放和回收快速救助艇的方法	
2.6.1 在通常天气和海况条件下释放和回收快速救助艇的方法	√
2.6.2 在恶劣天气和海况条件下释放和回收快速救助艇的方法	√
3 负责在释放和回收期间通常装备的快速救助艇	
3.1 快速救助艇释放设备和释放装置为立即释放和操作所做的准备工作	√

考试大纲	适用对象 Z03
3.2 释放和回收快速救助艇期间的安全预防措施	√
3.3 在通常和恶劣天气和海况条件下释放和回收快速救助艇的方法	√
4 在释放后负责(管理)快速救助艇	
4.1 快速救助艇的特性、设施及其局限性	
4.1.1 快速救助艇的特性	√
4.1.2 快速救助艇的设施及其局限性	√
4.1.3 相关知识	√
4.2 扶正倾覆的快速救助艇的方法	
4.2.1 倾覆原因	√
4.2.2 扶正方法	√
4.3 在通常和恶劣天气和海况下的快速救助艇的操纵方法	
4.3.1 在通常天气和海况下的快速救助艇的操纵方法	√
4.3.2 在恶劣天气和海况下的快速救助艇的操纵方法	√
4.4 快速救助艇内可用的助航仪器和安全设备	√
4.5 快速救助艇的搜救方式及影响其实施的环境因素	
4.5.1 影响搜救的环境因素	√
4.5.2 结合环境因素实施搜寻方式的技能	√
4.5.3 从水中营救伤员并将其运送至营救直升机、船舶或安全地点的技能	√
4.5.4 与直升机和船舶之间的正确使用通信和信号设备的技能	√
4.5.5 所配备的应急设备的使用方法	√
4.5.6 使用特别装置游泳的知识和技能	√
5 操作快速救助艇艇机	
5.1 启动并操作快速救助艇艇机及其附属机具的方法	
5.1.1 快速救助艇艇机的基本结构和工作原理	√
5.1.2 快速救助艇艇机及其附属机具的启动与操作方法	√
5.1.3 快速救助艇艇机一般故障的排除	√

Z04 高级消防培训合格证

Z04：船舶上服务的其他指定控制消防作业的船员

考试大纲	适用对象 Z04
1 控制船舶消防作业	
1.1 船舶消防的组织	
1.1.1 船舶消防的实施准备	√
1.1.2 消防人员组成与调配	√
1.1.3 探火	√
1.1.4 人员救助	√
1.2 船舶海上消防程序和港内消防程序	
1.2.1 以消防组织、战术、指挥为重点的海上船舶消防程序	√
1.2.2 以消防组织、战术、指挥为重点的港内船舶消防程序	√
1.3 船舶消防的战术、战略与指挥	
1.3.1 船舶各部位火灾的扑救	√
1.3.2 客船火灾的扑救	√
1.3.3 油船、液化气船火灾的扑救	√
1.4 水灭火对船舶稳性、储备浮力和船体强度的影响、预防和纠正程序	
1.4.1 水灭火对船舶稳性的影响	√
1.4.2 预防和纠正程序	√
1.5 火灾中船舶通信与协调	
1.5.1 通信设备	√
1.5.2 船舶火灾应急行动中的通信与协调	√
1.6 船舶消防中的通风与控制	√
1.7 船舶燃油和电气系统的控制	√
1.8 灭火中的干馏、化学反应等危险	
1.8.1 人员面临的危险	√
1.8.2 干馏	√

考试大纲	适用对象 Z04
1.8.3 化学反应	√
1.9 扑灭涉及危险货物的火灾	√
1.10 与储存和处置物料(如油漆等)有关的火灾预防和危害	
1.10.1 与储存和处置物料(如油漆等)有关的火灾预防	√
1.10.2 火灾危害	√
1.10.3 高级消防培训的依据与目的	√
1.10.4 高级消防培训的课程与内容	√
1.10.5 船舶防火的重点区域	√
1.10.6 燃烧的有关知识	√
1.10.7 结构防火	√
1.11 消防中对伤员的管理与控制	√
1.12 与岸方消防队的联系与协调程序	√
2 消防队的组织和训练	
2.1 船舶消防队的组织以及船上消防的训练	
2.1.1 船员的消防技能训练和消防战术训练	√
2.1.2 船舶消防演习	√
2.2 船舶消防应急计划	√
2.3 消防队的组成与人员调配	√
2.4 控制和扑救船舶各部位火灾的战略	√
2.5 控制和扑救船舶各部位火灾的战术	√
2.6 控制和扑救船舶各部位火灾的指挥	√
3 检查和保养烟火探测和灭火系统及设备	
3.1 火灾自动探测及报警系统的功能与要求	√
3.2 固定灭火系统的功能与要求	
3.2.1 固定压力式水雾灭火系统	√
3.2.2 二氧化碳灭火系统	√
3.2.3 泡沫灭火系统	√
3.2.4 干粉灭火系统	√

考试大纲	适用对象 Z04
3.3 应急消防水泵的性能与要求	√
3.4 各种器械(包括测爆仪、测氧仪等)的用途与要求	
3.4.1 测爆仪	√
3.4.2 测氧仪	√
3.5 救助设备、生命支持设备、人员保护设备、通信设备的性能与要求	
3.5.1 救助设备	√
3.5.2 生命支持设备	√
3.5.3 人员保护设备	√
3.5.4 通信设备	√
3.6 船舶消防设备法定检验及船级检验的要求	
3.6.1 法定检验	√
3.6.2 船级检验	√
3.7 FSC 与 PSC 消防安全检查	
3.7.1 FSC 与 PSC 安全检查	√
3.7.2 船舶消防安全管理	√
3.8 船舶防火控制图的用途、内容与要求	√
4 调查与编写涉及火灾的事故报告	
4.1 船舶火灾事故报告的编写	√
4.2 船舶火灾事故调查与调查报告	√
4.3 船舶火灾典型案例与分析	√

Z05 精通急救培训合格证

Z05：船舶上服务的其他指定在船上提供医疗急救的船员

考试大纲	适用对象
	Z05
1 人体的结构和生理功能	
1.1 运动系统	
1.1.1 骨骼系统的构成和功能	√
1.1.2 重要的骨性标志	√
1.1.3 主要肌肉的分布	√
1.2 循环系统	
1.2.1 血液循环系统的组成和功能	√
1.2.2 心脏的构成和心率的概念	√
1.2.3 血液循环的过程	√
1.2.4 淋巴循环的构成和功能	√
1.3 消化系统	
1.3.1 消化道各段的分布及功能	√
1.3.2 主要消化腺的功能	√
1.3.3 腹部分区及重要器官的体表投影	√
1.4 呼吸系统	
1.4.1 呼吸系统的基本结构与功能	√
1.4.2 呼吸的过程	√
1.4.3 呼吸的频率与深度	√
1.5 神经系统	
1.5.1 中枢神经系统的构成和主要功能	√
1.5.2 周围神经系统的构成和主要功能	√
1.6 内分泌系统	√
1.7 泌尿系统	
1.7.1 泌尿系统的组成	√

考试大纲	适用对象 Z05
1.7.2 肾脏的生理功能	√
1.7.3 男性及女性尿道的特点	√
2 船上有毒物质的危害,包括《危险货物事故医疗急救指南》(MFAG)或其他国家的等效规则的应用	
2.1 《危险货物事故医疗急救指南》及有关规定	√
2.2 中毒的途径和诊断	√
2.3 吸入性中毒、食入性中毒和接触性中毒的急救方法	√
2.4 中毒的预防措施	√
3 伤病员的检查方法	
3.1 病史采集的重要性	√
3.2 病史采集的方法和常见症状	√
3.3 体格检查的方法	√
4 脊椎损伤的判断与搬运	
4.1 脊椎损伤的临床表现和诊断要点	√
4.2 脊椎损伤的并发症防治	√
4.3 脊椎损伤的处理和搬运方法	
4.3.1 处理方法	√
4.3.2 搬运方法	√
5 烧伤、烫伤的表现及处理方法,中暑和冻伤的表现及处理方法	
5.1 烧伤、烫伤面积的估算和烧伤、烫伤深度的判断	√
5.2 烧伤、烫伤严重程度的判定标准	√
5.3 烧伤、烫伤急救措施	√
5.4 烧伤、烫伤并发症及后续处理	√
5.5 中暑的表现及处理方法	√
5.6 冻伤的表现及处理方法	
5.6.1 冻伤的概念	√
5.6.2 冻伤的临床特点	√
5.6.3 冻伤的急救和处理	√

考试大纲	适用对象 Z05
6 骨折、脱臼和肌肉损伤的表现和处理方法	
6.1 骨折	
6.1.1 骨折的类型和临床表现	√
6.1.2 常见骨折的现场处理原则	√
6.1.3 骨折患者的转运注意事项	√
6.2 脱臼	
6.2.1 关节脱位的定义和分类	√
6.2.2 关节脱位的临床表现和诊断	√
6.2.3 各种脱位的复位方法	√
6.3 肌肉损伤	
6.3.1 软组织损伤的定义和分类	√
6.3.2 急、慢性软组织损伤的特点	√
6.3.3 开放性软组织损伤的急救方法	√
7 获救人员的护理原则	
7.1 船上护理要求和基本内容	√
7.2 观察病情及记录的方法	√
7.3 生命体征的正常值、测量方法及准确记录	√
7.4 意识丧失病人及卧床病人的护理方法	√
8 无线电医疗建议	
8.1 船舶常用外来援助的方法	√
8.2 直升机救援的方法和注意事项	√
9 急救箱	
9.1 药物储备、采集和使用原则	√
9.2 药物的治疗作用和不良反应	√
10 药理学及常用药的使用	
10.1 抗微生物药	√
10.2 镇痛药	√
10.3 抗过敏药	√

考试大纲	适用对象
	Z05
10.4 升压及抗休克药	√
10.5 心血管急救用药	√
10.6 呼吸系统用药	√
10.7 消化系统用药	√
10.8 泌尿系统用药	√
11 消毒与灭菌方法	
11.1 常用医疗物品的消毒灭菌法	√
11.2 船舶常见传染病的消毒隔离措施	√
12 心绞痛、心肌梗死、心源性猝死、心脏停搏、溺水和窒息的表现与处理方法	
12.1 心脏停搏	
12.1.1 心脏停搏的常见原因	√
12.1.2 心脏停搏的临床表现和诊断要点	√
12.1.3 心脏停搏的处理原则	√
12.1.4 心源性猝死的表现与处理方法	
12.1.4.1 心肺复苏的概念和目的	√
12.1.4.2 心肺复苏的步骤及注意事项	√
12.1.4.3 心肺复苏有效和终止的指征	√
12.2 心绞痛的表现与处理方法	√
12.3 心肌梗死的表现与处理方法	√
12.4 窒息的表现、判断及现场处理方法	√
12.5 溺水	
12.5.1 溺水的分类和机理	√
12.5.2 溺水的临床表现	√
12.5.3 溺水急救措施	√
12.5.4 溺水伤员后续的生命支持	√

Z06 船上医护培训合格证

Z06：船舶上服务的其他指定负有船上医护职责的船员

考试大纲	适用对象
	Z06
1 对伤病员的医护	
1.1 头部和脊椎损伤	
1.1.1 头颈损伤	√
1.1.2 脊椎损伤	√
1.2 耳、鼻、喉和眼睛的损伤	
1.2.1 眼外伤、眼异物、电光性眼炎诊断和处理	√
1.2.2 鼻外伤、鼻骨骨折、鼻出血的诊断和处理	√
1.2.3 喉外伤分类、诊断、处理	√
1.2.4 耳外伤、颞骨骨折的诊断和处理	√
1.2.5 噪声性耳聋的临床表现和预防措施	√
1.2.6 口腔急性炎症、出血、颌面部外伤的诊断和处理以及口腔卫生保健常识	√
1.3 外出血和内出血的表现及处理方法	
1.3.1 止血的各种方法及适应症	√
1.3.2 创伤的基本生命支持	√
1.3.3 创伤现场急救的原则	√
1.3.4 创伤的临床表现	√
1.3.5 创伤的病因和分类	√
1.4 烧伤、烫伤和冻伤的处理方法	
1.4.1 烧伤	√
1.4.2 烫伤	√
1.4.3 冻伤	√
1.5 骨折、脱臼和肌肉损伤的处理方法	
1.5.1 骨折	√

考试大纲	适用对象
	Z06
1.5.2 脱臼	√
1.5.3 肌肉损伤	√
1.6 伤口的愈合和感染的基本原理	
1.6.1 破伤风	√
1.6.2 清创缝合术的步骤和方法	√
1.6.3 伤口的换药术和拆线术	√
1.7 止疼的方法	√
1.8 缝合和固定技术	
1.8.1 缝合的基本原则	√
1.8.2 常见的缝合方法	√
1.8.3 固定技术	√
1.9 急腹症的表现及处理原则	
1.9.1 急腹症的概念	√
1.9.2 内脏性疼痛与体表性腹痛的特点	√
1.9.3 急腹症的临床特点	√
1.9.4 急腹症的体格检查	√
1.9.5 急腹症的治疗原则	√
1.9.6 腹膜炎的病因	√
1.9.7 腹膜炎的临床表现	√
1.9.8 肠梗阻的病因和分类	√
1.9.9 肠梗阻的临床表现	√
1.9.10 肠梗阻的诊断和治疗	√
1.9.11 急性阑尾炎的病因	√
1.9.12 急性阑尾炎的诊断	√
1.9.13 急性阑尾炎的治疗	√
1.9.14 急性胃十二指肠穿孔的临床表现	√
1.9.15 急性胃十二指肠穿孔的治疗	√
1.9.16 胆道感染的概念	√

考试大纲	适用对象 Z06
1.9.17 胆道感染的临床表现和治疗	√
1.9.18 急性胰腺炎的病因	√
1.9.19 急性胰腺炎的临床表现	√
1.9.20 急性胰腺炎的治疗	√
1.9.21 尿路结石的临床表现	√
1.9.22 尿路结石的治疗	√
1.10 外科一般处置	
1.10.1 常用医疗物品的灭菌法	√
1.10.2 手术人员与病人手术区的准备	√
1.10.3 皮肤与黏膜的消毒方法、小手术简易洗手法	√
1.10.4 无菌器械使用注意事项	√
1.10.5 船舶简易手术室的建立	√
1.11 敷药和绷带包扎	
1.11.1 包扎的目的和要求	√
1.11.2 绷带和三角巾包扎的方法	√
1.11.3 各种伤口的敷药	√
2 护理方面	
2.1 一般原则	
2.1.1 船上护理要求和基本内容	√
2.1.2 病室的基本要求	√
2.1.3 观察病情及记录的方法	√
2.1.4 生命体征的正常值、测量方法及准确记录	√
2.1.5 意识丧失病人及卧床病人的护理方法	√
2.2 护理业务	
2.2.1 冷敷和热敷的适应症及禁忌症	√
2.2.2 导尿术的操作步骤	√
2.2.3 肌肉注射、静脉注射的部位、操作方法及注意事项	√
3 疾病	

考试大纲	适用对象 Z06
3.1 急病和急症	
3.1.1 常见急病	√
3.1.2 常见急症	√
3.2 传染性疾病的传播途径	
3.2.1 荨麻疹	√
3.2.2 湿疹	√
3.2.3 接触性皮炎	√
3.2.4 带状疱疹	√
3.2.5 真菌病	√
3.2.6 性传播疾病的临床表现及预防措施	√
3.2.7 传染病的概念和流行过程	√
3.3 热带病和传染病及酗酒和滥用药物	
3.3.1 酒精依赖的特征	√
3.3.2 可能成瘾的药物及其对人体的影响	√
3.3.3 采取适当的对抗措施	√
3.3.4 成瘾性药物突然停药的后果	√
3.3.5 黄热病	√
3.3.6 病毒性肝炎	√
4 其他护理	
4.1 牙科护理	√
4.2 妇科、妊娠和分娩	
4.2.1 妊娠的临床表现	√
4.2.2 分娩	√
4.3 对获救者的医护	√
4.4 海上死亡	
4.4.1 死亡征象	√
4.4.2 尸体检查	√
4.4.3 死亡时间记录	√

考试大纲	适用对象 Z06
4.4.4 船上尸体保存	√
4.5 船上卫生	
4.5.1 环境卫生和个人卫生对船员身体健康的影响	√
4.5.2 饮用水消毒的方法	√
4.5.3 食品卫生常识	√
4.5.4 环境和食具的消毒	√
4.5.5 污物、污水处理的原则	√
5 疾病预防	
5.1 消毒、除虫、灭鼠	
5.1.1 防止疾病传播和流行的一般原则	√
5.1.2 观察及记录的方法	√
5.1.3 除虫和灭鼠的方法	√
5.2 预防接种的意义	
5.2.1 预防接种的种类和预防年限	√
5.2.2 预防接种证书的管理	√
6 保留医疗记录和有关规定的副本	
6.1 保留医疗记录的内容及方法	
6.1.1 船员医疗报告表的内容	√
6.1.2 船员医疗报告表的填写	√
6.2 国际和国内的海上医疗规定	√
7 外部援助	
7.1 无线电医疗咨询	
7.1.1 概念	√
7.1.2 方法	√
7.1.3 注意事项	√
7.2 伤病员的运送,包括直升机运送的原则	
7.2.1 认可担架的使用	√
7.2.2 直升机和救助艇转运	√

考试大纲	适用对象
	Z06
7.2.3 伤病员转运过程中的问题	√
7.3 伤病员医疗,包括与港口医疗当局或港口诊所的协调	√

Z07 保安意识培训合格证

Z07：海船上所有船员

考试大纲	适用对象
	Z07
1 有助于通过增强意识来加强海上保安	
1.1 SOLAS 公约第 XI-2 章内容	
1.1.1 定义	√
1.1.2 适用范围、缔约国政府的保安义务	√
1.1.3 对公司和船舶的要求、公司的具体责任	√
1.1.4 船舶保安警报系统、对船舶的威胁	√
1.1.5 船长对船舶安全和保安的决定权、监督和符合措施	√
1.2 ISPS 规则的基本定义与适用范围	
1.2.1 基本定义	√
1.2.2 适用范围	√
1.3 与海盗及武装抢劫/劫持有关的术语和定义	
1.3.1 国际法意义上的海盗行为	√
1.3.2 国际海事局关于海盗和武装劫持的定义	√
1.3.3 海盗类型	√
1.3.4 典型的海盗攻击	√
1.4 缔约国政府的责任,公司、公司保安员的基本职责,船舶保安员的基本职责,负有指定保安职责海员的基本职责,无指定保安职责海员的基本职责,政府、公司及指定人员防海盗及武装抢劫的责任	
1.4.1 缔约国政府的责任	√
1.4.2 公司、公司保安员的基本职责	√
1.4.3 船舶保安员的基本职责	√
1.4.4 负有指定保安职责海员的基本职责	√
1.4.5 无指定保安职责海员的基本职责	√
1.4.6 政府、公司及指定人员防海盗及武装抢劫的责任	√

考试大纲	适用对象 Z07
1.5 船舶保安等级及行动要求、各保安等级下的相应保安措施、报告船舶保安事件程序、保安应急计划	
1.5.1 船舶保安等级及行动要求	√
1.5.2 各保安等级下的相应保安措施	√
1.5.3 报告船舶保安事件程序	√
1.5.4 保安应急计划	√
2 保安威胁的确认	
2.1 规避保安措施的技术	
2.1.1 危险物品的传递交付	√
2.1.2 未经授权登船	√
2.1.3 自杀式袭击、水下攻击	√
2.2 识别潜在保安威胁	
2.2.1 典型的保安威胁	√
2.2.2 各类保安威胁的特征(武器走私、偷渡)	√
2.2.3 恐怖主义行为的特征	√
2.3 识别武器、危险品和危险装置的损害	
2.3.1 武器、危险品和危险装置的分类或构成	√
2.3.2 识别危险品和危险装置的一般原则和程序	√
2.3.3 识别可疑物标常用方法	√
2.4 处理保安敏感信息和保安通信	
2.4.1 船舶保安敏感信息	√
2.4.2 船舶保安内部通信	√
2.4.3 船舶保安外部通信	√
2.4.4 船舶保安通信设备	√
3 理解保持保安意识和警惕性的必要性和方法	
3.1 有关的公约、规则和IMO通函中关于培训、演习要求的基本知识	
3.1.1 STCW公约对有关海员保安适任标准的规定	√
3.1.2 ISPS规则关于培训和演习的要求	√

考试大纲	适用对象
	Z07
3.1.3 IMO 通函中关于培训和演习的要求	√
3.2 防止海盗武装劫持船舶的措施	
3.2.1 防海盗准备工作	√
3.2.2 海盗活动的主要区域	√
3.3 船舶防止海盗及武装抢劫/劫持的设备和系统	
3.3.1 《最佳管理措施》建议的防海盗设施	√
3.3.2 船舶应配备的防海盗器材及自制器材	√
3.4 船舶遭遇海盗袭击时的应对措施,船舶驶离海盗频发区域的行动	
3.4.1 船舶遭遇海盗袭击时的应对措施	√
3.4.2 海盗登船后的应对措施	√
3.4.3 船舶或人员被劫持后的操作须知	√
3.4.4 船舶驶离海盗频发区域的行动	√

Z08 负有指定保安职责船员培训合格证

Z08：船上服务的其他负有指定保安职责的船员

考试大纲	适用对象
	Z08
1 保持船舶保安计划所设定的状态	
1.1 SOLAS 公约第 XI-2 章	√
1.2 ISPS 规则的基本定义与适用范围	
1.2.1 基本定义	√
1.2.2 适用范围	√
1.3 与海盗及武装劫持有关的术语和定义	
1.3.1 海盗和武装劫持的定义	√
1.3.2 小股海盗	√
1.3.3 属于有组织的犯罪团伙的海盗	√
1.3.4 属于分离主义者或恐怖分子的海盗	√
1.3.5 典型的海盗攻击	√
1.4 缔约国政府的责任，公司、公司保安员的基本职责，船舶保安员的基本职责，负有指定保安职责海员的基本职责，无指定保安职责海员的基本职责，政府、公司及指定人员防海盗及武装抢劫/劫持的责任	
1.4.1 缔约国政府的责任	√
1.4.2 公司、公司保安员的基本职责	√
1.4.3 船舶保安员的基本职责	√
1.4.4 负有指定保安职责海员的基本职责	√
1.4.5 无指定保安职责海员的基本职责	√
1.4.6 政府、公司及指定人员防海盗及武装抢劫的责任	√
1.5 船舶保安等级及行动要求、各保安等级下的相应保安措施、报告船舶保安事件程序、保安应急计划中的船舶保安组织机构	
1.5.1 船舶保安等级及行动要求	√
1.5.2 各保安等级下的相应保安措施	√

考试大纲	适用对象 Z08
1.5.3 报告船舶保安事件程序	√
1.5.4 保安应急计划中的船舶保安组织机构	√
1.6 船舶保安计划的现场检查、保安活动程序	
1.6.1 船舶保安计划的现场检查	√
1.6.2 保安活动程序	√
1.7 保安威胁或保安破坏的应急计划和程序,包括防止海盗及武装抢劫/劫持船舶的措施	
1.7.1 保安应急计划和应对保安威胁或保安违规反应程序	√
1.7.2 防止海盗及武装抢劫/劫持船舶的措施	√
2 识别保安风险和威胁	
2.1 保安声明及与保安计划有关的记录要求	
2.1.1 保安声明	√
2.1.2 保安计划有关的记录要求	√
2.2 规避保安措施的技术	
2.2.1 危险物的传递	√
2.2.2 未经授权登船	√
2.2.3 自杀式袭击和水下攻击	√
2.3 识别潜在保安威胁	
2.3.1 典型的保安威胁	√
2.3.2 各类保安威胁的特征(走私和偷渡)	√
2.3.3 各类保安威胁的特征(恐怖主义行为)	√
2.4 识别武器、危险品和危险装置的损害	
2.4.1 武器、危险品和危险装置的分类或构成	√
2.4.2 危险品和危险装置的识别(一般原则和识别程序)	√
2.4.3 危险品和危险装置的识别(识别可疑物的常用方法)	√
2.5 拥挤人群管理和控制技术	
2.5.1 能力要求	√
2.5.2 管理和控制(心理、责任感、权威)	√

考试大纲	适用对象 Z08
2.5.3 管理和控制(紧急情况与信息通报)	√
2.6 处理保安敏感信息和保安通信	
2.6.1 船舶保安敏感信息	√
2.6.2 船舶保安内部通信	√
2.6.3 船舶保安外部通信	√
2.6.4 船舶保安通信设备	√
2.7 搜身和非侵犯式检查方法	
2.7.1 非侵犯性检查	√
2.7.2 搜身	√
3 对船舶进行定期的保安检查	
3.1 监视限制区域的技术	√
3.2 控制进入船舶和船上限制区域的措施	
3.2.1 进入船舶应采取的保安措施	√
3.2.2 对船上限制区域的监控	√
3.3 监控甲板区域和船舶周围区域的措施	
3.3.1 监控船舶的方法	√
3.3.2 各保安等级下监控船舶的措施	√
3.4 监督货物和船舶物料、油料装卸的措施	
3.4.1 对货物装卸应采取的保安措施	√
3.4.2 对交付船舶物料、油料应采取的保安措施	√
3.5 对登船人员及其个人物品的控制措施	
3.5.1 对登船人员应采取的保安措施	√
3.5.2 对无人照管行李应采取的保安措施	√
4 正确使用保安设备和系统(如有)	
4.1 船舶保安设备和系统及其局限性	
4.1.1 船舶保安警报系统	√
4.1.2 船舶自动识别系统	√
4.1.3 自动闯入探测装置	√

考试大纲	适用对象 Z08
4.1.4 防爆安全检查设备	√
4.1.5 电视监控系统和船舶保安照明系统	√
4.2 船舶保安设备和系统操作程序	
4.2.1 船舶保安警报系统的操作程序	√
4.2.2 船舶自动识别系统的操作程序	√
4.3 测试、校准和维护保安系统和设备的必要性	√

Z09 船舶保安员培训合格证

Z09：船舶上担任船舶保安员的船员

考试大纲	适用对象 Z09
1 维持并监督船舶保安计划的实施	
1.1 海上保安方针，缔约国政府、公司及指定人员的责任，包括防止海盗及武装抢劫/劫持的情形	
1.1.1 缔约国政府的责任	√
1.1.2 船舶保安体系	√
1.1.3 公司的具体责任	√
1.1.4 船舶保安组织机构	√
1.1.5 公司保安员的基本职责	√
1.1.6 船舶保安员的基本职责	√
1.1.7 海上保安方针	√
1.2 制订船舶保安计划的依据、目的、用途、内容及批准	
1.2.1 船舶保安计划的依据	√
1.2.2 船舶保安计划的目的	√
1.2.3 船舶保安计划的用途	√
1.2.4 船舶保安计划的内容	√
1.2.5 船舶保安计划的批准	√
1.3 实施船舶保安计划及报告船舶保安事件程序	
1.3.1 实施船舶保安计划	√
1.3.2 报告船舶保安事件程序	√
1.3.3 船舶保安体系	√
1.4 船舶保安等级及行动要求、港口设施保安计划、港口设施保安等级及要求	
1.4.1 船舶保安等级及行动要求	√
1.4.2 港口设施保安计划	√
1.4.3 港口设施保安等级及要求	√

考试大纲	适用对象 Z09
1.4.4 公司和船舶保安员与港口保安员的联系	√
1.5 船舶保安计划的内部审核、现场检查、保安活动程序	
1.5.1 船舶保安计划的内部审核	√
1.5.2 船舶保安计划的现场检查	√
1.5.3 船舶保安计划的保安活动程序	√
1.6 报告保安计划缺陷及不符合项的程序、船舶保安计划修订方法及程序	
1.6.1 报告保安计划缺陷及不符合项的程序	√
1.6.2 船舶保安计划修订方法及程序	√
1.7 保安应急计划和应对保安威胁或保安违规反应程序、防止海盗及武装抢劫/劫持船舶的措施	
1.7.1 防止海盗及武装劫持船舶的措施	√
1.7.2 海盗登船后的应对措施	√
1.7.3 船舶驶离海盗频发区域的行动	√
1.7.4 保安应急计划和应对保安威胁或保安违规反应程序	√
1.8 与海盗及武装抢劫/劫持有关的术语和定义	
1.8.1 术语与定义	√
2 评估保安风险、威胁和弱点	
2.1 风险评估和评估工具,船舶保安评估报告	
2.1.1 风险评估和评估工具	√
2.1.2 船舶保安评估报告	√
2.2 船舶保安评估的目的、步骤及基本过程	
2.2.1 船舶保安评估的目的	√
2.2.2 船舶保安评估的步骤及基本过程	√
2.3 保安声明及与保安计划有关的记录要求	
2.3.1 保安声明	√
2.3.2 与保安计划有关的记录要求	√
2.4 保安威胁识别和评价,船上关键操作识别和评价,威胁情景识别和风险评价	

考试大纲	适用对象
	Z09
2.4.1 保安威胁识别和评价	√
2.4.2 船上关键操作识别和评价	√
2.4.3 威胁情景识别和风险评价	√
2.5 在非歧视的基础上识别对保安有潜在风险的人	√
2.6 识别武器、危险品和危险装置的损害	
2.6.1 识别武器的损害	√
2.6.2 识别危险品的损害	√
2.6.3 识别危险装置的损害	√
2.7 拥挤人群管理和控制技术	√
2.8 船舶保安措施的演练,搜身和非侵入式检查方法	
2.8.1 船舶保安措施的演练	√
2.8.2 搜身和非侵入式检查方法	√
3 执行定期的船舶检查以确保适当的保安措施已经实施并得以维持	
3.1 确定和监控受控区域的要求	√
3.2 控制进入船舶和船上受限区域的措施	√
3.3 监控甲板区域和船舶周围区域的措施	√
3.4 监督货物和船舶物料装卸的措施	√
3.5 对登船人员及其个人物品的控制措施	√
4 确保保安设备和系统(如有)的正规操作、测试和校准	
4.1 保安设备和系统及其局限性	
4.1.1 保安设备和系统	√
4.1.2 保安设备和系统的局限性	√
4.2 保安设备和系统的操作程序	√
4.3 测试船岸联系系统的方法	√
5 加强保安意识和提高警惕性	
5.1 有关的公约、规则和 IMO 通函中关于防止海盗及武装抢劫/劫持要求的培训、演习和操练的知识	
5.1.1 STCW 公约对有关海员保安适任标准的规定	√

考试大纲	适用对象
	Z09
5.1.2 ISPS 规则关于船舶保安演习和操练的要求	√
5.1.3 IMO 通函中关于船舶保安演习和操练的要求	√
5.2 加强保安意识和船上警惕性的知识	√
5.3 船舶自制防海盗设备的方法	√
5.4 评估演习和操作有效性的方法	√

T01 油船和化学品船货物操作基本培训合格证

T01：油船和化学品船上服务的所有船员

考试大纲	适用对象 T01
1 油船的基本知识	
1.1 油船概述	
1.1.1 油船的发展史	√
1.1.2 液体货物运输的起因	√
1.1.3 液货运输促进油船设计、制造的发展过程	√
1.1.4 现代油船发展的主要标志	√
1.2 油船的类型	
1.2.1 按载货油品种类划分类型	√
1.2.2 按载重吨位大小划分类型	√
2 化学品船的基本知识	
2.1 化学品船概述	
2.1.1 液体化学品货物海上运输的发展、前景及运输方式	√
2.1.2 运输液体化学品货物船舶的一般要求	√
2.1.3 针对化学品船管理的有关国际公约、国内规定简介	√
2.2 化学品船的类型、构造及特点	
2.2.1 化学品船船型划分的分类	√
2.2.2 各舱室和邻近区域的布置和隔离要求	√
2.2.3 化学品船的通风系统的布置及要求	√
3 油船的布置和构造	
3.1 国际电工委员会（IEC）及我国船级社对液货船危险区域的划分原理	√
3.2 生活区及驾驶台和货物区域的位置关系	√
3.3 甲板溢油隔离生活区所必需的设施	√
3.4 油船舱壁和甲板在防火性能方面的特殊要求	√
3.5 油船压载	

考试大纲	适用对象 T01
3.5.1 定义	√
3.5.2 必须设有专用压载舱（SBT）的油船	√
3.5.3 清洁压载舱（CBT）	√
3.5.4 风暴压载	√
4 油船、化学品船的液货舱及其他液体舱管路布置	
4.1 油船管道系统	
4.1.1 货油管系的管路布置	√
4.1.2 货油舱洗舱系统的管路布置	√
4.1.3 货油加温系统的管路布置	√
4.1.4 压载系统的管路布置	√
4.1.5 惰气系统的管路布置	√
4.2 阀门的种类和适用场合	√
4.3 货泵系统	
4.3.1 货油泵的种类和结构	√
4.3.2 油泵的布置和应用	√
4.4 化学品船货泵的种类、特点及作用	√
4.5 化学品船装货和卸货介绍	
4.5.1 化学品船的液货舱及其他液体舱管路布置	√
4.5.2 化学品船货物操作一般介绍	
4.5.2.1 装货和卸货、货物温度压力控制、溢流控制	√
4.5.2.2 货舱清洗及验舱、防止大气和海洋污染措施	√
4.5.2.3 惰气操作、货舱环境控制	√
4.6 洗舱系统	
4.6.1 洗舱机的结构和洗舱原理	√
4.6.2 水洗舱的作用和特点	√
4.6.3 原油洗舱（COW）的作用和特点	√
4.7 置换气体	
4.7.1 除气	√

考试大纲	适用对象 T01
4.7.2 充惰作业的意义、程序和注意事项	√
4.8 惰气系统（IGS）	
4.8.1 惰气系统设备组成	√
4.8.2 安装惰气系统的目的	√
4.8.3 惰气系统的工作流程	√
4.8.4 惰气系统报警值的设定范围	√
4.8.5 惰气系统各设备的管理和维护	√
4.8.6 惰气在液货装/卸载、载货、压载航行时的应用及注意事项	√
5 常见油船承载的货物种类和静电知识	
5.1 原油	√
5.2 石油产品	√
5.3 有关石油的术语和概念	
5.3.1 有关石油的术语	√
5.3.2 物质的三种状态	√
5.3.3 蒸气压力和温度的关系	√
5.4 有关货油的静电知识	
5.4.1 货油入舱的静电	√
5.4.2 控制货油流速的两个因素	√
5.4.3 油和水一起泵送或扰动而产生的静电	√
5.4.4 液货舱通风产生的静电	√
5.4.5 洗舱过程产生的静电	√
5.4.6 航行中液货对舱壁的冲击载荷产生的静电	√
5.4.7 静电电荷发生类型	√
5.5 非货油物质产生静电原理	
5.5.1 物体自由落入油舱	√
5.5.2 水雾、蒸气、惰气中的悬浮微粒	√
5.5.3 货舱内设备及测量、采样设备产生静电原理	√
5.6 静电储集性油类产生静电原理	

考试大纲	适用对象 T01
5.6.1 静电储集性油类	√
5.6.2 防静电添加剂的作用	√
5.6.3 静电储集性油类的电荷产生途径	√
5.6.4 控制流速的理由	√
5.7 预防静电危害的相关知识	
5.7.1 接地和接地接合的概念、目的和作用	√
5.7.2 船岸之间的电流通路及其来源以及防护措施	√
5.7.3 安装绝缘法兰的要求	√
5.7.4 阴极保护装置在油船上不得产生外流电流的原因	√
5.7.5 船舶之间的电流通路和防止措施	√
5.7.6 两船之间未经绝缘地接合前应采取的措施	√
6 化学品货物的理、化基础知识	
6.1 化学品货物的物理性质	√
6.2 化学品货物的化学性质	√
7 油船和化学品船安全文化和安全管理的知识	
7.1 国际船舶安全管理(ISM)	
7.1.1 国际船舶安全管理体系文件	√
7.1.2 安全管理体系定期复查	√
7.1.3 安全管理体系内、外审工作程序	√
7.2 风险评估	√
7.3 隐患排查	√
7.4 安全会、安全员制度	√
7.5 培训(岸培和船培)的内容	
7.5.1 履约培训	√
7.5.2 安全责任和意识的培训	√
7.5.3 技术技能的培训	√
7.5.4 船上关键性操作的培训	√
7.5.5 船上的应急培训	√

考试大纲	适用对象 T01
8 有毒物质对人身健康的危害	
8.1 人员中毒的途径：吸入或吞食中毒和皮肤接触中毒	√
8.2 液态石油的毒性和中毒	√
8.3 硫化氢、苯、芳香烃、含铅汽油的毒性和中毒	√
8.4 缺氧与窒息	√
8.5 对环境的危害	
8.5.1 对自然环境的危害	√
8.5.2 对人类和海洋生物的危害	√
8.6 化学反应的危害	
8.6.1 油品自身反应	√
8.6.2 与水、空气及其他物质的反应	√
8.7 腐蚀危害	
8.7.1 货油中的有害成分	√
8.7.2 硫化物的形成腐蚀过程	√
8.7.3 自然性硫化铁的危害及形成的三个因素	√
8.7.4 对船体、人体的腐蚀过程	√
8.8 爆炸和火灾危害	
8.8.1 燃烧的三要素	√
8.8.2 油船爆炸和点火源	√
8.8.3 爆炸极限	√
8.8.4 惰气对可燃性的影响	√
9 化学品船的操作危害	
9.1 健康危害	√
9.2 海洋环境危害	√
9.3 大气的危害	√
9.4 MARPOL 公约附则Ⅱ对控制化学品污染的要求和措施	√
9.5 对泄漏事故采取的行动	√
9.6 化学反应的危害	

考试大纲	适用对象
	T01
9.6.1 化学反应导致的危害	√
9.6.2 控制化学反应的措施	√
9.7 腐蚀性的危害	√
9.8 燃烧和爆炸的危害性	
9.8.1 化学品货物的可燃性和化学反应过程	√
9.8.2 ICS 货物数据手册给出的着火和爆炸方面的数据	√
9.9 毒气危害	
9.9.1 毒性指标	√
9.9.2 货物的蒸气泄漏	√
10 液货船危害控制的基本知识	
10.1 充惰气、水封、干燥剂和检测技术	√
10.2 防静电措施	√
10.3 通风	√
10.4 隔离	√
10.5 货物抑制	√
10.6 货物的兼容性	√
10.7 舱气控制	√
10.8 常见有害气体测试和监控	√
10.9 MSDS 货物资料	
10.9.1 对物质安全数据表上数据的理解	√
10.9.2 MSDS 的内容	√
10.9.3 按要求本航次所载货油的 MSDS 中所述的特性及危急时所采取的应急措施	√
11 气体测量仪和类似仪器的功能和正确使用	
11.1 可燃气测量仪(测爆仪)、测氧仪和低浓度毒气的测定	
11.1.1 各种气体测量仪的功能	√
11.1.2 正确操作、维护和校正方法	√
11.2 固定式气体检测装置和气体管路	

考试大纲	适用对象 T01
11.2.1 固定式气体检测装置所监测的场所	√
11.2.2 死角的测量	√
11.2.3 影响检测准确性的因素	√
12 安全设备和保护装置的正确使用	
12.1 呼吸设备	√
12.2 防护服及设备	√
12.3 氧气复苏器	√
12.4 救助和逃生设备	√
12.5 对设备和装置的维护	√
12.6 眼冲洗和喷淋设备	√
13 船上人员安全工作做法和程序的基本知识	
13.1 进入封闭空间时采取的措施	
13.1.1 进入封闭空间的操作	√
13.1.2 人员进入封闭空间的要求和安全措施	
13.1.2.1 进入封闭空间的要求	√
13.1.2.2 舱气测定和检测方法	√
13.1.2.3 舱气检测用的仪器	√
13.2 进行维修和保养工作之前和期间采取的措施	√
13.3 热工作业和冷工作业的安全措施	√
13.4 船舶用电安全	√
13.5 船/岸安全检查(SSSCL)	√
13.6 常见有毒货物的急救知识	√
14 油船火灾反应的组织和行动	
14.1 油船的灭火设施	√
14.2 发现火情时的反应	√
14.3 报警系统的使用及火灾报警信号的识别	√
14.4 报告程序	√
14.5 消防应变部署程序	√

考试大纲	适用对象 T01
15 油化船货物操作及运输引起的危害	
15.1 油船货物操作及运输引起的危害	
15.1.1 爆炸	√
15.1.2 人员伤亡	√
15.1.3 海洋污染	√
15.1.4 大气污染	√
15.1.5 船舶损坏	√
15.1.6 货物损失等	√
15.2 化学品船货物操作及运输引起的危害	√
16 油品和化学品火灾的灭火剂及装置	
16.1 油品和化学品火灾的危害	
16.1.1 油品和化学品火灾的特性	√
16.1.2 油品和化学品火灾的预防原则和注意事项	√
16.2 冷却型的水雾式防火灭火装置、喷淋装置和水幕式防护装置	√
16.3 固定式二氧化碳灭火装置	√
16.4 固定式泡沫灭火装置	√
16.5 固定式干粉灭火装置	√
16.6 各种便携式灭火器	√
16.7 化学品船的消防设备	
16.7.1 大型抗溶性泡沫灭火系统	√
16.7.2 抗溶性移动泡沫灭火系统	√
16.7.3 大型二氧化碳灭火系统	√
16.7.4 水雾灭火系统	√
16.7.5 与消防有关的防止溢油扩散的操作	√
16.8 扑灭液体化学品火灾的基本要求和使用的灭火剂及设备	√
17 油化船应急程序的基本知识	
17.1 应急拖带	√
17.2 船舶液货应急切断系统	

考试大纲	适用对象
	T01
17.2.1 切断装置的位置	√
17.2.2 切断装置的启动程序	√
17.3 应急组织机构	
17.3.1 应急组织机构的目的和要求及制订船上应急计划的重要性	√
17.3.2 组织机构的组成及各组成部分的职责	√
17.4 船舶应急程序	
17.4.1 发生应急情况时的行动计划	√
17.4.2 发生应急情况时的反应措施	√
17.4.3 ICS 货物数据手册给出的正确的应急程序	√
17.4.4 清除污物设备的使用方法	√
17.5 急救处理	
17.5.1 ICS 货物数据手册中给出的急救程序	√
17.5.2 发生事故后使用的医疗设备和急救处理措施	√
18 油化船防污染、发生溢漏时采取措施的基本知识	
18.1 船上防污染程序的基本知识	
18.1.1 船上油污手册的内容	√
18.1.2 船上溢油应变程序	√
18.1.3 船上各种防污器材的使用方法和注意事项	√
18.1.4 对防污器材和设备的维护和保养	√
18.1.5 船上溢油程序	√
18.2 对泄漏事件采取行动的基本知识	
18.2.1 报告相关责任人及相关信息	√
18.2.2 依据防污应急程序采取相应的行动	√
18.2.3 协助外部做好清污工作	√
18.2.4 对污染事故的评估	√

T02 油船货物操作高级培训合格证

T02:油船上服务的其他对油船货物相关操作承担直接责任的船员

考试大纲	适用对象
	T02
1 油船总体布置和构造	
1.1 船舶基本结构	
1.1.1 船体结构	√
1.1.2 油船货舱、压载水舱的结构	√
1.2 货油舱结构、要求、检查及维护	
1.2.1 国际公约对货油舱(COT)的要求	√
1.2.2 货油舱(COT)的检查及维护	√
1.3 专用压载水舱结构、要求、检查及维护	
1.3.1 国际公约对专用压载舱(SBT)的要求	√
1.3.2 专用压载舱(SBT)的检查及维护	√
1.4 油船隔离装置作用	√
1.5 油船舱壁和甲板在防火性能方面的特殊要求	√
1.6 双壳船与单壳船之间的差异及国际公约的相关要求	√
2 泵系布置和设备	
2.1 货油泵的种类、原理及用途	
2.1.1 离心泵	√
2.1.2 喷射泵	√
2.1.3 往复泵	√
2.2 货油泵的管理要点及操作注意事项	√
2.3 自动卸货系统(AUS)的原理、操作与管理要点	√
3 油舱布置、管系和油舱通风的布置	
3.1 货物管路和舱内设备	√
3.2 压载水舱管路和舱内设备	√
3.3 舱室通风装置	√

考试大纲	适用对象 T02
4 测量系统和报警装置	
4.1 货物控制系统和报警装置	√
4.2 典型的货油液位监控系统	
4.2.1 雷达式测量装置	√
4.2.2 机械浮子式测量装置	√
4.3 液位测量装置	√
4.4 货油舱压力监控系统	√
4.5 各种警报装置的使用和各种相关报警值的设定	√
5 货物加温系统	
5.1 货物加热盘管的材料和布置	√
5.2 货物加温系统的使用和维护	√
6 洗舱、除气和惰气系统	
6.1 油船水洗舱系统和原油洗舱系统的组成	√
6.2 油舱除气概念	√
6.3 油船惰气系统的组成	√
7 压载系统	
7.1 压载舱的分类及舱容要求	
7.1.1 压载管系的布置	√
7.1.2 压载舱的结构	√
7.1.3 压载泵	√
7.1.4 压载舱气体监测装置	√
7.2 专用压载系统的作用及特点	√
8 货舱区域通风和生活区通风	
8.1 船上货油舱通风的种类和方法	√
8.2 透气系统	√
8.3 起居舱室通风系统的布置和使用要求	√
8.4 油气的扩散和影响油气扩散的因素	√
9 污油水舱的布置及用途	

考试大纲	适用对象
	T02
10 油气回收系统	
10.1 油气回收系统的组成	
10.1.1 油气回收系统的监控系统	√
10.1.2 油气回收系统的维护	√
10.2 油气回收管路的识别与标志	
10.2.1 油气回收管路的布置	√
10.2.2 油气回收管路与外部的连接系统	√
11 与货油相关的电气和电子控制系统	
11.1 货油监控系统	√
11.2 液位监控系统的分类及原理	√
11.3 压力和温度监控系统组成及报警值设定	
11.3.1 压力	√
11.3.2 温度	√
11.4 可燃气体监测系统	√
12 环境保护设备	
12.1 防污器材配备的数量、位置和使用方法	√
12.2 防污泵的安装和要求及操作注意事项	√
12.3 溢油泄放阀的位置和操作注意事项	√
12.4 油水界面仪的使用和维护	√
12.5 排油监控系统的种类及工作原理、排油监控系统的操作规程并排油监控系统的故障警报及维护	
12.5.1 排油监控系统的种类及工作原理	√
12.5.2 排油监控系统的作用	√
12.5.3 排油监控系统的操作规程	√
12.5.4 排油监控系统的试验程序	√
12.5.5 排油监控设备的故障记录	√
13 油舱涂层	
13.1 液货舱涂层的种类	√

考试大纲	适用对象
	T02
13.2 喷涂方式	√
14 油舱温度和压力控制系统	
14.1 油舱温度和压力监测系统的布置和维护	
14.1.1 温度和压力监测系统的布置	√
14.1.2 温度和压力监测系统的维护	√
15 消防系统	
15.1 消防水系统	√
15.2 泡沫灭火系统	√
15.3 二氧化碳灭火系统	√
15.4 各种灭火系统的操作规程和维护	√
16 精通油船安全文化和管理体系	
16.1 国际安全管理规则的规定	√
16.2 企业安全文化和管理体系	√
16.3 油船工作风险评估方法、内容与作用	√
16.4 未遂事件	√
17 货物测量与计算	
17.1 货油测量	
17.1.1 货油的测量方法	√
17.1.2 空舱测量	√
17.1.3 货油测量	√
17.2 货油测量的注意事项	√
17.3 货量计算	
17.3.1 计算单位	√
17.3.2 货量计算方法	√
17.4 货物计量用表	√
18 散装液体货物对船舶稳性和强度等的影响	
18.1 装载液体货物对船舶吃水差、稳性和强度等的影响	
18.1.1 自由液面	√

考试大纲	适用对象
	T02
18.1.2 稳性	√
18.1.3 纵倾和横倾	√
18.1.4 剪力(SF)	√
18.1.5 弯矩(BM)	√
19 货物操作与管理	
19.1 装货作业	
19.1.1 装货前的检查与准备工作	√
19.1.2 制订装载计划时应考虑的因素和注意事项	√
19.1.3 装货作业各阶段操作程序	√
19.1.4 装货作业安全注意事项	√
19.1.5 顶装法装货程序及注意事项	√
19.1.6 装货作业各阶段风险评估要求	√
19.2 卸货作业	
19.2.1 卸货前的检查与准备工作	√
19.2.2 制订卸货计划时应考虑的因素和注意事项	√
19.2.3 卸货作业各阶段操作程序	√
19.2.4 卸货期间的安全注意事项	√
19.2.5 扫线作业操作要求及注意事项	√
19.2.6 卸货作业各阶段风险评估要求	√
19.3 货油管理	
19.3.1 货舱液位检测	√
19.3.2 货舱压力、含氧量控制	√
19.3.3 货油温度的控制	√
19.3.4 对货物中含水量测量的要求	√
19.3.5 如何防止货物蒸气之间的污染	√
19.3.6 对货物质量的控制要求	√
19.4 压载水操作与管理	
19.4.1 压载管系的检查	√

考试大纲	适用对象 T02
19.4.2 压载水作业前的风险评估及压载水作业的计划、实施与注意事项	√
19.4.3 压载水的处理方法及要求	√
19.4.4 恶劣天气时压载水的作业程序	√
19.4.5 压载航行满足的条件	√
19.4.6 压载水的置换方法及要求	√
19.4.7 压载舱清洗要求	√
19.4.8 压载记录要求	√
19.5 洗舱操作与管理	
19.5.1 水洗舱	
19.5.1.1 水洗舱的目的、作用及特点	√
19.5.1.2 水洗舱对设备和人员的要求	√
19.5.1.3 洗舱机的结构和洗舱原理	√
19.5.1.4 洗舱方法	√
19.5.1.5 洗舱程序	√
19.5.1.6 编制水洗舱计划及洗舱指南	√
19.5.1.7 洗舱前的准备工作及洗舱时的舱气控制	√
19.5.1.8 水洗舱注意事项	√
19.5.2 原油洗舱	
19.5.2.1 原油洗舱的含义、历史背景和特点	√
19.5.2.2 国际公约对原油洗舱的要求	√
19.5.2.3 原油洗舱对设备和人员的要求	√
19.5.2.4 原油洗舱的原理	√
19.5.2.5 原油洗舱的方法和操作程序	√
19.5.2.6 卸货与原油洗舱计划的编制要求	√
19.5.2.7 原油洗舱的准备工作与舱气控制要求	√
19.5.2.8 原油洗舱注意事项	√
19.6 惰气系统（IGS）	
19.6.1 惰气防爆的原理	√

考试大纲	适用对象
	T02
19.6.2 惰气成分及对惰气品质的要求	√
19.6.3 船级社和公约对惰气系统的要求	√
19.6.4 惰气系统主要设备的功能、使用管理和维护注意事项	√
19.6.5 惰气系统的准备程序和运行要求	√
19.6.6 油船惰气系统安全控制装置及应急停止装置的操作	√
19.6.7 惰气系统操作注意事项	√
19.7 置换舱气和充惰	
19.7.1 置换舱气的方法	√
19.7.2 除气作业和充惰作业的意义	√
19.7.3 惰化的程序及注意事项	√
19.7.4 驱气、除气的程序及注意事项	√
19.7.5 装/卸载时惰气系统的应用	√
19.7.6 载货航行、压载航行和惰化空舱时惰气系统的应用	√
19.7.7 洗舱时惰气系统的应用	√
19.7.8 除气时惰气系统的应用	√
19.8 船靠船过驳作业	
19.8.1 船靠船过驳作业的条件和要求	√
19.8.2 船靠船过驳作业的基本安全原则	√
19.8.3 船靠船过驳作业的通信及船舶操纵原则	√
19.8.4 船靠船过驳作业的操作要点和注意事项	√
19.8.5 船靠船过驳作业时出现紧急状况时的行动	√
20 监控装置和气体探测系统及仪器设备	
20.1 定期对各监控装置和气体探测系统、仪器和设备的检验和校正	√
20.2 各监控装置和气体探测系统、仪器和设备的工作原理及使用和校验记录	
20.2.1 各监控装置和气体探测系统、仪器和设备的工作原理	√
20.2.2 各监控装置和气体探测系统、仪器和设备的使用和校验记录	√
20.2.3 做好对相关人员的培训工作	√
21 监管人员具备操作和管理货物的能力	

考试大纲	适用对象
	T02
21.1 货物管理和监管人员的职责	√
21.2 相关货物的特性和货物操作要领	√
22 货油的理化性质	
22.1 原油的理化性质	√
22.2 石油和石油产品的特性	√
22.3 MSDS 的使用	√
23 货油的危害及控制	
23.1 毒气	√
23.2 燃烧和爆炸	√
23.3 健康危害	√
23.4 惰气成分	√
23.5 静电危害	√
24 职业健康和安全预防	
24.1 进入密闭空间时采取的预防措施	
24.1.1 进行风险评估并制定相应的预防措施	√
24.1.2 严格按安全程序进行作业	√
24.2 进行维修和保养工作之前和期间采取的预防措施	
24.2.1 进行风险评估并制定相应的预防措施	√
24.2.2 严格按照设备操作手册和规章制度工作	√
24.3 热工作业和冷工作业的预防措施及应进行的风险评估	
24.3.1 进行风险评估并制定相应的预防措施	√
24.3.2 制定程序	√
24.3.3 申报相关部门和人员审批	√
24.3.4 严格按程序进行作业	√
24.4 用电安全的预防措施	√
24.5 使用合适的人员防护设备	√
25 应急反应	
25.1 碰撞、搁浅及火灾时的应急反应程序	√

考试大纲	适用对象 T02
25.2 货油作业的紧急关闭装置	
25.2.1 货油应急切断系统	√
25.2.2 速闭装置	√
25.3 货物系统的重要设备失灵时采取的行动	√
25.4 油船安全监控系统，油船消防措施	
25.4.1 全船火情监控系统	√
25.5 密闭空间的救助行动及进入许可要求	√
25.6 如何正确使用 MSDS	√
25.7 油船溢油应急计划及溢油事故时的行动	
25.7.1 MARPOL 73/78 公约对发生溢油事故的相关要求	√
25.7.2 发生溢油事故的报告程序	√
25.7.3 发生溢油事故的报告内容	√
25.7.4 发生溢油事故时应采取的行动	√
25.8 船上医疗急救程序	√
25.9 油船的各种应急计划、应急警报、应急组织、管理及行动	√
26 防污染	
26.1 油船防污染结构和设备及排放规定	
26.1.1 监控油或油水混合物的入海排放	√
26.2 国际防止油污证书（IOPP）	√
26.3 操作性污染特点	√
26.4 公约对船舶操作性污染进行控制的措施	√
26.5 操作性污染事故的防范措施	√
26.6 油船油类记录簿的记载要求	
26.6.1 MARPOL 73/78 公约对油类记录簿的规定和要求	√
26.6.2 油类记录簿的格式和内容	√
26.6.3 油类记录簿的使用管理	√
26.7 防止油船造成大气污染的规定	√
26.8 船上对油气和惰气的排放应采取的控制措施	√

考试大纲	适用对象 T02
26.9 油气排放控制（VEC）系统的作用	√
27 油船安全管理	
27.1 国际公约与国家规定	
27.1.1 SOLAS 1974 公约的相关内容	√
27.1.2 STCW 公约马尼拉修正案的有关要求	√
27.1.3 《2004年国际船舶压载水和沉积物控制与管理公约》（BWM 2004）的相关内容	√
27.1.4 《中华人民共和国海洋环境保护法》的相关内容	√
27.1.5 我国船舶防污染相关的法律法规	√
27.1.6 美国《1990年油污法》及一些州立法中的特别规定	√
27.1.7 欧盟的有关规定	√
27.1.8 中东一些国家的有关规定	√
27.2 油船安全操作与外部检查	
27.2.1 油船系泊操作	√
27.2.2 《直升机/船舶操作指南》	√
27.2.3 超大型油船安全操作要求	√
27.2.4 船旗国监督检查要求	√
27.2.5 港口国监督检查要求	√
27.2.6 石油公司检查要求	√
27.2.7 油码头检查要求	√

T03 化学品船货物操作高级培训合格证

T03：化学品船上服务的其他对化学品船货物相关操作承担直接责任的船员

考试大纲	适用对象
	T03
1 总体布置和构造	
1.1 化学品船设计、构造和设备的 IBC 规则	√
1.2 船舶布置	
1.2.1 货舱区域和生活舱室的隔离要求,与饮食用品和船员生活用品的隔离	√
1.2.2 驾驶室、操作控制室、机舱、风机室的设计和布置、门窗要求、安全距离等要求	√
1.2.3 有关的通风要求	√
2 泵系布置和设备	
2.1 液体化学品船的货泵的种类、设置方式和要求以及对各种货物的应用	√
2.2 货泵系统安全操作规程及货泵的性能曲线	√
2.3 常见液压浸没泵的装卸货系统及液压控制操作方法	√
3 货舱构造和布置	
3.1 货舱的构造类型、材料与涂层	√
3.2 货舱的设计要求	√
3.3 独立货舱、整体货舱、重力货舱和压力货舱的概念及用途	√
3.4 舱内的构造、装置	√
4 管道、货舱和货物管路压力及温度控制系统及报警装置	
4.1 IBC 规则对货物温度控制的要求及常见方式	√
4.2 舱温遥测遥控设备	√
4.3 管道和货舱的压力控制	
4.3.1 压力/真空阀、高速透气阀的布置和作用	√
4.3.2 压力/真空阀、高速透气阀的检查和维护保养注意事项	√
4.3.3 货舱压力监控系统的检测	√
5 测量控制系统和报警装置	

考试大纲	适用对象 T03
5.1 货舱液位测量和警报系统	√
5.2 液位测量系统	√
5.3 液位报警系统	√
5.4 各种测量仪器的使用	√
5.5 溢流报警装置的动作和动作试验	√
5.6 货物溢出的处理	√
6 气体探测系统	
6.1 固定式气体探测系统	√
6.2 便携式气体探测装置	√
6.3 个人气体探测装置	√
7 货物加热和冷却系统	
7.1 货物加热的主要目的	√
7.2 货物加热系统和警报	√
7.3 货物加热的方式、特点,加热介质,加热系统的要求	√
7.4 防止加热系统泄漏的措施	√
7.5 列举一加热系统,说明其工作原理和操作	√
7.6 船舶货物加热的程序	√
7.7 货物冷却系统	
7.7.1 物理制冷	√
7.7.2 机械制冷	√
8 洗舱系统	
8.1 洗舱系统设备与组成	√
9 货舱环境控制系统	
9.1 氮气操作	
9.1.1 氮气的作用	√
9.1.2 氮气的品质	√
9.1.3 岸上提供氮气	√
9.1.4 储存在船上的压缩氮气瓶	√

考试大纲	适用对象 T03
9.1.5 储存在船上的液态氮气	√
9.1.6 氮气发生器	√
9.2 货物过驳作业	
9.2.1 船对驳船和驳船对船的货物操作	√
9.2.2 使用回收管的操作	√
9.3 货物的抑制和稳定要求	
9.3.1 装载含有抑制剂货物的注意事项	√
9.3.2 抑制剂证书	√
9.3.3 货物发生反应时的应急程序	√
9.4 货物的兼容与隔离	
9.4.1 查询货物的相容性	√
9.4.2 货物的特性,根据货物的性质合理配载和隔离	√
9.5 高黏度和凝固性的货物	
9.5.1 高黏度和凝固性货物的定义	√
9.5.2 MARPOL 附则Ⅱ对高黏度货物和凝固性货物的强制预洗要求	√
9.6 货舱的气体控制	
9.6.1 控制方法	√
9.6.2 惰化	√
9.6.3 置换舱内空气的方法	√
9.6.4 货舱操作的申请	√
9.6.5 避免身体危害的注意事项	√
9.6.6 在含有抑制剂的化学品货物运输中惰气的有效性	√
9.6.7 为货物质量控制舱气	√
10 压载系统	
10.1 专用压载舱(SBT)的作用、管系、压载泵布置	√
10.2 装卸过程中通过压载水来保证适当的纵倾和船舶稳性	√
10.3 货舱可作为压载舱的条件和注意事项	√
10.4 港内的压载作业应考虑的当地规定	√

考试大纲	适用对象 T03
10.5 压载水管理计划	√
11 货舱区域通风和生活区通风	
11.1 货舱的固定式和移动式通风系统及其实例叙述	√
11.2 通风系统的设计要求,两种系统的适用性	√
11.3 货泵间的通风系统及泵间风机与照明之间的联锁装置	√
12 气体返回/回收系统	
12.1 介绍IBC规则对货物气体的回收要求	√
12.2 气体回收的操作和注意事项	√
13 消防系统	
13.1 消防系统介绍	√
13.2 消防的原理	√
13.3 化学品船消防系统的灭火剂	√
13.4 消防的演练	√
14 货舱、管系和配件的材料及涂层	
14.1 货舱材料、附属管系、泵和阀门的材料要求和维护	√
14.2 货舱内使用不锈钢和涂层的原因	√
14.3 船用不锈钢舱壁与特种货物的适应性	√
14.4 液货舱不锈钢舱壁的钝化原理和维护管理	√
14.5 不锈钢舱酸洗和钝化	√
14.6 货舱内使用涂层的类型	√
14.7 进行涂层时对舱壁表面的处理	√
14.8 货舱涂层技术、涂层维护	√
15 污油水管理	
15.1 水下排放口的设置要求及使用注意事项	
15.1.1 IBC规则对排放口的要求	√
15.1.2 水下排放的注意事项	√
16 化学品船安全文化和安全管理体系的实施	
16.1 国际船舶安全管理(ISM)	

考试大纲	适用对象 T03
16.1.1 国际船舶安全管理体系文件	√
16.1.2 安全管理体系定期复查	√
16.1.3 安全管理体系内、外审工作程序	√
16.2 风险评估	√
16.3 安全会、安全员制度	√
16.4 履约培训	
16.4.1 安全责任和意识的培训	√
16.4.2 技术技能的培训	√
16.4.3 船上关键性操作的培训	√
16.4.4 船上的应急培训	√
17 管理及监督人员的能力,货物装卸作业前的准备	
17.1 船长和船长指派的高级船员应对货物装卸和压载作业安全负有的责任,应熟悉货舱、管系和泵的布置,监督所有操作	√
17.2 货物作业前应进行的设备功能试验	√
17.3 操作人员应知道的作业细节,人员防护器具存放和使用	√
17.4 作业前船长应保证船/码头之间的信息交换	√
17.5 作业应做的记录	√
18 货物装货计划	
18.1 装货计划在货物作业中的重要性	√
18.2 装货计划要点	
18.2.1 货物要求	√
18.2.2 货物相容性	√
18.2.3 货舱材料/涂层与货物的相容性	√
18.2.4 货舱的清洁度要求	√
18.2.5 货舱容量	√
18.2.6 货物装卸过程	√
18.2.7 装货顺序	√
18.2.8 货物加温计划	√

考试大纲	适用对象 T03
19 装货的程序和准备	
19.1 全体人员应在作业前了解货物资料和数据	√
19.2 装载前的安全措施	√
19.3 各种装货方式	√
19.4 各种装货对舱内气体的要求	√
19.5 货物取样的目的、要求和程序,货样的处理和存放	√
19.6 装货期间防止舱气排出的措施	√
19.7 装货完成后的操作要求	√
20 货物计量和计算	
20.1 货物的计量	√
20.2 货物的计算	√
20.3 船舶各舱内装载货物的限制	√
20.4 填写货物报告	√
21 运输过程中的货物状态控制	
21.1 "货物状态控制"的含义及其具体内容、要求	√
21.2 船上人员应如何操作以保证货物状态要求(加温指示、抑制剂证书、氮气覆盖、货物冷却等)	√
22 卸货计划和程序	
22.1 编制卸货计划的要求	√
22.2 卸货前的一般注意事项	√
22.3 卸货过程中如何达到干燥或惰化要求	√
22.4 卸货时取货样的目的,并说明取货样的一般步骤	√
22.5 卸货过程中的一般注意事项和最有利的船倾	√
22.6 货舱加压卸货的缘由和注意事项	√
22.7 卸货完毕后的注意事项	√
23 有毒液体物质的卸载、扫舱和强制预洗	
23.1 货舱对残余物的要求	√
23.2 MARPOL 公约附则Ⅱ对残余物的规定	√

考试大纲	适用对象 T03
23.3 货物记录簿	√
24 清洗作业	
24.1 洗舱计划和制订洗舱计划时必须考虑的因素	√
24.2 岸上接收装置	√
24.3 货舱清洗的要求和注意事项	√
25 货舱清洗程序和污水处理	
25.1 货舱清洗的目的	√
25.2 货舱清洗的方法	√
25.3 程序和布置手册	√
25.4 洗舱操作的各个阶段和顺序	√
25.5 列举一个货舱的清洗计划并叙述操作的全过程和要求	√
25.6 列举一个清洗流程图,说明扫舱产生的污水处置方式	√
26 货舱除气	
26.1 除气的目的和方法	√
26.2 除气设备的操作和注意事项	√
26.3 对充满可燃气的货舱或充满有毒气的货舱除气时应采取的安全措施	√
26.4 除气效果的检验	√
27 货舱清洁度的测试	
27.1 不同货物对货舱清洁度的不同要求	√
27.2 货舱的验舱标准	√
27.3 舱壁试验的程序	√
27.4 舱壁试验的步骤	√
28 货物残渣处理	√
29 有关液体化学品货物的理化性质	√
30 典型化学品货物的名称、缩写、特性、分类、化学反应及工业用途	
30.1 常见的货物,如石油化工产品、煤化工产品、醇类和碳水化合物、植物油、动物油和脂肪、无机化合物	√
30.2 化学品货物常见的化学反应	√

考试大纲	适用对象 T03
31 化学品货物常见的危害性	
31.1 对健康的危害	√
31.2 化学反应的危害	√
31.3 腐蚀性的危害	√
31.4 可燃和爆炸的危害	√
31.5 有毒货物的危害	√
31.6 静电的危害	√
31.7 低沸点货物的危害	√
31.8 高密度货物的危害	√
31.9 易凝固货物的危害	√
31.10 聚合货物的危害	√
31.11 氮气的危害	√
31.12 MSDS 中的重要数据	√
32 安全工作程序	
32.1 封闭空间的气体环境(进入封闭空间安全程序)	
32.1.1 介绍封闭空间	√
32.1.2 封闭空间的气体环境	√
32.1.3 进入被确认为安全的封闭空间	√
32.2 进入封闭空间的需要	√
32.3 进入封闭空间之前舱气的测定方法	√
32.4 人员入舱、修船、充入惰气和驱气及装货前的舱气测定和方法	√
32.5 舱气测定结果的评定和分析	√
32.6 舱气检测用的仪器	√
32.7 进入被污染的封闭空间的安全措施	√
32.8 在封闭空间的工作安全注意事项	√
32.9 救助货舱或其他封闭空间人员的方法	√
32.10 封闭空间的检查单的项目	√
32.11 在进行维修保养工作之前和期间采取的预防措施	

考试大纲	适用对象 T03
32.11.1 工作时应采取的措施	√
32.12 危险区域	√
32.13 热工作业的安全措施	√
32.14 热工作业的检查单	√
32.15 冷工作业的安全措施	√
32.16 船舶的用电安全	
32.16.1 介绍	√
32.16.2 保证用电安全的设备	√
32.16.3 一般预防	√
32.17 电器的保养和维修	√
32.18 人员防护设备的使用	√
33 化学品船应急程序	
33.1 货物溢出应急反应计划	√
33.2 货物操作的应急停止操作	√
33.3 货物设备系统或其相关联的服务系统失效时应采取的行动	√
33.4 化学品船消防应急计划	√
33.5 封闭空间救助应急计划	√
33.6 货物发生反应应急计划	√
33.7 MSDS 的使用	√
33.8 碰撞、搁浅或导致货物泄漏时应采取的行动	√
33.9 抛弃货物的方法及注意事项	√
33.10 化学品船上的急救程序	√
34 大气和环境的防污染程序	
34.1 操作性污染的特点	√
34.2 公约对船舶操作性污染进行控制的措施	√
34.3 操作性污染事故的防范措施	√
35 相关国际公约	
35.1 SOLAS 1974 公约	√

考试大纲	适用对象 T03
35.2 STCW 公约马尼拉修正案	√
35.3 MARPOL 73/78 公约	√
35.4《压载水管理公约》	√
35.5 IBC 规则	√
36 我国的有关法规	
36.1《中华人民共和国海洋环境保护法》	√
36.2 船舶防污染的相关规定	√
37 案例分析	
37.1 事故经过	√
37.2 发生事故的原因	√
37.3 应吸取的教训	√
38 国外的有关规定	
38.1 美国《1990 年油污法》及一些州立法中的特别规定	√
38.2 欧盟的有关规定	√
38.3 中东一些国家的有关规定	√
38.4 有关油船安全操作的行业指南的相关要求	
38.4.1《国际油船和码头安全操作的指南》的相关要求	√
38.4.2《直升机/船舶操作指南》的相关要求	√
38.4.3《船舶污染应急计划》(SOPEP)的相关要求	√
38.4.4《液货船安全指南》的相关要求	√
38.4.5《船对船过驳指南》的相关要求	√
39 化学品船的船舶检查	
39.1 PSC 检查	√
39.2 OCIMF 检查	√
39.3 CDI 检查	√

T04 液化气船货物操作基本培训合格证

T04:液化气船上服务的所有船员

考试大纲	适用对象
	T04
1 液化气船的设计和操作特性	
1.1 液化气船的类型及特点	
1.1.1 液化气船的分类	√
1.1.2 各种液化气船的设计及其特点	√
1.2 液化气船的结构设计和布置要求	
1.2.1 液化气船的结构设计特点	√
1.2.2 液化气船的安全布置要求	√
1.2.3 IGC 规则对液化气船的最低要求	√
1.3 液化气船液货舱及其货物围护系统	
1.3.1 液货舱的种类及结构特点	√
1.3.2 液货舱及货物系统的结构材料	√
1.3.3 液货舱的绝热及绝缘材料	√
1.3.4 液货舱的试验	√
1.4 液化气船的相关技术术语	√
2 液化气船的货物操作系统	
2.1 液化气船货物操作系统的组成	√
2.2 货物操作设备	
2.2.1 货物管系和阀门	√
2.2.2 货泵	√
2.2.3 货物加热器和蒸发器	√
2.2.4 货物压缩机及抽气机	√
2.2.5 再液化系统和 LNG 蒸气处理系统	√
2.2.6 压力释放系统	√
2.2.7 惰气系统	√

考试大纲	适用对象
	T04
2.2.8 应急关断系统（ESD）	√
2.2.9 其他附属设备	√
2.3 液化气船货物操作的基本流程	
2.3.1 全压式 LPG 船装卸货操作流程	√
2.3.2 全冷式 LPG 船装卸货操作流程	√
2.3.3 LNG 船装卸货操作流程	√
2.3.4 过驳作业操作流程	√
3 液化气货品的基本知识	
3.1 液化气货品种类	√
3.2 液化气有关的名词术语	√
3.3 液化气的化学结构与基本性质	
3.3.1 液化气体的主要成分及生产途径	√
3.3.2 气体的基本性质	√
3.3.3 液体的基本性质	√
3.3.4 液化气货品的基本性质	√
4 液化气船安全管理	
4.1 船舶安全教育	√
4.2 船舶应急和安全设备的操作与使用	√
4.3 船舶安全责任要求	√
4.4 企业与船舶安全管理文化	
4.4.1 风险评估	√
4.4.2 潜在安全隐患报告	√
4.5 新接液化气船及船舶修理时的安全管理	
4.5.1 新接液化气船的安全管理	√
4.5.2 修船时的安全管理	√
4.6 船岸安全管理要求	√
4.7 船岸安全检查单	√
5 液化气货品的危害与防护	

考试大纲	适用对象 T04
5.1 对人体健康的危害	
5.1.1 中毒	√
5.1.2 冻伤	√
5.1.3 化学灼伤	√
5.1.4 窒息	√
5.1.5 麻醉	√
5.1.6 毒性伤害	√
5.2 对船舶材料的危害	
5.2.1 腐蚀	√
5.2.2 冷脆	√
5.2.3 软化	√
5.3 对环境的危害	√
5.4 反应性危害	√
5.5 可燃性和爆炸危害	√
5.6 火源危害	√
5.7 静电危害	√
5.8 毒性危害	√
5.9 货物气体泄漏及危害	√
5.10 极低温度危害	√
5.11 压力危害	√
5.12 惰气的危害	√
6 液化气船对货物危害的控制	
6.1 危险场所的防护	
6.1.1 密闭处所惰化、干燥及检测手段	√
6.1.2 静电防护措施	√
6.1.3 货物抑制	√
6.1.4 通风	√
6.1.5 隔离	√

考试大纲	适用对象 T04
6.1.6 电气安全	√
6.1.7 货物兼容性的重要性	√
6.1.8 舱气压力的控制	√
6.1.9 气体测试	√
6.1.10 毒性检测	√
6.2 液化气货物在 MSDS 中的信息数据	√
7 便携式测量仪器的功能与使用	
7.1 测氧仪的功能和使用	√
7.2 可燃气检测仪的功能和使用	√
7.3 测毒仪的功能和使用	√
7.4 多功能气体检测仪	√
8 人员的安全防护措施	
8.1 人员安全防护装置的配备要求	√
8.2 人员防护的安全用具	
8.2.1 呼吸器的使用	√
8.2.2 防毒面具的使用	√
8.2.3 氧气复苏器的使用	√
8.2.4 防护服的使用	√
8.2.5 救助及逃生设备	√
8.3 人员的医疗急救方法和《危险货物事故医疗急救指南》(MFAG)	√
8.4 液化气船的常规安全操作	
8.4.1 进入封闭处所的安全操作	√
8.4.2 热工作业的安全措施	√
8.4.3 冷工作业的安全措施	√
8.4.4 便携式工具的安全使用	√
8.4.5 电气设备的安全防护	√
8.4.6 船舶维修保养工作的安全措施	√
8.5 液化气货品对人体健康危害的医疗急救措施	

考试大纲	适用对象 T04
8.5.1 中毒	√
8.5.2 冻伤	√
8.5.3 化学灼伤	√
8.5.4 窒息	√
8.5.5 麻醉	√
8.5.6 毒性伤害的医疗急救措施	√
9 液化气船消防	
9.1 液化气船的火灾特点	
9.1.1 燃烧三要素及其灭火原理	√
9.1.2 液化气船的火源及其控制	√
9.1.3 液化气船货物装卸和运输中的火灾特殊危害	√
9.2 液化气船的灭火剂	√
9.3 液化气船的火灾类型及灭火措施	√
9.4 液化气船消防设备的操作	
9.4.1 固定式灭火系统的操作	√
9.4.2 便携式灭火器的使用	√
9.5 液化气船火灾的预防和行动	
9.5.1 液化气船火灾的预防措施	√
9.5.2 液化气船火灾的探测	√
9.5.3 组织与灭火程序	√
9.5.4 发生火灾时的应急行动	√
9.5.5 灭火行动中的溢漏与抑制	√
10 液化气船的应急程序	
10.1 组织机构	
10.1.1 应急组织机构的目的和要求	√
10.1.2 组织机构的组成及职责	√
10.1.3 应急计划的制订	√
10.2 报警	

考试大纲	适用对象
	T04
10.2.1 报警方式与信号	√
10.2.2 货舱各系统及机械设备故障报警	√
10.3 应急程序	
10.3.1 应急行动计划	√
10.3.2 应急反应措施	√
11 液化气船防污染	
11.1 液化气对大气的污染	√
11.2 液化气对海洋的污染	√
11.3 液化气造成污染的主要途径	√
11.4 液化气船防污的规则和法规	√
11.5 液化气船防污染的基本程序	√
11.6 液化气船应对货物泄漏的防污染措施	
11.6.1 液化气泄漏的信息报告	√
11.6.2 液化气泄漏的控制程序	√
11.6.3 防止脆性断裂的有效措施	√
11.7 液化气污染对人类的影响	√

T05 液化气船货物操作高级培训合格证

T05：液化气船上服务的其他对液化气船货物相关操作承担直接责任的船员

考试大纲	适用对象
	T05
1 液化气船的设计和特点	
1.1 液化气船的总体布置	√
1.2 液货舱的结构、材料、表层、绝缘和相容性	√
1.3 货物管系和阀门	
1.3.1 货物管系	√
1.3.2 阀门	√
1.4 货物压缩机	
1.4.1 压缩机的种类及作用	√
1.4.2 压缩机的附属设备	√
1.4.3 压缩机的结构及原理	√
1.4.4 压缩机的操作与管理	√
1.5 货物加热器和货物蒸发器	
1.5.1 货物加热器和货物蒸发器的结构与原理	√
1.5.2 货物加热器和货物蒸发器的使用与管理	√
1.6 再液化装置	
1.6.1 再液化装置的原理	√
1.6.2 再液化装置的组成	√
1.6.3 再液化装置的作用	√
1.7 货物蒸发系统	
1.7.1 自然蒸发系统	√
1.7.2 强制蒸发系统	√
1.8 压力释放系统	
1.8.1 压力释放系统的组成和功能	√
1.8.2 压力释放阀	√

考试大纲	适用对象 T05
1.8.3 透气桅	√
1.8.4 附加压力释放系统	√
1.8.5 真空保护系统	√
1.8.6 安全膜片	√
1.9 惰气系统	
1.9.1 惰气系统的原理	√
1.9.2 惰气系统的组成	√
1.9.3 惰气系统的管理	√
1.10 氮气系统	√
1.11 货物应急关断系统（ESD）	√
1.12 压载系统	√
1.13 其他设备和附属装置	
1.13.1 甲板储罐	√
1.13.2 货物软管	√
1.13.3 取样装置	√
1.13.4 货物控制室	√
1.13.5 热交换器	√
1.13.6 防冻冷却液系统	√
1.13.7 隔离舱加热系统	√
1.13.8 甲醇（乙醇）喷射装置	√
1.13.9 滤器和滤网	√
1.13.10 膨胀装置	√
1.13.11 管路支撑装置	√
1.13.12 防火网、阻火器	√
2 检测仪表及监控报警系统	
2.1 货物监控测量项目	√
2.2 液位监控与报警	√
2.3 压力监控与报警	√

考试大纲	适用对象
	T05
2.4 温度监控与报警	√
2.5 气体检测仪器	√
2.6 固定式货物气体监测设备	√
3 大型LNG船的特殊设备和操作系统	
3.1 综合自动化控制系统(IAS)	√
3.2 LNG挥发气的燃烧处理装置	√
3.3 汽轮机	√
3.4 双燃料内燃机	√
3.5 双燃料锅炉	√
3.6 高低压电站	√
3.7 货物压缩机	√
3.8 货泵	
3.8.1 货泵的性能介绍	√
3.8.2 货泵的种类	√
3.8.3 货泵的布置与结构	√
3.8.4 货泵的操作与管理	√
4 液化气船的货物操作	
4.1 液化气船运输和货物操作的名词术语	√
4.2 装卸货计划的制订	√
4.3 船岸联系	√
4.4 货物操作流程	√
5 液货对船舶稳性、吃水差以及结构的影响	√
6 液化气货品运输中的危害控制和安全管理	
6.1 液化气体的危害性	√
6.2 液化气船对货物危害的控制	√
6.3 遵守相关规则和条例的重要性	
6.3.1 遵守规则的重要性	√
6.3.2 违章操作的危害性(相关案例分析)	√

考试大纲	适用对象 T05
6.4 液化气船安全文化和安全管理	√
7 货物操作程序	
7.1 装货前的货舱准备	
7.1.1 验舱	√
7.1.2 绝缘层的氮气控制	√
7.1.3 货舱干燥	√
7.1.4 货舱惰化	√
7.1.5 货舱驱气	√
7.1.6 货舱预冷	√
7.2 装货程序	
7.2.1 装货前的准备	√
7.2.2 装货操作	√
7.3 货物控制	
7.3.1 压力控制	√
7.3.2 温度控制	√
7.3.3 蒸发控制	√
7.3.4 抑制货物聚合反应	√
7.3.5 对货物的监控	√
7.3.6 对船舶状态的监控	√
7.4 LNG挥发气的燃烧处理方法	
7.4.1 自然蒸发气体控制	√
7.4.2 强制蒸发气体控制	√
7.5 卸货程序	
7.5.1 卸货前的准备	√
7.5.2 卸货操作	√
7.6 应急卸货操作	√
7.7 货物取样	√
7.8 更换货品的操作	√

考试大纲	适用对象 T05
7.9 船舶进坞的货舱操作	√
7.10 船对船的驳载作业	√
7.11 单舱操作程序	√
7.12 载货航行中的货物管理	
7.12.1 冷却	√
7.12.2 压力维持	√
7.12.3 蒸发损耗	√
7.12.4 抑制	√
8 液化气船的货物测量与计算	
8.1 液货舱充装极限的计算	√
8.2 液化气货物计算的特点	√
8.3 液化气货物计算的依据与因素	√
8.4 液化气货物相关数据的采集	√
8.5 液化气货物的计算程序	√
8.6 液化气货物的计算实例	√
8.7 船上载有数量(OBQ)和剩余数量(ROB)的概念	√
8.8 测量与计算中的其他注意事项	√
9 对负有操作货物责任人员的管理和监督	
9.1 船长、高级船员的主要责任	√
9.2 在岗期间船长与值班驾驶员保证船舶安全运输条件应承担的责任	√
9.3 航行期间船长与值班驾驶员保证船舶安全运输条件应承担的责任	√
9.4 液化气船甲板部船员的职责	√
10 液化气货品的特性与安全载运要求	
10.1 液化气货品的结构和性质	√
10.2 热力学基本理论与应用的技术术语	√
10.3 常用液化气货品的属性和特性	√
10.4 液化气货品载运的安全技术要求	√
10.5 MSDS 中包含的信息	√

考试大纲	适用对象 T05
11 液化气船货物操作可能产生的危险及其控制措施	
11.1 液化气货品的危害	
11.1.1 液化气货品对人体健康的危害	√
11.1.2 液化气货品对船舶材料的危害	√
11.1.3 液化气货品对环境的危害	√
11.1.4 液化气货品反应性危害	√
11.1.5 液化气货品燃烧和爆炸的危害	√
11.1.6 静电的危害	√
11.1.7 液化气货品毒性的危害	√
11.1.8 液化气货品的极低温的危害	√
11.1.9 液化气货品气体压力的危害	√
11.1.10 液化气货品的聚合反应的危害	√
11.2 液化气货品危害的控制措施	
11.2.1 防止中毒伤害的措施	√
11.2.2 防止冻伤伤害的措施	√
11.2.3 防止化学灼烧的措施	√
11.2.4 防止窒息伤害的措施	√
11.2.5 防止麻醉伤害的措施	√
11.2.6 防止货物反应的措施	√
11.2.7 防止材料低温冷脆的措施	√
11.2.8 防止结冰的措施	√
11.2.9 防止燃烧和爆炸的措施	√
11.2.10 防止舱气压力过高或过低的措施	√
11.2.11 防止静电的措施	√
12 液化气船相关的风险管理和船上人员安全	
12.1 密闭舱室内人员的预防与救助措施	√
12.2 液化气船安全工作做法，在进行维修和保养工作，包括影响泵系、管系、电气和控制系统的工作之前及期间采取的预防措施	√

考试大纲	适用对象 T05
12.3 热工和冷工作业的预防措施	√
12.4 电气安全预防措施	√
12.5 使用合适的个人防护设备(PPE)	√
12.6 冷灼伤及冻伤的预防措施	√
12.7 个人毒性监测装置的正确使用	√
13 船舶应急预案的制定与实施	
13.1 船舶应急预案的制定	√
13.2 对货物操作至关重要的系统或设施发生故障时应采取的行动	√
13.3 货物泄漏时的现象和应急操作	√
13.4 液化气货物的翻滚与压力冲击的有效防止措施	√
13.5 货物操作应急停止程序	√
13.6 货物应急关断系统(ESD)的操作	√
13.7 卸货泵故障时的应急操作	√
13.8 货物抛弃操作	√
13.9 船舶被有毒或易燃蒸气包围后的应急行动	√
13.10 密闭舱室内人员的预防与救助措施	√
13.11 《危险货物事故医疗急救指南》(MFAG)	√
13.12 液化气船安全工作做法	√
14 液化气船防污染	
14.1 液化气船对环境的污染及其途径	√
14.2 液化气船的防污规则和法规	√
14.3 液化气船防污染的措施	
14.3.1 污染源的控制	√
14.3.2 防止污染的证书与记录	√
14.4 液化气船防污染设备与器材	√
14.5 液化气船防污染的基本程序	√
15 与液化气船相关的国际公约与规范	
15.1 SOLAS 公约	√

考试大纲	适用对象 T05
15.2 MARPOL 公约	√
15.3 IMO 液化气体船规则	√
15.4 与液化气船有关的国际性指南	
15.4.1 液化气船安全指南	√
15.4.2 船岸液化气装卸作业原理指南	√
15.4.3 液化气船对船驳载指南	√
15.4.4 直升机和船舶作业指南	√
15.5 我国液化气船管理规则及港口规定	√
15.6 液化气船应配备的证书和文件	√
16 液化气船的船舶检查	
16.1 PSC/FSC 检查	√
16.2 石油公司 OCIMF 检查	√
16.3 国际组织和世界主要港口检查	√
16.4 船级检验	√

T06 客船船员特殊培训合格证

T061：客船上服务的除船长、高级船员和应变部署表中指定在船舶紧急情况下负责旅客安全的船员外的其他所有船员

T062：客船应变部署表中指定的其他在船舶紧急情况下对旅客负有安全责任的船员

T063：滚装客船应变部署表中指定的其他直接负责货物装卸和系固、关闭船体开口及在滚装处所负责旅客上下船的船员

考试大纲	适用对象		
	T061	T062	T063
1 在旅客舱室为旅客提供直接服务的人员的安全培训（如适用）			
1.1 适合于特定航线所载旅客的主要国籍的语言			
1.1.1 用所载旅客主要国籍语言在广播系统中通知	√		
1.1.2 培训或者甄选能用合适语言沟通的人员	√		
1.1.3 使用图片和视频	√		
1.2 使用基础英语词汇以表达基本指示的能力,为需要协助的旅客提供一种沟通手段			
1.2.1 使用基本的英语词汇量	√		
1.2.2 甄选出能够翻译语言的人员来传递信息	√		
1.3 尽可能应用旅客的母语向其传达完整的安全指令			
1.3.1 路线改变或标志不被理解的情形下使用旅客的母语进行说明	√		
1.3.2 应急信息不能被理解的情形采用旅客的母语进行讲解	√		
1.3.3 使用国际通用符号进行讲解	√		
1.4 旅客演示使用个人救生设备			
1.4.1 救生设备的种类	√		
1.4.2 救生设备的使用示意图	√		
1.4.3 简要说明救生设备的使用要领	√		
1.5 登乘程序			
1.5.1 正常的登乘程序	√		

考试大纲	适用对象		
	T061	T062	T063
1.5.2 紧急情况下撤离母船,登乘艇筏的程序	√		
2 拥挤人群管理培训			
2.1 针对旅客在紧急情况下的救生计划和管控方法			
2.1.1 旅客管理及撤离的应急计划和程序(如适用)	√	√	
2.1.2 紧急情况下安抚旅客的方法	√	√	
2.1.3 让旅客熟悉并使用逃生相关技能及设备的措施	√	√	
2.1.4 船上应变部署表及相关应急知识及标识的方法	√	√	
2.1.5 逃生时使用电梯、升降机的限制	√	√	
2.2 拥挤人群管理			
2.2.1 发出清楚而镇定人心的命令及应急声明的要求	√	√	
2.2.2 在走廊、楼梯和通道处进行管控旅客的方法	√	√	
2.2.3 保持逃生线路无障碍的措施	√	√	
2.2.4 撤离过程中对残疾人员和需要特别协助人员的保护方法	√	√	
2.2.5 对居住舱室和公共场所进行搜索的方法	√	√	
2.2.6 到达集合地点后人群管理的方法	√	√	
2.2.7 组织旅客离船的具体措施	√	√	
2.3 集合程序			
2.3.1 保持秩序的重要性及方法	√	√	
2.3.2 减少或避免恐慌的方法	√	√	
2.3.3 能正确使用旅客名单清点人数	√	√	
2.3.4 集合时对旅客强调合适着装的重要性	√	√	
2.3.5 指导和检查旅客正确穿着救生衣	√	√	
3 危机管理和人的行为培训			
3.1 船舶总体设计和布置			
3.1.1 甲板系统		√	
3.1.2 门和楼梯的编号		√	
3.1.3 紧急出口及其他的逃生方式的位置		√	
3.1.4 集合地点的分布		√	

考试大纲	适用对象		
	T061	T062	T063
3.1.5 所有救生设备的位置和使用		√	
3.1.6 客船总体布置图		√	
3.2 安全规则			
3.2.1 SOLAS 公约		√	
3.2.2 货物系固手册		√	
3.2.3 ISM 规则		√	
3.2.4 IMDG 规则		√	
3.2.5 国内法规		√	
3.3 应急计划及程序			
3.3.1 紧急情况的种类及概况		√	
3.3.2 使用有效的检查表以确保遵循正确的程序		√	
3.3.3 各种应急设备的概况		√	
3.3.4 求援通信		√	
3.3.5 阻烟及排烟		√	
3.3.6 可疑包裹的搜寻程序		√	
3.3.7 防污设备的位置及向港口或最近港口当局的报告程序		√	
3.3.8 紧急逃生撤离系统		√	
3.4 充分利用有限的应急资源			
3.4.1 在紧急状态下应急设备使用的限制及使用会引发的风险		√	
3.4.2 在紧急状态下影响人员活动的因素,包括疲劳、健康、年龄等		√	
3.4.3 在紧急状态下其他资源的使用限制		√	
3.4.4 保持船岸沟通		√	
3.5 能充分利用的人员和设备资源			
3.5.1 随时可用状态下的应急设备		√	
3.5.2 各应急状态下的人员分工及职责,并确保其适任其应急职务		√	

考试大纲	适用对象		
	T061	T062	T063
3.5.3 理解应变部署表中人员的职务通常决定其职责,但不表明其能力		√	
3.5.4 指派适任人员到相应位置		√	
3.6 组织逼真的演习以维持戒备状态			
3.6.1 应变演习的目的及作用		√	
3.6.2 应变演习的计划及编排要求		√	
3.6.3 应变演习的实施和部署		√	
3.6.4 应变演习结束后的效果评估		√	
3.6.5 对以往经验事故的学习及讨论		√	
3.7 对紧急情况的评估和反应			
3.7.1 紧张情绪对人的行为及指令执行产生的影响		√	
3.7.1.1 紧张状态下人体的非正常反应		√	
3.7.1.2 紧张情绪对思维方式的影响		√	
3.7.2 保持沉着、冷静、果断、树立榜样		√	
3.7.3 集中精力、快速决策		√	
3.7.4 激励旅客及其他人员的方法及其实施			
3.7.4.1 使用积极、主动的方式振奋精神		√	
3.7.4.2 真实、迅速地传递事态发展的信息及应对情况		√	
3.7.4.3 展现自身及团队的活跃性		√	
3.8 决策的关键环节			
3.8.1 对局面进行正确的评估		√	
3.8.2 对人员及设备资源进行统筹安排,并合理分配任务		√	
3.8.3 预估局面的发展态势,做出额外的预定计划		√	
3.9 在紧急情况下控制旅客和其他人员的能力			
3.9.1 在紧急情况下旅客和其他人员的一般反应方式,包括下列可能性			
3.9.1.1 一般人们要过一定时间才能接受有紧急情况的事实		√	

考试大纲	适用对象		
	T061	T062	T063
3.9.1.2 有些人可能惊慌失措,并且不以正常的理性行动;他们的理解能力可能受到损害;他们对指令的反应不如在非紧急情况时那样敏捷		√	
3.9.2 旅客和其他人员,除其他行动以外,可能			
3.9.2.1 在出现问题时的第一反应是开始寻找亲友和/或所有物		√	
3.9.2.2 躲避在其住舱或他们认为可能避开危险的船上其他地点		√	
3.9.2.3 当船舶横倾时,往往移动到较高一侧		√	
3.9.3 家人失散可能会引起惊慌失措的问题		√	
3.10 建立和保持有效沟通的方式			
3.10.1 沟通要求文字简练、条理清晰、内容准确		√	
3.10.2 重视旅客对信息的反馈,关心旅客的需求		√	
3.11 在紧急情况下为旅客提供信息的能力			
3.11.1 安排确认能用一种以上语言进行交流的船员到特定地点		√	
3.11.2 人员具备使用基本的短语能力,如识别甲板、辨认方向及简单的安定人心的应急信息		√	
3.11.3 确认其他能进行翻译的旅客,协助船员与旅客进行交流沟通		√	
3.11.4 当口头交流失效时,具备使用诸如演示、手势等其他方式的能力,包括指示位置、集合地点、救生设备或逃生路线		√	
3.11.5 演示救生衣穿着步骤和使用方法		√	
3.11.6 紧急状况或演习时,选择一种进行应急通知的语言,向旅客传达重要指示,在援助时使船员能够协助旅客		√	
4 旅客安全、货物安全和船体完整性培训			
4.1 装载及登船程序			
4.1.1 装卸车辆、轨道车及其他运输单元的操作			√
4.1.2 安全升降斜坡道的程序			√

考试大纲	适用对象		
	T061	T062	T063
4.1.3 安全收放汽车活动甲板的程序			√
4.1.4 安全上下旅客,对残疾人及需要援助人员的特殊照顾的程序			√
4.2 危险货物运输			
4.2.1 关于滚装客船装运危险货物的特殊防护、程序和要求			√
4.3 货物系固			
4.3.1 货物积载和系固安全操作规则的有关规定			√
4.4 稳性、吃水差和强度计算			
4.4.1 稳性和强度数据的使用			√
4.4.2 不同装载状态下的稳性及吃水差			√
4.4.3 甲板积载因素			√
4.4.4 调驳压载水和燃油对吃水差、稳性及强度的影响			√
4.5 船体开口的开启、关闭及紧固			
4.5.1 船体开口的开启、关闭及紧固的程序			√
4.5.2 密封检验的要求			√
4.6 滚装甲板舱内空气			
4.6.1 正确应用为船舶制定的在装卸车辆期间、在航行中和在紧急情况下,对滚装货舱进行通风的程序			√
4.7 监视滚装货物处所的设备			√

T07 大型船舶操纵特殊培训合格证

T07：中国籍大型船舶上服务的船长/大副

考试大纲	适用对象
	T07
1 大型船舶的构造特点及操纵性能	
1.1 船舶尺度、排水量及其导致角动量增加所带来的影响	
1.1.1 了解大型船舶的构造特点	√
1.1.2 船舶尺度对船舶操纵的影响	√
1.1.3 排水量及其导致角动量增加所带来的影响	√
1.2 不同装载状态下的操纵差异	
1.2.1 不同装载状态对舵效的影响	√
1.2.2 不同装载状态对旋回圈的影响	√
1.2.3 不同装载状态对航向稳定性的影响	√
1.2.4 不同装载状态对其他操纵方面的影响	√
1.3 开阔水域和受限水域的操纵差异	
1.3.1 风流对大型船舶在开阔水域和受限水域的操纵差异	√
1.3.2 开阔水域和受限水域的避让差异	√
1.3.3 开阔水域和受限水域的操纵方法差异	√
1.4 各类推进装置的使用，包括全方位推进器	
1.4.1 螺旋桨	√
1.4.2 侧推器	√
1.4.3 全方位推进器	√
1.5 水动力效应，包括浅水效应、船间效应	
1.5.1 浅水效应、保证足够的安全富余水深	√
1.5.2 船间效应、防止船吸和浪损	√
1.5.3 岸壁效应和斜坡效应	√
1.6 外力计算，包括风、流和拖力	
1.6.1 风动力及风动力转船力矩	√

考试大纲	适用对象 T07
1.6.2 水动力及水动力转船力矩	√
1.6.3 风致偏转	√
1.6.4 风致漂移	√
1.6.5 强风中操船的保向界限	√
1.6.6 流对操船的影响	√
1.6.7 大型船舶的拖船配置方式	√
1.6.8 大型船舶所需拖力估算及拖船数量	√
2 大型船舶的正常操纵	
2.1 引航水域的安全航行计划,备用方案的重要性	√
2.2 大型船舶停船与转向	√
2.3 大型船舶锚泊作业	
2.3.1 锚地安全水深	√
2.3.2 锚位选择	√
2.3.3 接近锚地的操纵要领	√
2.3.4 余速控制	√
2.3.5 浅水抛锚作业方法	√
2.3.6 深水抛锚作业方法	√
2.4 大型船舶靠离泊操作,包括拖船运用	
2.4.1 大型船舶靠泊操纵要领	√
2.4.2 大型船舶离泊操纵要领	√
2.4.3 大型船舶单点系泊操纵要领	√
2.4.4 大型船舶单点系泊的离泊操纵要领	√
2.4.5 大型船舶并靠操纵要领	√
2.4.6 大型船舶并靠离泊操纵	√
2.4.7 大型船舶靠泊时拖船运用	√
2.4.8 大型船舶离泊时拖船运用	√
2.5 恶劣天气下船舶顶浪航行和顺浪航行,避免谐摇、参数横摇	
2.5.1 偏顶浪与Z字航行	√

考试大纲	适用对象
	T07
2.5.2 滞航	√
2.5.3 顺航	√
2.5.4 漂滞	√
2.5.5 恶劣天气下船舶掉头	√
2.5.6 避台操纵	√
2.5.7 避免谐摇、参数横摇	√
3 大型船舶的应急操纵(识别各种应急及其应对策略)	
3.1 主机、舵机、罗经以及其他设备故障的应急操纵特点	
3.1.1 海上失控应急	√
3.1.2 狭水道失控应急	√
3.1.3 主机失控时的应对措施	√
3.1.4 舵失控时的应急处置措施	√
3.2 碰撞、搁浅等事故的应急操纵的要点	
3.2.1 碰撞事故的应急操纵要点	√
3.2.2 搁浅事故的应急操纵要点	
3.2.2.1 搁浅后的应急处理	√
3.2.2.2 脱浅方法	√
3.3 人员落水后的应急处置和救助方法	
3.3.1 发现人员落水后的应急措施	√
3.3.2 救助落水人员的操船方法	√
3.3.3 救助落水人员	√

T081 高速船船员特殊培训合格证(船长和驾驶员)

T081:高速船上服务的船长和驾驶员

考试大纲	适用对象
	T081
1 高速船基本知识	
1.1 高速船的概念、类型和等级	√
1.2 各类型高速船的操纵性能和航行特点	√
1.3 主推进动力装置的类型、结构和工作原理	√
1.4 高速船操纵系统的构成	√
1.5 高速船操纵特性和限制的操纵条件	√
1.6 与避碰相关的法律、法规	
1.6.1《中华人民共和国高速客船安全管理规则》	√
1.6.2《中华人民共和国内河避碰规则》	√
1.6.3《1972年国际海上避碰规则》	√
1.6.4《2000年国际高速船安全规则》	√
1.7 船上所有推进和控制系统,包括:通信和航行设备,操纵、电气、液压与气动系统,以及舱底泵和消防泵	√
1.8 控制、操纵和推进系统的故障模式和针对故障采取的正确措施	√
2 消防、救生、通信	
2.1 应急情况下旅客撤离程序	√
2.2 驾驶台通信和航行程序	√
2.3 应急情况下通信联络的方法	√
2.4 客船上应急情况下与旅客联络的方法	√
2.5 货船上的货物及车辆系固方面的知识	√
2.6 船舶操纵和应急程序	√
2.7 客船上旅客的管理	√
3 高速(客)船破损控制	
3.1 完整浮力、水密及风雨密完整性的相关要求	

考试大纲	适用对象 T081
3.1.1 完整浮力	√
3.1.2 水密分隔的开口	√
3.1.3 指示器和监控	√
3.1.4 上层建筑的完整性	√
3.1.5 在风雨密处所限界内的门窗	√
3.1.6 舱口和其他开口	√
3.1.7 泄水孔、进水孔和排水孔	√
3.1.8 空气管	√
3.1.9 排水口	√
3.1.10 对于破损后排水状态下的浮力与稳性	√
3.1.11 对高速客船的特别要求	√
3.2 船上破损控制计划和组织	
3.2.1 检查浮力舱的完整性	√
3.2.2 浮力、稳性和分舱的应用	√
3.2.3 船体设备检查	√
3.2.4 破损控制	√
4 高速船安全生产和管理	
4.1 高速船日常安全管理	
4.1.1 高速(客)船开航前的准备工作	√
4.1.2 防洪、枯水、雾季、浅窄航段安全航行注意事项	√
4.1.3 有关安全管理规定至少包括《中华人民共和国高速客船安全管理规则》《中华人民共和国海船船员值班规则》	√
4.1.4 有关对船员工作时间、作息的限制和防止疲劳的任何其他措施,包括足够的休息周期	√
4.2 高速船应急管理	
4.2.1 高速(客)船报警信号及应变部署表	√
4.2.2 各种情况下的应急反应程序,包括:碰撞、搁浅、进水、全船失电、主机失灵、紧急伤病、触电、电气灾害	√
4.2.3 应急情况下的旅客管理	√

T082 高速船船员特殊培训合格证(轮机长和轮机员)

T082:高速船上服务的轮机长和轮机员

考试大纲	适用对象
	T082
1 高速船概况	
1.1 高速船的概念、类型和等级	√
1.2 高速船所有推进和控制系统,包括:通信和航行设备,操纵、电气、液压与气动系统,以及舱底泵和消防泵方面的知识	√
1.3 控制、操纵和推进系统的故障模式和针对故障采取的正确措施	√
1.4 船舶的操纵特性和限制的操纵条件	√
1.5 高速船的特性	
1.5.1 动力支撑型船舶	√
1.5.2 排水型船舶	√
2 高速船动力装置	
2.1 主机类型和特点	
2.1.1 高速柴油机	√
2.1.2 燃气轮机	√
2.2 推进装置的组成和原理(根据型式要求选学)	
2.2.1 喷水式推进装置	√
2.2.2 风动推进装置	√
2.3 舵的类型、特性、组成和工作原理	√
2.4 减速齿轮箱的类型和工作原理	√
2.5 船舶首、尾提升(防浪)装置的结构和基本原理(根据型式要求选学)	√
2.6 轮机自动化	
2.6.1 轮机自动化基础知识	√
2.6.2 主机遥控装置的主要功能	√
2.6.3 机舱重要设备的自动控制原理	√
2.6.4 机舱报警系统的工作原理	√

考试大纲	适用对象
	T082
2.7 高速船动力装置的维护与保养	√
2.8 合理储备燃油	√
3 轮机操纵系统	
3.1 启动、停车系统工作原理	√
3.2 调速系统工作原理	√
3.3 换向系统工作原理	√
3.4 操舵系统	√
3.5 操纵方式转换条件及转换程序	√
3.6 高速船应急系统	√
3.7 机舱集中控制和驾驶台遥控相互转换条件及工作原理	√
3.8 驾驶台对主、辅机等设备运转的监控要求	√
3.9 备用操纵系统的组成、工作原理	√
3.10 轮机操纵系统的定期维护与保养	√
4 高速船电力系统	
4.1 操纵系统的主工作电路	√
4.2 操纵系统的应急电路	√
4.3 高速船供配电组成以及岸电管理	√
4.4 操纵电路系统的维护保养	√
5 高速船监控及消防、救生、通信系统	
5.1 高速船监控系统	
5.1.1 监控系统的常用仪表和仪器	√
5.1.2 监控系统的检测功能	√
5.1.3 监控系统的报警功能	√
5.1.4 监控系统的安全保护功能	√
5.1.5 监控系统的维护与保养	√
5.2 消防、救生及通信系统	
5.2.1 驾驶室通信和航海程序	√
5.2.2 完整与破舱稳性,以及在破损情况下船舶的残存能力	√

考试大纲	适用对象 T082
5.3 货物和车辆的存放系固系统	√
6 高速船轮机管理	
6.1 高速船相关安全法规	√
6.2 高速船轮机部职责	√
6.3 高速船轮机日常管理	√
6.4 高速船消防系统、应急照明系统和有关救生规定	√

T09 船舶装载散装固体危险和有害物质作业船员特殊培训合格证

T09：装载散装固体危险和有害物质船上负责货物作业的船长、高级船员和普通船员

考试大纲	适用对象
	T09
1 基本原理	
1.1 特性和性质	
1.1.1 固体散装货物的物理性质	√
1.1.2 固体散装货物的化学特性	√
1.2 具有化学危害性物质的分类和隔离	
1.2.1 具有化学危害性物质的种类	√
1.2.2 具有化学危害性物质的隔离	√
1.3 健康危害	√
1.4 公约、规则及建议	
1.4.1 SOLAS 公约第Ⅱ-2 章和第Ⅶ章的有关要求	√
1.4.2《国际海运固体散装货物规则》(IMSBC)	√
1.4.3《海运固体散装货物安全监督管理规定》	√
1.4.4《船舶载运危险货物安全监督管理规定》	√
1.4.5 船舶安全管理体系中有关散装固体货物的操作规定,包括相应的保安程序	√
2 船上应用	
2.1 第 4.1 类易燃固体、4.2 类易自燃物质、4.3 类与水接触放出易燃气体物质的运输要求	
2.1.1 积载	√
2.1.2 隔离	√
2.1.3 安全预防措施	√
2.2 第 5.1 类氧化物质的运输要求	
2.2.1 积载	√

考试大纲	适用对象
	T09
2.2.2 隔离	√
2.2.3 安全预防措施	√
2.3 第6.1类有毒物质的运输要求	
2.3.1 积载	√
2.3.2 隔离	√
2.3.3 安全预防措施	√
2.4 第7类放射性物质的运输要求	
2.4.1 常运放射性物质的种类及性质	√
2.4.2 积载	√
2.4.3 隔离	√
2.4.4 安全预防措施	√
2.5 第8类腐蚀性物质的运输要求	
2.5.1 受潮物质引起的危险	√
2.6 第9类杂项危险物质和物品的运输要求	
2.6.1 积载	√
2.6.2 隔离	√
2.6.3 安全预防措施	√
2.7 安全注意事项和应急程序	
2.7.1 货物在舱室中发生移动	√
2.7.2 舱室内形成爆炸条件以及缺氧	√
2.7.3 进入封闭处所应采取的预防措施	√
2.7.4 船载各类危险和有毒物质发生火灾可能引起的后果	√
2.7.5 货物处所内的电气安全	√
2.7.6 船舶装载危险品告示及其应告示的内容、粘贴部位和份数的相关知识	√
2.7.7 应急计划和程序	√
2.8 医疗急救	√

T10 船舶装载包装危险和有害物质作业船员特殊培训合格证

T10：装载包装危险和有害物质作业船上负责
货物作业的船长、高级船员和普通船员

考试大纲	适用对象 T10
1 基本原理	
1.1 特性和性质	√
1.2 具有化学危害性的物质的分类	
1.2.1 危险货物的分类	√
1.2.2 海洋污染物	√
1.3 健康危害	
1.3.1 有毒物质的危害	√
1.3.2 放射性物质的危害	√
1.3.3 腐蚀品及其他物质的危害	√
1.4 公约、规则及建议	
1.4.1 SOLAS 公约第Ⅱ-2 章和第Ⅶ章的有关要求	√
1.4.2 MARPOL 73/78 附则Ⅲ的有关要求	√
1.4.3《国际海运危险货物规则》(IMDG 规则)相关要求	
1.4.3.1 有关申报、单证、包装、标志和标牌等要求的基本知识	√
1.4.3.2 货物集装箱和车辆装载；可移动罐柜、罐式箱、公路罐车以及用于运输危险货物的其他组件	√
1.4.4《船舶载运危险货物安全监督管理规定》	√
1.4.5 船舶安全管理体系中有关危险货物的操作规定，包括相应的保安程序	√
2 船上应用	
2.1 第 1 类爆炸品的运输要求	
2.1.1 爆炸品 6 小类别和 13 种配装类	√
2.1.2 包装类型	√
2.1.3 积载	√

考试大纲	适用对象 T10
2.1.4 隔离	√
2.1.5 安全和预防措施	√
2.2 第2类气体（压缩、液化或压力下溶解的）的运输要求	
2.2.1 压力容器和可移动罐柜的类型，包括其适用的安全释放装置和关闭装置	√
2.2.2 积载要求	√
2.3 第3类易燃液体的运输要求	
2.3.1 包装类型	√
2.3.2 积载	√
2.3.3 隔离	√
2.3.4 安全预防措施	√
2.4 第4.1类易燃固体的运输要求	
2.4.1 包装类型	√
2.4.2 积载	√
2.4.3 隔离	√
2.4.4 安全预防措施	√
2.5 第4.2类易自燃物质的运输要求	√
2.6 第4.3类与水接触放出易燃气体的物质的运输要求	√
2.7 第5.1类氧化物质的运输要求	
2.7.1 包装类型	√
2.7.2 积载	√
2.7.3 隔离	√
2.7.4 安全预防措施	√
2.8 第5.2类有机过氧化物的运输要求	√
2.9 第6.1类有毒物质的运输要求	
2.9.1 包装类型	√
2.9.2 积载	√
2.9.3 隔离	√

考试大纲	适用对象 T10
2.9.4 安全预防措施	√
2.10 第6.2类感染性物质的运输要求	√
2.11 第7类放射性物质的运输要求	
2.11.1 包装类型	√
2.11.2 积载	√
2.11.3 隔离	√
2.12 第8类腐蚀性物质的运输要求	
2.12.1 包装类型	√
2.12.2 积载	√
2.12.3 隔离	√
2.12.4 安全预防措施	√
2.13 第9类杂类危险物质和物品的运输要求	
2.13.1 未归入1~8类危险物质和物品的运输要求	√
2.13.2 交付运输时温度大于或等于100 ℃的液体物质及温度大于或等于240 ℃的固体物质的运输要求	√
2.13.3 海洋污染物的运输要求	√
2.14 安全措施和应急程序	
2.14.1 货物处所的电气安全	√
2.14.2 进入缺氧、有毒或可燃气体的舱室内测量及预防措施	√
2.14.3 溢漏或火灾的安全措施和应急程序	√
2.14.4 危险物质事故的应急计划和应急程序	√
2.15 医疗急救,包括危险货物事故医疗急救指南及其应用	√
2.16 人员安全,包括安全设备、测量仪器及其使用、实际应用以及对结果的解释	√

T11 使用气体或者其他低闪点燃料船舶船员基本培训合格证

T11：使用气体或者其他低闪点燃料船舶上服务的船员

考试大纲	适用对象 T11
1 有效促进适用 IGF 规则的船舶的安全操作	
1.1 适用 IGF 规则的船舶的设计和操作特点	
1.1.1 气体燃料发动机的结构特点和工作原理	√
1.1.2 气体燃料发动机的自动控制系统	√
1.1.3 气体燃料发动机的工作特点	√
1.1.4 气体燃料发动机的操作程序	√
1.1.5 气体燃料辅助装置	√
1.2 适用 IGF 规则的船舶，其燃料系统和燃料存储系统的基本知识	
1.2.1 IGF 规则所规定的燃料	√
1.2.2 适用 IGF 规则的燃料系统的类别	√
1.2.3 适用 IGF 规则的船舶燃料在大气状态下、低温条件下、压缩状态下的存储	√
1.2.4 适用 IGF 规则的船舶的燃料存储系统的总布置图	√
1.2.5 适用 IGF 规则的船舶危险区域的等级划分	√
1.2.6 典型的防火安全计划	√
1.2.7 适用 IGF 规则的船舶监视、控制和安全体系	√
1.3 适用 IGF 规则的船舶上装载的低闪点燃料的物理特性	
1.3.1 属性和特点	√
1.3.2 压力和温度，包括蒸气压/温度之间的关系	√
1.4 适用 IGF 规则的船舶低闪点燃料和低闪点燃料存储系统操作的基本知识	
1.4.1 管路系统和控制阀门	√
1.4.2 常温常压、压缩或低温存储	√
1.4.3 减压系统和保护网	√
1.4.4 燃料加注系统和燃料加注基本操作	√

考试大纲	适用对象
	T11
1.4.5 低温事故的预防	√
1.4.6 低闪点燃料泄漏监控和探测	√
1.5 认识和理解适用 IGF 规则的船舶上的安全要求和安全管理	
1.5.1 适用 IGF 规则船舶的应急反应组织机构和应急程序	√
1.5.2 适用 IGF 规则船舶的燃料防止环境污染的规定和措施	√
2 采取措施防止适用 IGF 规则的船舶上的危害产生	
2.1 与适用 IGF 规则的船舶操作相关的危害的基本知识	
2.1.1 对人体健康的危害	√
2.1.2 对环境的危害	√
2.1.3 反应性危害	√
2.1.4 腐蚀性危害	√
2.1.5 燃烧、爆炸和易燃危险	√
2.1.6 火源	√
2.1.7 静电危害	√
2.1.8 有毒性危害	√
2.1.9 蒸气泄漏和积聚	√
2.1.10 极低的温度	√
2.1.11 高压危害	√
2.1.12 燃料批次差异	√
2.2 危害控制的基本知识	
2.2.1 清空、惰化、干燥和监控技术	√
2.2.2 防静电措施	√
2.2.3 通风	√
2.2.4 分隔	√
2.2.5 抑制	√
2.2.6 防止燃烧、火灾和爆炸的措施	√
2.2.7 大气的控制	√
2.2.8 气体测试	√

考试大纲	适用对象
	T11
2.2.9 防止低温损伤	√
2.3 适用 IGF 规则的船舶燃料的特性	
2.3.1 适用 IGF 规则的船舶燃料种类	√
2.3.2 适用 IGF 规则的船舶燃料安全资料表	√
3 适用职业健康和安全防范及措施	
3.1 对气体测量仪器和类似设备的功能的认识	
3.1.1 气体测试	√
3.2 特殊安全设备和防护装备的合理运用	
3.2.1 呼吸器	√
3.2.2 防护服	√
3.2.3 人工呼吸器(氧气复苏器)	√
3.2.4 营救和逃生设备	√
3.3 安全工作准则和程序的基本知识,该准则和程序应与 IGF 规则适用船舶相关的立法、行业指南和船舶安全相一致	
3.3.1 进入危险空间和区域前应采取的预防措施	√
3.3.2 修理和保养工作前和期间应采取的预防措施	√
3.3.3 热工作和冷工作的安全措施	√
3.4 参照安全资料表,急救措施的基本知识	
3.4.1 不同类型人体伤害的急救措施	√
3.4.2 基本药品的认知和使用	√
4 在 IGF 规则适用的船舶上进行消防灭火操作	
4.1 在 IGF 规则适用的船舶上采取的灭火组织和灭火行动	
4.1.1 船舶火灾的预防和行动	√
4.1.2 适用 IGF 规则船舶的火灾特点及危害	√
4.1.3 适用 IGF 规则船舶的火源及其控制	√
4.2 在 IGF 规则适用的船舶上燃料系统和燃料处理中伴随的特殊危险	
4.2.1 燃料系统及燃料充装过程中的火灾特殊危险	√

考试大纲	适用对象
	T11
4.3 结合 IGF 规则适用船舶上的不同种类的燃料,用以控制和扑灭火灾的灭火剂和方法	
4.3.1 适用 IGF 规则船舶的消防设备和灭火剂	√
4.3.2 适用 IGF 规则船舶的火灾类型及灭火措施	√
4.4 消防系统的操作	
4.4.1 固定式灭火系统的操作	√
4.4.2 便携式灭火器的操作	√
5 应急反应	
5.1 应急程序的基本知识,包括紧急关闭	
5.1.1 应急组织机构的目的和要求	√
5.1.2 燃料系统及机械设备故障报警方式信号	√
5.1.3 应急行动计划	√
6 采取预防措施防止 IGF 规则适用船舶上发现燃料泄漏导致的环境污染	
6.1 在适用 IGF 规则的船舶燃料发生泄漏/溢出/排出的情况下,应采取的措施的基本知识	
6.1.1 需要将相关信息报告给负责人员	√
6.1.2 对船舶燃料泄漏/溢出/排出应急程序的认识	√
6.1.3 当应对 IGF 规则规定的燃料溢出/泄漏时,对人员合理保护的认识	√

T12 使用气体或者其他低闪点燃料船舶船员高级培训合格证

T12：使用气体或者其他低闪点燃料船舶上服务的其他对燃料和燃料系统的管理、操作负有直接责任的船员

考试大纲	适用对象
	T12
1 适用 IGF 规则的船舶的基础知识	
1.1 适用 IGF 规则的船舶的一般知识	
1.1.1 IGF 船舶的由来	√
1.1.2 IGF 船舶的燃料系统	√
1.2 适用 IGF 规则的船舶的简单化学、物理学以及燃料加注和使用的相关定义	
1.2.1 适用 IGF 规则的船舶使用的不同燃料的化学结构	√
1.2.2 适用 IGF 规则的船舶使用的低闪点燃料的性质和特点	
1.2.2.1 简单的物理定律	√
1.2.2.2 物质状态	√
1.2.2.3 液体和蒸气密度	√
1.2.2.4 低温燃料的蒸发和气化	√
1.2.2.5 气体的压缩和膨胀	√
1.2.2.6 气体的临界压力和临界温度	√
1.2.2.7 闪点、可燃上限和可燃下限、自燃温度	√
1.2.2.8 饱和蒸汽压力、参考温度	√
1.2.2.9 露点和始沸点	√
1.2.2.10 水合物的形成	√
1.2.2.11 燃烧性能：发热值	√
1.2.2.12 甲烷值、爆震	√
1.2.2.13 IGF 规则所指燃料的污染特性	√
1.2.3 单一液体的性质	√
1.2.4 热力单位	√
1.2.5 热力学基本定律和图表	√

考试大纲	适用对象 T12
1.2.6 低温液体燃料的低温影响,包括脆性开裂	√
1.3 理解安全资料表(SDS)包含的关于 IGF 规则所指燃料的信息	
1.3.1 SDS 的作用和内容组成	√
1.3.2 SDS 中燃料信息的描述	√
2 对适用 IGF 规则的船舶的推进装置和轮机系统和伺服设备、安全设备有关的燃料的操作控制	
2.1 船舶动力装置的工作原理	
2.1.1 结构特点和工作原理	√
2.1.2 自动控制系统	√
2.1.3 工作特点	√
3 能够安全进行并监控与适用 IGF 规则的船舶所使用燃料相关的所有作业	
3.1 适用 IGF 规则的船舶的船舶设计、系统和设备方面的知识	
3.1.1 不同主机的燃料系统	√
3.1.2 总体布置和结构	√
3.1.3 适用 IGF 规则的船舶的燃料储存系统,包括结构材料和绝缘材料	√
3.1.4 船上的燃料装卸设备及仪器	
3.1.4.1 燃料泵和泵系布置	√
3.1.4.2 燃料管系	√
3.1.4.3 膨胀装置	√
3.1.4.4 防火网	√
3.1.4.5 温度监控系统	√
3.1.4.6 燃料舱液位计量系统	√
3.1.4.7 燃料舱压力监测与控制系统	√
3.1.5 低温燃料舱的温度和压力保持	√
3.1.6 燃料系统气体控制系统(惰气、氮气),包括储存、产生和分配系统	√
3.1.7 毒性和可燃性气体探测系统	√
3.1.8 燃料应急关断系统(ESD)	√

考试大纲	适用对象 T12
3.2 对燃料系统理论和特性的知识,包括 IGF 船舶的燃料系统泵的类型及其安全操作	
3.2.1 低压泵	√
3.2.2 高压泵	√
3.2.3 气化器	√
3.2.4 加热器	√
3.2.5 压力恢复装置	√
3.3 对安全程序和燃料泵送作业检查表的知识	
3.3.1 惰化	√
3.3.2 冷却	√
3.3.3 初装	√
3.3.4 压力控制	√
3.3.5 燃料加温	√
3.3.6 排空系统	√
4 计划和监控适用 IGF 规则的船舶的燃料安全加注、存放和保护	
4.1 使用船上有关 IGF 规则燃料加注、存放和保护的所有可用数据的能力	
4.1.1 适用 IGF 规则的船舶的燃料加注	√
4.1.2 适用 IGF 规则的船舶的燃料存放和保护	√
4.2 在船舶与码头、卡车或者燃料供应船之间建立清晰简明通信的能力	
4.2.1 语言	√
4.2.2 基本信息术语	√
4.2.3 警告(信号和照明)	√
4.2.4 通信故障应急程序	√
4.3 关于适用 IGF 规则的船舶的机器操作、燃料和控制系统的安全和应急程序的知识	
4.3.1 适用 IGF 规则的船舶的机器操作、燃料和控制系统的安全和应急程序	√
4.4 熟练进行适用 IGF 规则的船舶的燃料加注系统的操作	
4.4.1 燃料加注程序	√

考试大纲	适用对象 T12
4.4.2 应急程序	√
4.4.3 船-岸、船-船接口	√
4.4.4 防止翻滚	√
4.5 熟练进行燃料系统测量和计算,包括	
4.5.1 最大填充量	√
4.5.2 船上载有数量(OBQ)	√
4.5.3 最少船上剩余数量(ROB)	√
4.5.4 燃料消耗计算	√
4.6 在港内和海上确保燃料加注及与船上作业并行的其他 IGF 规则燃料相关作业的安全管理的能力	
4.6.1 抵近、锚泊、驳运和解缆操作安全管理	√
4.6.2 进入危险处所(如封闭处所/液舱)安全管理	√
5 采取预防措施防止适用 IGF 规则的船舶的燃料泄漏造成的环境污染	
5.1 对人和环境所造成污染的影响方面的知识	
5.1.1 船舶燃料造成污染的主要途径	√
5.1.2 船舶燃料对大气的污染	√
5.1.3 船舶燃料对海洋的污染	√
5.2 溢出、泄漏、排气情况下采取措施的知识	
5.2.1 燃料溢出、泄漏、排气的信息报告	√
5.2.2 燃料溢出、泄漏、排气的控制程序	√
6 监督和控制对法定要求的遵守	
6.1《国际防止船舶造成污染公约》(MARPOL)的相关规定和其他普遍采用相关的国际海事组织(IMO)文件、行业指南和港口规则的知识和理解	
6.1.1《国际防止船舶造成污染公约》(MARPOL)的相关规定	√
6.1.2 其他普遍采用相关的国际海事组织(IMO)文件、行业指南和港口规则	√
6.2 熟练使用 IGF 规则和相关文件	
6.2.1 IGF 规则和相关文件	√
7 采取预防措施以防止危害	

考试大纲	适用对象 T12
7.1 与适用 IGF 规则的船舶的燃料系统操作有关的危害及其控制措施的知识和理解	
7.1.1 易燃性	√
7.1.2 爆炸性	√
7.1.3 毒性	√
7.1.4 反应性	√
7.1.5 腐蚀性	√
7.1.6 对人体健康的危害	√
7.1.7 惰气组成	√
7.1.8 静电危害	√
7.1.9 压缩气体	√
7.1.10 低温	√
7.2 熟练校准和使用适用 IGF 规则的船舶上的监测及燃料探测系统、仪器和装置	
7.2.1 便携式气体测量仪器	√
7.2.2 燃料探测系统	√
7.3 不遵守相关规范、规则的危险方面的知识和理解	
7.3.1 不符合相关规范/规则的危险	√
7.3.2 危害控制的基本知识	√
7.4 适用 IGF 规则的船舶的风险评估方法分析的知识和理解	
7.4.1 风险评估的目的	√
7.4.2 风险评估的方法	√
7.5 对适用 IGF 规则的船舶的风险详细阐述并进行风险分析的能力	
7.5.1 所存在的风险	√
7.5.2 风险分析的知识	√
7.6 详细阐述并制订适用 IGF 规则的船舶的安全计划和安全须知的能力	
7.6.1 船舶计划和安全须知的重要性	√
7.6.2 船舶计划和安全须知的组成	√

考试大纲	适用对象 T12
7.7 热工作业、围闭处所及液舱进入的知识,包括许可程序	
7.7.1 进入危险处所(如封闭处所/液舱)和相连区域前的预防措施	√
7.7.2 热工作业和冷工作业的安全措施	√
8 IGF 规则船上防火、控制火灾和灭火以及灭火系统知识	
8.1 IGF 规则燃料火灾的探测、控制和灭火方法及消防设备的知识	
8.1.1 船舶火灾的预防和行动	√
8.1.2 适用 IGF 规则的船舶的火灾特点及危害	√
8.1.3 适用 IGF 规则的船舶的消防设备和灭火剂	√
8.1.4 适用 IGF 规则的船舶的火灾类型及灭火措施	√

T13 极地水域船舶操作船员基本培训合格证

T13：极地水域航行船舶上服务的船长和驾驶员

考试大纲	适用对象
	T13
1 冰与冰区	
1.1 冰的基础知识	
1.1.1 冰的物理性质	√
1.1.2 冰的形成、演变、成长、老化和融化	√
1.1.3 冰的术语	√
1.1.4 冰的种类和密集度	√
1.2 冰的压力和摩擦力	
1.2.1 冰的压力与分布	√
1.2.2 冰的摩擦	√
1.3 船舶飞沫积冰	
1.3.1 飞沫积冰的成因	√
1.3.2 飞沫结冰的影响，积冰的危险	√
1.3.3 避免积冰的预防措施	√
1.3.4 积冰时的行动	√
1.4 不同区域的冰情	
1.4.1 南极与北极冰情差异	√
1.4.2 一年冰与多年冰、海冰与陆冰	√
1.5 冰情信息识读	
1.5.1 天气对冰情的影响	√
1.5.2 运用冰图识别冰情	
1.5.2.1 冰情报告(蛋形图)的识读	√
1.5.2.2 可见光和红外卫星信息(彩色冰情图)的识读	√
1.5.3 冰映光和水照云光的产生与识别	√
1.6 冰山和浮冰的运动	

考试大纲	适用对象 T13
1.6.1 冰山和浮冰在风和流影响下的漂移规律	√
1.6.2 冰区潮汐和海流	√
1.6.3 风流对冰的影响	√
2 船舶在冰区和低温中的性能	
2.1 极地船舶的特性	
2.1.1 极地船舶的定义	√
2.1.2 极地船舶的分类	√
2.1.3 极地船舶的特点	√
2.1.4 极地船舶的船型	√
2.2 船舶船体设计	
2.2.1 船体材料与涂层	√
2.2.2 船体形状设计	√
2.2.3 舵设备和船体附件	√
2.3 冰区航行的轮机规定	
2.3.1 主推进装置	√
2.3.2 操舵装置	√
2.3.3 甲板设备	√
2.3.4 电气设备	√
2.3.5 侧推器、辅助破冰系统等其他辅助设备	√
2.4 冰区加强	
2.4.1 冰区加强措施	√
2.4.2 冰情分级及其局限性	√
2.5 船舶防冻,包括甲板和轮机	√
2.6 低温下船舶系统的性能	
2.6.1 防止海水管系冰塞的措施	√
2.6.2 海底门的除冰措施	√
2.7 船舶在结冰和低温条件下的局限性	
2.7.1 结冰和低温条件下设备和机械限制	√

考试大纲	适用对象 T13
2.7.2 船体受到的冰压	√
2.8 海水吸口、进水口、上层建筑的保温和特殊系统	
2.8.1 海水吸口、进水口	√
2.8.2 上层建筑的保温	√
2.8.3 特殊系统	√
3 船舶在冰区航行与操作	
3.1 在冰区航行的安全航速	
3.1.1 危及船舶航行安全的冰况	√
3.1.2 通过冰区的速度控制	√
3.1.3 破冰船护航编队的安全航速	√
3.2 船舶压载舱管理	
3.2.1 容易发生冰冻的压载舱	√
3.2.2 对压载舱的监测	√
3.3 极地水域货物操作	
3.3.1 极地水域货物的装卸	√
3.3.2 极地水域货物的管理	√
3.3.3 极地水域人员上下船安全	√
3.4 机器负荷与冷却	
3.4.1 极地水域航行对船舶动力设备的主要影响	√
3.4.2 船舶动力设备应对极地水域航行采取的主要措施	√
3.5 冰区航行安全程序	
3.5.1 对穿越冰区的安全评估	√
3.5.2 穿越稀疏冰和密集冰	√
3.5.3 进入冰区的方法	√
3.5.4 冰区航行检查表	√
4 极地水域航行的法律法规	
4.1 极地水域航行的国际公约、规则与指南	
4.1.1 南极条约	√

考试大纲	适用对象 T13
4.1.2 极地规则	√
4.1.3 极地水域航行船舶发生事故的报告	√
4.1.4 远离搜救设施的客船航行指南	√
4.1.5 偏远地区客船航行计划指南	√
5 应对意外事件的安全做法	
5.1 极地水域搜救局限性和应急计划意识	
5.1.1 搜救力量不足,包括 A4 海区搜救通信设施的局限性	√
5.1.2 应急计划	√
5.2 制定并实施在极地水域中船员作业的安全程序	√
5.3 极地水域海员职业健康、安全与保障	
5.3.1 低温环境下船员所面临的危险	√
5.3.2 极地水域海员因寒冷导致的疲劳、医疗急救情况	√
5.3.3 极地水域海员船员福利	√
5.4 救生规定,包括使用救生设备	√
5.5 极地水域船舶与设备保护	
5.5.1 冰区航行中常见船体和设备损坏以及预防措施	√
5.5.2 上层建筑和甲板结冰对稳性和吃水差的影响	√
5.5.3 防止并去除结冰,包括积冰的因素	√
5.6 噪声和振动导致人员疲劳	√
5.7 储备需求,例如燃料、食品和备用衣物	√
6 极地水域环境保护	
6.1 极地水域航行应特别关注的防污海域及防污要求	
6.1.1 特别敏感海域	√
6.1.2 禁航区和避航区	√
6.1.3 MARPOL 公约规定的特殊区域	√
6.2 溢油回收设备的缺陷	√
6.3 极地水域船舶垃圾、舱底污水和生活污水排放要求	√
6.4 极地水域船舶垃圾、舱底污水和生活污水处理	√

考试大纲	适用对象
	T13
6.5 船舶补给、修理等设施不足	√
6.6 冰区发生溢油和环境污染	√

T14 极地水域船舶操作船员高级培训合格证

T14：极地水域航行船舶上服务的船长/大副

考试大纲	适用对象
	T14
1 极地水域航次计划知识	
1.1 信息源	
1.1.1 极地水域海图和航海出版物的获取	√
1.1.2 冰情资料的获取	√
1.1.3 极地水域船舶报告制度	
1.1.3.1 北极东北航道船舶报告制度	√
1.1.3.2 北极西北航道船舶报告制度	√
1.2 极地水域航线设计	
1.2.1 航线设计原则	√
1.2.2 航线设计	√
1.3 信息源的可靠性识别	
1.3.1 极地水域水文信息的可靠性辨识	√
1.3.2 极地水域海图和航海出版物的局限性辨识	√
1.4 根据动态冰况调整计划航线	√
2 极地水域通信导航设备的局限性知识	
2.1 船舶导航仪器和设备	
2.1.1 无线电指向标(GPS差分台)、罗兰C台链等地面导航设备的局限性	√
2.1.2 陀螺罗经、磁罗经、卫星罗经等指向设备的使用及其局限性	√
2.1.3 航海雷达使用的局限性	√
2.1.4 测深仪、计程仪等水声导航设备的使用及其局限性	√
2.1.5 GPS、GLONASS、BDS等卫星导航设备的使用及其局限性	√
2.2 极地水域航海出版物的局限性	√
2.3 极地水域通信系统及其局限性	
2.3.1 极地水域通信设备	√

考试大纲	适用对象 T14
2.3.2 地面通信系统、卫星通信系统在极地水域的局限性	√
2.3.3 极地水域通信任务与程序	√
3 冰区航行值班和船舶操纵知识	
3.1 进入冰区前的风险评估与船舶操纵准备	
3.1.1 船舶冰区操纵的风险评估	√
3.1.2 船舶进入冰区前的操纵准备	√
3.2 极地水域船舶通信	
3.2.1 与破冰船的通信	√
3.2.2 与其他船舶的通信	√
3.2.3 与搜救协调中心的通信	√
3.3 安全进出冰区的条件	
3.3.1 进出水道、裂缝	√
3.3.2 进出冰区开阔水面	√
3.3.3 避开冰山和危险冰况	√
3.4 撞冰技术	
3.4.1 撞冰的安全原则	√
3.4.2 撞冰的程序	
3.4.2.1 单向撞冰	√
3.4.2.2 双向撞冰	√
3.5 驾驶台值班人员的特殊要求	
3.5.1 驾驶台值班人员的能力要求	√
3.5.2 驾驶台值班人员的安排	√
3.6 冰区航行雷达观测	
3.6.1 不同冰况的雷达回波特点	√
3.6.2 冰山的雷达观测距离	√
3.6.3 冰间水道的观测	√
3.6.4 使用雷达辨识能见度	√
3.7 冰区船舶编队航行、破冰护航及领航	

考试大纲	适用对象 T14
3.7.1 冰区船舶编队航行	
3.7.1.1 船舶编队原则	√
3.7.1.2 编队航行时的船舶操控	√
3.7.1.3 编队航行时的船间通信	√
3.7.2 冰区破冰护航及领航	
3.7.2.1 破冰船护航操作程序	√
3.7.2.2 破冰护航时的船舶航行要求	√
3.7.2.3 破冰护航的通信	√
3.7.2.4 冰区领航	√
3.8 冰困及解除冰困的方法	
3.8.1 冰困的种类及冰困的后果	√
3.8.2 解除冰困需要的条件与方法	√
3.9 冰区拖带和救援	
3.9.1 冰区拖带	√
3.9.2 冰区救援	√
3.10 冰区船舶操纵	
3.10.1 冰区航行船舶操纵能力及限制	√
3.10.2 不同冰况下的操船方法	√
3.11 不同类型推进方式和舵系统的使用	
3.11.1 不同类型推进方式的使用	√
3.11.2 不同类型舵系统的使用	√
3.12 船舶纵倾和横倾调节系统在操纵方面的使用	√
3.13 冰区安全靠离泊	
3.13.1 冰区靠泊	√
3.13.2 冰区离泊	√
3.14 冰区锚泊	√
3.15 冰情的视觉观测	
3.15.1 冰山的迹象	√

考试大纲	适用对象 T14
3.15.2 流冰的预兆	√
3.15.3 无冰水面的迹象	√
3.15.4 异常折射现象	√
3.15.5 冰区能见度的情况辨识	√
4 极地水域船舶应急知识	
4.1 冷水求生与冰上求生	√
4.2 冰上和冰覆盖水域弃船和求生的程序和技术	√
4.3 冰区和低温条件下应急演习	
4.3.1 由于低气温导致的消防系统和救生设备的局限性	√
4.3.2 在冰区和低温条件下进行应急演习的独特情况	√
4.4 在冰区、低气温和低水温条件下的火灾、船体破损、油污应急响应知识	√

培训合格证实操评估篇

Z01 基本安全培训——个人求生

评估大纲
1 能正确认识救生设备的种类与配备标准(艇、筏、衣、浮具、求生信号、通信设备、抛绳设备及属具)
2 能正确穿着救生衣
3 能正确穿着和使用浸水保温服
4 能安全从高处跳入水中
5 能穿着救生衣扶正倾覆救生筏
6 能穿着救生衣游泳
7 能不穿着救生衣保持漂浮
8 能穿着救生衣从船上或水中登上救生艇筏
9 为了增加获救机会,在登上救生艇筏后能采取正确的初始行动
10 能正确抛放流锚或海锚
11 能正确操作救生艇筏上的设备
12 能正确操作定位仪器,包括无线电设备

Z01 基本安全培训——防火与灭火

评估大纲
1 能正确使用各种类型的手提式灭火器
2 能正确使用消防员装备
3 能扑灭小火,如:电器火、油火、丙烷火
4 能正确使用喷水枪及散射喷枪扑灭较大火灾
5 能正确使用泡沫、干粉或其他合适的化学剂灭火
6 能正确使用救生索,但不佩戴呼吸装置进入或通过已喷注了高膨胀泡沫的舱室
7 能正确佩戴自给式呼吸装置在充满烟雾的封闭处所灭火
8 能正确使用水雾或其他合适的灭火剂扑灭油火与浓烟的居住舱室或模拟机舱的火灾
9 能正确使用水雾喷头和散射喷枪、化学干粉或泡沫喷头扑救油火
10 能正确佩戴呼吸装置在充满烟雾的舱室实施营救

Z01 基本安全培训——基本急救

评估大纲
1 心肺复苏术(CPR)
2 简单三角巾包扎术
3 止血带止血术
4 前臂临时骨折固定

Z01 基本安全培训——个人安全与社会责任

评估大纲
1 应急程序
1.1 火灾应急
1.2 碰撞应急
1.3 进水与沉没应急
2 船上安全作业方法
2.1 能开展使用各种安全和防护设备的演示
2.2 能开展进入封闭舱室的安全训练的演示
3 防止海洋污染环境的措施
3.1 了解各种防污染器材
3.2 能对船上垃圾进行分类与处理
4 有助于船上有效的人际关系
4.1 能开展防止船上冲突及冲突解决办法的训练

Z02 精通救生艇筏和救助艇培训

评估大纲
1 在释放期间和之后负责救生艇筏或救助艇
1.1 能解释救生艇筏用于表明乘载人员数目的标志
1.2 能正确指挥救生艇筏的释放和登艇、驶离船舶、操纵及人员下艇(筏)
1.3 做好救生艇筏释放准备,操作空载和承载释放装置,安全下水并迅速驶离船舶;若救生筏倾覆,能穿着救生衣扶正倾覆的救生筏
1.4 能安全回收救生艇筏和救助艇,包括对空载和承载释放装置的正确复位
1.5 能正确使用气胀式救生筏和带内装机器的开敞式或封闭式救生艇
2 操作救生艇艇机
3 弃船后对求生者和救生艇筏的管理
3.1 能划桨和驾艇以及运用罗经驾艇
3.2 能使用救生艇筏的各项设备
3.3 能安设装置以助定位
3.4 能使用救助艇和机动救生艇集结救生筏,并营救求生者和落水者
4 使用定位设备,包括通信设备、信号设备及烟火信号
4.1 能使用救生艇筏的便携式无线电设备
4.2 能使用包括烟火信号在内的信号设备

Z03 精通快速救助艇培训

评估大纲
1 理解快速救助艇的构造、维护、修理和属具
1.1 能阐述快速救助艇的结构和属具及其各项设备
1.2 能掌握快速救助艇的维护和紧急修理的方法
1.3 能掌握气胀式快速救助艇气室的正常充气和放气的方法
2 负责在释放和回收期间通常装备的释放设备、设施和快速救助艇
2.1 能熟悉快速救助艇的释放设备和释放装置
2.2 能做好快速救助艇释放设备和释放装置为立即释放和操作所做的准备工作
2.3 能在通常和恶劣天气和海况条件下释放和回收快速救助艇
3 在释放后负责(管理)快速救助艇
3.1 能扶正倾覆的快速救助艇
3.2 能在普通天气和海况条件下操纵快速救助艇
3.3 能佩戴特别装置游泳
3.4 能在快速救助艇与直升机和船舶之间使用通信与信号设备
3.5 能使用所配备的应急设备
3.6 能从水中营救伤员及把伤员运送至营救直升机、船舶或安全地点
3.7 能结合环境因素实施搜寻
4 操作快速救助艇艇机

Z04 高级消防培训

评估大纲
1 控制船舶消防作业
1.1 能重点突出消防组织、战术、指挥以及船舶在海上和港内不同情况下的消防程序
1.2 能掌握灭火中船舶通信与协调,并了解水灭火对船舶稳性的影响和预防
1.3 能掌握船舶通风与控制(包括排烟),并熟悉人员受伤时对伤员的管理与控制
1.4 能重点突出与岸上消防人员的联系与协调
2 消防队的组织和训练
2.1 能熟悉船舶各部位不同火灾的应急程序和计划,了解船舶消防的组织分工
2.2 能掌握船舶各部位不同火灾扑救的战略、战术和指挥方法
3 检查和保养烟火探测和灭火系统及设备
3.1 能掌握烟火探测和失火报警系统的操作、检查和保养
3.2 能掌握固定压力式水雾灭火系统的操作、检查和保养
3.3 能掌握二氧化碳灭火系统的操作、检查和保养
3.4 能掌握泡沫灭火系统的操作、检查和保养
3.5 能掌握干粉灭火系统的操作、检查和保养
3.6 能掌握应急消防水泵的操作、检查和保养
3.7 能掌握测爆仪和测氧仪的使用
3.8 能掌握救助设备、生命支持设备、人员保护设备、通信设备的正确使用
3.9 能掌握船舶防火控制图的正确识别和运用
4 调查与编写涉及火灾的事故报告
4.1 能按要求编写船舶火灾事故报告
4.2 能根据船舶火灾典型案例进行分析与讨论

Z05 精通急救培训

评估大纲
1 能够熟练完成心肺复苏术
1.1 对施行心肺复苏术的判断及施行心肺复苏术的准备
1.1.1 评估环境
1.1.2 判断意识
1.1.3 判断呼吸、心跳
1.1.4 高声呼叫
1.1.5 摆放患者体位
1.1.6 畅通气道
1.2 胸外心脏按压
1.3 人工呼吸
1.4 判断心肺复苏术的效果
2 能进行四肢骨折固定
2.1 骨折固定术
2.1.1 骨折的判断和小夹板固定术前的准备
2.1.2 骨折小夹板固定术操作
2.2 骨折固定术的术后观察
3 能正确搬运脊柱损伤伤员
3.1 脊柱损伤伤员的搬运方法和适用范围
3.2 脊柱损伤伤员的搬运注意事项
4 能准确观察和测量生命体征(体温、呼吸、脉搏、血压、瞳孔)
4.1 体温的测量操作
4.2 血压的测量操作
4.3 瞳孔的检查操作
4.4 呼吸和脉搏的观察

Z06 船上医护培训

评估大纲
1 能简单地清创和缝合
1.1 清创缝合术的适应症、禁忌症
1.2 术前准备
1.3 手术操作步骤
2 能进行肌肉及静脉注射
3 换药术及绷带包扎术
4 能观察和测量生命体征(体温、呼吸、脉搏、血压、瞳孔)
4.1 体温(腋温)的测量操作
4.2 脉搏的测量操作
4.3 呼吸的测量操作
4.4 血压的测量操作
4.5 瞳孔的检查操作

Z08 负有指定保安职责船员培训

评估大纲
1 识别保安风险和威胁
1.1 能够正确进行实际搜身
1.2 能够正确进行非侵犯式检查
2 正确使用保安设备和系统(如有)
2.1 能够正确穿戴防弹衣和钢盔

Z09 船舶保安员培训

评估大纲
1 评估保安风险、威胁和弱点
1.1 能够正确进行实际搜身
1.2 能够正确进行非侵犯式检查
1.3 能够评估船舶保安风险及采取对应保安措施
2 执行定期的船舶检查以确保适当的保安措施已经实施并得以维持
2.1 能够根据保安等级确定限制区域和措施
2.2 能够在船舶保安定期检查中发现问题并提出处理方案
3 确保保安设备和系统(如有)正规操作、测试和校准
3.1 能够正确穿戴防弹衣和钢盔
3.2 能够将信号弹、远距离声光礼弹作为防御武器使用
3.3 能够正确使用手铐、电警棍
4 加强保安意识和提高警惕性
4.1 能够组织船舶保安演习演练
4.2 能够组织培训

T01 油船和化学品船货物操作基本培训

评估大纲
1 安全设备和防护装置的使用
1.1 防护服的穿着与保养
1.2 空气呼吸器的使用与存放
2 逃生器具的使用
2.1 防毒面具的使用
2.2 应急逃生呼吸器（EEBD）的使用
3 氧气复苏器的操作
4 便携式气体检测仪器的操作
4.1 测氧仪的使用
4.2 测爆仪的使用
4.3 测毒仪的使用
4.4 多功能气体检测仪
5 便携式灭火器的操作
5.1 便携式二氧化碳灭火器的使用
5.2 便携式干粉灭火器的使用
5.3 便携式泡沫灭火器的使用
6 大型灭火系统的操作
6.1 大型泡沫灭火系统的操作
6.2 大型二氧化碳灭火系统的操作
7 便携式液位测量仪的操作

T02 油船货物操作高级培训

评估大纲
1 装卸货油操作
1.1 货油装卸操作(包括货油装卸、压载作业及货油泵的操作程序等)
1.2 油船积载软件的使用,船长和甲板高级船员编制装、卸货(含压载水作业)计划各一份(结合积载软件的使用)
2 油船惰气系统操作
2.1 油船惰气系统的组成及安全控制装置
2.2 油船惰气系统的准备和运行(包括氧气分析仪的校正方法)
2.3 油船惰气系统应急停止装置的操作
3 油船洗舱操作
3.1 船长和甲板部高级船员利用洗舱指南编制一份水洗舱计划
3.2 水洗舱的正确操作程序
3.3 船长和甲板部高级船员利用原油洗舱手册,结合卸货计划编制一份原油洗舱计划
3.4 原油洗舱的操作程序
4 排油监控设备操作
4.1 油船排油监控系统的操作
5 进入密闭空间作业程序
5.1 对拟进入的封闭空间进行通风
5.2 检查并准备好入舱的相关安全设备、确定联系方式;备妥灭火器材
5.3 进入前对通风后的拟进舱室进行气体检测
5.4 获得船长签发进入封闭空间许可证
5.5 入舱人员穿戴正确
5.6 人员进入期间,舱口安排专人值守照看,并保持与舱内作业人员的联络
5.7 人员进入期间,舱内持续保持通风

T03 化学品船货物操作高级培训

评估大纲
1 装卸货物操作
1.1 装卸作业的所有操作(包括舱温、舱压、液位的测量;管路阀门布置、泵的操作;货物加热或冷却、压载系统的操作、洗舱、惰化、除气等)
1.2 化学品船积载软件的使用,船长和甲板高级船员编制一份装载多种(三种及以上不同种类)液货作业的配积载计划(结合积载软件的使用)
2 洗舱、排污及舱壁测试操作
2.1 船长和甲板部高级船员利用洗舱指南(手册)编制一份洗舱计划
2.2 洗舱作业操作
2.3 防污染要求及排污操作
2.4 船长和甲板部高级船员舱壁测试操作
3 惰化、置换等的操作方法和注意事项
4 货舱液位、温度、压力测量及报警操作
4.1 货舱液位、温度、压力测量报警装置的试验和使用
5 进入密闭空间作业程序
5.1 对拟进入的封闭空间进行通风
5.2 检查并准备好入舱的相关安全设备、确定联系方式;备妥灭火器材
5.3 进入前对通风后的拟进舱室进行气体检测
5.4 获得船长签发进入封闭空间许可证
5.5 入舱人员穿戴正确
5.6 人员进入期间,舱口安排专人值守照看,并保持与舱内作业人员的联络
5.7 人员进入期间,舱内持续保持通风

T04 液化气船货物操作基本培训

评估大纲
1 防护服的穿着使用
1.1 防护服的配备与组成
1.2 防护服的穿着方法与要求
2 防毒面具的使用
2.1 防毒面具的配备与组成
2.2 防毒面具的佩戴方法与要求
3 自给式空气呼吸器的使用
3.1 自给式空气呼吸器的配备与组成
3.2 自给式空气呼吸器的佩戴方法与要求
4 氧气复苏器的使用
4.1 氧气复苏器的配备与组成
4.2 氧气复苏器的使用方法与要求
5 便携式灭火器的使用
5.1 便携式二氧化碳灭火器的使用
5.2 便携式干粉灭火器的使用
5.3 便携式泡沫灭火器的使用
6 干粉灭火装置的操作
6.1 干粉灭火装置的配备与组成
6.2 干粉灭火装置的操作程序与要求
7 气体检测仪器的使用
7.1 便携式气体检测仪器的配备与组成
7.2 便携式测氧仪的使用方法与要求
8 固定式泡沫灭火系统的操作
8.1 固定式泡沫灭火装置的配备与组成
8.2 固定式泡沫灭火装置的操作程序与要求

T05 液化气船货物操作高级培训

评估大纲
1 液化气船消防及溢货演习
1.1 液化气船消防演习
1.2 液化气船溢货演习
2 气体检测仪器的校正和使用
2.1 便携式测氧仪的使用及校正方法
2.2 便携式可燃气测量仪的使用及校正方法
2.3 便携式测毒仪的使用及校正方法
3 全压式液化气船装卸货操作
3.1 全压式液化气船装卸货系统的组成
3.2 全压式液化气船装卸货主要设备的功能和管理要点
3.3 全压式液化气船装卸货作业的操作程序
4 LNG 船模拟器装卸货操作
4.1 LNG 船装卸货系统的组成
4.2 LNG 船装卸货主要设备的功能和管理要点
4.3 LNG 船装卸货作业的操作程序

T061 客船船员特殊培训 I

评估大纲
1 在紧急情况下,当采用口语交流不可行时,采用示范或手势或提示注意指示位置、集合地点、救生设备或逃生路线
1.1 用可见的肢体语言清晰地指示路线
1.2 带领旅客理解船上的所有标志
1.3 使用适当的指示工具(如手电筒)指引救生设备和逃生路线
2 在紧急情况下或演习中,通过广播宣布紧急情况、向旅客传达重要指示和船员协助旅客时所用的语言
2.1 采用双语或多语进行广播
2.2 尽量使旅客理解交流信息以减小旅客压力
2.3 甄选出能够翻译语言的人员来传递信息
2.4 在特殊情况下能够通知到相关人员
3 向旅客演示个人救生设备
3.1 用语言和手势演示救生设备的使用
3.2 解答疑问
4 应急情况下对人员的控制和缓解人员情绪的演练
5 紧急撤离演练

T062 客船船员特殊培训 Ⅱ

评估大纲
1 应急情况下对人员的控制和缓解人员情绪的演练
2 紧急撤离演练
3 船上应急演习
3.1 国家和国际的船上应急程序要求
3.2 开航前制定船员担负并熟悉应急职责
3.3 集合旅客的程序
3.4 安全简介
3.5 熟悉所有救生设备
3.6 为达到应急目标而制定的演习方案
3.7 所有船员都要求熟悉其职责,对各紧急情况都能正确地做出反应
4 全体人员理解并遵守预先计划的应急程序的必要性
4.1 立即到达应急地点,并确定缺席的人员
4.2 经常演习可使程序按正确步骤进行
4.3 如果负责人不在场,确定替代人员
5 组织逼真的演习以维持戒备状态
5.1 编制演习计划
5.2 人员及职责分
5.3 设备配布
5.4 组织实施演习
5.5 效果评估
5.6 组织船上应急演习与"组织船上应急程序"中的"船上应急演习"合并完成

T063 客船船员特殊培训 Ⅲ

评估大纲
1 安全升降斜坡道
2 安全收放汽车活动甲板
3 货物系固设备、器材的使用
4 正确将《货物积载和系固安全操作规则》的有关规定落实到对所载的车辆、轨道车辆和其他货物运输组件的操作中
5 正确使用货物系固设备和所提供的材料,同时考虑其局限性
6 船体开口的开启、关闭及紧固
7 对检测设备的正确使用包括测氧、测爆及适用的检测设备

T07 大型船舶操纵特殊培训

评估大纲
1 大型船舶的操纵性能
1.1 在模拟器上进行船舶推进性能测试
1.2 在模拟器上进行船舶旋回性能测试
2 大型船舶的正常操纵
2.1 在模拟器上操纵大型船舶进港航行和靠泊操纵
2.2 在模拟器上操纵大型船舶离泊操纵和出港航行
2.3 大型船舶的抛起锚作业（模拟器加口述）
3 在模拟器上操纵大型船舶救助落水人员（单旋回）

T081 高速船船员特殊培训(船长和驾驶员)

适用对象:高速船上服务的船长和驾驶员

评估大纲
1 驾驶台监控系统仪表的名称、功用
1.1 监视主、辅机运转的各项仪表名称和功用
1.2 舵系统各项仪表名称和功用
1.3 主操纵系统、应急操纵系统各项仪表名称和功用
1.4 视频监视器的设置和作用
1.5 报警后的处理方法
2 船舶操作
2.1 开航前检查
2.2 航行中操舵
2.3 操纵系统相互转换的操作
2.4 紧急操作
3 航行及风险控制
3.1 推荐航线上的航标、转向点、航向、距离以及报告制度
3.2 识别风险并安全操纵船舶
3.3 紧急情况下的通信
4 消防、救生、通信
4.1 消防总布置图防火器具及系统的处所及使用
4.2 救生设备的存放处所及使用
4.3 逃生应急出口的处所和作用
4.4 水密门的水密操作
4.5 货船上的货物及车辆系固操作
4.6 撤离演习、消防演习、破损控制演习每次模拟情况不同
5 破损控制体系和设备
5.1 有线广播和信息系统
5.2 脱险出口与脱险设施

评估大纲
5.3 舱底水抽吸与排出系统
5.4 水密门的使用和管理
6 助航仪器的使用
6.1 雷达
6.2 罗经
6.3 测深仪
6.4 其他设备

T082 高速船船员特殊培训(轮机长和轮机员)

适用对象:高速船上服务的轮机长和轮机员

评估大纲
1 消防、救生设施设备的操作
1.1 船舶救生设施,包括救生艇筏装置的位置与使用
1.2 破损控制设施和系统的位置和使用,包括水密门和舱底泵的操作
2 轮机实操
2.1 驾驶台轮机操纵系统的按钮和功用
2.2 驾驶台驾驶操纵系统的按钮和操纵手柄的功用
2.3 驾驶台机电设备监控系统仪表、仪器的功用以及声、光报警时的处理
2.4 机舱操纵系统按钮、操纵手柄的功用以及声、光报警时的处理
2.5 机舱机电设备监控系统仪表、仪器的功用以及声、光报警时的处理
2.6 主推进动力装置的启动条件、启动方法以及运行管理
2.7 主机正常启动和应急启动的操作
2.8 主机紧急停车和重新启动的操作
2.9 驾驶台/机舱操纵方式转换的操作
2.10 操作系统电源供电操作程序
2.11 操纵系统应急电源供电的操作程序
2.12 岸电供电操作程序及蓄电池管理
2.13 应急舵的使用和管理
2.14 舵机的使用和管理
2.15 机舱消防系统的使用
2.16 高速船常见故障分析和排除

T09 船舶装载散装固体危险和有害物质作业船员特殊培训

评估大纲
1 编制符合 MEPC.85(44)决议的应急计划
2 危险货物操作与管理
2.1 进入可能缺氧、有毒或有易燃舱气的封闭处所应采取的预防措施
2.2 发生火灾时的安全措施和应急程序

T10 船舶装载包装危险和有害物质作业船员特殊培训

评估大纲
1 使用 IMDG 规则查找危险货物的名称、编号、包装等
2 危险货物操作与管理
2.1 进入可能缺氧、有毒或有易燃舱气的封闭处所应采取的预防措施
2.2 溢漏或火灾的安全措施和应急程序

T11 使用气体或者其他低闪点燃料船舶船员基本培训

评估大纲
1 在消防实训基地进行消防系统的操作
2 LNG 储罐和燃料管系泄漏时的应急反应
2.1 储罐和燃料管系泄漏时的警报信号
2.2 储罐和燃料管系泄漏时的组织与职责
2.3 储罐和燃料管系泄漏时的携带物品
2.4 储罐和燃料管系泄漏时的操作程序

T12 使用气体或者其他低闪点燃料船舶船员高级培训

评估大纲
1 燃料发动机的操作
1.1 单燃料动力船
1.1.1 启动前的检查
1.1.2 启动操作
1.1.3 运行中的管理
1.1.4 发动机停车操作
2 在实物或模拟器上进行 IGF 规则船舶的燃料加注系统的操作
3 人员安全防护装置的使用,测氧仪和测爆仪、固定式可燃气体探测系统的测试操作
4 在实操训练场地或者模拟器进行 IGF 规则船舶消防操作以及 LNG 火灾的扑灭

T13 极地水域船舶操作船员基本培训

评估大纲
1 船舶在极地水域安全航行
1.1 正确识读和分析冰情图
1.2 在不同种类的冰和冰情下航行
1.3 在寒冷天气/冰区控制船舶
2 通过实例讨论极地水域的搜救和自救
3 制定船舶极地水域垃圾管理方案

T14 极地水域船舶操作船员高级培训

评估大纲
1 根据航次任务和资源制订航次计划并实施航行监控
2 极地水域航行船舶的安全操作
2.1 在各种冰、冰密集度和冰覆盖状况下的操船技能
2.2 冰区停靠与驶离码头技能
2.3 冰区锚泊技能
2.4 解除冰困的技能
2.5 冰区拖带和救援技能
2.6 冰区船舶编队航行